国家骨干高职院校项目建设成果

Chupei Fang'an Youhua Sheji yu Shishi
储配方案优化设计与实施

万义国　安礼奎　主　编

黄　浩　副主编

曾晓斌　王敏军　主　审

人民交通出版社股份有限公司

China Communications Press Co.,Ltd.

内 容 提 要

本书以实用性为原则,系统阐述货物仓储保管及配送的理论知识和实践操作。在内容上包括9个模块,在结构上又可分为仓储、配送和储配方案设计与实施综合实训三大部分。其中第一部分为仓储及仓储管理相关知识与实践内容,主要包括5个模块,分别为仓储管理概述、入库作业、货物保管、物流设施设备、库存控制技术;第二部分为物流配送管理模块内容,主要包括2个模块,分别为出库作业、配送作业。每个模块都有相应学习目标、学习内容、技能实训等内容,特别是技能实训,充分结合江西交通职业技术学院实训条件来编写实训项目,确保每个实训项目都能开展。第三部分为综合实训部分。

本书适合作为物流管理、物流工程、电子商务等专业的本科、大专和高等职业院校教学用书,亦可供物流管理研究人员、企业单位相关管理人员业务学习使用。

图书在版编目(CIP)数据

储配方案优化设计与实施 / 万义国, 安礼奎主编. —北京 : 人民交通出版社股份有限公司, 2015.1

ISBN 978-7-114-12362-7

Ⅰ.①储… Ⅱ.①万…②安… Ⅲ.①仓库管理-最优设计 Ⅳ.①F253.4

中国版本图书馆CIP数据核字(2015)第183759号

国家骨干高职院校项目建设成果

书　　名:**储配方案优化设计与实施**
著 作 者:万义国　安礼奎
责任编辑:卢仲贤　任雪莲
出版发行:人民交通出版社股份有限公司
地　　址:(100011)北京市朝阳区安定门外外馆斜街3号
网　　址:http://www.ccpress.com.cn
销售电话:(010)59757973
总 经 销:人民交通出版社股份有限公司发行部
经　　销:各地新华书店
印　　刷:北京虎彩文化传播有限公司
开　　本:787×1092　1/16
印　　张:19
字　　数:486千
版　　次:2015年1月　第1版
印　　次:2021年12月　第5次印刷
书　　号:ISBN 978-7-114-12362-7
定　　价:66.00元
(有印刷、装订质量问题的图书由本公司负责调换)

江西交通职业技术学院
优质核心课程系列教材编审委员会

主　任：朱隆亮

副主任：黄晓敏　刘　勇

委　员：王敏军　李俊彬　官海兵　刘　华　黄　浩
张智雄　甘红缨　吴小芳　陈晓明　牛星南
黄　侃　何世松　柳　伟　廖胜文　钟华生
易　群　张光磊　孙浩静　许　伟

道路桥梁工程技术专业编审组（按姓名音序排列）

蔡龙成　陈　松　陈晓明　邓　超　丁海萍　傅鹏斌
胡明霞　蒋明霞　李慧英　李　娟　李　央　梁安宁
刘春峰　刘　华　刘　涛　刘文灵　柳　伟　聂　堃
唐钱龙　王　彪　王立军　王　霞　吴继锋　吴　琼
席强伟　谢　艳　熊墨圣　徐　进　宣　滨　俞记生
张　先　张先兵　郑卫华　周　娟　朱学坤　邹花兰

汽车运用技术专业编审组

邓丽丽　付慧敏　官海兵　胡雄杰　黄晓敏　李彩丽
梁　婷　廖胜文　刘堂胜　刘星星　毛建峰　闵思鹏
欧阳娜　潘开广　孙丽娟　王海利　吴纪生　肖　雨
杨　晋　游小青　张光磊　郑　莉　周羽皓　邹小明

物流管理专业编审组

安礼奎　顾　静　黄　浩　闵秀红　潘　娟　孙浩静
唐振武　万义国　吴　科　熊　青　闫跃跃　杨　莉
曾素文　曾周玉　占　维　张康潜　张　黎　邹丽娟

交通安全与智能控制专业编审组

陈　英　丁荔芳　黄小花　李小伍　陆文逸　任剑岚
王小龙　武国祥　肖　苏　谢静思　熊慧芳　徐　杰
许　伟　叶津凌　张春雨　张　飞　张　铮　张智雄

学生素质教育编审组

甘红缨　郭瑞英　刘庆元　麻海东　孙　力　吴小芳
余　艳

PREFACE

序

为配合国家骨干高职院校建设,推进教育教学改革,重构教学内容,改进教学方法,在多年课程改革的基础上,江西交通职业技术学院组织相关专业教师和行业企业技术人员共同编写了“国家骨干高职院校重点建设专业人才培养方案和优质核心课程系列教材”。经过三年的试用与修改,本套丛书在人民交通出版社股份有限公司的支持下正式出版发行。在此,向本套丛书的编审人员、人民交通出版社股份有限公司及提供帮助的企业表示衷心感谢!

人才培养方案和教材是教师教学的重要资源和辅助工具,其优劣对教与学的质量有着重要的影响。好的人才培养方案和教材能够提纲挈领,举一反三,而差的则照搬照抄,不知所云。在当前阶段,人才培养方案和教材仍然是教师以育人为目标,服务学生不可或缺的载体和媒介。

基于上述认识,本套丛书以适应高职教育教学改革需要、体现高职教材“理论够用、突出能力”的特色为出发点和目标,努力从内容到形式上有所突破和创新。在人才培养方案设计时,依据企业岗位的需求,构建了以岗位需求为导向,融教学生产于一体的工学结合人才培养模式;在教学内容取舍上,坚持实用性和针对性相结合的原则,根据高职院校学生到工作岗位所需的职业技能进行选择。并且,从分析典型工作任务入手,由易到难设置学习情境,寓知识、能力、情感培养于学生的学习过程中,力求为教学组织与实施提供一种可以借鉴的模式。

本套丛书共涉及汽车运用技术、道路桥梁工程技术、物流管理和交通安全与智能控制等27个专业的人才培养方案,24门核心课程教材。希望本套丛书能具有学校特色和专业特色,适应行业企业需求、高职学生特点和经济社会发展要求。我们期待它能够成为交通运输行业高素质技术技能人才培养中有力的助推器。

用心用功用情唯求致用,耗时耗力耗资应有所值。如此,方为此套丛书的最大幸事!

江西省交通运输厅总工程师 胡钊芳

2014年12月

前 言

FOREWORD

随着经济的快速发展和现代科学技术的进步,物流产业作为国民经济中一个新兴的服务部门,正在全球范围内迅速发展。而现代物流中的仓储与配送是整个物流过程中的重要环节之一,为满足物流仓储配送人才需求,结合江西交通职业技术学院物流管理专业实际情况,特编写了本书。

本书系统阐述了现代仓储管理和配送实务的理论知识,同时根据高职教育特色,紧密结合企业仓储管理与配送实践,力求体现"理论够用、重在实践"的编写特色。

本书以实用性为原则,系统阐述货物仓储保管及配送的理论知识和实践操作。在内容上包括9个模块,在结构上又可分为仓储、配送和储配方案设计与实施综合实训3大部分。其中第一部分为仓储及仓储管理相关知识与实践,主要包括5个模块,分别为仓储管理概述、入库作业、货物保管、物流设施设备、库存控制技术;第二部分为物流配送管理,主要包括2个模块,分别为出库作业、配送作业。每个模块都有相应学习目标、学习内容、技能实训等内容,特别是技能实训,充分结合江西交通职业技术学院实训条件来编写实训项目,确保每个实训项目都能开展。第三部分为综合实训,依托物流综合实训室,按照货物作业流程把储存和配送内容紧密衔接在一起,形成一个物流储配综合实训,既要求学生有把仓储管理和配送作业内容应用到储配方案设计中的能力,又要有能根据方案进行实际操作的能力。本书适合作为物流管理、物流工程、电子商务等专业的本科、大专和高等职业技术学院的学生学习之用,亦可供物流管理研究人员、企业单位相关管理人员业务学习使用。

本书由江西交通职业技术学院万义国、安礼奎主编。江西交通职业技术学院黄浩担任副主编。具体编写分工为:万义国编写模块一~四;安礼奎编写模块五、六、八、九;黄浩编写模块七。全书由万义国负责统稿,曾晓斌、王敏军教授担任主审。在教材编写过程中,闵秀红、曾周玉、顾静等教师提出了很多宝贵意见,在此一并表示感谢!

本书在编写过程中参考了大量文献,编者已尽可能在参考文献中详细列出,在此对这些前辈、同行、专家、学者表示感谢!若还有疏漏或部分没有列出,在此表示歉意。

由于物流在我国还处于发展阶段,各种新的理论和见解较多,加上时间仓促,编者水平有限,书中难免存在不当之处,恳请广大读者提出宝贵意见。

作　者

2014 年 12 月

目录

CONTENTS

模块一　仓储管理概述

模块概述

本模块要求学生了解仓储及仓储管理的含义、功能及内容等，熟悉仓储合同和仓单有关知识，理解仓库规划相关知识。具体来讲，要求学生了解仓储合同的含义、特征以及仓储合同与保管合同的异同，熟悉仓储合同主要条款，掌握仓储合同签订过程，熟记仓储合同有效和无效的条件及仓储合同违约责任。理解仓单的含义、性质、功能，熟悉仓单业务，包括仓单签发、仓单转让、仓单分割、仓单提货及仓单灭失情况下提货等仓单业务。

知识目标

1. 了解仓储、仓储管理的概念、主要内容等相关知识；
2. 熟悉仓储合同概念、主要条款、合同签订、合同解除等相关内容；
3. 掌握仓单的性质及相关业务；
4. 能根据具体案情，分析仓储合同是否有效，解决具体合同纠纷；
5. 熟悉仓单签发、分割、转让、仓单提货等与仓单有关的业务知识；
6. 熟悉仓库规划原则，能根据仓库类型进行仓库布局。

技能目标

1. 能通过案例分析，灵活运用仓储合同和仓单的知识；
2. 能理论结合实际，处理简单的仓储合同纠纷；
3. 熟悉仓单业务知识，能进行仓单签发、分割、转让、提货等业务作业；
4. 能结合仓库具体情况，进行仓库规划，确定各功能区域布置及面积大小。

模块图解

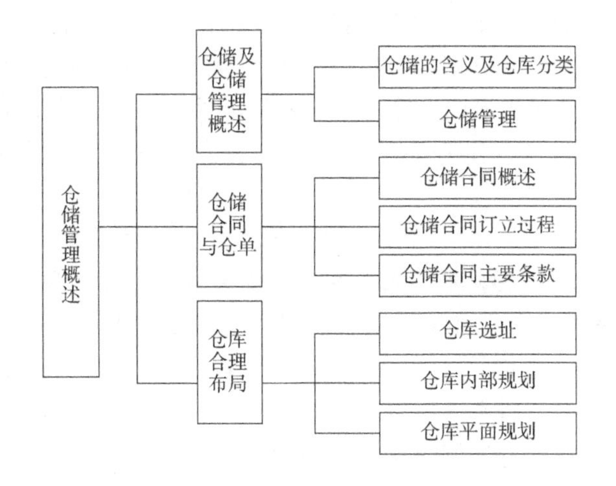

任务一　仓储及仓储管理概述

【应知应会】

通过本工作任务的学习与具体实施，学生应学会下列知识：

1. 熟悉仓储的含义、种类；
2. 掌握仓储管理的含义、内容；
3. 理解仓储的作用。

【学习要求】

1. 学生在上课前，预习仓储及仓储管理的相关内容；
2. 要求学生结合生活中仓储管理案例来理解为何需要仓储；
3. 能根据仓库用途的不同对其进行分类。

仓储在物流管理中的作用

深圳赛格储运有限公司下属的福保赛格实业有限公司（以下简称福保赛格），在深圳市福田保税区拥有28 000m^2 的保税仓。公司的主要问题是保税仓的固定资产超过8 000万元，而每年的利润却不到500万元，资产回报率太低。提高保税仓库区工作人员士气，努力增强服务意识，注重品质提升；增大物流增值服务的比例，大幅提高仓租费以外的收入来源，争取到更多利润贡献率高的优质客户，淘汰利润率低的客户等都是可行的解决途径。

1. 公司现状分析

福保赛格的主要客户包括日本理光国际通运有限公司、华立船务有限公司、伯灵顿国际物流有限公司、华润物流有限公司等近百家外资、港资物流企业和分布于珠三角地区的制造企业。福保赛格面向这些企业，提供保税仓的长租和短租服务，并附带从事流通加工等物流增值服务。福保赛格的赢利模式是以仓库库位出租为核心的物流服务项目的收费。基本收费项目是仓租费。另外还有装车、卸车、并柜/拼箱，对货品进行贴标、缩膜/打板、换包装、简单加工（如分包、重新组合包装、简单装配等），以及代客户进行报关、报检等服务项目的收费。主要支出是人工、水电、仓储物和设备折旧带来的维修维护费用等。

福田保税区的特点在于有通向香港落马洲的进出境通道（一号通道）和通向深圳市区的进出关通道（二号通道）。货物进出境只需向海关备案，而进出关则需要报关。客户可以利用保税区境内关外的政策优势，实现整批进境、分批入关的延迟纳税优惠，或提前退税的好处。

2. 问题总结与整理

福保赛格的仓库主要是平面仓，有部分库区采用立体货架。以托盘为基本搬运单元，用叉车（以及地牛）进行进出库搬运和库内搬运。一楼是越仓区，有五辆燃气动力的叉车，二楼到十楼为储存区，每层都有一到两台电动叉车（用蓄电池驱动），有两个大型货运电梯上下。车辆停靠的月台有十多个车位，可以停靠货柜车、厢式车等多种型号的运输车辆。

福保赛格目前仍然是以订单为驱动，以业务为中心进行运的仓储服务企业，还没有转型到以客户服务为中心。在该公司管理层的推动下，公司上下全体员工已经树立了全面质量管理的理念,并以ISO 9000质量管理体系的要求建立了规范化的质量文档体系。但该公司尚未正式申请或通过ISO 9000质量体系认证。

3. 解决方案

福保赛格及其母公司赛格储运有限公司在1999年开发过一套基于C/S体系的管理信息系统,后因结算不准确、系统灵活性差、不能适应业务变化等原因放弃了使用。自2002年底到2003年底,赛格储运有限公司与赛邦软件合作开发了一套全新的基于Web的B/S体系的物流管理系统,覆盖了运输业务、仓储业务、财务结算等各个方面,从而实现了客户网上下单、网上查询订单处理状态、库存状态、账单明细等,可以做到实时结算和预约结算。福保赛格面临的最大的问题是如何提高资产回报率。保税仓的固定资产超过8 000万元,而每年的利润却不到500万元,与运输业务相比(货柜车辆的固定资产只有1 000多万元,每年贡献的利润却达到2 000万元以上),资产回报率太低。提高保税仓库区工作人员士气,努力增强服务意识,注重品质提升;增大物流增值服务的比例,大幅提高仓租费以外的收入来源,争取到更多利润贡献率高的优质客户,淘汰利润率低的客户等都是可行的解决途径。

案例思考

1. 在现代物流中仓储发挥什么的作用?

2. 立体仓库如何提高仓储效率?

相关知识

一、仓储概述

(一)仓储的概念和性质

1. 仓储的概念

在物流系统中,仓储是一个不可或缺的构成要素。仓储业是随着物资储备的产生和发展而产生并逐渐发展起来的。仓储是商品流通的重要环节之一,也是物流活动的重要支柱。在社会分工和专业化生产的条件下,为保持社会再生产过程的顺利进行,必须储存一定量的物资,以满足一定时期内社会生产和消费的需要。

仓储是指通过仓库对暂时不用的物品进行储存和保管。“仓”即仓库,是指保管、存储物品的建筑物和场所的总称,是进行仓储活动的主体设施,可以是房屋建筑、洞穴、大型容器或特定的场地等,具有存放和保护物品的功能。“储”即储存、储备,表示收存以备使用,具有收存、保管、交付使用的意思。

仓储具有静态和动态两种,当产品不能被及时消耗掉,需要专门场所存放时,就产生了静态的仓储;而将物品存入仓库以及对于存放在仓库里的物品进行保管、控制、提供使用等的管理,则形成了动态的仓储。可以说,仓储是对有形物品提供存放场所,并在这期间对存放物品进行保管、控制的过程。

2. 仓储的性质

仓储是物质产品的生产持续过程,物质的仓储也创造产品的价值;仓储既包括静态的物品储存,也包含动态的物品存取、保管、控制的过程;仓储活动发生在仓库等特定的场所,仓储的对象既可以是生产资料,也可以是生活资料,但必须是实物动产。由此可见,从事商品的仓储活动与从事物质资料的生产活动虽然在内容和形式上不同,但它们都具有生产性质,无论是处在生产领域的企业仓储,还是处在流通领域的储运仓储和物流仓储,其生产的性质是一样的。

尽管仓储具有生产性质,但与物质资料的生产活动却有很大的区别,主要表现为以下特点:

(1)不创造使用价值、增加价值。

(2)具有不均衡和不连续性。

(3)具有服务性质。

(二)为何要仓储

仓储是物流的主要功能要素之一。在物流体系中,运输和仓储被称为两大支柱。运输承担着改变物品空间状态的重任,仓储则承担着改变物品时间状态的重任。仓储是整个物流业务活动的必要环节之一。仓储作为物品在生产过程中各间隔时间内的物流停滞,是保证生产正常进行的必要条件,它使上一步生产活动顺利进行到下一步生产活动。仓储是保持物资原有使用价值和物资使用合理化的重要手段。生产和消费的供需在时间上的不均衡、不同步造成物资使用价值在数量上减少,质量上降低,只有通过仓储才能减小物资损害程度,防止产品一时过剩浪费,使物品在效用最大的时间发挥作用,充分发挥物品的潜力,实现物品的最大效益。仓储是加快资金周转,节约流通费用,降低物流成本,提高经济效益的有效途径。有了仓储的保证,就可以免除加班赶工的费用,免除紧急采购的成本增加。同时,仓储也必然会消耗一定的物化劳动和活劳动,还大量地占用资金,这些都说明仓储节约的潜力是巨大的。通过仓储的合理化,就可以加速物资的流通和资金的周转,从而节省费用支出,降低物流成本,开拓"第三利润源泉"。

随着现代经济的发展,物流在社会经济活动中扮演着越来越重要的角色。仓库的功能也从传统的存储功能中解放出来,并逐渐转变,增加了如发货、配送等功能,以此来提高物品周转效率。在现代物流系统中,库存是一个非常重要的构成要素,现代仓库在物流作业中发挥着重要作用,它不仅具有储存、保管等传统功能,甚至还包括拣货、配送、检验等作业,并具有配送功能以及重新包装等流通加工功能。

仓储是商品流通的重要环节之一,它随着物资储存的产生而产生,又随着生产力的发展而发展,在社会分工和专业化生产的条件下,为保持社会再生产过程的顺利进行,必须储存一定量的物资,以满足一定时间内社会生产和消费的需要。

现代仓储的基本功能主要体现在以下几个方面:

(1)储存功能。

现代社会生产的一个重要特征就是专业化和规模化生产,劳动生产率极高,产量巨大,绝大多数产品都不能被及时消费,需要经过仓储手段进行储存,这样才能避免生产过程堵塞,保证生产过程能够继续进行。另一方面,对于生产过程来说,适当的原材料、半成品的储存,可以防止因缺货造成的生产停顿。而对于销售过程来说,储存尤其是季节性储存可以为企业的市场营销创造良机。适当的储存是市场营销的一种战略,它为市场营销中特别的商品需求提供了缓冲和有力的支持。

(2)保管功能。

生产出的产品在消费之前必须保持其使用价值,否则将会被废弃。这项任务就需要由仓储来承担,在仓储过程中对产品进行保护、管理,防止其因损坏而丧失价值。如水泥受潮易结块,使其使用价值降低,因此在保管过程中要选择合适的储存场所,采取合适的养护措施。

(3)加工功能。

保管物在保管期间,保管人根据存货人或客户的要求对保管物的外观、形状、成分构成、尺度等进行加工,使仓储物发生所期望的变化。

(4)整合功能。

整合是仓储活动的一个经济功能。通过这种安排,仓储可以将来自于多个制造企业的产品或原材料整合成一个单元,进行一票装运。其好处是有可能实现最低的运输成本,也可以减少由多个供应商向同一客户进行供货带来的拥挤和不便。

为了能有效地发挥仓储整合功能,每一个制造企业都必须把仓库作为货运储备地点,或用作产品分类和组装的设施。这是因为,整合装运的最大好处就是能够把来自不同制造商的小批量货物集中起来形成规模运输,使每一个客户都能享受到低于其单独运输成本的服务。

(5)分类和转运功能。

分类就是将来自制造商的组合订货分类或分割成个别订货,然后安排适当的运力运送到制造商指定的个别客户。

仓库从多个制造商处运来整车的货物,在收到货物后,如果货物有标签,就按客户要求进行分类;如果没有标签,就按地点分类,使货物不在仓库停留而直接装到运输车辆上,装满后运往指定的零售店。同时,由于货物不需要在仓库内进行储存,因而,降低了仓库的搬运费用,最大限度地发挥了仓库装卸设施的功能。

(6)支持企业市场形象的功能。

尽管支持企业市场形象的功能所带来的利益不像前面几个功能带来的利益那样明显,但对于一个企业的营销主管来说,仓储活动依然能被其重视起来。因为从满足需求的角度看,从一个距离较近的仓库供货远比从生产厂商处供货方便得多,同时,仓库也能提供更为快捷的递送服务。这样会在供货的方便性、快捷性以及对市场需求的快速反应性方面,为企业树立一个良好的市场形象。

(7)市场信息的传感器。

任何产品的生产都必须满足社会的需要,生产者都需要把握市场需求的动向。社会仓储产品的变化是了解市场需求极为重要的途径。仓储量减少,周转量加大,表明社会需求旺盛,反之则表明需求不足。厂家存货增加,表明其产品需求减少或者竞争力降低,或者生产规模不合适。仓储环节所获得的市场信息虽然比销售信息滞后,但更为准确和集中,且信息成本较低。现代企业生产特别重视仓储环节的信息反馈,将仓储量的变化作为决定生产的依据之一。现代物流管理特别重视仓储信息的收集和反应。

(8)提供信用的保证。

在大批量货物的实物交易中,购买方必须检验货物、确定货物的存在和货物的品质,方可成交。购买方可以到仓库查验货物。由仓库保管人出具的货物仓单是实物交易的凭证,可以作为对购买方提供的保证。仓单本身就可以作为融资工具,可以直接使用仓单进行质押。

(9)现货交易的场所。

存货人要转让已在仓库存放的商品时,购买人可以到仓库查验商品取样化验,双方可以在仓库进行转让交割。现在国内众多的批发交易市场,既是有商品存储功能的交易场所,又是有商品交易功能的仓储场所。众多具有便利交易条件的仓储都提供交易活动服务,甚至部分形成有影响力的交易市场。近年来,我国大量发展的阁楼式仓储商店,就是仓储功能高度发展、仓储与商业密切结合的结果。

(三)仓库分类

1. 按保管货物的类别分类

按保管货物的类别,仓库可以分为综合性仓库、专业性仓库、特种仓库。

(1)综合性仓库。综合性仓库是指储存若干大类货物的仓库,如储存金属材料、化工产品、机电设备、家用电器等。由于综合性仓库储存多种不同性质的货物,为确保货物储存安全,必须进行分区分类储存保管。分区分类储存保管的原则是:性质无相互影响、保管要求相同和消防方法相同的货物可以储存在同一区域。

(2)专业性仓库。专业性仓库是指只储存某一大类货物的仓库,主要是原料库或产品库,如金属材料仓库、机电设备仓库、某种化工原料仓库等。这种仓库的储存条件和设施适合储存单一大类货物。

(3)特种仓库。特种仓库是指储存性质特殊的货物的仓库,如保温库、冷藏库、危险品库、水面仓库等。这种仓库一般配备专用的储存设备和安全消防设施。

2. 按仓库的技术特征分类

按仓库的技术特征不同,现代仓库可分为人力仓库、半机械化仓库、机械化仓库、半自动化仓库和自动化仓库。

(1)人力仓库。人力仓库一般指储存电子元器件、工具、备品备件等货物的仓库。这种仓库规模较小,采用人力作业方式,无装卸机械设备。

(2)半机械化仓库。半机械化仓库是指入库采用机械作业,如叉车等,出库采用人工作业方式。一般适合批量入库、零星出库的情况。半机械化仓库作业如图1-1所示。

图1-1 半机械化仓库示意图

图1-2 机械化仓库

(3)机械化仓库。机械化仓库指入库和出库均采用机械作业,如行车、叉车、输送机等,适合整批入库和出库、长大笨重的货物储存等情况。一般机械化仓库配备高层货架,有利于提高仓库空间利用率。机械化仓库如图1-2所示。

(4)半自动化仓库。半自动化仓库是自动化仓储的过渡形式,其配备高层货架和输送系统,采用人工操作巷道堆垛机的方式,多见于备件仓储。

(5)自动化仓库。自动化仓库是指以高层货架为主体,配合自动巷道作业设备和输送系统的无人仓库,它所包含的现代技术最多。自动化仓库是现代仓储业的主要发展方向。

自动化立体仓库

自动化立体仓库，也叫自动化立体仓储，是物流仓储中出现的新概念，利用立体仓库设备可实现仓库高层合理化、存取自动化、操作简便化。自动化立体仓库是当前技术水平较高的形式。自动化立体仓库的主体由货架、巷道式堆垛起重机、入(出)库工作台和自动运进(出)及操作控制系统组成。货架是钢结构或钢筋混凝土结构的建筑物或结构体，货架内是标准尺寸的货位空间，巷道堆垛起重机穿行于货架之间的巷道中，完成存、取货的工作。管理上采用计算机系统，采用条形码技术或 RFID 射频识别物料信息。

仓库的产生和发展是第二次世界大战之后生产和技术发展的结果。20 世纪 50 年代初，美国出现了采用桥式堆垛起重机的立体仓库;50 年代末 60 年代初出现了驾驶员操作的巷道式堆垛起重机立体仓库;1963 年美国率先在高架仓库中采用计算机控制技术，建立了第一座计算机控制的立体仓库。此后，自动化立体仓库在美国和欧洲得到迅速发展，并形成了专门的学科。20 世纪 60 年代中期，日本开始兴建立体仓库，并且发展速度越来越快，成为当今世界上拥有自动化立体仓库最多的国家之一。自动化立体仓库的优越性是多方面的，对于企业来说，可从以下几个方面得到体现:

1. 提高空间利用率

早期关于立体仓库的构想，其基本出发点就是提高空间利用率，充分节约有限且宝贵的土地资源。在西方一些发达国家，提高空间利用率的观点已有更广泛深刻的含义，节约土地，已与节约能源、环境保护等更多的方面联系起来，有些甚至把空间的利用率作为系统合理性和先进性考核的重要指标来对待。

立体库的空间利用率与其规划紧密相连。一般来说，自动化高架仓库的空间利用率为普通平库的 2 ~5 倍。这是相当可观的。

2. 便于形成先进的物流系统，提高企业生产管理水平

传统仓库只是货物储存的场所，保存货物是其唯一的功能，是一种“静态储存”。自动化立体仓库采用先进的自动化物料搬运设备，不仅能使货物在仓库内按需要自动存取，而且可以与仓库以外的生产环节进行有机的连接，并通过计算机管理系统和自动化物料搬运设备使仓库成为企业生产物流中的一个重要环节。企业外购件和自制生产件进入自动化仓库储存是整个生产的一个环节，短时储存是为了在指定的时间自动输出到下一道工序进行生产，从而形成一个自动化的物流系统，这是一种“动态储存”，也是当今自动化仓库发展的一个明显的技术趋势。

3. 按仓库结构分类

按照建筑物的空间位置不同，仓库一般分为地面仓库、半地下仓库和地下仓库三种。

(1)地面仓库。地面仓库是建筑于地面以上的建筑物，按其构造特征可分为封闭式仓库(包括平房库、楼房库、洞库、油罐等)、半封闭式仓库(即料棚，包括固定料棚和活动料棚)、露天场地(即货场)。

(2)半地下仓库。半地下仓库是一部分建筑在地平面以下、一部分露出地平面的仓库，此类仓库一般适合存放油料等易挥发、怕高温的物品。

(3)地下仓库。地下仓库建于地平面以下或山洞等处，其建筑结构与地面封闭式仓库略

同,但在建筑设计和施工方面应有防水、防潮等措施。

二、仓储管理

(一)概述

1. 仓储管理的概念

仓储管理简单来说就是对仓库及仓库内的物质所进行的管理,是仓储机构为了充分利用所具有的仓储资源提供高效的仓储服务所进行的计划、组织、控制和协调过程。具体来说,仓储管理包括仓储资源的获得、仓库管理、经营决策、商务管理、作业管理、仓储保管、安全管理、劳动人事管理、财务管理等一系列管理工作。

2. 仓储管理的任务

(1)利用市场经济的手段获得最大的仓储资源的配置。

(2)以高效率为原则组织管理机构。

(3)以不断满足社会需要为原则开展商务活动。

(4)以高效率、低成本为原则组织仓储生产。

(5)以优质服务、诚信为原则建立企业形象。

(6)通过制度化、科学化的先进手段不断提高管理水平。

(7)从技术到精神领域提高员工素质。

3. 仓储管理的基本内容

仓储管理的对象是仓库及库存物资,具体包括以下几个方面:

(1)仓库的选址与建筑问题。例如,仓库的选址原则、仓库建筑面积的确定、库内运输道路与作业区域的布置等。

(2)仓库机械作业的选择与配置问题。例如,如何根据仓库作业特点和所储存物资的种类以及其理化特性,选择机械装备以及应配备的数量,以及如何对这些机械进行管理等。

(3)仓库的业务管理问题。例如,如何组织物资出入库,如何对在库物资进行储存、保管与养护。

(4)仓库的库存管理问题。

此外,仓库业务的考核问题,新技术、新方法在仓库管理中的应用问题,仓库安全与消防问题等,都是仓储管理所涉及的内容。

4. 仓储管理的原则

1)效率的原则

(1)效率是指在一定劳动要素投入量时的产品产出量。

(2)较小的劳动要素投入和较高的产品产出量才能实现高效率。

(3)高效率就意味着劳动产出大,劳动要素利用率高,高效率是现代生产的基本要求。仓储的效率表现在仓容利用率、货物周转率、进出库时间、装卸车时间等指标上。

(4)“快进、快出、多存储、保管好”。

2)经济效益的原则

(1)厂商生产经营的目的是为了追求利润最大化,这是经济学的基本假设条件,也是社会现实的反映。

(2)利润是经济效益的表现。

(3)利润 = 经营收入 - 经营成本 - 税金。

3)服务的原则

(1)进入或者引起竞争时期:高服务、低价格且不惜增加仓储成本。

(2)积极竞争时期:用一定的成本实现较高的仓储服务。

(3)稳定竞争时期:提高服务水平,争取成本不断降低。

(4)已占有足够的市场份额处于垄断竞争(寡头)时服务水平不变,尽力降低成本。

退出阶段或完全垄断时,大幅降低成本,但也降低服务水平。

4)保证质量

仓储管理中的一切活动,都必须以保证在库物品的质量为中心。没有质量的数量是无效的,甚至是有害的,因为这些物品依然占用资金、产生管理费用、占用仓库空间。因此,为了完成仓储管理的基本任务,仓储活动中的各项作业必须有质量标准,并严格按标准进行作业。

5)确保安全

仓储活动中不安全因素有很多,有的来自库存物,如有些物品具有毒性、腐蚀性、辐射性、易燃易爆性等;有的来自装卸搬运作业过程,如每一种机械的使用都有其操作规程,违反规程就要出事故;还有的来自人为破坏。因此特别要加强安全教育、提高认识,制定安全制度,贯彻执行"安全第一,预防为主"的安全生产方针。

(二)仓储组织

1.仓储组织的目标及其基本内容

1)仓储组织的目标

仓储组织就是按照预定的目标,将仓库作业人员与仓库储存手段有效地结合起来,完成仓库作业过程各环节的职责,为商品流通提供良好的储存劳务。仓储组织的目标是按照仓储活动的客观要求和仓储管理上的需要,把与仓储有直接关系的部门、环节、人和物尽可能地合理组织搭配起来,使他们的工作协调、有效地进行;加速商品在仓库中的周转,合理地使用人力、物力,以取得最大的经济效益。用一句话来说明合理进行仓储组织的目标就是:使仓储活动实现"快进、快出、多储存、保管好、费用省"。

2)仓储组织的基本内容

仓储活动按照组织的主体不同主要可以分为仓储作业组织、仓储管理组织以及仓储人员组织。

(1)仓储作业组织。

为了实现上述仓储组织的目标,在组织仓储作业过程时,应考虑仓储系统的各因素影响,并注意以下几个原则:

①保持仓储作业过程的连续性。保持仓储作业过程的连续性是指储存物资在仓储作业过程的流动,在时间上是紧密衔接的、连续的。储存物资在库期间经常处在不停地运动之中,从物资到库后的卸车、验收、库内搬运、堆码,到出库时的备料、复核、装车等,都是一环紧扣一环,互相衔接的。因此,在组织仓储作业过程时,要求储存物资在各个环节或工序间的流动在时间上尽可能衔接起来,不发生或少发生各种不必要的停顿或等待时间,这样就可以缩短物资在各个环节的停留时间,加快物资运转,提高劳动生产率。

②保证仓储作业过程的比例性。保证仓储作业过程的比例性是指仓储作业过程的各个阶段、各个工序之间在人力、物力的配备和时间的安排上必须保持适当的比例关系。例如,验收场地和保管场地之间、运输力量和搬运力量之间、验收人员和保管人员之间、验收时间

和收发货时间之间等,都要有一个适当的比例。保持作业过程比例性,可以充分利用人力和设备,避免和减少物资在各个作业阶段和工序的停滞和等待,从而保证作业过程的连续性。而作业过程的比例性,主要取决于仓库总平面布置的正确性以及工人技术熟练程度等因素。因此,在进行仓库总平面布置时,就应注意这个问题,并且在组织作业过程中,还应充分考虑仓储作业具有不均衡性的特点,要经常了解和掌握各个环节的具体作业情况,事先做好各项准备和安排,采取措施,及时调整设备和作业人员,建立新的比例关系,避免某些环节由于缺少人力、设备,延长作业时间,而在另外一些环节上由于作业的停顿和等待,造成人员、设备的空闲。

(2)仓储管理组织。

仓储管理的组织职能是以一定的组织结构形式体现的。组织结构的形式是仓储管理组织各个部分及其整个企业经营组织之间关系的一种模式。

现代企业经营管理组织结构形式的不断演变,使物流仓库管理组织的结构形式也不断发展变化。一般来讲,组织机构都应包括决策指挥层、执行监督层以及反馈信息等机构。

管理机构的组织形式一般有:直线式、直线—职能式、水平结构式等。

①直线式仓储管理组织。对于小型仓库,人员不多,业务比较简单,可以采取直线式的组织形式,如图1-3所示。这种形式的机构,指挥和管理职能基本上都由仓储主管亲自执行,指挥管理统一,责任权限比较明确,组织精简,不设行政职能部门、科、组。

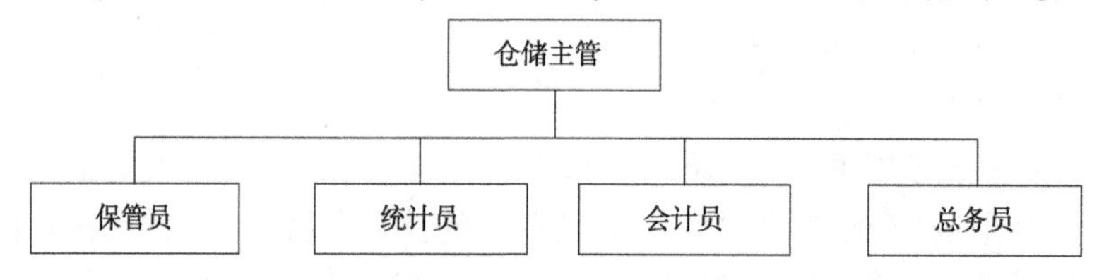

图1-3　直线式仓储管理组织

②直线—职能式仓储管理组织。直线—职能式仓储管理组织是目前普遍采用的一种组织形式,它按照一定的专业分工来划分车间、小组,按职能划分部门,建立行政领导系统的组织形式,如图1-4所示。这种形式因各职能部门分管的专业不同,虽然都是按照仓储统一的计划和部署进行工作,也还会发生种种矛盾,因此要注意各部门相互间的配合,促使各专业管理部门间的步调一致。

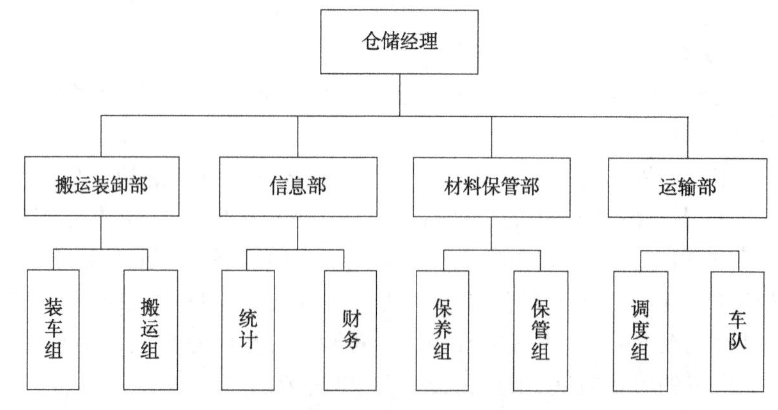

图1-4　直线—职能式仓储管理组织

③水平结构式的仓储管理组织。在很大程度上,仓储经理在所有的层次上,可能同时卷入计划和运作。物流经理应该充分意识到一线员工,诸如发送驾驶员,比组织的任何其他层

次的员工更多地接触客户,一个驾驶员对客户的要求和工作有效性的理解,对于计划和取得高水平绩效是至关重要的。

3)仓储人员组织。

人员组织是仓储管理中的一项重要内容,其范围十分广泛。一般说来,人员组织包括作业分工和人员配备,以及作业组织的形式和组织纪律等几个方面。作业分工和人员配备是仓储管理组织的基础。要在合理分工的基础上配备人员,以便发挥各作业人员的技术特长和工作能力,处理好分工和协作的关系。正确的作业分工是合理分配的前提,而合理的分工又是保证实现作业分工的重要条件。

2. 作业分工

科学合理的作业分工,一般应遵循以下三个原则:

(1)合理划分技术工作。根据仓储作业过程中所采用的设备、操作方法及对技术业务熟练程度的要求,把工作划分为若干区域,分配给不同技术状态的仓储人员或专门的技术人员来承担。

(2)保证充足工作量。在分工时,要保证每个员工在一个班组内都有足够的工作量。这是由于按技术业务内容分工与配备人员,虽有利于发挥工作人员的技术业务特长,但易造成工作人员负荷不足。所以,分工的粗细应以保证每个工作人员在每个岗位上都有足够的工作量为限度,同时还应考虑培养仓储人员一专多能。

(3)实行专门负责制。分配给一个员工单独担当工作的目的,在于使每个员工都有明确的责任,避免无人负责的现象,并且便于评价员工的劳动成果。按上述原则,根据仓储业务活动过程及其他工作,仓储作业分工可依其工作性质分为以下三类:

①与物资收、存、发直接相关的业务工作。

②协调业务工作顺利进行的管理性工作,如计划、统计、财会、人事等。

③为业务顺利进行的服务性的工作,如生活后勤、保安、设备、维修、水电等。

3. 工人员配备

合理配备人员,就是根据仓储各项工作的需要,给不同的工作配备相应工种的人员,做到人事相宜、人尽其才。对人员配备的要求如下:

(1)要使每个员工所承担的工作尽可能适合其本人的业务条件和工作能力。

(2)要使每个员工有满工作量,充分利用工时。

(3)要使每个员工都有明确的任务和责任,要建立岗位制度。

(4)要有利于加强员工间的联系和协作,保证各项工作的协调性。

(5)要有利于每个员工在岗位上的业务技术发展和全面素质的提高。

(6)要注意各工作岗位的相对稳定,以便于工作的顺利和管理。

仓储认知实训

【实训目标】

通过本次实训,使物流管理专业学生在理论学习的基础上,能直观地了解物流企业仓储管理运作流程和方法,进一步熟悉仓储管理各个岗位及每个岗位具体的工作内容,培养学生实际工作能力,做到理论与实践结合,为将来走上工作岗位打下基础。

【实训任务】

(1)仓储企业状况调查;

(2)仓储企业管理岗位调查及岗位要求；

(3)体会仓储在物流中的作用；

(4)参观物流管理专业实训中心自动化立体仓库。

【实训要求】

完成实训报告。

任务二　仓储合同与仓单

【应知应会】

通过本工作任务的学习与具体实施，学生应学会下列知识：

1. 掌握仓储合同的含义、特征，仓储合同种类，当事双方的权利和义务；
2. 理解仓储合同的订立过程，熟悉仓储合同的主要条款；
3. 理解仓储合同的有效和无效，熟悉仓储合同的违约责任和免责的相关规定；
4. 掌握仓单的定义、性质，熟悉仓单业务。

【学习要求】

1. 学生在上课前，预习仓储合同相关内容；
2. 结合网络了解经济法中有关合同方面的内容；
3. 能熟练使用仓储合同相关知识处理简单的合同纠纷；
4. 能根据仓单业务知识，会签发仓单，熟悉仓单分割、转让、仓单提货等业务。

仓储合同与合同违约

某汽车装配厂从国外进口一批汽车零件，准备在国内组装、销售。1994 年 3 月 5 日，与某仓储公司签订了一份仓储合同。合同约定，仓储公司提供仓库保管汽车配件，期限为 10 个月，从 1994 年 4 月 15 日起到 1995 年 2 月 15 日止，保管仓储费为 5 万元。双方对储存物品的数量、种类、验收方式、入库、出库的时间和具体方式、手续等作了约定。还约定任何一方有违约行为，要承担违约责任，违约金为总金额的 20%。

合同签订后，仓储公司开始为履行合同做准备，清理了合同约定的仓库，并且从此拒绝了其他人的仓储要求。1994 年 3 月 27 日，仓储公司通知装配厂已经清理好仓库，可以开始送货入库。但装配厂表示已找到更便宜的仓库，如果仓储公司能降低仓储费的话，就送货仓储。仓储公司不同意，装配厂明确表示不需要对方的仓库。4 月 2 日仓储公司再次要求装配厂履行合同，装配厂再次拒绝。

1994 年 4 月 5 日，仓储公司向法院起诉，要求汽车装配厂承担违约责任，支付违约金，并且支付仓储费。

汽车装配厂答辩合同未履行，因而不存在违约的问题。

案例思考

1. 该仓储合同是否生效？仓储合同生效的条件是什么？
2. 仓储公司的要求是否合理？能否在 1994 年 4 月 5 日起诉？法院能否受理？可能会

有怎样的判决？

一、仓储合同

（一）仓储合同的定义及特征

1. 仓储合同的定义

仓储合同也称为仓储保管合同，是指仓储保管人接受存货人交付的仓储物，并进行妥善保管，在仓储期满将仓储物完好地交还，保管人收取保管费的协议。《中华人民共和国合同法》第381条将仓储合同规定为："仓储合同是保管人储存存货人交付的仓储物，存货人支付仓储费的合同。"仓储合同是我国合同法分则的有名合同。同时《中华人民共和国合同法》（以下简称《合同法》）第395条规定："仓储合同分则未规定的事项，适用保管合同分则的有关规定。"

2. 仓储合同的特征

总体而言，仓储保管合同具有以下的特征：

（1）保管人须为有仓储设备并专门从事保管业务的人，仓储合同中为存货人保管货物的一方必须是仓库营业人。仓库营业人，可以是法人，也可以是个体工商户、合伙人、其他组织等，但必须具备一定的资格，即必须具备仓储设备和专门从事仓储保管业务的资格。所谓仓储设备，是指可以用于储存和保管仓储物的必要设施，这是保管人从事仓储经营业务必不可少的基本物质条件。对于仓储保管人应具备的仓储设备，虽然没有什么特别要求，但是，该设备须充分保证仓储能实现对存货人所存放货品进行保管的基本目的，即应当至少满足储藏和保管物品的需要。所谓从事仓储业务的资格，是指保管人必须取得专门从事或者兼营仓储业务的营业许可，这是国家对保管人从事仓储经营业务的行政管理要求。在我国，仓储保管人应当是在工商行政管理机关登记，从事仓储保管业务，并领取营业执照的法人或其他组织。根据《仓储保管合同实施细则》的规定，经工商行政管理机关核准是一切民事主体从事仓储经营业务的必要资格条件。

（2）仓储合同的标的物须为动产。在仓储合同中，存货人应当将仓储物交付给保管人，由保管人按照合同的约定进行储存和保管，因此，依合同性质而言，存货人交付的仓储对象必须是动产。换言之，不动产不能成为仓储合同的标的物。

（3）仓储合同是双务、有偿合同。根据《合同法》第381条规定，双务、有偿性显而易见。《合同法》第386条所规定的仓单的重要一项即为仓储费，第392条规定：如果存货人或者仓单持有人逾期提取仓储物，那么，保管人应当加收仓储费。因此，仓储合同为双务性、有偿性的合同。

（4）仓储合同为诺成合同。我国《合同法》第382条"仓储合同自成立时生效"的规定，确认了仓储合同为诺成性合同，而不是等到仓储物交付才生效。

（二）仓储合同的种类

1. 一般保管仓储合同

一般保管仓储合同是指仓库经营人提供完善的仓储条件，接受存货人的仓储物进行保管，在保管期届满，将原先收保的仓储物原样交还给存货人而订立的仓储保管合同。该仓储合同的仓储物为确定物，保管人需原样返还。

2. 混藏式仓储合同

混藏式仓储合同是指存货人将一定品质数量的种类物交付给保管人,保管人将不同存货人的同样仓储物混合保存,存期届满时,保管人只需以相同种类、品质、数量的商品返还给存货人,并不需要原物归还的仓储方式。这种仓储方式常见于粮食、油品、矿石或保鲜期较短的商品的储藏。混藏式仓储合同的标的物为确定种类物,保管人严格按照约定数量、质量承担责任,且没有合理耗损的权利。混藏式仓储合同具有保管仓储物价值的功能。

3. 消费式仓储合同

消费式仓储是指存货人在存放商品时,同时将商品的所有权转移给保管人,保管期满时,保管人只需将相同种类、品质、数量的替代物归还给存货人。存放期间的商品所有权由保管人掌握,保管人可以对商品行使所有权。消费保管的经营人一般具有商品消费能力,如面粉加工厂的小麦仓储、加油站的油库仓储、经营期货交易的保管人等。消费式仓储合同的不同之处是涉及仓储物所有权转移到保管人,自然地,保管人需要承担所有人的权利和义务。

4. 仓库租赁合同

仓库租赁是指仓库所有人将所拥有的仓库以出租的方式开展仓储经营,由存货人自行保管商品的仓储经营方式。仓储人只提供基本的仓储条件,进行一般的仓储管理,如环境管理、安全管理等,并不直接对所存放的商品进行管理。严格意义上来说,仓库租赁合同不是仓储合同,只是财产租赁合同,但是由于出租方具有部分仓储保管的责任,因而具有仓储合同的一些特性。

(三)仓储合同当事人双方

仓储合同的当事人双方分别为存货人和保管人。

1. 存货人

存货人是指将仓储物交付仓储的一方。存货人必须是具有将仓储物交付仓储的处分权的人,可以是仓储物的所有人,也可以是只有仓储权利的占有人,如承运人或者是受让仓储物但未实际占有仓储物的拟似所有人,或者有权处分人,如法院、行政机关等。存货人可以是法人、非法人单位、个人等的企业、事业单位、个体经营户、国家机关、群众组织、公民等。

2. 保管人

保管人为仓储货物的保管一方。根据《合同法》规定,保管人必须有仓储设备且具有专门从事仓储保管业务的资格。也就是说,保管人必须拥有仓储保管设备和设施,具有仓库、场地、货架、装卸搬运设施、安全、消防等基本条件,取得相应的公安、消防部门的许可。从事特殊保管的,还要有特殊保管的条件要求。设备和设施无论是保管人自有的还是租赁的,保管人必须具有有效的经营使用权。同时,从事仓储经营必须具有经营资格,进行工商登记,获得工商营业执照。保管人可以是独立的企业法人、企业的分支机构,或者个体工商户、其他组织等,可以是专门从事仓储业务的仓储经营者,也可以是贸易货栈、车站、码头的兼营机构以及从事配送经营的配送中心。

(四)仓储合同的标的和标的物

合同标的是指合同关系指向的对象,也就是当事人权利和义务指向的对象。仓储合同虽然约定的是仓储物的保管事项,但合同的标的却是仓储保管行为,包括仓储空间和仓储时间。保管人提供保管的空间和时间,保管仓储物,存货人为使用保管人的仓储行为支付仓储费。因而说仓储合同是一种行为合同,一种当事人双方都需要行为的双务合同。

标的物是标的的载体和表现,仓储合同的标的物就是存货人交存的仓储物。仓储物可以是生产资料,如生产原料、配件、组件、生产工具、运输工具等,也可以是生活资料,如一般商品,包括特定物或者种类物。但是仓储物必须是动产,能够移动到仓储地进行仓储保管,且是有形的实物动产,有具体的物理形状。不动产不能成为仓储物,货币、知识产权、数据、文化等无形资产和精神产品不能作为仓储物,如图书可以作为仓储物,但图书的著作权、书内的专利权不能成为仓储物。

(五)仓储合同的订立

1.要约与承诺

根据《合同法》的规定,当事人订立合同,采取要约、承诺的方式。仓储合同的订立,只要存货人与保管人之间依法就仓储合同的有关具体内容经过要约人要约与受要约人承诺,就表明双方意思表示达成一致,仓储合同即告成立。

2.要约与要约邀请

要约是希望和他人订立合同的意思表示。仓储合同的要约是指存货人或仓储人任何一方当事人,向另一方发出订立仓储合同的意思表示,它以具体的、足以使合同成立的主要条件为内容。一般来说,仓储合同要约的内容至少应当包括仓储物的名称、数量、质量、仓储时间。如果表明对方一经承诺,要约人即受该意思约束。

要约邀请是指希望他人向自己发出要约的意思表示。仓储合同的要约邀请是指仓储合同的当事人一方邀请不特定的一方与自己订立仓储合同的意思表示。例如,仓储人寄送仓储价目表或商业广告等即为要约邀请。根据仓储合同的特点和现实环境,仓储合同的要约最好是以书面形式发出,特别是对大批货物的储存与保管,甚至还要提出可行的储存计划。

3.承诺

承诺是受要约人同意要约的意思表示。仓储合同的承诺是指存货人或仓储人,受领另一方订立仓储合同的意思表示并完全同意的意思表示,即与要约的内容完全一致,即为承诺。存货人或仓储人作为受要约人对要约内容的任何扩充、限制或者其他变更,比如仓储物、仓储费、交付时间等的任何变更,都只能构成一项新要约,而非有效的承诺。

4.合同的订立

由于仓储合同是诺成合同。合同成立并不以仓储物的交付为条件,这是仓储保管合同不同于普通保管合同之处,所以仓储合同一旦订立,当事人双方的权利义务就已确定。仓储物的交付,是存货人的一项重要义务。其不及时交付仓储物并不影响合同成立,但应负担违约责任。同样,仓储合同订立后,仓储人若不能接受仓储合同约定数量的货物,也应承担违约责任。

5.订立仓储合同的原则

1)平等的原则

当事人双方法律地位平等是合同制度的基础,是任何合同行为都需要遵循的原则。订立仓储合同的双方应本着平等的法律地位的心态,进行平等协商,订立公平的合同。平等的原则还包括订立合同机会平等的原则,不能采取歧视的方式选择订立合同。

2)等价有偿的原则

仓储合同是双务合同,合同双方都要承担相应的合同义务,享受相应的合同利益。保管人的利益体现在收取仓储费和劳务费上,保管人在仓储过程中劳动和资源投入的多少决定了其所能获得报酬的多少。等价有偿的原则也体现为当事人双方合同权利和义务对等上。

3）自愿与协商一致的原则

当事人在订立合同时完全根据自身的需要和条件，利用各自的知识和能力，通过广泛的协商，双方在整体上接受合同的约定，是合同生效的条件。采取任何胁迫、欺诈的手段订立的合同都是无效的合同。合同未经协商一致，将来在合同履行中会发生严重的争议，会造成合同无法履行。

4）合法和不损害社会公共利益

当事人在订立合同时要严格遵守法律法规的规定，不得进行违反任何法规强制规定的经济主体、公民不能从事的行为，包括不能发生超越经营权、侵害所有权、侵犯国家主权、危害环境等违法行为。不损害社会公共利益的原则要求合同主体在合同行为中不进行有损社会安定、扰乱社会经济秩序、妨碍人民生活、进行不道德的行为等不良行为。尊重社会公德，维护国家形象，有利于精神文明的发展。不损害社会公共利益从内容上说属于道德规范，但在《合同法》的规范中形成了法律规范，损害社会公共利益已成为了违法的行为。

6. 合同的形式

根据《合同法》的规定，合同可以采用书面形式、口头形式或其他形式，采用电报、电传、传真和电子数据、电子邮件也可以作为书面形式，因而仓储合同可以采用书面形式、口头形式或者其他形式。订立仓储合同的要约、承诺也可以是书面的、口头的或其他的形式。由于仓储的货量较大、存期较长，可能涉及配送、加工等作业，并涉及第三人的仓单持有人，因此仓储合同使用完整的书面合同较为合适，书面完整合同有利于合同的保管、履行和发生争议时的处理。

合同的其他形式包括通过行为订立合同、签发格式合同等表示双方达成一致意见的形式。在未订立合同之前，存货人将货物交给仓储保管人，保管人接收货物，则构成合同成立。在周转极为频繁的公共仓储中，保管人可以采用预先已设定好条件的格式合同的形式订立合同。在格式合同中，存货人只有签署或者不签署合同的权利，而没有商定格式合同条款的权利。

（六）仓储合同的主要条款

1. 仓储合同主要条款的含义

仓储合同的主要条款是存货人和仓储人协商一致而订立的，规定双方所享有的主要权利和承担的主要义务的条款，又称为合同的主要内容。仓储合同的主要条款是检验合同的合法性、有效性及当事人民事责任的重要依据。仓储合同的主要条款，有的是法律规定的，有的是合同性质所确定的，还有一些是存货人、仓储人双方约定或其中一方所要求而另一方同意列入的。

2. 仓储保管合同的主要内容

根据我国仓储营业的实践，仓储保管合同的内容应包括以下条款：

（1）双方当事人的名称或姓名、营业地或住所、电话和传真、开户银行及账号等。

（2）合同编号。

（3）货物的品名、品种、规格。

（4）货物的数量、质量和包装。

（5）货物验收的内容、标准、方法、时间。

（6）货物保管条件和保管要求。

（7）货物入库和出库的手续、时间、运输方式。

(8)货物的损耗标准和损耗处理。

(9)计费项目、标准和结算方式、时间。

(10)双方的权利、义务。

(11)合同的担保。

(12)违约责任。

(13)合同的有效期限。

(14)合同的变更和解除。

(15)争议的解决方式。

(16)合同签订的地点、时间。

(17)双方约定的其他服务项目,如货物包装、商检、保险、运输以及其他服务项目。

(18)对涉外仓储合同还应包括合同当事人的国籍、合同文本采用的文字及效力,费用结算的货币等条款。

(19)不可抗力。

(20)双方约定的其他事项。

(21)双方当事人的签字、盖章。

3. 仓储合同的生效和无效

1)仓储合同的生效合同

仓储合同为诺成性合同,在合同成立时就生效。仓储合同生效的条件为合同成立,具体表现为:双方签署合同书;合同确认书送达对方;受要约方的承诺送达对方;公共保管人签发格式合同或仓单;存货人将仓储物交付保管人,保管人接受。

无论仓储物是否交付存储,仓储合同在成立时便生效。在仓储合同生效后,发生的存货人未交付仓储物、保管人不能接受仓储物都是仓储合同的未履行,由责任人承担违约责任。

2)仓储合同的无效合同

无效合同是指已订立的,但由于违反了法律规定,从而被认定为无效的合同。合同无效由人民法院或者仲裁机构、工商行政机关认定,可以认定为合同整体无效或者部分无效,可以采取变更或者撤销的方式处理。合同无效可以在合同订立之后、履行之前、合同履行之中或者合同履行之后认定。

无效仓储合同的形式有:一方以欺诈、胁迫手段订立合同,损害国家利益的仓储合同;恶意串通,损害国家、集体或者第三人利益的仓储合同;以合法形式掩盖非法目的的仓储合同;损害社会公共利益的仓储合同;违反法律、行政法规强制性规定的仓储合同;无效代理的合同。对于由于因重大误解订立的合同、在订立合同中显失公平的合同当事人一方有权请求人民法院或者仲裁机构给予变更或者撤销。

无论无效合同在什么时候被认定,都是自始无效,也就是说,因无效合同所产生的民事关系无效,依法采取返还财产、折价赔偿等使因无效合同所产生的利益消亡,通过没收所得对违法造成合同无效一方给予处罚。

(七)仓储合同格式

仓储合同可以分为单次仓储合同、长期仓储合同、仓库租赁合同、综合仓储合同等。仓储合同是不要式合同,当事人可以协议采用任何合同格式。

1. 合同书

合同书是仓储合同的最常用格式。合同书由合同名称、合同编号、合同条款、当事人签署四部分构成。合同书具有形式完整、内容全面、程序完备的特性，便于合同订立、履行、留存及合同争议的处理。

2. 确认书

在采取口头（电话）、传真、电子电文等形式商定合同时，为了明确合同条款和表达合同订立，常常采用一方向另一方签发确认书的方式确定合同。确认书就是合同的格式的主要部分，由于确认书仅有发出确认书的一方签署，与完整合同书不同。确认书有两种形式：一种仅列明合同的主要事项，合同的其他条款在其他文件中表达，如传真“本公司同意接受贵公司9月20日提出的仓储200t钢管的要求，请按时送货”；另一种是将完整合同事项列在确认书上，相当于合同书的形式。

3. 计划表

在订立长期仓储合同关系时，对具体仓储的安排较多采用计划表的形式，由存货人定期制订仓储计划交保管人执行。计划表就是长期仓储合同的补充合同或执行合同。

4. 格式合同

对于仓储周转量极大、每单位仓储物量较小，也就是次数多、批量少的公共仓储，如车站仓储等，保管人可以采用格式合同。格式合同是由一方事先拟定，并在工商管理部门备案的单方确定合同，在订立合同时只是由保管人填写仓储物、存期、费用等变动事项后直接签发并让存货人签认，不进行条款协商。

（八）仓储合同的变更、解除

在合同生效后，当事人应按照约定全面履行自己的义务，任何一方不得擅自变更和解除合同，这是《合同法》所确定的合同履行原则。仓储经营具有极大的变动性和复杂性，会因为主客观情况的变化而发生变化，为了避免当事人双方的利益受到更大的损害，变更或者解除已生效的不利合同是更有利的选择。

1. 仓储合同的变更

仓储合同的变更是指对已生效的仓储合同的内容进行修改或者补充，不改变原合同的关系和本质事项。

仓储合同当事人一方因为利益需要，向另一方提出变更合同的要求，并要求另一方在限期内答复，另一方在期限内答复同意变更，或者在期限内未作答复，则合同发生变更，双方按照变更后的条件履行。如果另一方在期限内明确拒绝变更，则合同不能变更。合同变更后按变更后的合同履行，对变更前已履行的部分没有追溯力，但因为不完全履行发生的利益损害，可以作为请求赔偿的原因，或者变更合同的条件。

2. 仓储合同的解除

仓储合同的解除是指未履行的合同或合同还未履行部分不再履行，使希望发生的权利义务关系消亡，终止合同履行。

1）仓储合同解除的方式

（1）存货人与保管人协议解除合同。协议解除合同和协议订立合同一样，是双方意见一致的结果，具有至高的效力。解除合同协议可以在合同生效后、履行完毕之前双方协商达成解除合同的协议；也可以在订立合同时订立解除合同的条款，当约定的解除合同的条件出现时，一方通知另一方解除合同。

（2）出现法律规定的仓储合同解除条件而解除合同。这是当事人双方依照《合同法》规定的有权采取解除合同的法律规定的行为。《合同法》规定：因不可抗力致使合同的目的不能实现,任何一方可通知对方解除合同;一方当事人预期违约,另一方可以行使合同解除权;仓储合同的一方当事人迟延履行合同义务,经催告后在合理期限内仍未履行,另一方可以解除合同;仓储合同一方当事人迟延履行义务或者有其他违约行为致使合同目的不能实现,另一方可以解除合同。一方依法选择解除合同的,只要书面向对方发出解除合同的通知,当通知到达对方,合同解除。有权解除合同一方也可以要求人民法院或仲裁机构确定解除合同。

2)仓储合同解除后的后果

合同解除后,因为仓储合同所产生的存货人和保管人的权利义务关系消灭,对于未履行的合同也终止履行。合同解除并不影响合同的清算条款的效力,双方仍需要按照清算条款的约定承担责任和赔偿损失,需承担违约责任的一方仍要依据合同约定承担违约责任、采取补救措施和赔偿损失的责任。如违约的存货人需要对仓库空置给予补偿,造成合同解除的保管人要承担运输费、转仓费、仓储费差额等损失赔偿。

(九)仓储合同当事人的权利和义务

1.保管方的义务与存货方的权利

(1)保证货物完好无损。

(2)对库场因货物保管而配备的设备,保管方有义务加以维修,保证货物不受损害。

(3)在由保管方负责对货物进行搬运、看护、技术检验时,保管方应及时委派有关人员。

(4)保管方对自己的保管义务不得转让。

(5)保管方不得使用保管的货物,不对此货物享有所有权和使用权。

(6)保管方应做好入库的验收和接受工作,并办妥各种入库凭证手续,配合存货方做好货物的入库和交接工作。

(7)对危险品和易腐货物,如不按规定操作和妥善保管,造成毁损,则由保管方承担赔偿责任。

(8)一旦接受存货方的储存要求,保管方应按时接受货物入场。

2.存货方的义务与保管方的权利

(1)存货方应确保入库场的货物数量、质量、规格、包装与合同规定内容相符,并配合保管方做好货物入库场的交接工作。

(2)按合同规定的时间提取委托保管的货物。

(3)按合同规定的条件支付仓储保管费。

(4)存货方应向保管方提供必要的货物验收资料。

(5)对危险品货物,必须证明有关此类货物的性质、注意事项、预防措施、采取的方法等。

(6)由于存货方原因造成退仓、不能入库场的,存货方应按合同规定赔偿保管方。

(7)由于存货方原因造成不能按期发货的,由存货方赔偿逾期损失。

(十)违约责任和免责

1.仓储合同违约行为的表现形式

1)拒绝履行

拒绝履行是指仓储合同的义务一方当事人无法律或约定根据而不履行义务的行为。仓储合同不履行的表现,不以明示为限,单方毁约、没有履行义务的行为、将应当交付的仓储物作其他处分等,均可以推断为不履行义务的表现。如存货人在储存期间届满时,保管人履行了储存与保管义务后,不支付仓储费;保管人在约定的期限内不返还仓储物或将仓储物挪作他用等。如果仓储合同的义务人拒绝履行义务，权利人有权解除合同；给权利人造成损失的，权利人有权请求义务人赔偿其损失。

2）履行不能

仓储合同的履行不能是指当事人应履行义务的一方无力按合同约定的内容履行义务。履行不能可能由于客观原因不能履行，如仓储物因毁损、灭失而不能履行；也可能是由于主观过错而不能履行义务，如保管人将仓储物返还给存货人。履行不能的情况自仓储合同成立时就已经存在的，则为原始不能；如果是在合同关系成立以后才发生的，则为嗣后不能，如仓储物于交付前灭失。如果仓储物只灭失部分，则为部分不能；如果全部灭失的，则为全部不能。由于自己的原因而不能履行义务的，为事实上的不能；由于法律上的原因而不能履行义务的，为法律上的不能。

仓储合同不同种类的履行不能，其后果亦不相同。但总的来说，除自始的客观不能及原始的法律不能外，其他各项履行不能，将产生以下法律后果：

(1)权利人可以请求赔偿损失。由于保管人的违约导致履行不能，存货人可以要求解除合同，追究保管人的违约责任。如果是因存货人违约导致履行不能，保管人可追究其违约责任。

(2)属一时履行不能的，权利人可请求赔偿损失、解除合同、追究义务人的违约责任；可以继续履行的，则可要求继续履行并追究其迟延责任。

3）履行迟延

因可归责于义务人的原因，未在履行期内履行义务的行为，为履行迟延。在仓储合同中，保管人未在合同规定的期限内返还仓储物，存货人未按时将货物入库，未在约定的期限内支付仓储费用等行为均属于履行迟延。履行迟延具有以下特征：

(1)义务人未在履行期限内履行义务。

(2)其行为具有违法性。

(3)义务人有履行能力，如果义务人无履行能力，则属于履行不能。

义务人履行迟延，经催告后在合同期限内的未履行，权利人可以解除合同，请求义务人支付违约金和赔偿损失。

4）履行不适当

履行不适当，即未按法律规定、合同约定的要求履行的行为。在仓储合同中，在货物的入库、验收、保管、包装、出库等任何一个环节未按法律规定或合同的约定去履行，即属不适当履行。由于履行不适当不属于真正的履行，因此作为仓储合同权利主体的一方当事人，可以请求补偿，要求义务人承担违约责任，支付违约金并赔偿损失，此外还可以根据实际情况要求解除合同。

2. 仓储合同的违约责任及其承担方式

仓储合同的违约责任是指仓储合同的当事人在存在仓储违约行为时所应该依照法律或者双方的约定而必须承担的民事责任。通过法定的和合同约定的违约责任的承担，增加违约成本，弥补被违约方的损失，减少违约的发生，有利于市场的稳定和秩序。违约责任往往以弥补对方的损失为原则，违约方需对对方的损失，包括直接造成的损失和合理预见的利益损失给予弥补。违约责任的承担方式有支付违约金、损害赔偿、继续履行、采取补救措施等。

1）支付违约金

违约金是指一方违约应当向另一方支付的一定数量的货币。从性质上而言，违约金是

"损失赔偿额的预定",具有赔偿性,同时,又是对违约行为的惩罚,具有惩罚性。在仓储合同中,赔偿性违约金是指存货人与保管人对违反仓储合同可能造成的损失而做出的预定的赔偿金额。当一方当事人违约给对方当事人造成某种程度的损失,而且这种数额超过违约金数额时,违约的一方当事人应当依照法律规定实行赔偿,以补足违约金不足部分。惩罚性违约金,是指仓储合同的一方当事人违约后,不论其是否给对方造成经济损失,都必须支付的违约金。

违约金分为法定违约金和约定违约金两种。法定违约金是指法律或法规有明确规定的违约金。根据法律、法规对违约金的比例是否有明确规定,法定违约金又可分为两种。一种是固定比率的违约金,即有关法规具体规定了违约金的交付比率;另一种是浮动比率的违约金,即有关法律只规定了违约金上下浮动界限的百分比,具体比例由当事人在此范围内约定。对于仓储合同,我国法律只规定了固定比率的违约金,而没有规定浮动比率的违约金。

约定违约金是指仓储合同当事人在签订合同时协商确定的违约金。约定违约金是仓储合同当事人的自主意思表示,没有比例幅度,完全由存货人与保管人协商确定。但是,当事人约定违约金既不能过高,也不能过低,过高会加重违约方的经济负担,过低又起不到其应有的督促当事人履行合同的作用。

法定违约金与约定违约金发生冲突时,应当是约定违约金优先适用,但在充分尊重约定的前提下,依诚实信用及公平原则,国家对约定违约金进行适度干预也是完全必要的。

2)损害赔偿

损害赔偿是指合同的一方当事人在不履行合同义务或履行合同义务不符合约定的情形下,在违约方履行义务或者采取其他补救措施后,在对方还有其他损失时,违约方承担赔偿损失的责任。作为承担违反合同责任的形式之一,损害赔偿最显著的性质特征即为补偿性。在合同约定有违约金的情况,损害赔偿的赔偿金是用来补偿违约金的不足部分,如果违约金已能补偿经济损失,就不再支付赔偿金。但是,如果合同没有约定违约金,只要造成了损失,就应向对方支付赔偿金。由此可见,赔偿金是对受害方实际损失的补偿,是以弥补损失为原则的。

受害方的实际损失包括直接经济损失和间接经济损失。直接经济损失,又称实际损失,是指仓储合同的一方当事人因对方的违法行为所直接造成的财物的减少。如仓储合同中仓储物本身灭失或毁损时,为处理损害后果的检验费、清理费、保管费、劳务费或采取其他措施防止损害事态继续扩大的直接费用支出等。

间接经济损失,是指因仓储合同一方当事人的违约行为而使对方失去实际上可以获得的利益。它包括利润的损失(主要是指被损害的财产可以带来的利润)、利息的损失、自然孳息的损失等。

尽管违约方承担的是完全赔偿责任,但是损害赔偿也不能超过违反合同一方当事人于订合同时预见到或者应当预见到的因违反合同可能造成的损失。因此,在确定损害赔偿责任时,应注意避免损害赔偿的扩大。在违约行为发生时,受害一方当事人有及时采取防止损失扩大的义务,没有及时采取措施致使损失扩大的,无权就扩大的部分要求赔偿。

3)继续履行

继续履行是指一方当事人在不履行合同时,对方有权要求违约方按照合同规定的标的履行义务,或者向法院请求强制违约方按照合同规定的标的履行义务,而不得以支付违约金和赔偿金的办法代替履行。

通常来说,继续履行的构成要件如下:

(1)仓储合同的一方当事人有违约行为。

(2)违约一方的仓储合同当事人要求继续履行。

(3)继续履行不违背合同本身的性质和法律。

(4)违约方能够继续履行。

在仓储合同中,要求继续履行作为非违约方的一项权利,是否需要继续履行,取决于仓储合同非违约一方的当事人,他可以请求支付违约金、赔偿金,也可以要求继续履行。

4)采取补救措施

所谓补救措施,是指在违约方给对方造成损失后,为了防止损失的进一步扩大,由违约方依照法律规定承担的违约责任形式。如仓储物的更换、补足数量等。从广义而言,各种违反合同的承担方式,如损害赔偿、违约金、继续履行等,都是违反合同的补救措施,它们都是使一方当事人的合同利益在遭受损失的情况下能够得到有效的补偿与恢复。因此,这里所称的采取补救措施仅是从狭义上而言,是上述补救措施之外的其他措施。在仓储合同中,这种补救措施表现为当事人可以选择偿付额外支出的保管费、保养费、运杂费等方式,一般不采取实物赔偿方式。

3. 仓储合同违约责任的免除

免除民事责任,是指不履行合同或法律规定的义务,致使他人财产受到损害时,由于有不可归责于违约方的事由,法律规定违约方可以不承担民事责任的情况。仓储合同订立后,如果客观上发生了某些情况阻碍了当事人履行仓储合同义务,这些情况如果符合法律规定的条件,违约方的违约责任就可以依法免除。

1)不可抗力

不可抗力是指当事人不能预见、不能避免并且不能克服的客观情况。它包括自然灾害和某些社会现象。前者如火山爆发、地震、台风、冰雹和洪水侵袭等,后者如战争、罢工等。因不可抗力造成仓储保管合同不能履行或不能完全履行时,违约方不承担民事责任。

合同签订后因出现不可抗力的时间不同,会有几种不同的法律后果:当出现不可抗力以后,再要求义务人继续履行义务已无任何可能性时,可以全部免除当事人的履行义务不可抗力的出现只对合同的部分履行带来影响,在此情况下只能免除不能履行部分的责任如果不可抗力的出现只是对合同的履行暂时产生影响,等不可抗力的情势消失后,当事人应继续履行合同。

不可抗力的免责是有条件的,在不可抗力发生以后,作为义务方必须要采取以下积极的措施才可以免除其违约责任:

(1)发生不可抗力事件后,应当积极采取有效措施,尽最大努力避免和减少损失,如果当事人有能力避免损失的加剧,但未采取有效措施致使损失扩大,扩大的损失不属于不可抗力造成的损失。

(2)发生不可抗力事件后,应当及时向对方通报不能履行或延期履行合同的理由。及时通报的目的是使对方当事人根据合同不能履行的具体情况,采取适当措施,尽量避免或减少由此而造成的损失。如果遭受不可抗力的一方没有及时通报,由此而加重了对方的损失,则加重部分不在免责之列。

(3)发生不可抗力事件后,应当取得有关证明。即遭遇不可抗力的当事人要取得有关机关的书面材料,证明不可抗力发生以及影响当事人履行合同的情况,这样如果日后发生纠纷,也可以做到有据可查。

2)仓储物自然特性

根据《合同法》及有关规定,由于储存货物本身的自然性质和合理损耗,造成货物损失的,当事人不承担责任。如原商业部发布的《国家粮油仓库管理办法》中规定,一般粮食保管自然损耗率(即损耗量占入库量的百分比)为:保管时间在半年以内的,不超过0.10%;保管时间在半年以上至1年的,不超过0.15%;保管时间在1年以上直至出库,累计不超过0.20%。因此,在此范围内的损耗属于合理损耗,保管人对此不承担任何责任。

3)存货人的过失

由于存货人的原因造成仓储物的损害,如包装不符合约定、未提供准确的验收资料、隐瞒和夹带、存货人的错误指示和说明等,保管人不承担赔偿责任。

4)合同约定的免责

基于当事人的利益,双方在合同中约定免责事项,对负责事项造成的损失,不承担互相赔偿责任。如约定货物入库时不验收重量,则保管人不承担重量短少的赔偿责任;约定不检验货物内容质量的,保管人不承担非作业保管不当的内容变质损坏责任。

二、仓单

(一)仓单概念

仓单(Warehouse receipt)是保管人收到仓储物后给存货人开付的提取仓储物的凭证。仓单除作为已收取仓储物的凭证和提取仓储物的凭证外,还可以通过背书转让仓单项下货物的所有权,或者用于出质。存货人在仓单上背书并经保管人签字或者盖章,转让仓单始生效力。存货人以仓单出质应当与质权人签订质押合同,在仓单上背书并经保管人签字或者盖章,将仓单交付质权人后,质押权始生效力。仓单样本如图1-5所示。

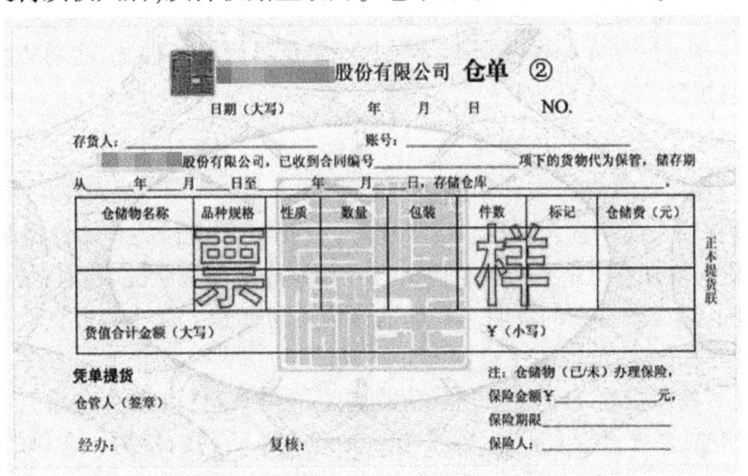

股份有限公司 仓单 ②

日期(大写)　　年　月　日　　NO.

存货人:________　　账号:________

股份有限公司,已收到合同编号________项下的货物代为保管,储存期从____年____月____日至____年____月____日,存储仓库________。

仓储物名称	品种规格	性质	数量	包装	件数	标记	仓储费(元)
货值合计金额(大写)					¥(小写)		

正本提货联

票样

凭单提货

仓管人(签章)

注:仓储物(已/未)办理保险,

保险金额¥________元,

保险期限________

经办:　　复核:　　保险人:________

图1-5　仓单样本

(二)性质

1.仓单为有价证券

《合同法》第387条规定:"仓单是提取仓储物的凭证。存货人或者仓单持有人在仓单上背书并经保管人签字或者盖章的,可以转让提取仓储物的权利。"可见,仓单表明存货人或者仓单持有人对仓储物的交付请求权,故为有价证券。

2. 仓单为要式证券

《合同法》第386条规定，仓单须经保管人签名或者盖章，且须具备一定的法定记载事项，故为要式证券。依此条款的规定，仓单的法定必要记载事项共有以下八项：

(1)存货人的名称或者姓名和住所。

(2)仓储物的品种、数量、质量、包装、件数和标记。

(3)仓储物的损耗标准。

(4)储存场所。

(5)储存期间。

(6)仓储费。

(7)仓储物已经办理保险的，其保险金额、期间以及保险人的名称。

(8)填发人、填发地和填发日期。仓单是提取仓储物的凭证。仓单不像提单那样可以通过背书流通转让。持有人将仓单转让给第三人时，须办理过户手续，第三人才能取得货物的所有权。

3. 仓单为物权证券

仓单上所载仓储物的移转，必须自移转仓单转移后其所记载货物所有权转移才能转移，故仓单为物权证券。

4. 仓单为文义证券

所谓文义证券是指证券上权利义务的范围以证券的文字记载为准。仓单的记载事项决定当事人的权利义务，当事人须依仓单上的记载主张权利义务，故仓单为文义证券、不要因证券。

5. 仓单为自付证券

仓单是由保管人自己填发的，又由自己负担给付义务，故仓单为自付证券。

仓单证明存货人已经交付了仓储物和保管人已经收到了仓储物的事实，它作为物品证券，在保管期限届满时，存货人或者仓单持有人可凭仓单提取仓储物，也可以背书的形式转让仓单所代表的权利。

(三)作用

仓单，作为仓储保管的凭证，其作用是显而易见的。仓单的作用主要表现在以下几个方面：

(1)仓单是保管人向存货人出具的货物收据。当存货人交付的仓储物经保管人验收后，保管人就向存货人填发仓单。仓单是保管人已经按照仓单所载状况收到货物的证据。

(2)仓单是仓储合同存在的证明。仓单是存货人与保管人双方订立的仓储合同存在的一种证明，只要签发仓单，就证明了合同的存在。

(3)仓单是货物所有权的凭证。它代表仓单上所列货物，谁占有仓单就等于占有该货物，仓单持有人有权要求保管人返还货物，有权处理仓单所列的货物。仓单的转移，也就是仓储物所有权的转移。因此，保管人应该向持有仓单的人返还仓储物。也正是由于仓单代表着其项下货物的所有权，所以，仓单作为一种有价证券，也可以按照《担保法》的规定设定权利质押担保。

(4)仓单是提取仓储物的凭证。仓单持有人向保管人提取仓储物时，应当出示仓单。保管人一经填发仓单，则持单人对于仓储物的受领，不仅应出示仓单，而且还应缴回仓单。仓单持有人为第三人，而该第三人不出示仓单的，除了能证明其提货人身份外，保管人应当拒绝返还仓储物。

此外,仓单还是处理保管人与存货人或提单持有人之间关于仓储合同纠纷的依据。

(四)仓单业务

1. 仓单的签发

当存货人将仓储物交给仓储保管人时,仓储保管人应对仓储物进行验收,确认仓储物的状态,在全部仓储物入库后,填制签发仓单。仓储保管人在填制仓单时,必须将所有接受的仓储物的实际情况如实记录在仓单上,特别是对仓储物的不良状态更是要准确描述,以便到期时能按仓单的记载交还仓储物。仓单经仓储保管人签署后才能生效。《合同法》规定,仓储保管人只签发一式两份仓单,一份为正式仓单,交给存货人;另一份为存根,由仓储保管人保管。仓单副本则根据业务需要复制相应份数,但须注明为“副本”。

2. 仓单的分割

存货人将一批仓储物交给仓储保管人时,因为转让的需要,要求仓储保管人签发分为几份的仓单,或者仓单持有人要求保管人将原先的一份分拆成多份仓单,以便向不同人转让,这种类型的业务被称为仓单的分割。分割后的各份仓单所载的仓储物总和数应与仓储物实际总数相同。如果仓储保管人对已经签发的仓单进行了分割,必须将原仓单收回。

3. 仓单转让

仓单持有人需要转让仓储物时,可以采用背书转让的方式进行。仓单转让生效的条件为:背书完整,且经过保管人签字盖章。背书转让的出让人为背书人,受让人为被背书人。背书的格式为:

兹将本仓单转让给×××(被背书人的完整名称) ×××(背书人的完整名称) 背书经办人签名 日期

仓单背书转让样本如图1-6所示。

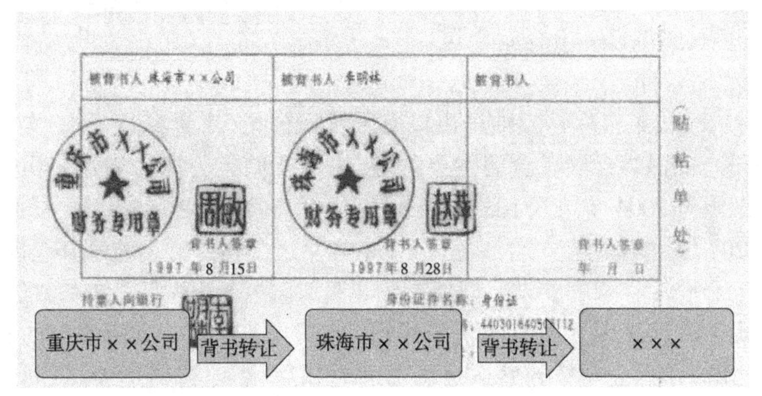

图1-6　仓单背书转让样本

仓单可以进行多次背书转让,第一次背书的存货人为第一背书人。在第二次转让时,第一次被背书人就成为第二背书人,因而背书过程是衔接的完整过程,任何参与该仓单转让的人都在仓单的背书过程中记载。值得注意的是,如果仓单中明确记载了不得背书的,则仓单持有者即使做了背书,也不能发生转让提取仓储物权利的效力。

4. 凭单提货

在仓储期满或经仓储保管人同意的提货时间,仓单持有人向仓储保管人提交仓单并出示身份证明，经保管人核对无误后，仓储保管人给予办理提货手续。

5. 仓单灭失的提货

原则上，提货人不能提交仓单，仓储保管人不能交付货物，无论对方是合同订立人还是其他人。因为仓储保管人签发出仓单就意味着承认只能对仓单承担交货的责任，不能向仓单持有人交付存储物就需要给予赔偿。在实际业务操作过程中会出现仓单因故损毁和灭失、无单提货的情况。仓单灭失的提货方法一般有以下两种：

(1)通过人民法院的公示催告使仓单失效。当60天公示期满无人争议，法院可以判决仓单无效，申请人可以向仓储保管人要求提取仓储物。

(2)提供担保提货。提货人向仓储保管人提供仓储物的担保后提货，由仓储保管人掌握担保财产，将来另有人出示仓单而不能交货赔偿时，仓储保管人使用担保财产进行赔偿。该担保在可能存在的仓单失效后，方可解除担保。

仓储合同及仓单实训

【实训目标】

通过实训要求学生了解仓储合同的基本形式，掌握仓储合同的签订方法，把握仓储合同签订的注意事项。

【实训任务】

1. 模拟仓储合同签订

2004年6月3日，郑州市盛达粮油进出口有限责任公司与郑州市东方储运公司签订了一份仓储合同。合同约定：由东方储运公司为盛达公司储存保管小麦60万kg，保管期限自2004年7月10日至11月10日，储存费用为5万元，任何一方违约，均按储存费用的20%支付违约金。2004年8月10日，郑州市盛达粮油进出口公司将所储存的60万kg小麦转让给了郑州市金象面粉厂。请分组模拟郑州市盛达粮油进出口有限责任公司和郑州市东方储运公司合同签订过程，并拟订一份仓储合同。

2. 案例分析

2004年6月3日，某市盛达粮油进出口有限责任公司(下称盛达公司)与该市东方储运公司签订了一份仓储保管合同。合同主要约定：由东方储运公司为盛达公司储存保管小麦60万kg，保管期限自2004年7月10日至11月10日，储存费用为5万元，任何一方违约，均按储存费用的20%支付违约金。合同签订后，东方储运公司即开始清理其仓库，并拒绝其他有关单位在这三个仓库存货的要求。同年7月8日，盛达公司书面通知东方储运公司：因收购的小麦尚不足10万kg，故不需存放贵公司仓库，双方于6月3日所签订的仓储合同终止履行，请谅解。东方储运公司接到盛达公司书面通知后，遂电告盛达公司：同意仓储合同终止履行，但贵公司应当按合同约定支付违约金1万元。盛达公司拒绝支付违约金，双方因此而形成纠纷，东方储运公司于2004年11月21日向人民法院提起诉讼，请求判令盛达公司支付违约金1万元。请问：如何判罚才是正确的？依据是什么？

3. 模拟仓单签发及转让、提货等业务

2013年10月5日，江西交通职业技术学院仓储中心收到江西神马公司(法人代表李四)王二送来仓储货物，合同编号为20130516001，仓管人员验收合格后接受货物仓储，现送货人要求仓储人员开具仓单，请根据以下货物模拟仓储员签发相应的仓单。货物信息见表1-1。

货物信息表 表 1-1

货物名称	规格	单价	数量	单位	金额
康佳电视	42 英寸	3 000 元	50	台	150 000 元

要求：

(1)学生能掌握标准仓单的格式；

(2)学生能根据货物信息签发相应的仓单；

(3)将此仓单转让背书给江西特色物流服务有限公司,法人代表张三；

(4)如果存货人持此仓单来仓库提货,仓管人员应怎么操作?

【实训道具】

1. 仓储合同；
2. 仓单样本。

【实训要求】

1. 撰写实训报告,记录学习的收获及心得体会；
2. 能根据内容,草拟仓储合同；
3. 能填写仓单并进行仓单业务。

【实训考核】

实训考核表见表 1-2。

实训考核表 表 1-2

<table>
<tr><td>考核人</td><td></td><td>被考核人</td><td></td></tr>
<tr><td>考核地点</td><td colspan="3"></td></tr>
<tr><td>考核内容</td><td colspan="3">仓储合同和仓单实训</td></tr>
<tr><td rowspan="7">考核标准</td><td>具 体 内 容</td><td>分值(分)</td><td>实 际 得 分</td></tr>
<tr><td>仓储合同、仓单书写规范</td><td>30</td><td></td></tr>
<tr><td>合同签订的流程正确</td><td>20</td><td></td></tr>
<tr><td>洽谈用语符合商务规范</td><td>20</td><td></td></tr>
<tr><td>实训报告完成认真,按时提交</td><td>10</td><td></td></tr>
<tr><td>仓单背书格式正确</td><td>10</td><td></td></tr>
<tr><td>团队分工合作</td><td>10</td><td></td></tr>
<tr><td colspan="2">合计</td><td>100</td><td></td></tr>
</table>

任务三　仓库合理布局

【应知应会】

通过本工作任务的学习与具体实施,学生应学会下列知识：

1. 了解现代仓库规划概述；
2. 熟悉仓库规划的三大要素,仓库规划的地位和作用；
3. 了解和掌握仓库内部规划流程,能进行仓库内部的规划。

【学习要求】

1. 学生在上课前,在网上找一张任何仓库平面图;
2. 掌握仓库规划流程与步骤;
3. 能结合仓库规划内容和实际问题进行简单仓库规划设计

德邦物流仓库选址

仓库选址对于第三方物流公司意义重大。库址相对于大都市的远近,在运输成本和操作效率上所反映出的相关性十分显著。通过对全国家用产品流向的调查,我们可以发现一些人口流动的情况,德邦最终选址在广州。从20世纪90年代末到21世纪初来看德邦的发展,就可以看到德邦仓库选址的优点所在。

德邦物流是国家AAAA级综合服务型物流企业,专门从事国内公路运输和航空运输代理。公司总部设在广州,在全国25个省市自治区下设营业网点282家,拥有运输车辆600余辆、员工5 600多人,服务网络遍及国内400多个城市和地区,总资产逾亿元。德邦已有这么多个网点,这些网点密切配合,支持着德邦为客户提供高效的服务,然而德邦为什么要把总部、最大仓库和配送中心设在广州呢?下面我们来分析德邦这样做的优点。

首先,任何一个仓库在规划建设初期都会将如何快速有效地送达货物作为考虑因素之一。货物的目的地大多是人口聚集地,因此库址相对于大都市的远近,在运输成本和操作效率上所反映出的相关性就十分显著。而德邦选择了我国东南部城市广州,很能体现它的优势。广东省的水、陆、空交通都在我国处于领先地位,那里有医疗设施齐全的医院,也有路线完善的员工上下班的公交,公安、银行、电话等服务性设施更是应有尽有。

第二需要考虑成本问题,德邦物流公司做了大量有关仓储业发展的实践调查,并且提供了一份关于这50所顶级城市内仓储配送中心运营成本比较分析的报告。如常人所料,建设一所仓储或配送中心所花费用最低的前10个城市均集中在西北部地区,而成本高昂的地区是东部和东南部地区。在一个现代化的仓库里面,你不仅会见到叉车司机,也会发现软件工程师和原本入驻公司总部的其他合作企业的驻司代表。大量的人员需求和技术需求使得这里的员工成本分析成为决定仓库选址的因素之一。然而,仓库的最基本功能仍旧是运输和接受货物。为了突出这一点,德邦在模型中假定了一个外运成本,来区别各类货物的始发—终到类型。德邦的外运模型包括了作为目的地的10个城市,这些城市都具有"可以很好地服务于整个美国范围内的消费者市场"的特点。在模型中,广州、上海、北京、深圳、青岛仍然是运输成本最高的城市。同样地,大陆中心城市,例如武汉、长沙甚至郑州,在全国范围内的运输成本方面有着强劲的优势。

案例思考

1. 物流设施选址应考虑哪些因素?
2. 德邦物流选址成功在哪里?

相关知识

一、现代仓库规划概述

(一)仓库规划的分类

在规划现代仓库时,根据其侧重点的不同,可分为仓库的选址规划和仓库的平面总体规划。仓库的选址在整个物流系统中占有非常重要的地位,属于物流管理战略层的研究问题。仓库的选址主要回答三个问题:仓库设施的位置;仓库的数量;仓库的规模。仓库的平面总体规划主要根据现代仓库总体设计要求,科学地解决生产和生活两大区域的布局问题,如主要业务场所、辅助业务场所、办公场所、生活设施等。在规划的范围内进行统筹规划、合理安排,最大限度地提高仓库整体效益。其原则是要适应现代物流业生产流程,有利于生产的正常进行,有利于提高仓库的经济效益,有利于安全生产和仓储作业。而仓库内部规划就是根据库区场地条件、仓库作业性质和规模、商品储存要求以及技术设备的性能和使用特点等因素,对仓库的建筑物、站台、货架、通道等设施和库内运输路线进行合理安排和配置,以最大限度地提高仓库的储存和作业能力,并降低各项仓储作业费用。仓库规划结构一览图如图1-7所示。

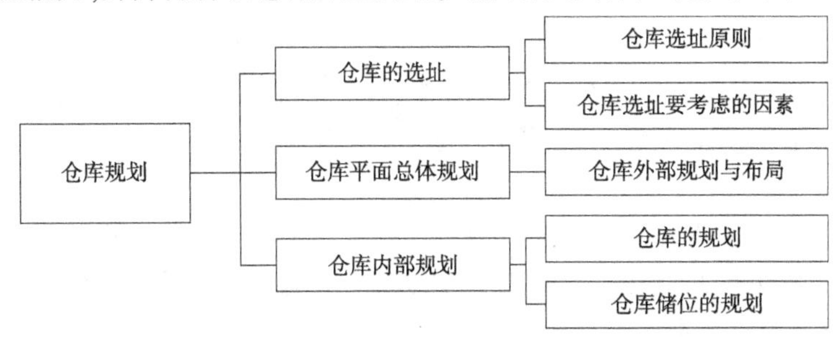

图1-7　仓库规划结构一览图

(二)仓库内部规划流程

仓库内部规划的主要任务就是在保证货物储存要求的前提下如何合理地利用仓库库房面积,使仓库内部各项作业功能都能顺利完成。根据仓库的种类以及所储存货物的不同,仓库规划布局也不一样,在规划时应该考虑仓库的特性、商品的特性及其吞吐量、库内通道及仓库作业流程等。仓库规划的重点和难点是仓库作业区的规划,包括储存区、入库及出库作业区、理货区、流通加工区等,其布局的基本任务包括减少库内运输和搬运距离、有效利用时间、充分利用仓库面积等。仓库内部规划与布局程序图如1-8所示。

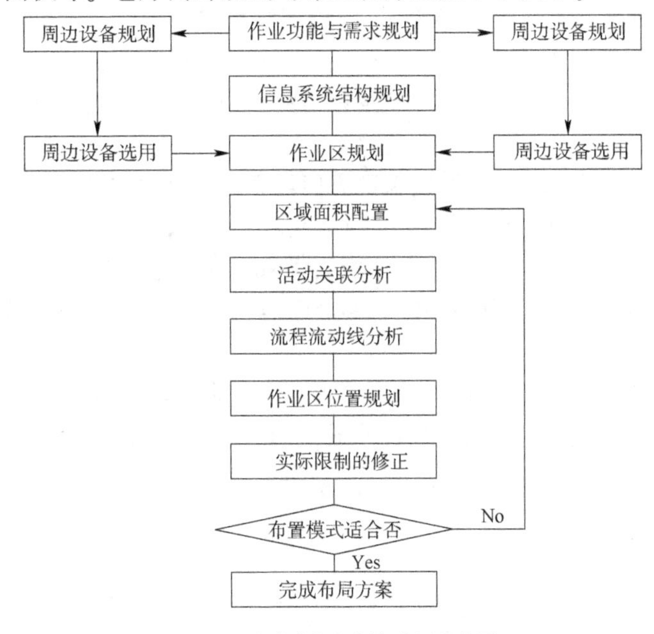

图1-8　仓库内部规划与布局程序图

二、仓库的选址与规划设计

(一)仓库选址的原则和注意事项

仓库的规划涉及仓库的选址,仓库的选址是指结合仓库业务的发展状况,通过经济分析和工程技术分析,找出合理的仓库地理位置。

1. 仓库选址的原则

仓库的选址对商品流转速度和流通费用产生直接的影响,并关系到企业对顾客的服务水平和服务质量,最终影响企业的销售量及利润。在仓库的选择过程中,一般应综合考虑以下六个方面的要求。

1)客户的地理分布

如果客户集中于某个地方或分布于其周围地区,在那里设立仓库就能够达到理想的效果。但也要考虑客户的需要及未来是否发生变化等情况。

2)地质条件

选择仓库地点时,要对地质条件进行分析。根据仓库对地基的一般技术要求,应选择地质坚实、平坦、干燥的地点,其用地应选用承载力较高的地基。因此,仓库地点的选择必须避免建造在地质条件不良或地质不稳定的地段。

3)水文条件

在沿靠江河地区选择仓库建造地址时,要调查和掌握有关的水文资料,特别是汛期洪水最高水位等情况,防止洪水浸袭;同时,在水文地质条件方面还要考虑地下水位的情况,水位过高的地方不宜作为工程的基地。

4)交通条件

仓库的地点应具有良好的交通运输条件,仓库地址应选择靠近现有的水陆交通运输线,对于大型仓库还应考虑铺设铁路专用线或建设水运码头等。

5)环境条件

仓库地点的选择要注意所处的环境条件,特别要对安全条件进行详细的调查分析。仓库地点应与周围其他建筑物,特别是工厂、居民区保持一定的安全距离,避免各种潜在危险。同时,为了方便消防灭火,仓库周围的建筑物和道路必须保证交通畅通,防止交通阻塞。

6)水电条件

仓库应选择靠近水源、电源的地方,保证方便可靠的水电供应。

2. 仓库的选址注意事项

进行仓库选址决策时,需要考虑各种影响因素和要求,在此基础上预先确定仓库地址,列出几个可供选择的可行方案,利用一定的评价标准,从这些可行方案中确定最理想的仓库地址。

对于影响仓库选址的因素,可以划分为成本因素和非成本因素。成本因素是指与成本直接相关的、可以用货币单位度量的因素;非成本因素主要是指与成本无直接关系,但是能够影响成本和企业未来发展的因素。

1)主要的成本因素

(1)运输成本。

对于大多数制造业厂商和从事物流配送的企业来讲,运输成本在总的物流费用中占有较大的比率。因此,合理选址,使运输距离最短,尽量减少运输过程中的中间环节,可以使运输成本降低。

(2)原材料供应。

企业对原材料的要求一般都比较严格,将仓库地址定位在原材料附近,不仅能够保证原材料的安全供应,而且能够降低运输费用,减少时间延迟,获得较低的采购价格。

(3)工资成本。

无论是劳动密集型的仓库作业,还是技术密集型的仓库作业,都需要具有一定素质的人才。不同地区的工人工资水平可能不尽相同,这些都是仓库选址者所需要考虑的问题。

(4)建设成本。

不同的仓库选址方案,在对土地的征用、建筑等方面的要求是不相同的,从而可能导致不同的成本开支。因此,在仓库选址过程中,应尽量避免占用农业用地和环保用地。

2)非成本因素

(1)社区环境。

仓库选择应当考虑市场营销的要求,对于从事物流服务的企业来讲,更应该注重仓库周围的社区环境、周边地区的顾客流量、人们的购买力水平、公用设施条件和交通运输状况。

(2)气候和地理条件。

有些行业受地理和气候的影响较大,在地震断裂层、地下有流沙的地方、开采过的矿坑处应慎重选址。另外,气温对于仓库存储和作业人员均产生一定的影响,气温过高或过低都将增加仓库气温调节的费用,潮湿多雨的地方则不太适合棉纺和木质材料等物品的存储。

(3)当地政策。

在进行选址决策时,要充分考虑当地的政策和法规等因素。有些地区的政府采取比较积极的政策,鼓励在经济开发区进行仓库、配送中心的建设,并且在税收、资本等方面提供比较优惠的政策,同时这些地区的交通、通信和能源等方面的基础设施也是需要考虑的方面。

(二)仓库的规划设计

1. 仓库内部规划

1)仓库物流设备与设施选择

(1)单元容器的选择。

在设计容器时,应尽量选用厂内外通用的标准容器,标准容器不仅适合于现代仓库的内部使用,也适合于外部运输使用;容器的大小应和运输工具相匹配,以减少运输空间的浪费,便于叉车和堆垛机的叉取和存放。在条件和设施允许的情况下,可通过增加单位装载量,达到降低作业成本和提高作业效率的目的。容器设施包括纸箱、托盘、铁箱、储罐和塑料箱等。

(2)仓储设施与设备选择。

在现代仓库的系统规划中,主要是规划设计整个物流系统的功能、数量和形式。而在现代仓库的内部设计阶段,则主要是设计各项设备的详细规格型号和设施配置,例如储存容器、储存设备、搬运设备、订单拣取设备、流通加工设备和物流配套设施的种类、数量、规格型号及选用条件等。

2)环境设施设计

现代仓库在企业文化、企业形象、企业标志和整体规划方面都要呈现出高效、清洁、柔和、整齐的独特风格。因此,在进行仓库的整体规划时,还应考虑以下三个方面的因素。

(1)颜色与采光。

现代仓库应特别加强色彩管理和科学采光,有条件的地方,应尽量采用自然光线照明,这样既经济合理,又有利于健康。但应避免太阳光直接照射库房而使库房内温度过高,从而使有些货物容易变质。

(2)安全设施与劳动保护。

在物流作业中,由于操作不当或忽视安全规程造成人员伤亡和货物损坏的事件很多。因此,应采取经济、技术、组织等措施,加强安全作业管理,设置相关安全标志及防控设施。配合工业安全规程,用不同颜色标示出不同性质的设施。现代仓库内运动的车辆、移动的机具应采用醒目的黄色标志,提醒人们注意安全。

(3)温、湿度控制。

温度和湿度是影响货物变化的主要自然因素。库存货物品质发生变化,大部分与大气的温度和湿度有关。温、湿度控制的目的在于保持库内与库外之间的空气循环流通,以调节温度、湿度、氧气和二氧化碳的含量,从而确保工作人员有良好的作业环境,满足货物对温、湿度的要求。在规划设计现代仓库时,应根据库房高度、人员和车辆路线以及库房面积等因素来决定通风换气的方法。一般来说,因仓储区面积较大,故多采用自然通风方式进行通风,此法较为经济;必要时还可采用机械通风来加强库内外空气循环,以达到库内外空气流通的目的。

3)仓库内部设施与构造设计

在新建或改建现代仓库时,除了对库房、消防、照明、通风与采暖、动力与供电等系统有专门的要求外,物流设备类型和作业内容不同对建筑物的具体要求也不同。

4)仓库的长宽高组合

仓库不仅规模各异,形状也不相同。任何一个给定规模的仓库在建设中都会有不同的长宽高组合。仓库规模(仓库建筑的总容积)确定后,就要对仓库结构进行优化。

(1)顶棚高度。顶棚高度取决于建筑成本、物料搬运成本和货物堆码特性。

(2)长度与宽度。仓库建筑物的长和宽,取决于在库内移动产品的物料搬运成本和仓库的建筑及维护成本之间的对比关系。

(3)立柱跨度立柱跨度(立柱间的距离)的选择是否合理,对现代仓库的作业成本、作业效率和保管储存能力都有重要影响。对建筑成本有利的立柱跨度对现代仓库的储存设备来说,不一定是最佳的立柱跨度。合理设计立柱跨度可以显著地增加现代仓库的保管效益和仓储效益。为此,在决定立柱跨度时,应充分考虑建筑物的构造与经济性、存储设备的类型和托盘货箱的规格尺寸等因素,以求得最适宜的立柱跨度。

5)仓库内通道

通道的规划由搬运方法、车辆出入频度和作业路线等因素决定。由于建筑物内部通道的设置与建筑物设施的功能、效率、空间利用率等因素有关,所以应根据进出库货物的品种和数量,以及所选定的设备的作业特点,决定通道的宽度和通道的条数。库房内的通道,可分为运输通道(主通道)、作业通道(副通道)和检查通道。

6)地面负荷

地面负荷强度是由所保管货物的种类、比重、货物码垛高度和使用的装卸搬运机械等决定的。

2. 仓库建筑及其水电设施配置

1) 仓库建筑

仓库建筑主要包括梁柱结构(包括钢筋混凝土结构、钢架结构等)、屋顶结构、屋面形式、外墙、门窗、仓库大门、内壁、地坪构造、配色和采光设计等。

2) 水电设施配置

水电设施配置主要包括电力配置图、给排水配置图、压缩空气配置图、设施配置图、照明配置图等。

除此之外,对于与物流作业无直接关系的作业,如清洁、维修、参观或其他作业等,也应该逐一进行配套设计,并绘制规划图。

三、仓库的结构与布局

(一)仓库的结构

仓库的结构对于实现仓库的功能起着很重要的作用,所以我们在设计仓库的时候要事先考虑仓库将来的各种需要。一般说来,仓库的结构设计应该从以下几个方面加以考虑。

1. 单层建筑和多层建筑

仓库的结构,从出入库作业的合理化方面看,应该尽量采用单层建筑,这样,出入库产品时就不必上下移动,因为利用电梯将产品从一个楼层搬到另一个楼层费时费力,而且电梯往往是产品流转中的一个瓶颈,因为有许多产品同时搬运通常会挤用数量有限的电梯,影响仓库的作业效率。但是在城市内,尤其在商业中心,那里昂贵的地价通常会使企业选择多层建筑作为仓库。因此,在采用多层建筑作为仓库的时候,要特别重视对货物上下楼的通道建设。如果是流通仓库,则应该采用二层立交斜路方式,车辆可直接行驶到二层仓库,这样可以大大地增加仓库进货和卸货的效率。

2. 仓库出入口和通道

出入库口的位置和数量是由“建筑的开间长度、进深长度”、“建筑物的主体结构”、“出入库次数”、“仓库功能”等因素决定的。出入库口的尺寸的大小是由所使用的货车、叉车以及保管的货物的尺寸大小所决定的。作为载货汽车的仓库出入口,要求宽度和高度最低为4m;作为叉车的仓库出入口,要求宽度和高度最低为2.5m。库房内的通道是保证库内作业顺畅的基本条件,通道应延伸至每一个货位,使每一个货位都可以直接作业;通道需要路面平整和平直,减少转弯和交叉。货车的作业通道应大于3m,叉车的作业通道应大于2m。

3. 立柱间隔

库房内的立柱是出入库作业的障碍,会导致保管效率低下,因而应尽可能减少立柱,但这要考虑到仓库建筑物本身的设计。一般仓库的立柱间隔,应考虑出入库的作业效率。以汽车和托盘的尺寸为基准,通常以7m的间隔比较合适,它刚好适合两辆大型货车(宽2.5m)或3辆小型货车(宽1.7m)通过,不至于在库内堵住。采用托盘作业的,一般以适合6个标准托盘的间隔为准,宽度略大于7.2m(标准托盘宽度为1.2m)。

4. 天花板的高度

由于仓库的机械化、自动化发展,现在对仓库天花板的高度提出了更高的要求。使用叉车时,标准提升高度为3m;而使用多段式高门架时要达到6m。另外,从托盘装载货物的高度看,包括托盘的厚度在内,密度大而不稳定的货物,通常以1.2m为标准;密度小而稳定的货物,通常以1.6m为标准。以其倍数(层数)来看,1.2(m/层)×4(层)=4.8(m),1.6(m/层)×3(层)=4.8(m),因此,仓库的天花板高度最低应为5~6m。有时有的仓库在地板和天花板之间设有夹层楼板,叫作临时架,这样能成倍地利用保管的空间。

5.地面

地面的构造主要是地面的耐压强度、地面的承载力必须根据承载货物的种类和堆码的高度具体研究。通常,一般平房普通仓库地面承载力为2.5~3t,多层仓库随着层数的增加,地面承受能力减小,一层为2.5~3t,二层为2~2.5t,三层为1.5~2t,四层为1.5~2t,五层以上为1~1.5t,甚至更小。流通仓库的地面承受能力还必须保证重型叉车能正常作业。

地面的形式可以分为低地面和高地面两种。为了防止雨水的进入,低地面的高度应该高出基础地面20~30cm,考虑到汽车、叉车的特点,出入口的地面应具有平稳的坡度。高地面的高度与出入库的车厢的高度相符合,通常大型货车为1.2~1.3m,小型货车为0.7~1.0m,铁路货车站台为1.6m。一般来讲,低地面的仓库适合经营原材料和半成品,而高地面的仓库适合作流通型的仓库。

(二)仓库内部布局

仓库内部布局是指一个仓库的各个组成部分,如库房、货棚、货场、辅助建筑物、铁路专运线、库内道路、附属固定设备等,在规定的范围内,进行平面和立体的合理安排,形成仓库内部平面图。

仓库总平面布置的要求如下:

1.要适应仓储企业的生产流程,有利于仓储企业生产的正常进行

(1)单一的物流方向。仓库内产品的卸车、验收、存放地点之间的安排,必须适应仓储生产流程,按一个方向流动。

(2)最短的运距。应尽量减少迂回运输,专用线的布置应在库区中间,并根据作业方式、仓储产品品种、地理条件等,合理安排库房、专用线与主干道的相对位置。

(3)最少的装卸环节。减少在库商品的装卸搬运次数和环节,商品的卸车、验收、堆码作业最好一次完成。

(4)最大的空间利用。仓库总平面布置是立体设计,应有利于商品的合理储存并充分利用库容。

2.有利于提高仓储经济效益

(1)应因地制宜,充分考虑地形、地理条件,满足商品运输和存放的要求,并能保证仓容的充分利用。

(2)布置应与竖向布置相适应。所谓竖向布置,是指安排场地平面布局中每个因素,如库房、货场、转运线、道路、排水、供电、站台等,在地面高程线上的相互位置等。

(3)总平面布置应该充分、合理地利用机械化设备。我国目前普遍使用门式、桥式起重机等固定设备,应合理安排这类设备的数量和位置,并注意与其他设备的配套,以便于开展机械化作业。

3.有利于保证安全生产和文明生产

库区各区域间、各建筑间应根据《建筑设计防火规范》(GB 50016—2014)的有关规定,留有一定的防火间距,并有防火、防盗等安全措施。

总平面布置应符合卫生和环境的要求,既要满足库房的通风、日照要求等,又要考虑环境绿化、文明生产,有利于职工的身体健康。

四、仓库内部规划

(一)仓库区域功能分析

一个仓库通常包括生产作业区、辅助作业区和行政区三大部分组成。

1. 生产作业区

生产作业区是仓库的主体部分,根据其功能,可以将仓库内部作业区分为储存保管区、卸货验收区、理货区、发货区、加工区等。为了发挥仓库作为一个中心的功能,商品的出入库、分拣、加工、保管、停车场以及库内通道等都必须要有一定的规模。

(1)储存保管区。在这个区域,主要用于存储或分类存储经过检验后的货物。由于所选货物需要在这个区域内停留一段时间,并且占据一定的位置,因此相对而言,储存区所占的面积比较大。该区域的大小,在不同种类的仓库中所占的比例也有所不同。如在以保管为主的仓库中,该区域面积要占到50%以上,而在以配送为主的仓库中,该区域的面积相对要小些,但也在50%左右,个别配送中心(如煤炭、水泥配送中心)的储存面积要占到50%以上。

(2)卸货验收区。在这个作业区内,工作人员必须完成商品到达仓库后的卸货、清点、检验、分类、入库等工作,通常设置在储存区的外围,通过卸货站台与公路或铁路专用线、专用码头等直接连接,靠里侧还规划有暂存、分类、验货区域及相应的设施,接货区可以与验货区相邻配置。因货物在接货区停留的时间不太长,并且处于流动状态,所以卸货验货区的面积相对来说都不算太大。它的主要设备有卸货台和验货场区。

(3)理货区。理货区是仓库工作人员进行货物分拣出来后的配货与配装作业,并将配好的货暂时存放,为送货做准备,其面积大小因仓库的种类不同而有所差异。一般来说,拣选货和配送工作比较大的仓库,或者是向多家用户配送多种商品且按照少批量、多批次方式配送商品的配送中心,其理货区的面积都比较大;反之,拣选和配货任务不太大的配送中心,其理货区的面积也相对要小。对于那些以保管为主的仓库,理货区就可以设置得小些;而对于以配送为主的配送中心来说,要根据自身配送业务的特点确定理货区的大小。

(4)发货区。发货区是工作人员将组配好的货物装车外运的作业区域。从布局和结构上看,发货区和接货区类似,也是由运输货物的线路和接靠货车的站台、场地组成。所不同的是,发货区位于整个仓库作业的末端,而接货区位于始端。在许多收发货物不是很频繁的仓库,发货区和接货区可以共用一个区域。

(5)加工区。随着经济的发展,现代仓库功能从以前的单一存储到现在仓库的功能化,不仅实现了货物的存、取,还附带有货物的加工功能,因此,在结构上除了设置一般性作业区外,还设有货物加工区,主要进行分装、切裁、混装、刷唛、包装等流通加工作业。该区域面积的大小,也因仓库以及仓库所保管货物的种类不同而有所不同。

2. 辅助作业区

辅助作业区是为商品储运保管工作服务的辅助车间或服务站,包括车库、变电室、油库、维修车间等。值得注意的是,油库的设置应远离维修车间、行政区等易出现明火的场所,周围须设置相应的消防设施。

3. 行政区

行政区主要是仓库工作人员处理营业事务和内部指挥管理的场所,主要包括工作人员办公室、警卫室等。一般设置在仓库的主要出入口,与仓库作业区是分开的。这样既方便工作人员与作业区的联系,又避免非作业人员对仓库生产作业的影响和干扰。行政区可以集中在仓库某一个方位，也可以分散设置。一般来说，该区域的面积不大，主要为仓库管理服务。

仓库内部区域划分以及区域主要功能见表1-3。

仓库内部区域划分以及区域主要功能 表1-3

<table>
<tr><th colspan="2">功　能　区</th><th>主　要　功　能</th></tr>
<tr><td rowspan="5">作业区</td><td>储存区</td><td>主要用于存储或分类存储经过检验后的货物</td></tr>
<tr><td>卸货验收区</td><td>完成商品到达仓库后的卸货、清点、检验、分类、入库等工作</td></tr>
<tr><td>理货区</td><td>进行货物分拣出来后的配货与配装作业，并将配好的货暂时存放，为送货做准备</td></tr>
<tr><td>加工区</td><td>根据流通或销售的需要进行必要的生产性和流通性加工的区域，主要进行分装、切裁、混装、刷唛、包装等流通加工作业</td></tr>
<tr><td>发货区</td><td>对所要发送的货物进行查验、待送前暂存和发货的区域，从布局和结构上看，发货区和接货区类似，也是由运输货物的线路和接靠货车的站台、场地组成</td></tr>
<tr><td colspan="2">辅助作业区</td><td>是为商品储运保管工作服务的辅助车间或服务站，包括车库、变电室、油库、维修车间等</td></tr>
<tr><td colspan="2">行政区</td><td>处理营业事务和内部指挥管理的场所</td></tr>
</table>

（二）仓库作业区域面积规划

作业区域空间规划在整个物流中心规划设计中占有重要的地位，这一规划的优劣将直接影响到运营成本、物流作业效率以及整个物流中心的效益。因此在规划空间时，要尽量考虑周全，根据各个作业区域作业的不同特点，以及其选用相关作业设备的数量、规格，来确定满足作业要求的空间大小。

在进行空间规划时，首先要完成物流设备和周边设备规划，确定设备的型号、数量，然后再进行各个作业空间规划。通过对各个区域的分析，可估计各区域的面积。最后根据整个物流中心的实际情况做出适当调整。

1. 各区域物流设备规划

在进行仓库空间规划时，首先要根据各个区域的不同功能，选用相关物流设备，由于每个设备的功能、要求、特性都有所不同，因此，在选用设备时，要注意所选设备的主要参数，例如，选择叉车时，要考虑叉车的转弯半径（转弯半径决定通道的大小），还要考虑叉车的升降能力（升降能力应与货架的高度相一致）。有关设备的选择可以参考本书的其他章节。

2. 各区域面积规划

通过对各个区域的分析，可估计各区域的面积，同时还要估计各区域的内部通道、外部通道面积以及预留面积，最后确定各个区域的总面积，具体可以通过表1-4来完成。表1-4为物流中心作业区域面积分析表。

物流中心作业区域面积分析表 表1-4

<table>
<tr><th rowspan="2">作业区域</th><th colspan="2">估　计　面　积</th><th colspan="6">区域面积调整比例</th><th colspan="2">调整后的面积</th></tr>
<tr><th>面积（m^2）</th><th>长×宽（m^2）</th><th>作业活动空间</th><th>内部通道空间</th><th>外部通道空间</th><th>预留扩充空间</th><th>其他空间</th><th>调整比例</th><th>面积（m^2）</th><th>长×宽（m^2）</th></tr>
<tr><td></td><td></td><td></td><td></td><td></td><td></td><td></td><td></td><td></td><td></td><td></td></tr>
<tr><td></td><td></td><td></td><td></td><td></td><td></td><td></td><td></td><td></td><td></td><td></td></tr>
<tr><td></td><td></td><td></td><td></td><td></td><td></td><td></td><td></td><td></td><td></td><td></td></tr>
<tr><td></td><td></td><td></td><td></td><td></td><td></td><td></td><td></td><td></td><td></td><td></td></tr>
<tr><td></td><td></td><td></td><td></td><td></td><td></td><td></td><td></td><td></td><td></td><td></td></tr>
<tr><td>合计</td><td></td><td></td><td></td><td></td><td></td><td></td><td></td><td></td><td></td><td></td></tr>
</table>

在填写表1-4之前，还要弄清关于仓库面积的几个概念，具体如下：

(1)仓库总面积：指从仓库外墙线算起，整个围墙内所占的全部面积。若在墙外还有仓库的行政区或库外专用线，也应包括在总面积之内。

(2)仓库建筑面积：指仓库内所有建筑面积，包括生产性建筑面积(如库房、货场等所占建筑面积之和)、辅助生产性建筑面积(包括机修车间等)和行政生活建筑面积(包括办公室、控制室等)。

(3)仓库使用面积：指仓库内可以用来存放商品的面积之和，即库房、货棚、货场的使用面积之和。其中库房的使用面积为库房建筑面积减去外墙、内柱、间隔墙及固定设施等所占的面积。

(4)仓库有效面积：指在库房、货棚、货场内计划用来存放商品的面积之和。

(5)仓库实用面积：指在仓库使用面积中，实际用来堆放商品所占的面积。即库房使用面积减去必需的通道、垛距、墙距及进行收发、验收、备料等作业区后所剩余的面积。

库房(货棚或货场)实用面积 S 的计算式为：

$$S = \frac{Q}{q} \tag{1-1}$$

式中：Q——库房(货棚或货场)最高储存量，t；

q——单位面积商品储存量，t/m^2。

仓库总面积 F 的计算式为：

$$F = \frac{\sum S}{\lambda} \tag{1-2}$$

式中：$\sum S$——仓库实用面积之和，m^2；

λ——仓库面积利用系数。

(三)仓库出入口规划

在仓库各项规划中，出入口的规划是非常重要的，其合理与否直接影响到货物入库和出库的效率。因此，在规划设计时应遵循以下原则：

(1)其位置能使车辆快速安全地到达，不会产生交叉会车。

(2)出入口的大小要兼顾到主要车辆规格。

(3)出入口要与仓库主通道相连，方便货物的进出。

(4)不同出入口配置，有不同的特点及适用范围，具体见表1-5。

(四)仓库内部通道规划

仓库通道的合理规划是影响物流作业效率的一个关键因素。作为储存区与作业区的通道，通道的设计应能提供存货的正确存取、装卸设备的进出以及必要的服务区。通道的设计直接影响作业的效率，其设计主要受到搬运设备、装载单元、存货品的尺寸大小、进出口及装卸区的距离等影响。

1.通道的类型

物流中心的通道可分为库区外通道和库内通道，库区外通道主要影响车辆、人员进出、车辆回转、上下货物的路线等，而库内通道主要影响中心的作业能力和效率。库内通道主要包括主通道和存取通道，主通道连接中心的进出门口和各作业区，存取通道为主通道连接各作业区域的通道，通常垂直或平行于主通道，一般不与仓库墙壁邻近。通道类型说明见表1-6。

仓库出入口配置的类型 表1-5

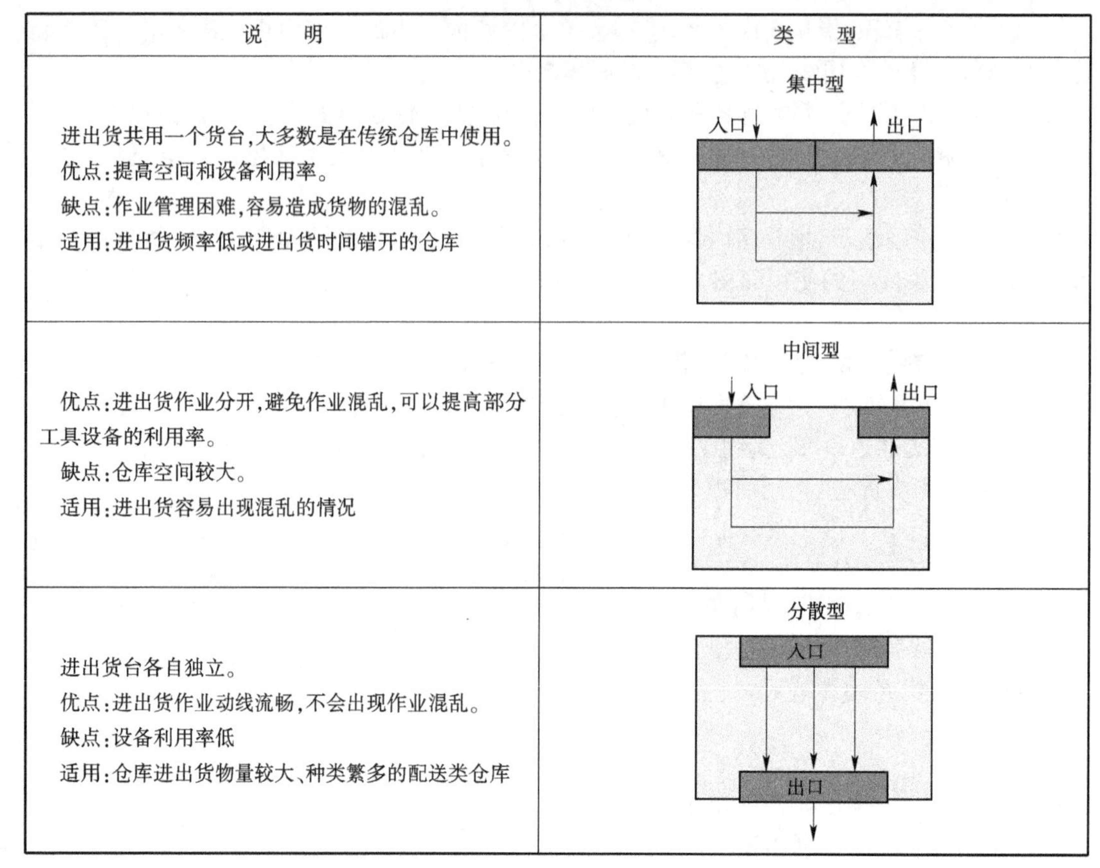

说 明	类 型
进出货共用一个货台,大多数是在传统仓库中使用。 优点:提高空间和设备利用率。 缺点:作业管理困难,容易造成货物的混乱。 适用:进出货频率低或进出货时间错开的仓库	集中型 入口 出口
优点:进出货作业分开,避免作业混乱,可以提高部分工具设备的利用率。 缺点:仓库空间较大。 适用:进出货容易出现混乱的情况	中间型 入口 出口
进出货台各自独立。 优点:进出货作业动线流畅,不会出现作业混乱。 缺点:设备利用率低 适用:仓库进出货物量较大、种类繁多的配送类仓库	分散型 入口 出口

通 道 类 型 说 明 表1-6

名 称	功 能 说 明
主通道	连接中心的进出门口和各作业区,沿着库房的长度方向
存取通道	主通道连接各作业区域的通道,通常垂直或平行于主通道
人员通道	仓库管理人员进出特殊区域的通道,越少越好
其他通道	为公共设施,主要包括防火设备、紧急情况逃生进出所需的通道

2. 通道设计原则

通道的设置及宽度设计是配送中心空间分配的重要因素之一,主要遵循原则见表1-7。

仓库通道设计原则 表1-7

基本原则	说 明
空间原则	最小空间占用率,提高仓库仓容利用率
流程通畅	保证仓库作业的合理性,作业之间不交叉,不相互干扰
直线原则	仓库通道的设计应采用直线的原则,不出现弯道
顺序设计	仓库通道的设计,应先确定出入口,再确定主通道,其次是存取通道,最后是人员通道、紧急通道等,按顺序进行,保障仓库作业的合理性

3. 仓库通道类型

不同类型仓库通道的仓库面积利用率也有所不同,具体见表 1-8。

仓库不同通道形式说明 表 1-8

通道类型	说明
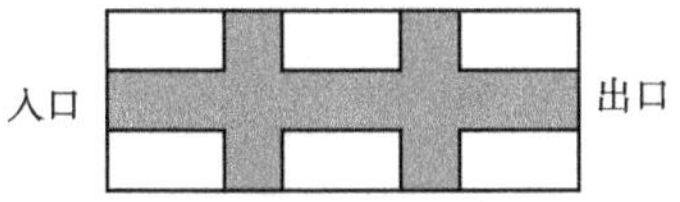 入口 出口	通道的面积占用率为 40%。最好的通道形式是中枢通道,指主要通道经厂房中央,且尽可能直穿,使开始及结束在出入口,且连接主要交叉通道的通道
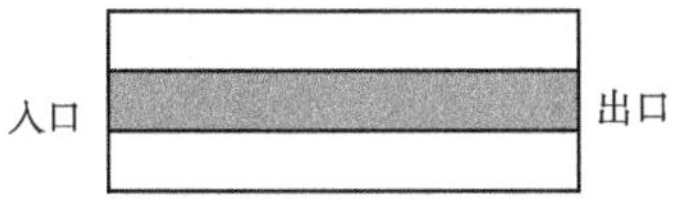 入口 出口	通道的面积占用率为 20%,通常用于堆垛存储方式
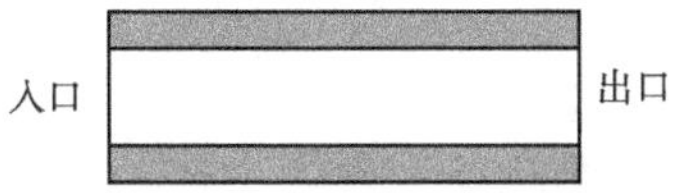 入口 出口	通道的面积占用率为 40%,通常用来划分作业区
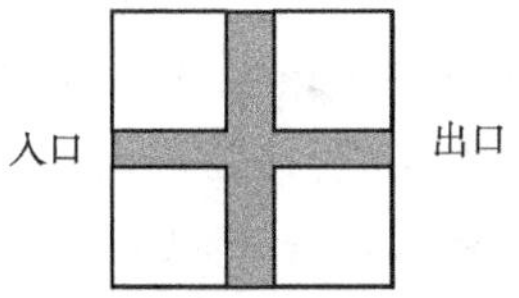 入口 出口	通道的面积占用率为 19%,是正方形仓库常用的通道设计方式,主要用于托盘地面存放的形式
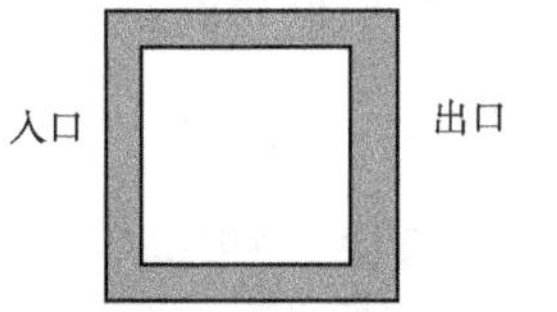 入口 出口	通道的面积占用率为 36%
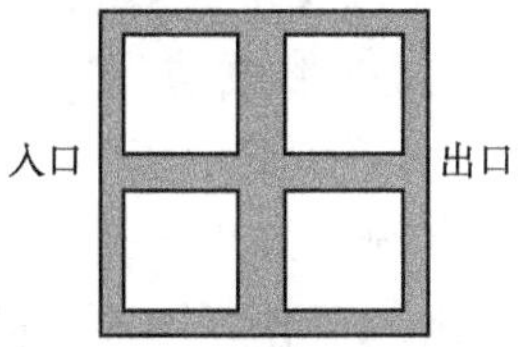 入口 出口	通道的面积占用率为 51%,占用面积较大,直接影响仓库面积利用率

(五)仓库作业区域规划

1. 储存区

储存区是仓库储存货物的场所,在仓库作业环节中处于中间链节,货物入库之后要存放在储存区。货物出库也要从储存区来提取货物,不同货物的作业量是不相同的,因此,在储存区规划时,也要考虑到这种情况。为解决此问题,一般方法是把作业频率比较高的货物,即在 ABC 管理法中的 A 类货物,存放在主通道的附近、离作业区相对较近的地方,而那些作业频率较低的货物就可以存放在与主通道垂直的存取通道上以及离作业区较远的地方,如图1-9 所示。

2. 作业区其他区域规划

在进行仓库不同区域功能规划以及仓库通道规划之后,必须对仓库各个作业区域及其之间相互关系进行规划,规划步骤如下:

1)确定各个区域之间关系

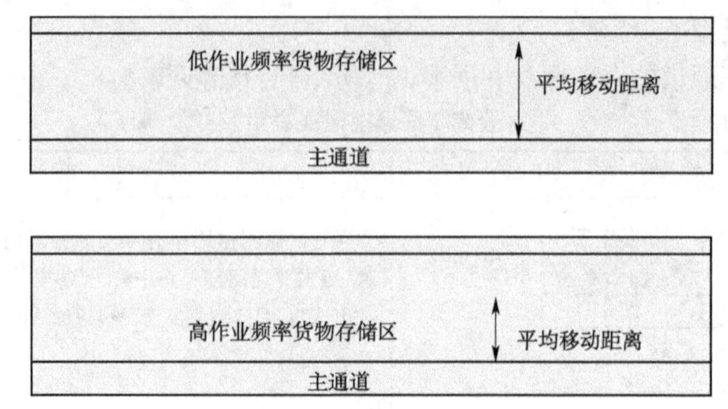

图 1-9　高/低作业频率货物储存区域示意图

在各类作业区域之间可能存在的活动关系如下：

(1)流程上的关系，即建立物料流和信息流之间的关系。

(2)组织上的关系，即建立在各部门组织之间的关系。

(3)功能上的关系，即区域之间因功能需要而形成的关系。

对上述各种关系程度加以分析的结果，可作为区域布置规划的参考。在物流中心的布置规划中，可分为物流作业区域、辅助作业区域和厂区活动区三大部分。对物流作业区域规划时，以物流作业流程为主，尽量避免流程的交叉，确保流程的连续性。辅助作业区是辅助性的区域，必须考虑信息流和有关组织、功能等方面相配合的区域，按重要程度把这些相关区域分为不同级别。区域间关系较大时，区域间布置应尽量相邻或相近，如发货区与称量区应相邻设置。而关系较小的，尽量分开设置，如库存区与休息室可以分开设置，这样可以防止生活用火、用电等对仓库带来的危险。

2)确定仓库货物流动形式

按各个作业区域的计算面积大小和长宽比例做成缩小的模块，并根据生产流程和各个部门之间的相互关系来设计其相互位置。在规划空间位置之前，要确定货物流动线形式。不同货物流动线形式决定了其物流的流动方向。图 1-10 表示直线形流动，适合于出入口在厂房两侧，作业流程简单、规模较小的物流作业，无论订单大小和拣货的多少都要经过厂房。图 1-11 表示 U 形流动，适合于出入口在仓库的同侧，根据进出频率大小安排靠近进出口端的储区，缩短拣货、搬运路线。图 1-12 表示 T 形流动，适合于出入口在厂房两侧的情况。

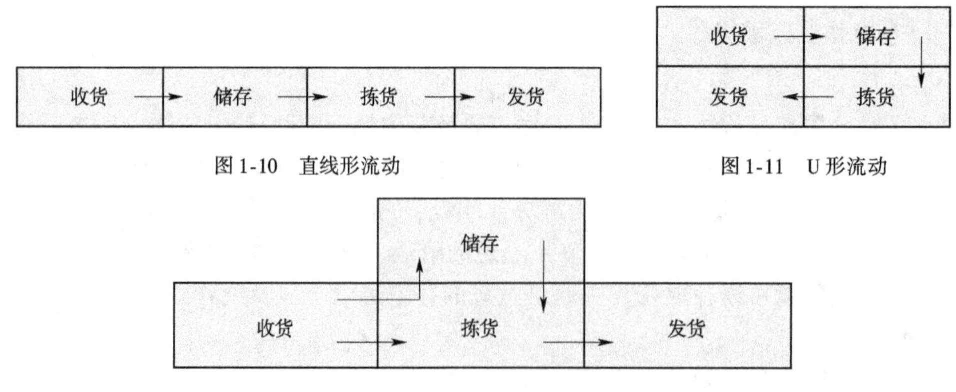

图 1-10　直线形流动

图 1-11　U 形流动

图 1-12　T 形流动

3)作业区域空间位置规划

在进行各区域位置安排时，首先确定仓储中心对外的连接形式，即确定卸货台、发货台的位置。其次,决定仓储中心厂房空间范围、大小和长宽比例。第三,决定物流中心内由进货到发货的主要物流流动形式,如直线形、U 形等。第四,根据物流中心作业流程顺序安排各区域位置。物流作业区域从进货作业开始进行布局,根据物料流程前后顺序安排相关位置,如以仓储为主要功能的物流中心,占用面积较大的储存区就应该首先安排在仓库的中央,然后再安排那些占用面积较小的区域,如理货区、发货区、加工作业不是很多的加工区等。第五,决定行政区与物流仓储区的关系,即行政区是分开设置,还是集中安排在某一个地方。

经过以上精心布置,确定各个区域位置后,可以绘制区域布置图,图中要求说明各区域界限和尺寸,设备位置在详细设计中也要加以说明,如图 1-13 所示。

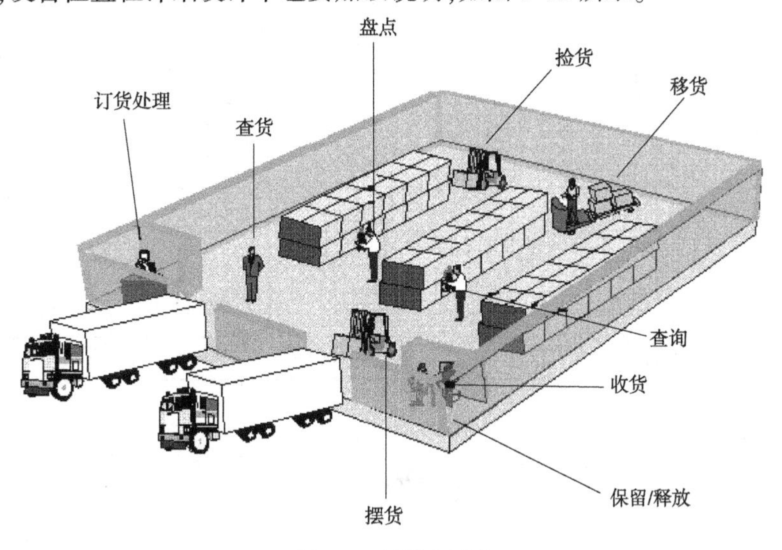

图 1-13　区域布置图

物流仓库内部规划实训

【实训目标】

1. 使加深学生对仓库规划与布局相关知识的理解;
2. 会规划仓库各个功能区;
3. 能计算各功能区的面积;
4. 会合理安排仓库空间;
5. 会划分仓库物资流动线。

【实训任务】

现江西交通职业技术学院物流仓库有一块空地,具体形状和尺寸如图 1-14 所示。请学生对其进行合理规划,要求完成各功能区的划分,并且使各功能区布局合理,货物出入库流动线不交叉,储存区占仓库总面积的比值要大于 50%,尽可能提高仓库面积利用率。利用电脑软件画出该仓库规划图,并说明每个区域的功能及面积。

该区域长10m，宽8m。货物储存以标准托盘为集装单元，作业以地牛为主

公路

图 1-14　物流仓库规划地示意图

【实训步骤】

第一步:确定仓库主要的功能区域及其设置要求,首先确定仓库出入口的位置。

第二步:确定仓库货物流动线,主要流动线尽量不要交叉。

第三步:根据货物流动线确定各区域相对位置。

第四步:粗略计算各区域的面积大小,储存区域面积要大于50%。

【实训考核】

实训考核表见表1-9。

实训考核表 表1-9

考核人		被考核人	
考核地点			
考核内容	仓库内部区域规划		
考核标准	具体内容	分值(分)	实际得分
	各功能区域分工明确,划分合理	30	
	出入口通道设计合理,货物流动线不交叉	20	
	仓库面积利用率高	20	
	计算出各区域面积且储存区面积率大于50%	20	
	画图清晰,独立完成	10	
合计		100	

拓展阅读

零库存管理

一、零库存概述

零库存是一种特殊的库存概念,零库存并不是不要储备和没有储备。所谓的零库存,是指物料(包括原材料、半成品和产成品等)在采购、生产、销售、配送等一个或几个经营环节中,不以仓库存储的形式存在,而均是处于周转的状态。它并不是指以仓库储存形式的某种或某些物品的储存数量真正为零,而是通过实施特定的库存控制策略,实现库存量的最小化。所以“零库存”管理的内涵是以仓库储存形式的某些种物品数量为“零”,即不保存经常性库存,它是在物资有充分社会储备保证的前提下,所采取的一种特殊供给方式。

二、零库存的产生

传统的仓储管理给企业带来了一系列好处,如:可以避免缺货,保障向客户供应;应对各种意外变化;保证生产与经营过程的连续进行;缩短供货周期;应对产品季节性需求波动;通过价格投机获取利润等。但是其弊端也是显而易见的,如仓储占用大量资金,增加库存利息支出,为仓储而发生的不动产投资增大等,更有甚者可能会掩盖企业的管理缺陷,不利于责任明确以及管理水平提高。而与此同时,生产的发展,竞争的加剧,对企业降低成本的要求越来越迫切,因而“零库存”作为一个新的降低成本和提高管理水平的方式便应运而生。

三、零库存的目的

实现零库存管理的目的是为了减少社会劳动占用量(主要表现为减少资金占用量)和提高物流运动的经济效益。如果把零库存仅仅看成是仓库中存储物的数量减少或数量变化趋势而忽视其他物质要素的变化,那么,上述目的则很难实现。因为在库存结构、库存布局不尽合理的状况下,即使某些企业的库存货物数量趋于零或等于零,不存在库存货物,但是,从全社会来看,由于仓储设施重复存在,用于设置仓库和维护仓库的资金占用量并没有减少。

因此,从物流运动合理化的角度来研究,零库存管理应当包含以下两层意义:

(1)库存货物的数量趋于零或等于零。

(2)库存设施、设备的数量及库存劳动耗费同时趋于零或等于零。该层意义上的零库存,实际上是社会库存结构的合理调整和库存集中化的表现。

四、零库存实现途径

零库存实现的方式有许多,就目前企业实行的“零库存”管理,可以归纳为6类。

1. 无库存储备

无库存储备事实上是仍然保有储备,但不采用库存形式,以此达到零库存。有些国家将不易损失的铝这种战备物资作为隔音墙、路障等储备起来,以备万一,在仓库中不再保有库存就是一例。

2. 委托营业仓库存储和保管货物

营业仓库是一种专业化、社会化程度比较高的仓库。委托这样的仓库或物流组织储存货物,从现象上看,就是把所有权属于用户的货物存放在专业化程度比较高的仓库中,由后者代理用户保管和发送货物,用户则按照一定的标准向受托方支付服务费。采用这种方式存放和储备货物,在一般情况下,用户自己不必再过多地储备物资,甚至不必再单独设立仓库从事货物的维护、保管等活动,在一定范围内便可以实现零库存和进行无库存式生产。

3. 按订单生产方式

在拉动(PULL)生产方式下,企业只有在接到客户订单后才开始生产,企业的一切生产活动都是按订单来进行采购、制造、配送的,仓库不再是传统意义上的储存物资的仓库,而是物资流通过程中的一个“枢纽”,是物流作业中的一个站点。货物是按订单信息要求而流动的,因此从根本上消除了呆滞物资,从而也就消灭了“库存”。

4. 实行合理配送方式

一般来说,在没有缓冲存货的情况下,生产和配送作业对送货时间不准更敏感。无论是生产资料还是成品,物流配送都在一定程度上影响其库存量。因此,通过建立完善的物流体系,实行合理的配送方式,企业可及时地将按照订单生产出来的物品配送到用户手中,且在此过程中,能通过物品的在途运输和流通加工减少库存。企业可以通过采用标准的零库存供应运作模式和合理的配送制度,使物品在运输中实现储存,从而实现零库存。

(1)采用“多批次、少批量”的方式向用户配送货物。企业集中各个用户的需求,统筹安排,实施整车运输,增加送货的次数,降低每个用户、每个批次的送货量,提高运输效率。配送企业也可以直接将货物运送到车间和生产线,从而使生产企业呈现出零库存状态。

(2)采用集中库存的方法向用户配送货物。通过集中库存的方法向用户配送货物,增加库存,使商品和数量形成规模优势,降低单位产品成本,同时,在这种有保障的配送服务体系支持下,用户的库存也会自然日趋弱化

(3)采用“即时配送”和“准时配送”的方法向用户配送货物。为了满足客户的特殊要求,在配送方式上,企业采用“即时配送”和“准时配送”的方法向用户配送货物。“即时配送”和“准时配送”具有供货时间灵活、稳定、供货弹性系数大等特点,因此作为生产者和经营者,采用这种方式,库存压力能够大大减轻,企业甚至会选择取消库存,实现零库存。

模块二 入库作业

模块概述

本模块主要模拟江西交通职业技术学院物流配送中心的货物入库作业，请根据仓储合同或配送单进行货物验收，验收合格后安排货物入库。先根据货物尺寸进行货物组托作业，然后利用地牛把组托好的货物转移到储存库区，再利用电动叉车把货物放在合适的货位上，完成货物入库作业。

知识目标

1. 熟悉货物入库作业的三个步骤及其相关业务；
2. 掌握货物入库验收方法及验收内容；
3. 会填写货物入库相关单证，如货物验收单、入库单等；
4. 会根据货物不同尺寸，进行组托作业。

技能目标

1. 要求学生有一定实际动手能力，进行实物验收和组托作业；
2. 能根据货物入库流程，进行货物入库作业；
3. 会使用必要货物入库过程中所用到的物流设施设备，如地牛、堆高车等；
4. 能理论结合实际，处理货物入库过程中出现的各类问题；
5. 会制作和填写相应的单证，如入库台账、入库异常登记表、储存货卡等。

模块图解

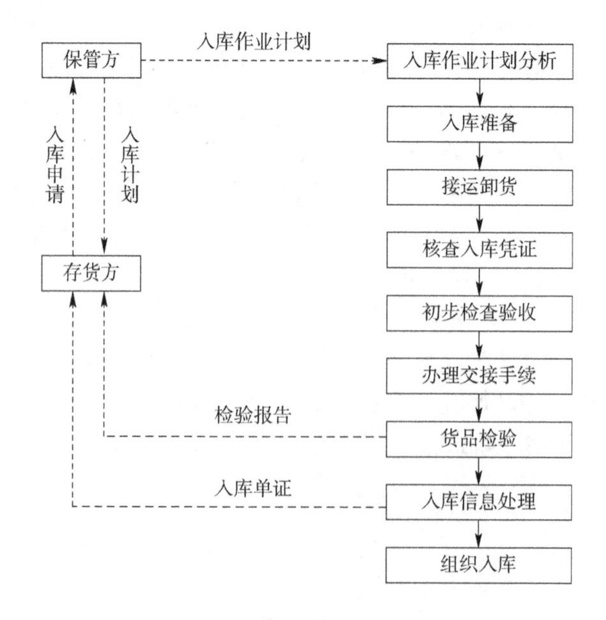

任务一　入库作业流程

【应知应会】

通过本工作任务的学习与具体实施,学生应学会下列知识:

1. 熟悉货物入库作业流程;
2. 掌握货物入库验收流程、内容及如何验收;
3. 会正确规范地填写入库作业单证,包括入库单、货卡。

应该掌握下列技能:

1. 能根据入库货物开展相应的入库验收工作,并填写验收单;
2. 能及时处理在验收过程中出现的各类问题。

【学习要求】

1. 学生在上课前,应到本课程网站或借助于互联网预习本工作任务相关的教学内容。

2. 本任务采用理实一体化的模式组织教学,学生在学习过程中,要善于动手,不怕脏不怕累。

3. 每个工作任务学习结束过程后,学生能独立完成任务工作单的填写。

入库作业过程

江西交通职业技术学院管理实训中心:

根据贵我双方签署的仓储合同,我公司现有一批货物委托江西交通职业技术学院物流公司运送至贵校,请安排接收。具体货单见表2-1。

入 库 货 物 信 息　　表2-1

货物编号	货物名称	ISBN	单位	数量	尺寸(mm)	备注
1	九阳豆浆机	6910001002	大箱	30	450×300×150	
2	美的电风扇	6910001502	大箱	42	350×350×245	
3	联想显示器	6910001302	大箱	28	526×388×172	
4	康师傅方便面	6910001402	大箱	27	480×380×220	

请在2014年10月20日前完成入库。联系人:张三,电话:×××××××。

国美电器

2014年10月18日

案例思考

1. 货物入库作业流程?
2. 货物入库单证如何填写?
3. 货物入库验收要点有哪些?

相关知识

一、入库作业概述

(一)入库作业

入库作业是指仓储部门按照存货方的要求合理组织人力、物力等资源,按照入库作业程序,认真履行入库作业各环节的职责,及时完成入库任务的工作过程。

(二)影响入库作业的因素

(1)货品供应商及货物运输方式。

(2)商品种类、特性与数量。

(3)入库作业的组织管理情况。

根据不同的管理策略、货物属性、数量以及现有库存情况,自动设定货物堆码位置、货物堆码顺序建议,从而有效地利用现有仓库容量,提高作业效率。

二、入库作业流程

入库方式虽然有很多种,但基本的入库作业流程大致相同,如图 2-1 所示,接、提货人员或发货运输单位送货到仓库与保管员办理内部交接手续时,仓库保管员须根据到货单证,对货物进行初检,主要流程如下。

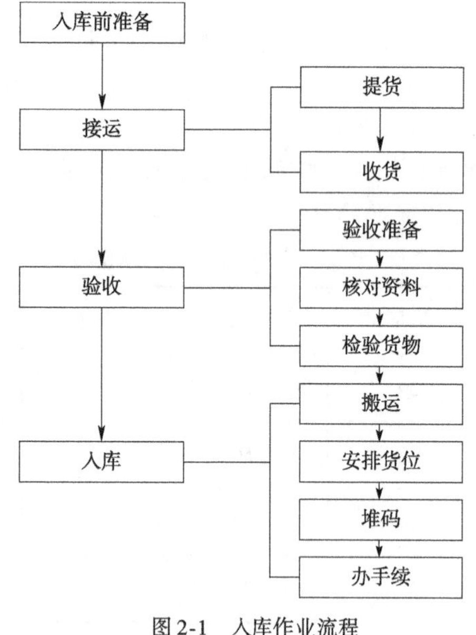

图 2-1　入库作业流程

(一)接到到货通知后提前做好接货准备

包括准备停车位置,安排卸货的机具和人员,提供货物暂放待检位置等,避免出现因安排不合理而出现送货车辆没有停车位置卸货而等待时间过长,卸货的机具和人员紧张而影响正常的卸货速度,货物暂放待检区域没有及时腾出位置而无法堆放等问题。

(二)核对到货凭证

货物运抵仓库收货区域后,仓库收货人员首先要检验货物入库凭证,然后按照货物入库凭证所列的收货单位、货物名称、规格数量等具体内容与货物各项标志核对。如发现送错,应该拒收退回;一时无法退回的,应该进行清点并另行存放,然后做好记录,待联系后处理,经过复查核对无误后,即可进行下一步流程。

(三)大件点收

大件点收,是按照货物的大件包装进行数量清点。点收的方法有两种:一是逐件点数计总法;二是集中堆码点数法。

逐件点数,若仅靠人工点记则费时、费力并且容易出错,可以采用简易计算器,计数累计以得总数。但对于花色品种单一、包装大小一致、数量大或者体积较小的货物,可以采用集中堆码点数法,即把入库的货物堆成固定的垛形(或置于固定容量的货架),排列整齐,每层、每行、每列的件数一致，便于累计得到总数。大件点收时还应该注意以下事项：

(1)件数不符。接货大件点收中，如发现件数与通知单所列不符，数量短少，经反复确认以后，应立即在送货单右联上批注清楚，按实数签收，同时还需要接货人员和承运人员共同签章。经过验收核对确实，由保管人员将查明短少货物的品名、规格、数量等通知运输部门、发货单位和收货单位。如发现到货数量多出，则可以灵活处理，如此货物确实比较急需，后续又还有订单，则可以采取先暂且收货，并及时通知运输部门、发货单位和收货单位，后续补发订单和各种到货凭证，或者核销后面的订单；如后续不再需要此货物，则要求退回。

(2)货物串库。收货人员在点收本地入库货物时，如发现部分到货与单证内容不符，属错送来库的情况(俗称串库)时，应该将这部分到货另行堆放，待应收的货物点收完毕后，再由送货人员带回，并在签收时如数减除。如在验收、堆码时才发现串库货物，收货人员应该及时通知送货人员办理退货更正手续，不符的货物由送货或运输人员带回。

(3)包装异状。收货中如发现货物包装有异状时，收货人员应该会同送货人员开箱、拆包检查，查明确有残损或短少情况，由送货人员出具货物入库异状记录，或在送货单上注明。同时，应该通知保管人员另行堆放，勿与以前入库的同种货物混堆在一起，以待处理。

(4)货物异状损失。指接收货物时发现货物异状或损失的问题。设有铁路专用线的仓库，在接收货物时如发现短少、水渍、玷污、损坏等情况，由仓库收货人员直接向交通运输部门交涉。如遇车皮或船舱铅封损坏，经双方会同清查点验，确有异状损失等情况，应该向交通运输部门按章索赔。如该批货物在托运之时，发货方另有附言，损失责任不属于交通运输部门，亦应请其做出普通记录，以明责任，并作为必要时向供货单位要求赔偿损失的凭证。

(四)检查包装

在大件点收的同时，对每件货物的包装和标志要进行认真的查看。检查包装是否完整、牢固，有无破损、受潮、水渍、油污等异状。货物包装的异状，往往是货物受到损害的一种外在表现。如果发现异状包装，必须单独存放，并打开包装详细检查内部货物有无短缺、破损和变质。逐一查看包装标志，目的在于防止不同的货物混入，避免差错，并根据标志指示操作，确保入库储存安全。

(五)办理交接手续

入库货物经过上述流程，就可以与接货人员办理货物交接手续。交接手续通常是由仓库保管员在送货回单上签名表示货物收讫。如果上述流程中发现差错、破损等情形必须在送货单上详细写明或由接货人员出具差错、异状记录，详细写明差错数量、破损情况等，以便与交通运输部门分清责任，作为查询处理的依据。

三、入库方式

入库方式是指仓库商品或货物来源的方式，也叫作入库接运方式。包括到承运单位提货、到铁路专用线接货、到供货单位提货、供货单位送货到库、承运单位送货到库、过户、转库和零担到达等。入库交接是入库作业流程的第一道作业环节，涉及供应商、承运商、保险公司及收货单位等当事人的权利和义务关系，是仓库直接与外部发生的经济联系，因此搞好入库交接是入库作业的重要环节。它的主要任务是：及时而准确地向交通运输部门提取入库商品或货物，手续清楚，责任分明，为仓库验收工作创造有利的条件。因为入库接运工作是仓库业务活动的开始，是商品或货物入库和保管的前提，所以接运工作的好坏直接影响到商品或货物的验收和入库后的保管保养。因此,在接运由交通运输部门转运的商品或货物时,必须认真检查,分清责任,取得必要的证件,避免将一些在运输过程中或运输前就已经损坏的商品或货物带入仓库,造成验收中责任难分以及保管工作中的困难或损失。

由于入库接运工作直接与交通运输部门接触,所以做好接运工作还需要熟悉交通运输部门的要求和制度。例如,发货人和运输部门的交接关系及责任的划分;铁路、航空或海运等运输部门在运输中的责任;收货人的责任;铁路或其他运输部门编制的普通记录货运记录及公路运输交接单的范围;向交通运输部门索赔的手续和必要的证件等。

做好入库接运工作的主要意义在于:防止把运输过程中或运输之前就已经发生的商品或货物的损坏和各种差错带入仓库,减少或避免经济损失,为验收和保管保养创造良好的条件。

四、入库验收管理

入库验收是根据合同或标准的规定要求,对货物的品质、数量、包装等进行检验查收的总称。凡货物进入仓库储存,必须经过检查验收,只有验收后的货物方可入库保管。仓库的货物来源复杂,渠道繁多,运输方式、出厂日期、货物的性质及供货商的信誉等因素,都可能给货物的数量和质量带来影响。严格把好入库的验收关,对于确保入库货物数量准确、质量完好,维护企业的合法权益,及时为企业处理货损货差事宜提供依据等有着十分重要的意义。

(一)入库验收的基本要求

搞好入库验收具有十分重要的意义,首先,它为货物的储存保管工作打下良好的基础;其次,能够对生产企业起到监督和促进作用;另外,验收记录是索赔、退货、换货的主要依据。所以,在进行货物验收时,必须做好“及时、准确、严格、经济”。

1. 及时

到库货物必须在规定的时间期限内完成验收入库工作。这是因为货物虽然到库,但未经过验收的货物没有入账,不算入库,不能供应给用料单位。只有及时验收,尽快提出检验报告,才能保证货物尽快入库入账,满足用料单位的需求,加快货物和资金的周转。同时货物的托收承付和索赔都有一定的时间期限,如果验收时发现货物不符合规定的要求,要提出退货、换货或者索赔等请求,均应在规定的时间期限内提出,否则,供方或责任方不再承担责任,银行也将办理拒付手续。

2. 准确

准确就是以货物入库凭证为依据,准确地查验入库货物的实际数量和质量状况,并通过书面材料准确地反映出来。做好货、账、卡相符工作,提高账货相符率,降低收货差错率,提高企业的经济效益。

3. 严格

仓库的各方都要严肃认真地对待货物验收工作。验收工作的好坏直接关系到国家和企业的利益,也关系到以后各项仓储业务的顺利开展。因此,仓库领导应该高度重视验收工作,直接参与验收人员要以高度负责的精神来对待这项工作,明确每批货物验收的要求和方法,并严格按照仓库验收入库的业务操作程序办事。

4. 经济

货物在验收时,多数情况下不但需要检验设备和验收人员,而且需要装卸搬运机具和设备以及相应工种的工人配合。这就要求各工种密切配合,合理组织调配人员与设备,以节省作业费用。此外,在验收过程中,尽可能地保护原包装,减少和避免破坏性试验,也是提高作业经济性的有效手段。

(二)入库验收的基本流程

货物验收包括验收准备、核对凭证、确定验收比例、实物检验、做出验收报告及验收中发现问题的处理。

1. 验收准备

验收准备是货物入库验收的第一道程序。仓库接到货物到货通知后,应根据货物的性质和批量提前做好验收的准备工作,主要包括以下内容:

1)人员准备

安排好负责验收的技术人员或用料单位的专业技术人员,以及配合数量验收的装卸搬运人员。

2)资料准备

收集、整理并熟悉待验货物的验收凭证、资料和有关验收要求,如技术标准、订货合同等。

3)器具准备

准备好验收用的计量器具、卡量工具和检测仪器仪表等,并校验好其准确性。

4)货位准备

落实入库货物的存放位置,选择合理的堆码垛型和保管方法,准备所需的苫垫堆码物料。

5)设备准备

大批量货物的数量验收,必须要有装卸搬运机械的配合,应做好设备的申请调用。

此外,对特殊货物的验收,如毒害品、腐蚀品、放射品等,还须配备相应的防护用品,采取必要的应急防范措施,以防万一。对进口货物或存货单位要求对货物进行内在质量检测时,要预先联系商检部门或检验部门到库进行检验或质量检测。

2. 核对凭证

入库货物必须具备下列凭证:

(1)货主提供的入库通知单和订货合同副本,这是仓库接收货物的凭证。

(2)供货单位提供的验收凭证,包括材质证明书、装箱单、磅码单、发货明细表、说明书、保修卡及合格证等。

(3)承运单位提供的运输单证,包括提货通知单和登记货物残损情况的货运记录、普通记录以及公路运输交接单等,是作为向责任方进行交涉的依据。

核对凭证,就是将上述凭证加以整理后全面核对。入库通知单、订货合同要与供货单位提供的所有凭证逐一核对,相符后才可以进入下一步的实物检验;如果发现有证件不齐或不符等情况,要与存货、供货单位、承运单位及有关业务部门及时联系解决。

3. 确定验收比例

由于受仓库条件和人力的限制,对某些大批量的货物在短时间内难以全部验收;或全部打开包装后不便储存和销售,甚至影响货物的质量;或对于连续大批量流水线上生产的产品,抽验一定数量就可以代表整批货物的质量状况,无须全部验收等情况,可以采用抽验方法。抽验比例应首先以合同规定为准;合同没有规定的,在确定验收比例时,一般考虑以下因素：

1）货物的性质和特点

不同的货物具有不同的特性。货物性质不稳定或质量容易变化的，如玻璃器皿、保温瓶胆、瓷器等易碎货物；皮革制品、副食品、果品、海产品等容易霉变的货物；香精、香水等易挥发的货物等，验收的比例可以大一些；反之，像香皂、肥皂之类，外包装完好，内部不容易损坏，产品质量稳定的货物，验收的比例可以小一些。

2）货物的价值

贵重货物，如价格高的精密仪器、名贵中药材等，入库时的验收比例要大一些，甚至全验；而一般价值较低、数量较大的小货物可以少验。

3）货物的生产技术条件

对于生产技术条件好、工艺水平较高、产品质量好而且稳定的货物可以少验；而对于生产技术水平低，或手工操作、产品质量较差而又不稳定的货物需要多验。

4）供货单位信誉

有的企业历来重视产品质量，并重视产品的售后服务工作，长期以来仓库在接受该类企业产品时没有或很少发现质量、数量等问题，并且消费者对该企业的产品也比较满意，这样的企业供应的产品可以少验或免验；而对于信誉较差的企业提供的产品则要多验或全验。

5）包装情况

包装材料差、技术低、结构不牢固等，都会直接影响货物质量和运输安全，从而造成散失、短少和损失。因此收货时，对包装质量完好无损的货物可以适当少验；反之，则要多验。

6）运输方式和运输工具

货物在运输过程中，由于采用不同的运输方式和运输工具，以及运距的远近、中转环节的多少等，对货物的数量和质量都会产生不同程度的影响。因此，在入库验收时，应分不同情况确定验收比例。如对于汽车运输且运距较长的，由于途中震荡幅度大，损耗会多一些，可以确定大的验收比例；而对于水运或航运，由于途中颠簸小，损耗自然会少一些，则可以少验一些。

7）气候条件

经过长途转运的货物，可能由于气候条件的变化，质量会受到一定的影响；即使同一地区，由于季节的变化对货物的质量也会产生影响。所以，对怕热易溶的货物，夏天要多验；对怕潮、易溶解的货物，在雨季和潮湿地区要多验；对怕冻的货物冬季要多验。

8）储存时间

入库时，对储存时间长的货物，可以多验一些；反之，则少验一些。在按比例抽验时，若发现货物变质、短缺、残损等情况，可适当考虑扩大验收比例，直至全验，彻底查清货物的情况。

4. 实物检验

实物检验就是根据入库单和有关技术资料对实物进行数量、质量的检查。

1）数量检验

数量检验是保证货物数量准确不可缺少的重要步骤，一般在质量验收之前，由仓库保管职能机构组织进行。按照货物的性质和包装情况，数量检验可以分为三种形式：计件法、检尺求积法和检斤验收法。

仓库重量验收过程中，要根据合同规定的方法进行，为防止人为的因素造成磅差，一旦验收方法确定后，出库时必须用同样的方法检验货物，这就是进出库货物检验方法一致性原则。

2）质量检验

质量检验包括外观质量检验、尺寸精度检验、物理机械性能检验和化学成分含量检验四种形式。一般仓库只做外观质量和尺寸精度检验，后两种检验如果有必要，则由仓库技术管理职能机构取样，委托专门检验机构检验。

货物的外观质量检验是指通过人的感觉器官，检验货物的包装外形或检查货物是否被污染，有无潮湿、霉变、生虫等。要准确地进行外观质量检验，就要求保管人员拥有丰富的识货能力和判断经验。经外观检验有严重缺陷的货物，要单独存放，防止混杂，等待处理，并填写检验记录单。

5. 做出验收报告

保管员根据货物入库单所列内容对实物进行验收后，对货物的型号、规格是否相符，数量是否准确，配套是否齐全，证件及资料是否齐备，质量是否合格等，都要做好详细记录，认真填写仓库货物验收码单及仓库货物验收记录，并做出书面总结报告，及时向主管部门及存货单位反映，以便查询处理。

6. 验收中发现问题的处理

货物验收中，可能会发现诸如证件不齐、数量短缺、质量不符合要求等问题，应区别不同情况，及时处理。（详见本任务六、入库过程中发现问题的处理）

五、货物入库手续的办理

货物经检验合格后，由保管员或收货员根据验收结果，在货物入库单上签收。同时将货物存放的库房（货场）、货位编号批注在入库单上，以便记账、查货、发货。经过复核签收的多联入库单，除保管人员存一联备查、账务人员留一联登记货物账外，其余各联退送存货单位，作为存货的凭证。

办理货物入库手续，包括登账、立卡、建立货物档案等工作，这是货物验收入库阶段的最后环节，也是一项认真、严肃的基础工作。

（一）登账

为了保证货物数量能准确反映其进、出、存情况，除仓库的财务部门有货物账凭以结算外，保管业务部门也要建立详细反映库存货物进、出和结存的货物明细料账，用以记录库存货物的动态，并为对账提供依据。货物明细料账，是根据货物入库验收单和有关凭证建立的货物保管明细台账，并按照入库货物的类别、品名、规格、批次等，分别立账。它是反映在库储存货物进、出、存动态的账目。按照账目管理分工，企业的财务部门负责总账的管理，一般只分货物大类记账并凭此进行财务核算；货物保管部门负责货物明细大类记账及货物明细账目的管理，并凭此进行财务核算、货物进出业务活动。明细账目除有货物的品名、规格、批次外，还要表明货物存放的具体位置、货物单价和金额等，它是货物账目管理的“总账”，是企业对账的基础，应当准确无误。登账时应该遵循以下原则：

（1）登账必须以合法有效的凭证为依据，如货物入库单、出库单、领料单等。

（2）登账一律用蓝、黑色墨水笔记账，用红墨水笔冲账。当发现记账发生错误时，不得刮擦、挖补、涂抹或用其他药水更改字迹，要用“划线更正法”更正。即在错处划一红线，表示注销；然后再在其上方填上正确的文字或数字，并在更改处加盖更改者的印章，红线划过后的原来字迹必须仍可辨认。

(3)记账应连续完整,依日期顺序不能隔行、跳页,账页应依次编号。年末结存后转入新账,旧账页装订成册入档妥为保管,不得遗失。

(4)记账时,其数字书写应占空格的三分之二空间,便于改错。

(二)立卡

“卡”又称“料卡”、“料签”或“货物验收明细卡”,是直接反映该垛货物的品名、型号、数量、规格、单位及进出动态、积存数的保管卡,由负责该货物保管的人员填制,是保管业务活动进行的“耳目”。

货卡按其作用不同可分为货物状态卡、货物保管卡。货物保管卡包括标识卡和储存卡等。货物状态卡,是用于标明货物所处业务状态或阶段的标识卡。根据 ISO 9000 国际质量认证体系的要求,在仓库中应该根据货物的状态,按可追溯性要求,分别设置待检、待处理和合格等状态标识。

货物保管卡的管理办法如下:一是由保管员集中保存管理,有利于责任制的贯彻,即专人专责管理,但是如果有进出业务而该保管员缺勤时就难以进行;二是将填制的资料卡直接挂在货物垛位上,挂放的位置要明显、牢固,这样便于随时与实物进行核对,有利于货物进出业务的及时进行,可以提高保管人员作业活动的工作效率。

(三)建立货物档案

建立货物档案,是将货物入库作业全过程的有关资料进行整理、核对,建立资料档案,为货物的保管、出库业务活动创立良好的条件,有助于总结和积累仓库保管经验,研究管理规律,提高科学管理水平。货物档案建立工作要求做到以下几个方面。

1. 货物档案应一物一档

存档资料包括以下几个方面:

(1)货物出厂时的各种凭证和技术资料,如货物技术证明、合格证、装箱单、磅码单、发货明细等。

(2)货物运输资料及其他凭证,如货物运输普通记录、货运记录或公路运输交接单等。

(3)货物验收的入库通知单、验收记录、磅码单、技术检验报告等。

(4)货物储存保管期间的检查、维护保养、溢补损坏变动的功能情况的记录。

(5)室内外温湿度记载及其对货物的影响情况。

(6)货物的出库凭证和其他有关资料。

2. 档案应统一编号

货物的档案应统一编号,并在档案上注明货位号,同时在货物保管明细料账上注明档案号,以便查阅。

3. 应当妥善保管

在货物保管期间,仓库可以根据情况,由业务机构统一管理或直接由保管员管理好货物档案。某种货物全部出库后,除必要的技术证件必须随货同行不能抄发外,其余均应留在档案内,并将货物出库证件、动态记录等整理好一并归档。如当机电产品整进整出时,有关技术证件应该随货物转给收货单位;金属材料的质量保证书等原始资料应该留存,而将复印件加盖公章转给收货单位;货物整进零出时,其质量保证书可复制加盖公章代用。

(四)签单

货物验收入库后,应该及时按照仓库货物验收记录的要求签回单据。签单有两个作用:

一是向供货单位和存货单位表明收到货物的情况，包括对收到货物的品名、规格、数量、质量等情况的确认，也是以后财务上费用结算的依据，如果有特殊情况的可在单据上的备注栏详细注明，并且签字或加盖公章；二是如有短少等情况可以作为存货单位向供货单位交涉的依据，在这种情况下签单必须有存货单位或者供货单位的相关人员在场并确认情况属实，所以签单必须准确无误。

六、入库过程中发现问题的处理

在物品入库凭证未到齐之前不得正式验收。如果入库凭证不齐或不符，仓库有权拒收或暂时存放，待凭证到齐再验收入库。在商品入库验收过程中，常见的问题及处理方法如下。

（一）数量不符

如果经验收后发现商品的实际数量与凭证上所列的数量不一致时，应由收货人在凭证上详细做好记录，按实际数量签收，并及时通知送货人和发货方。

仓库在商品验收过程中，如发现商品数量与入库凭证不符，质量不符合规定，包装出现异常情况时，必须做出详细记录，见表2-2。同时将有问题的商品另行堆放，并采取必要的措施，防止损失继续扩大，并立即通知业务部门或邀请有关单位现场察看，以便及时做出处理。

商品检验记录表 表2-2

编号：__________

供货商		采购订单号		入库通知单号	
运单号		合同号		车号	
发货日期		到货日期		验收日期	

序号	商品名称	商品编码	规格型号	计量单位	应收数量	实际数量	差额

单位负责人： 复核： 检验员：

在数量验收中，计件物品应及时验收，发现问题要按规定的手续，在规定的期限内向有关部门提出索赔要求。否则超过索赔期限，责任部门对形成的损失将不予负责。

（二）质量问题

在与铁路、交通运输部门初步验收时发现质量问题，应会同承运方清查点验，并由承运方编制商务记录或出具证明书，作为索赔的依据。如确认责任不在承运方，也应做好记录，由承运者签字，以便作为向供货方联系处理的依据。在拆包进一步验收时若发现质量问题，应将有问题的商品单独堆放，并在入库单上分别签收，同时通知供货方，以划清责任。

（三）包装问题

在清点大件时发现包装有水渍、玷污、损坏、变形等情况时，应进一步检查内部细数和质量，并由送货人开具包装异状记录，或在送货单上注明，同时，通知保管员单独堆放，以便处理。

1. 商品串库

商品串库是指应该送往甲库的商品误送到乙库。如初步检查时发现串库现象，应立即拒收；如在验收细数中发现串库商品，应及时通知送货人办理退货手续，同时更正单据。

2. 有货无单

有货无单是指货物先到达而有关凭证还未到达。对此应暂时安排场所存放，及时联系，待单证到齐后再验收入库。

3. 有单无货

存货单位先将单证提前送到仓库，但经过一段时间后，尚没有见到货，应及时查明原因，将单证退回注销。

（四）货物问题

货物未到齐：往往由于运输方式的原因，同一批商品不能同时到达，对此，应分单签收。

货物入库作业实训

【实训目标】

1. 掌握货物入库验收方法；
2. 掌握入库验收单证制作和填写；
3. 能根据不同货物要求采用不用货物验收方法；
4. 熟悉入库过程中出现问题的处理方法；
5. 熟悉货物入库台账、货卡设计与填写。

【实训任务】

现有国美电器的一批货物（九阳豆浆机 30 箱）由江西交通职业技术学院物流公司运送到江西交通职业技术学院管理工程系实训中心，请实训中心做好这批商品的接收与验收工作。

要求完成：

（1）手工制作入库通知单、送货单、验收单、入库货物异常报告；

（2）设计“入库货物接运与验收及入库”操作方案并提交操作方案；

（3）各组分别以团队实际配合模拟所提交的操作方案，中间不能变更方案内容；

（4）各组组长对其他组进行打分，最后去掉一个最高分及一个最低分算总分进行小组成绩排名。

【实训道具】

入库通知单、送货单、验收单、入库货物异常报告。

【实训步骤】

第一步：进行岗位分工并设定角色。每组 4 人，其中 1 人充当送货员，1 人充当仓库收货员，1 人充当质检，1 人充当仓储主管（负责检查下属人员的单证是否做对及签字）。

第二步：送货员向仓库收货员出示送货单。

第三步：仓库收货员核对送货单、入库通知单。

第四步：仓库收货员进行数量验收、质检员进行质量验收。数量验收主要是清点存储商品的数量,通过清单看一看数量上少不少;质量验收主要看商品是否有受潮,页面有没有损坏、缺页、排版错误、很脏、印刷字不清晰等异常情况。

第五步:验收结果处理。货物验收完毕后,发现有异常情况,由于工商管理专业急需该书籍及异常情况不算严重,公司决定让步接收该批书,故由质检员填写货物异常报告及让步接收的货物检验单,且在送货回单上详细注明,并请送货员签字。

第六步:合格货物入库。仓库收货员填写入库单及入库台账。

第七步:仓库售货员完成货物堆码。

第八步:制作货卡。仓库收货员立卡片。按照销售合同所列内容逐项填写货物资料卡片,做到一垛一卡。

【实训考核】

实训考核表见表2-3。

实训考核表　　表2-3

考核人		被考核人	
考核地点			
考核内容	货物入库作业		
考核标准	具体内容	分值(分)	实际得分
	入库单证、验收单等填写是否正确	20	
	货物验收	20	
	货位选择是否正确	20	
	地牛等物流设备使用是否规范	20	
	流程是否正确、流畅	10	
	团队分工合作	10	
合计		100	

任务二　货物组托

【应知应会】

通过本工作任务的学习与具体实施,学生应学会下列知识:

1. 熟悉货物组托方法;
2. 掌握货物组托基本要求;
3. 掌握货物组托计算方法。

应该掌握下列技能:

1. 会根据货物组托要求确定合适的组托方法;
2. 会计算机软件进行货物组托示意图的绘制;
3. 能及时处理在组托过程中出现的各类问题。

【学习要求】

1. 学生在上课前,应到本课程网站或借助于互联网预习本工作任务相关的教学内容。

2. 本课程采用理实一体化的模式组织教学，学生在学习过程中，要善于动手，不怕脏不怕累。

3. 每个工作任务学习结束过程后，学生能独立完成组托示意图的绘制。

货物组托入库

江西交通职业技术学院配送中心接到供应商发来的一批货物，货物已经过验收，现在需要进行入库作业，其货物名称、规格、数量和包装尺寸见表2-4，请进行入库作业。

入库货物信息　　表2-4

序号	货品条码	货品名称	单位	单价(元/箱)	数量(箱)	重量(kg)	外包装尺寸(mm)
1	6910001002	九阳豆浆机	大箱	23.00	30	26	450×300×150
2	6910001502	美的电风扇	大箱	196.00	42	12	350×350×245
3	6910001302	联想显示器	大箱	40.00	28	15	526×388×172
4	6910001402	方便面	大箱	84.00	27	18	480×380×220

要求：首先进行货物组托设计，然后根据入库作业流程进行实践操作。

案例思考

1. 货物托盘组托时要考虑的因素主要有哪些？
2. 货物托盘组托的方式主要有哪几种？
3. 托盘堆码和就地码有何区别？其计算过程是否一样？

一、托盘堆码

托盘堆码即将货物码在托盘上，货物在托盘上码放方式可采用自身堆码采用的码放形式，然后用叉车将托盘货一层层堆码起来。对于一些怕挤压或形状不规则的货物，可将货物装在货箱内或带立柱的托盘上。由于货箱堆码时，是由货箱或托盘立柱承受货垛的重量，故这种托盘应具有较高的强度和刚度。采用托盘堆码时，其堆码和出入库作业常采用叉车或其他堆垛机械完成，采用桥式堆垛机时，堆垛高度可达8m以上，故其仓库容积利用率和机械化程度比自身堆码有较大的提高。

(一)堆码原则

商品堆码的主要原则如下：

(1)尽量利用库位空间，较多采取立体储存的方式。

(2)仓库通道与堆垛之间保持适当的宽度和距离，提高物品装卸的效率。

(3)根据物品的不同收发批量、包装外形、性质和盘点方法的要求，利用不同的堆码工具，采取不同的堆码形式，其中，危险品和非危险品的堆码，性质相互抵触的物品的堆码应该区分开来，不得混淆。

(4)不要轻易地改变物品存储的位置，大多应按照先进先出的原则。

(5)在库位不紧张的情况下，尽量避免物品堆码的覆盖和拥挤。

(二)操作要求

(1)安全。堆码的操作工人必须严格遵守安全操作规程,使用各种装卸搬运设备,严禁超载,同时还须防止建筑物超过安全负荷量。码垛必须不偏不斜,不歪不倒,牢固坚实,以免倒塌伤人、摔坏商品。

(2)合理。不同商品的性质、规格、尺寸不相同,应采用各种不同的垛形。不同品种、产地、等级、单价的商品,须分别堆码,以便收发、保管。货垛的高度要适度,不能压坏底层的商品和地坪,与屋顶、照明灯保持一定距离;货垛的间距,走道的宽度、货垛与墙面、梁柱的距离等,都要合理、适度。垛距一般为0.5~0.8m,主要通道为2.5~3m。

(3)方便。货垛行数、层数,力求成整数,便于清点、收发作业。若过秤商品不成整数时,应分层表明重量。

(4)整齐。货垛应按一定的规格、尺寸叠放,排列整齐、规范。商品包装标志应一律朝外,便于查找。

(5)节约。堆垛时应注意节省空间位置,适当、合理安排货位的使用,提高仓容利用率。

二、堆码方式

1. 重叠式

重叠式堆码即各层码放方式相同,上下对应。这种方式的优点是,工人操作速度快,包装货物的四个角和边重叠垂直,承载能力大。缺点是各层之间缺少咬合作用,容易发生塌垛,如图2-2所示。

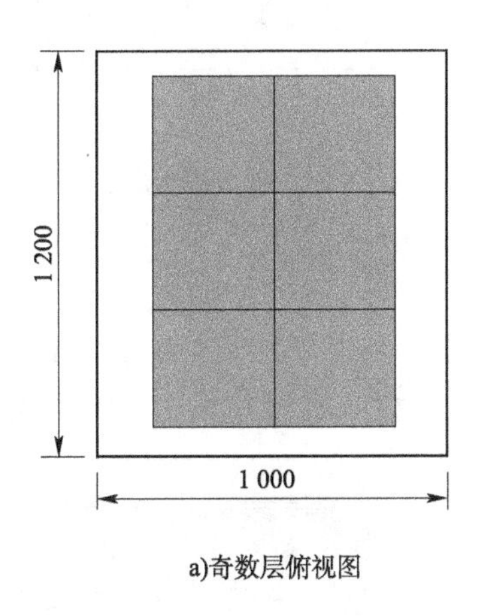

a)奇数层俯视图

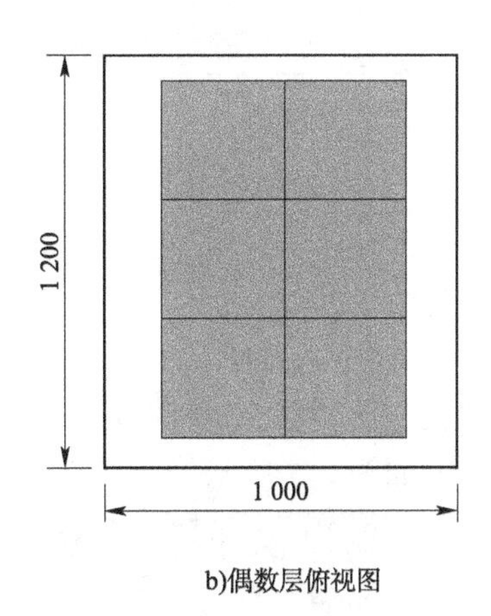

b)偶数层俯视图

图2-2　重叠式堆码(尺寸单位:mm)

在货物低面积较大的情况下,采用这种方式具有足够的稳定性,如果再配上相应的紧固方式,则不但能保持稳定,还可以保留装卸操作省力的优点。

2. 纵横交错式

相邻摆放旋转90°,一层横向放置,另一层纵向放置。每层间有一定的咬合效果,但咬合强度不高。适合自动装盘操作,这种方法较为稳定,但操作不便,如图2-3所示。

3. 正反交错式

同一层种,不同列的以90°垂直码放,相邻两层的码放形式是另一层旋转180°的形式。这种方式类似于建筑上的砌砖方式,不同层间咬合强度较高,相邻层之间不重缝,因而码放后稳定性较高，但操作较为麻烦，且包装体之间不是垂直面相互承受载荷，如图 2-4 所示。

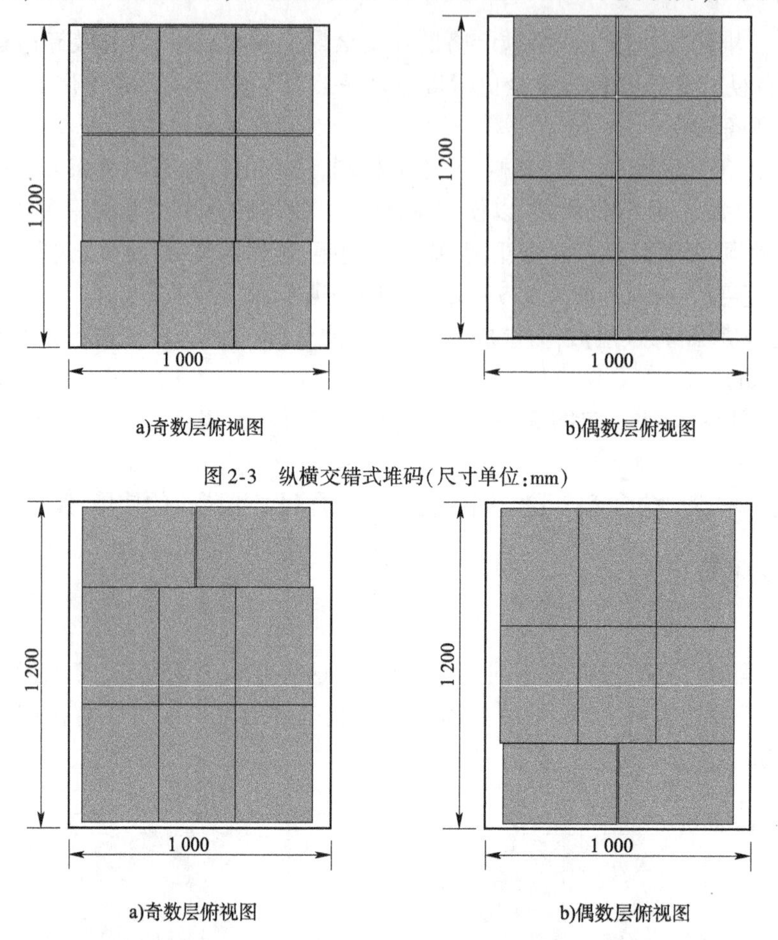

图 2-3 纵横交错式堆码(尺寸单位:mm)

图 2-4 正反交错式堆码(尺寸单位:mm)

4. 旋转交错式

第一层相邻的两个包装体互为 90°，两层间码放又相差 180°，这样相邻两层之间互相咬合交叉，货体的稳定性较高，不易塌垛。其缺点是，码放的难度较大，且中间形成空穴，降低托盘的利用效率，如图 2-5 所示。

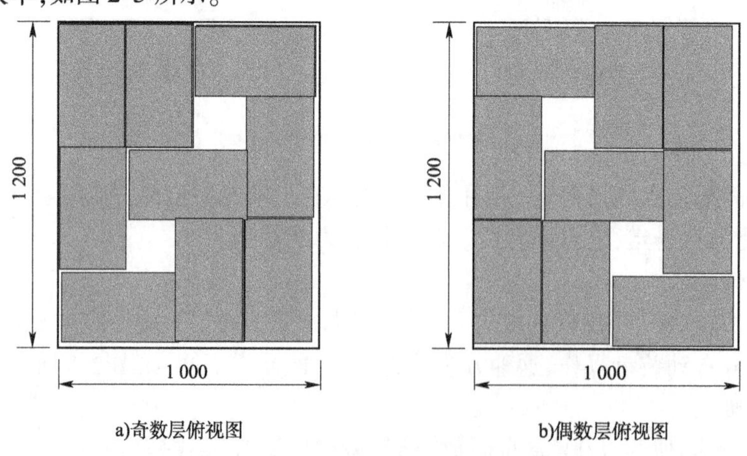

图 2-5 旋转交错式堆码(尺寸单位:mm)

三、货物组托的要求

1. 货物组托前的要求

(1)商品的名称、规格、数量、质量已全查清。

(2)商品已根据物流的需要进行编码。

(3)商品外包装完好、清洁、标志清楚。

(4)部分受潮、锈蚀以及发生质量变化的不合格商品,已加工恢复或已剔除。

(5)为便于机械化作业,准备堆码的商品已进行集装单元化。

2. 组托操作中的要求

(1)堆码整齐,货物堆码后四个角成一条直线。

(2)货物品种不混堆,规格型号不混堆、生产厂家不混堆、批号不混堆。

(3)堆码合理性、牢固性。要求奇偶压缝、旋转交错、缺口留中,整齐牢固。

(4)不能超出货架规定的高度。

(5)货物包装物边缘不允许超出托盘边缘20mm。

四、货物组托方式的计算

1. 计算步骤

(1)计算托盘每层最大摆放数量。已知标准托盘尺寸为1 000mm×1 200mm;货物尺寸为L(mm)×W(mm)。

(2)计算托盘堆码的高度。货架高度为H(mm);货物高度为h(mm)。

(3)画出每层的摆放示意图。

(4)如果是整托,每层货物摆放数量一致;如果是散托,注意最后一层货物的摆放方式。

2. 示意图的类型

(1)主视图:指从正前方观察完成组托货物绘制的示意图。

(2)俯视图:指从上方观察完成组托货物绘制的示意图(注意最后一层的货物摆放)。

(3)奇数层俯视图:指第1、3、5…层的货物摆放示意图。

(4)偶数层俯视图:指第2、4、6…层的货物摆放示意图。

3. 示意图的绘制步骤

(1)计算(如前),包括所需托盘总数,整托每托货物数量,散托货物数量;每层货物摆放方式。

(2)用文档工具或专业绘图工具绘制示意图,托盘尺寸和货物尺寸按比例绘制,并在图中标识。

(3)为示意图配上合适的文字说明。

五、实例

以美的豆浆机为例,假设其包装尺寸为350mm×350mm×245mm,货物质量为25kg,堆码限高为5层,货架层高为1 050mm,标准化托盘为1 200mm×1 000mm×150mm,现有美的豆浆机50箱,用托盘存货,问应该怎么在托盘堆码,并画出相应的示意图。

解:先计算美的豆浆机在托盘上一层的堆码方式,由于此货物地面为正方形,故摆放方法只有一种,即:

长度方向：

$$\frac{1\ 200}{350}=3.43(\text{箱})$$

宽度方向：

$$\frac{1\ 000}{350}=2.86(\text{箱})$$

故长度方向可以堆放 3 箱，宽度方向可以堆放 2 箱。

高度：由于货架高度为 1 050mm，托盘高度为 150mm，剩下高度为 900mm，但是在托盘上下货架时需要一定安全作业距离，故在货架高度下要预留出安全作业距离 150mm，能够用来堆码货物的高度为 900mm 再减去 150mm，即 750mm，而货物高度为 245mm，高度方向能堆码的层数 $=\frac{750}{245}=3.1$(层)，根据已知条件得知，货物的堆码极限为 5 层，因此货物高度方向能堆码的层数为 3 层。故每个托盘能堆码货物数量为 $2\times3\times\times3=18$(箱)，而享有美的豆浆机为 30 箱，故需要 2 个托盘，其中一个堆码 18 箱，另一个堆码 12 箱。具体堆码方法如图 2-6 所示。

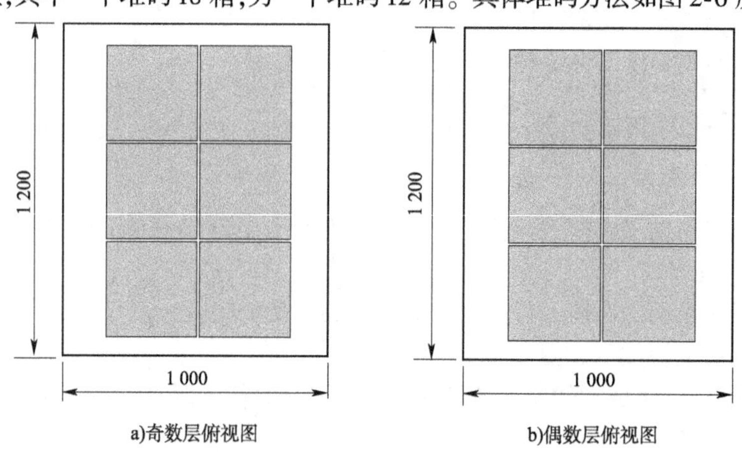

a)奇数层俯视图　　b)偶数层俯视图

图 2-6　堆码示意图(尺寸单位：mm)

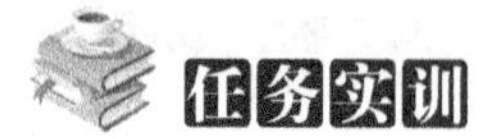

货物托盘组托实训

【实训目标】

1. 具备托盘规格的准确识别能力；
2. 具备包装规格的准确、快速判断能力；
3. 具备设计托盘码放方式的能力；
4. 具备一定电脑绘图能力。

【实训任务】

现有一批货物(具体见表 2-5)已经经过仓库储存管理人员的验收，现准备入库上架作业，请根据货物要求进行货物托盘组托作业。

入库货物信息　　表 2-5

序　号	货　物　编　号	货物名称	数量(箱)	规格(mm)
1	326578176541	旺旺雪饼	28	各组利用尺子测量得到
2	851214696324	统一方便面	35	各组利用尺子测量得到

要求完成：
(1)设计货物组托方法；
(2)利用计算机软件(如 Word 等)绘出货物组托示意图；
(3)各组根据所绘示意图进行货物组托实践操作，根据组托质量和速度进行相互 PK；
(4)各组长对其他组进行打分，去掉一个最高分及一个最低分算总分进行组成绩排名。

【实训道具】

1. 模拟旺旺雪饼 30 箱、统一方便面纸箱 40 箱、标准化托盘若干、50cm 尺子若干；
2. 电脑、秒表、成绩登记表、20m^2 空白场地。

【实训步骤】

第一步：进行岗位分工并设定角色。
第二步：负责计算的同学根据组托方法确定货物组托方法。
第三步：电脑绘图员根据组托方法绘出货物组托示意图。
第四步：三人根据货物组托示意图进行货物组托操作。
第五步：其他组组长对组托完成情况进行打分，得出各组分数，计入学生平时成绩。

【实训考核】

实训考核表见表 2-6。

实训考核表　　表 2-6

考评人		被考评人	
考评地点			
考评内容	货物堆码		
考评标准	具体内容	分值(分)	实际得分
	托盘选择正确、利用率最高	30 分	
	码放外观整齐、牢固、美观	30 分	
	队员分工合理	20 分	
	货物跌落与碰撞	20 分	
合计		100 分	

任务三　储位管理

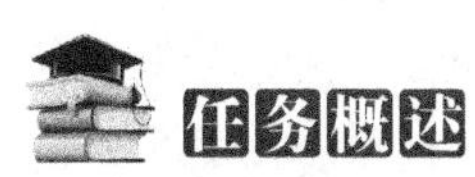

任务概述

【应知应会】

通过本工作任务的学习与具体实施，学生应学会下列知识：

1. 熟悉储位管理含义、目的及储位管理构成要素；
2. 掌握 5 种储位管理策略及其运用；
3. 熟悉储位优化的十原则并掌握其具体应用；
4. 掌握储位标识原则和方法。

【学习要求】

应该掌握下列技能：

1. 能根据货物不同要求选择合适的储位；
2. 能采用仓库不同的储位管理策略，确定货物储位；
3. 能根据储位标识方法命名仓库储位。

案例引入

正泰集团采用自动化立体仓库，提高物流速度

正泰集团公司是中国目前低压电器行业最大销售企业。主要设计制造各种低压工业电器、部分中高压电器、电气成套设备、汽车电器、通信电器、仪器仪表等，其产品达150多个系列、5 000多个品种、20 000多种规格。“正泰”商标被国家认定为驰名商标。

一、立体仓库的功能

正泰集团公司自动化立体仓库是公司物流系统中的一个重要部分。它在计算机管理系统的高度指挥下，高效、合理地储存各种型号的低压电器成品。准确、实时、灵活地向各销售部门提供所需产成品，并为物资采购、生产调度、计划制订、产销衔接提供了准确信息。同时，它还具有节省用地、减轻劳动强度、提高物流效率、降低储运损耗、减少流动资金积压等功能。

二、立体仓库的工作流程

1. 入库流程

仓库二、三、四层两端六个入库区各设一台入库终端，每个巷道口各设两个成品入库台。需入库的成品经入库终端操作员键入产品名称、规格型号和数量。控制系统通过人机界面接收入库数据，按照均匀分配、先下后上、下重上轻、就近入库、ABC分类的原则，管理计算器自动分配一个货位，并提示入库巷道。搬运工可依据提示，将装在标准托盘上的货物由小电瓶车送至该巷道的入库台上。监控机指令堆垛将货盘存放于指定货位。

2. 出库流程

底层两端为成品出库区，中央控制室和终端各设一台出库终端，在每一个巷道口设有LED显示屏幕用于提示本盘货物要送至装配平台的出门号。需出库的成品，经操作人员键入产品名称、规格、型号和数量后，控制系统按照先进先出、就近出库、出库优先等原则，查出满足出库条件且数量相当或略多的货盘，修改相应账目数据，自动地将需出库的各类成品货盘送至各个巷道口的出库台上，经电瓶车将之取出并送至汽车上。同时，出库系统在完成出库作业后，在客户机上形成出库单。

在日常存取活动中，尤其库外拣选作业，难免会出现产品存取差错，因而必须定期进行盘库。盘库处理通过对每种产品的实际清点来核实库存产品数据的准确性，并及时修正库存账目，达到账、物统一。盘库期间堆垛机将不做其他类型的作业。在操作时，即对某一巷道的堆垛机发出完全盘库指令，堆垛机按顺序将本巷道内的货物逐次运送到巷道外，产品不下堆垛机，待得到回库的命令后，再将本盘货物送回原位并取出下一盘产品，依此类推，直到本巷道所有托盘产品全部盘点完毕，或接收到管理系统下达的盘库暂停的命令进入正常工作状态。若本巷道未盘库完毕便接收到盘库暂停命令，待接到新的指令后，继续完成盘库作业。正泰集团公司高效的供应链、销售链大大降低了物资库存周期，提高了资金的周转速度，减少了物流成本和管理费用。自动化立体仓库作为现代化的物流设施，对提高该公司的仓储自动化水平无疑具有重要的作用。

案例思考

1. 自动化仓库作为现代化的物流设施,对提高仓储自动化水平具有怎样重要的作用?
2. 正泰集团公司自动化立体仓库在公司物流系统中所占的位置是什么?

相关知识

一、储位管理的定义及目的

(一)储位管理的定义

传统的物流系统中仓储作业一直扮演着最主要的角色,但是在现今生产制造技术及运输系统都已相当发达的情况下,储存作业的角色也已起了质与量的变化。虽然其调节生产量与需求量的原始功能一直没有改变,不过为了满足现今市场上少量多样化需求的形态,物流系统中拣货、出货、配送的重要性已凌驾在仓储保管功能之上。货品在拣货出库时的数量控制与掌握就称为"动管",而动管的掌握,目的在于应时效性配送,故而重视其分类配送机能。物流中心的特性即在于重视分类配送机能的运作。

由于分类配送机能被重视,货品的保管就已不再是那么单纯,为了配合配送时效及市场少量多样的需求,货品的流通将变得快速且复杂,相对的在储存作业中就会因流动频率及品项的增加而难以掌控。要如何有效地掌控货品的去向及数量呢?当然!最有效的方法就是利用储位来使货品处于"被保管状态"而且能够明确的指示储位的位置,并且货品在储位上的变动情况都能确实记录。一旦货品处于被保管状态就能时时刻刻掌握货品的去向及数量,并了解其位置之所在,而储位管理就是提供此位置的管理法则,这也就是储位管理的意义所在。

(二)储位管理的目的

仓库因形态的不同对储存作业的需求程度亦有所差别,可将其功能概分为两类,一是调节生产或市场需求的变化,二是维持其他作业的顺利进行。

储位管理最主要目的就是辅助其他作业顺利进行。我们知道物流中心作业就是一连串的"存"与"取"的动作所组合,如:进货存放进货暂存区,暂存区取出再存放至保管仓,保管仓补货取出再存放至拣货仓,拣货仓拣货取出再存放至出货暂存区,出货暂存区取出再存放至配送车上,这些一连串的"存"与"取"都会使用到保管储放区域,如何使这些实现"存"与"取"快速而有效地在各作业中的保管储放区域定位,所要依循的就是储位管理。因此,储位管理的目的就是辅助其他作业顺利进行,方便其他作业"存"与"取"的动作以及掌握库存,提供其他作业进行的判断依据,而其最主要的辅助作业对象就是拣货作业。

二、仓库储位管理的构成要素

(一)储位空间

不同类型的仓库所着重功能也有所不同,有的强调报关功能,有的强调配送功能。因此,对于储位空间的考虑,如果是在保管功能的仓库中,主要是仓库保管空间的储位分配;如果是在重视配送的仓库中,则为便于拣货及补货而进行的储位配置。在储位配置规划时,首先要确定储位空间,因此必须要考虑到空间的大小、柱子的排列、梁下高度、通道、机械回旋半径等基本因素，再配合其他外在因素的考虑，方可做出合理的安排。

（二）货物

如何管理放置在储位空间中的物品？首先必须考虑的是物品的影响。而物品的影响因素如下：

（1）供应商：即商品是别处供应而来，还是自己生产而来，有无其行业特性及影响。

（2）商品特性：如此商品的体积大小、重量、单位、包装、周转率快慢、季节性的分布、物性（腐蚀或溶化等）、温湿度的要求、气味的影响等。

（3）量的影响：如生产量、进货量、库存决策、安全库存量等。

（4）进货时效：采购前置时间，采购作业特殊求。

（5）品项：种类类别、规格大小等。

而后考虑的是如何摆放？摆放时应考虑如下因素：

（1）储位单位：储位的单位是单品、箱，还是栈板，且其商品特性为何。

（2）储位策略的决定：是定位储放、随机储放、分类储放，还是分类随机储放，或其他的分级、分区储放。

（3）储位指派原则的运用：靠近出口，以周转率为基础。

（4）商品相依性。

（5）商品特性。

（6）补货的方便性。

（7）单位在库时间。

（8）以订购概率为基础。

商品摆放好后，就要做好有效的在库管理，随时掌握库存状况，解其品项、数量、位置、入出库状况等所有资料。

（三）人员

仓库人员主要包括保管人员、搬运人员、拣货或补货人员等。仓库的作业人员在存取商品时，基本要求是省时、高效。要达到存取效率、省时、省力，则要求作业流程合理、简短；储位配置及标示要简单、清楚，一目了然，并且要做到好存、好拿、好找。

（四）关联要素

除了上述三项基本要素，储位空间、物品、人员以外，其他主要的关键要素为储放设备、搬运与输送设备。亦即当物品储放不是直接堆叠（block stacking）在地板上时，则必须考虑相关的栈板、料架等；而人员不是以手抱、捧物品时，则必须考虑使用输送机、笼车、堆高机等输送与搬运设备。

（五）作业要求目标

除了上述的基本要素与关联要素之外，作业的要求目标亦应考虑。作业要求目标作为决策时的指导原则有以下八点：

（1）空间使用率要高。

（2）作业方便落实。

（3）进出货效率快。

（4）先进先出。

（5）商品好管理。

(6)盘点容易落实。

(7)库存掌握无浪费。

(8)配送快,无缺货。

(六)资金

所有考虑规划,最后仍回归到花费多少,是否超出预算能力的问题。因此投资成本及经济效益具有决定性的影响,不可不慎。

综合所述,做储位管理时,只有面面俱到,方能做到有效的管理。

三、仓储储位管理策略

储存策略主要是确定订定储位的指派原则,良好的储存策略可以减少出入库移动的距离、缩短作业时间,甚至能够充分利用储存空间。常见储存策略分析表见表2-7。

常见储存策略分析表 表2-7

<table>
<tr><td rowspan="5">定位储存
(Dedicated Location)</td><td>说明</td><td>每一项储存货品都有固定储位,货品不能互用储位,因此须规划每一项货品的储位容量不得小于其可能的最大在库量</td></tr>
<tr><td>选择原因</td><td>(1)储区安排有考虑物品尺寸及重量(不适随机储放)。
(2)储存条件对货品储存非常重要时。例如,有些品项必须控制温度。
(3)易燃物必须限制储放于一定高度以满足保险标准及防火法规(Fire Codes)。
(4)由管理或其他政策指出某些品项必须分开储放。例如,乾和肥皂,化学原料和药品。
(5)保护重要物品。
(6)储区能被记忆,容易提取</td></tr>
<tr><td>优点</td><td>(1)每项货品都有固定储放位置,拣货人员容易熟悉货品储位。
(2)货品的储位可按周转率大小(畅销程度)安排,以缩短出入库搬运距离。
(3)可针对各种货品的特性作储位的安排调整,将不同货品特性间的相互影响减至最小</td></tr>
<tr><td>缺点</td><td>储位必须按各项货品的最大在库量设计,因此储区空间平时的使用效率较低</td></tr>
<tr><td>适用</td><td>(1)厂房空间大。
(2)多种少量商品的储放</td></tr>
<tr><td rowspan="5">随机储存
(Random Location)</td><td>说明</td><td>每一个货品被指派储存的位置都是由随机过程产生的,而且可经常改变,也就是说,任何品项可以被存放在任何可利用的位置。此随机原则一般是由储存人员按习惯来储放,且通常可与靠近出口法则联用,按货品入库的时间顺序储放于靠近出入口的储位</td></tr>
<tr><td>选择原因</td><td>一个良好的储位系统中,采用随机储存能使料架空间得到最有效的利用,因此储位数目得以减少。由模拟研究显示出,随机储存系统与定位储放比较,可节省35%的移动储存时间并增加了30%的储存空间,但较不利于货品的拣取作业</td></tr>
<tr><td>优点</td><td>由于储位可共用,因此按所有库存货品最大在库量设计即可,储区空间的使用效率较高</td></tr>
<tr><td>缺点</td><td>(1)货品的出入库管理及盘点工作的进行困难度较高。
(2)周转率高的货品可能被储放在离出入口较远的位置,增加了出入库的搬运距离。
(3)具有相互影响特性的货品可能相邻储放,造成货品的伤害或发生危险</td></tr>
<tr><td>适用</td><td>(1)厂房空间有限,尽量利用储存空间。
(2)种类少或体积较大的货品</td></tr>
</table>

续上表

分类储放 (Class Location)	说明	所有的储存货品按照一定特性加以分类,每一类货品都有固定存放的位置,而同属一类的不同货品又按一定的法则来指派储位。分类储放通常按产品相关性,流动性,产品尺寸、重量,产品特性来分类
	优点	(1)便于畅销品的存取,具有定位储放的各项优点。 (2)各分类的储存区域可根据货品特性再作设计,有助于货品的储存管理
	缺点	储位必须按各项货品最大在库量设计,因此储区空间平均的使用效率低
	适用	(1)产品相关性大者,经常被同时订购。 (2)周转率差别大者。 (3)产品尺寸相差大者
分类随机储放 (Random Within Class Location)	说明	每一类货品有固定存放的储区,但在各类的储区内,每个储位的指派是随机的。共同储放在管理上虽然较复杂,所占的储存空间及搬运时间却更经济
	优点	可收分类储放的部分优点,又可节省储位数量提高储区利用率
	缺点	货品出入库管理及盘点工作的进行困难度较高。 分类随机储放兼具分类储放及随机储放的特色,其储存空间量介于两者之间
	适用	品种较多,仓库面积相对不足
共同储放 (Utility Location)	说明	在确定知道各货品的进出仓库时刻,不同的货品可共用相同储位的方式
	优点	节省空间、缩短搬运时间
	缺点	管理上比较复杂
	适用	品种较少,快速流转的货物

四、仓储储位优化管理十规则

传统的仓储作业管理常常把货物放在货物到达时最近的可用空间或不考虑商品动态变化的需求和变化了的客户需求模式,沿袭多年习惯和经验来放置物品。传统型货物布局造成流程速度慢、效率低以及空间利用不足。然而,现代物流尤其是在供应链管理模式下的新目标是:用同样的劳动力或成本来做更多的工作;利用增值服务把仓库由劳动力密集转化成资金密集的行业;减少订单履行时间,提供更快捷、更周到的服务。

储位优化管理是用来确定每一种货物的恰当储存方式,在恰当的储存方式下进行空间储位分配。储位优化管理追求不同设备和货架类型特征、货品分组、储位规划、人工成本内置等因素以实现最佳的储位布局,能有效掌握商品变化,将成本节约最大化。储位优化管理为正在营运的仓库挖掘效率和成本,并为一个建设中的配送中心或仓库提供营运前的关键管理做准备。

进行储位优化时需要很多的原始数据和资料,对于每种商品需要知道品规编号、品规描述、材料类型、储存环境、保质期、尺寸、重量、每箱件数、每托盘箱数等,甚至包括客户订单的信息。一旦收集到完整的原始数据,选用怎样的优化策略就显得尤为重要了。调查表明应用一些直觉和想当然的方法会产生误导,甚至导致相反的结果。一个高效的储位优化策略可以增加吞吐量,改善劳动力的使用,减少工伤,更好地利用空间和减少产品的破损。以下一些储位优化的策略可供参考选择。

通常储位优化是一种优化和模拟工具,它可以独立于仓库管理系统 WMS 进行运行。因此,综合使用多种策略或交替使用策略在虚拟仓库空间中求得满意效果后再进行物理实施不失为一种较好的实际使用方法。

规则一:以周转率为基础法则。即将货物按周转率由大到小排序,再将此序分为若干段(通常分为三至五段),同属于一段中的货物列为同一级,依照定位或分类存储法的原则,指定存储区域给每一级货物,周转率越高应离出入口越近。当进货口与出货口不相邻时,可依进、出仓次数来做存货空间的调整,A、B、C、D…H 八种货物进出仓库的情况,当出入口分别在仓库的两端时,可依货物进仓及出仓的次数比率,来指定其储存位置,图 2-7 为此八种货物的配置图。图 2-8 是按照周转率高低进行储位分配示意图。

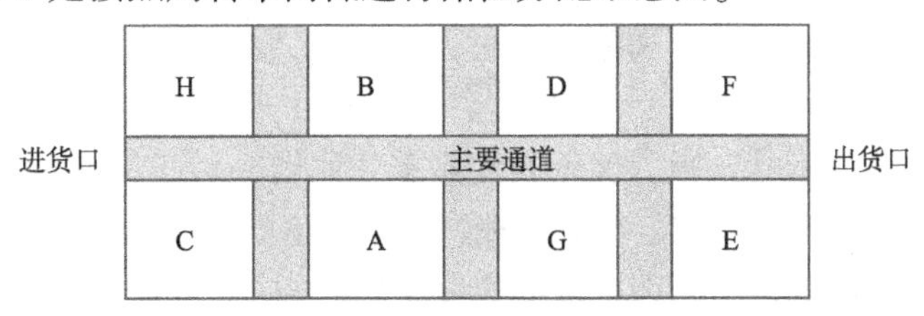

图 2-7　进出口分离的储位指派

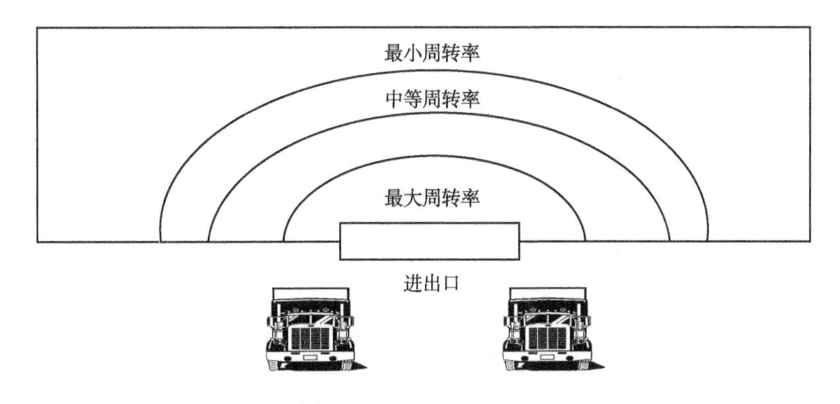

图 2-8　按周转率划分储存区示意图

规则二:相关性法则。这样可以减短提取路程,减少工作人员疲劳,简化清点工作。产品的相关性大小可以利用历史订单数据做分析。

规则三:同一性法则。所谓同一性的原则,指把同一物品储放于同一保管位置的原则。这样作业人员对于货物保管位置能简单熟知,并且对同一货物的存取花费最少搬运时间是提高物流中心作业生产力的基本原则之一。否则当同一货品散布于仓库内多个位置时,货物在存放、取出等作业时不方便,甚至对盘点以及作业人员对料架货物的掌握程度都可能造成困难。

规则四:互补性原则。互补性高的货物也应存放于邻近位置,以便缺货时可迅速以另一品项替代。

规则五:相容性法则。相容性低的货物不可放置在一起,以免损害品质。

规则六:尺寸法则。在仓库布置时,我们同时考虑物品单位大小以及由于相同的一群物品所造成的整批形状,以便能供应适当的空间满足某一特定要求。所以在存储货物时,必须要有不同大小位置的变化,用以容纳不同大小的货物和不同的容积。此法则可以使货物存储数量和位置适当,提高拨发迅速,减少搬运工作及时间。一旦未考虑存储货物单位大小,将可能造成存储空间太大而浪费空间,或存储空间太小而无法存放;未考虑存储货物整批形状亦可能造成整批形状太大无法同处存放。

规则七:重量特性法则。所谓重量特性的原则,是指按照货物重量不同来决定储放货物于储位的高低位置。一般而言,重物应保管于地面上或料架的下层位置,而重量轻的货物则保管于料架的上层位置;若是以人手进行搬运作业时,人腰部以下的高度用于保管重物或大型货物,而腰部以上的高度则用来保管重量轻的货物或小型货物。

规则八:产物特性法则。货物特性不仅涉及物品本身的危险及易腐蚀,同时也可能影响其他的货物,因此在物流中心布局时应考虑。

规则九:货物面向通道保管。仓库管理者应首先考虑出入库的时间和效率,因而较多地着眼于拣选和搬运的方便,保管方式必须与之协调。存储中心出入库的频率较低,应该重视保管,因而首先要考虑保管方式。为使物品出人库方便,容易在仓库内移动,基本条件是将货物面向通道保管。

规则十:依据先进先出的原则。保管的一条重要原则是对于易变质、易破损、易腐败的物品,对于机能易退化、老化的物品,应尽可能按先入先出的原则,加快周转。由于货物的多样化、个性化、使用寿命普遍缩短,因而依据这一原则是十分重要的。

规则可以根据共性和个性的特点来制定,比如药品仓库必须符合 GSP 规定的要求。当规则制定后,规则间的优先级也必须明确。

通过进行储位优化能够实现在少量的空间里有更多的分拣面。对于流通量大的货物应满足人体工程需求和畅通便捷的通路以提高营运效率;而对于那些周转不快的货物希望通过优化后占据很少的空间以致在小的面积中有更多种货物可以来分拣,从而减少拣选的路程。简言之,提高工效、空间利用率可最终降低成本。

五、仓库储位规划四要素

为了大幅度提高仓库空间的利用率科学、合理地储位规划是必不可少的一个重要环节,也是最大限度提高仓库空间利用率的一种重要手段。储位的规划主要包括:面积规划、物料的堆砌方式规划、物料的标示、料位的设定等,如图 2-9 所示。

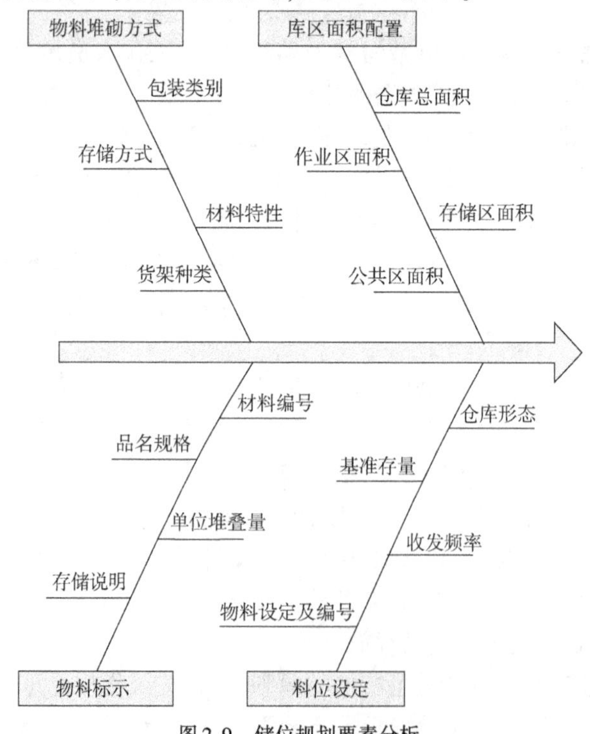

图 2-9　储位规划要素分析

六、仓库储位标示与管理

传送的物流系统中储位标示和管理一直扮演着很重要的角色,它主要通过协调生产量和需求量的关系,来满足市场少量的形态需求。储位管理要求生产经营者能随时掌握货物的去向和数量,对货品进行分类存放,并对每一种货品进行标示,建立管理档案。

当清楚规划好各储区储位后,这些位置开始经常被使用,为了方便记忆与记录,储位编号、品名、序号、标签记号等用以辨识的记录代码就非常重要,如果没有这些可辨识区分的符号代码记忆系统便无法运作。实际上储位的编码就如同货品的住址,而货物编号就如同姓名一般,一封信(记忆系统)在住址、姓名都写清楚的条件下,才能迅速、正确地送到收信人手中。也就是说每一品项都要有一个地址及姓名,以便在需要时能马上找到它。如图2-10所示为仓库储位标示示意图。

图2-10　储位标示示意图

(一)储位管理的基本原则

储位管理与库存管理、商品管理一样,管理方法就是原理原则的灵活运用,但储位管理没有像库存管理、商品管理那样被定义明确,所以要了解储位管理,便首先要了解其基本原则。储位管理的基本原则如下:

1. 储存位置必须很明确的被指示出来

先将储存区域经过详细规划区分,并标示编号,让每一项预备储放的货品均有位置可以储放。此位置必须是很明确的,而且是经过储位编码的,不可是边界含糊不清的位置,例如走道、楼上、角落或某货品旁等。很多物流中心习以为常的把走道当成储区位置来使用,这是不对的,虽然短时间会得到一些方便,但会影响作业的进出,违背了储位管理的基本原则。

2. 货品有效的被定位

依据货品保管区分方式的限制,寻求合适的储存单位、储存策略、指派法则与其他储存的考虑要因,把货品有效的配属放置在先前所规划的储位上。所谓"有效的"就是刻意的,经过安排的,例如冷藏的货就该放冷藏库,高流通的货就该放置在靠近出口处,香皂就不应该和香烟放一起,这就是此原则的基本应用。

3. 异动要确实登录

当货物有效的被配置在规划好的储位上后,剩下的工作就是储位的维护(Maintenance),也就是说货物不管是因拣货取出,或因货物以旧换新,或是受其他作业的影响,使得货物的位置或数量有了改变时,都必须确实的把变动情形加以记录,以使料账与实物数量能够完全吻合,如此才能进行管理。由于此项变动登录工作非常繁琐,仓管作业人员在忙碌工作中的

"刻意惰性",使得这个原则是进行储位管理最困难的部分,也是目前各物流中心储位管理作业成败的关键所在。

(二)储位标示管理要实现的功能

(1)确定储位资料的正确性。

(2)提供电脑相对的记录位置以供识别。

(3)提供进出货、拣货、补货等人员存取货物的位置依据,以方便货物进出上架及查询,节省重复找寻货物的时间且能提高工作效率。

(4)提高调仓、移仓的工作效率。

(5)可以利用电脑处理分析。

(6)因记录正确,可迅速依序储存或拣货,一目了然减少弊端。

(7)方便盘点。

(8)可让仓储及采购管理人员了解掌握储存空间,以控制货物存量。

(9)可避免货物乱放堆置致使过期而报废,并可有效掌握存货而降低库存量。

(三)储位标示方法

一般储位编码的方法有以下四种:

(1)区段方式:把保管区域分割几个区段,再对每个区段编码。此种编码方式是以区段为单位,每个号码所标注代表的储位区域将会很大,因此适用于容易单位化的货物,以及大量或保管周期短的货物。在ABC分类中的A、B类货物也很适合此种编码方式。货物以物流量大小来决定其所占的区段大小;以进出货频率次数来决定其配置顺序。

(2)品项群别方式:把一些相关性货物经过集合以后,区分成好几个品项群,再对每个品项群进行编码。此种编码方式适用于比较容易进行商品群别保管及品牌差距大的货物。例如服饰、五金方面的货物。

(3)地址式:利用保管区域中的现成参考单位,例如建筑物第几栋、区段、排,行、层、格等,依照其相关顺序来进行编码,就像地址的几段、几巷、几弄、几号一样。这些种编码方式由于其所标注代表的区域通常以一个储位为限,且其有相对顺序性可依寻,使用起来容易明白又方便,所以为目前物流中心使用最多的编码方式。但由于其储位体积所限,适合一些量少的货品储存使用,例如ABC分类中C类的货物。图2-11为第3号仓,第10排,第3层,第6号储位的货品。

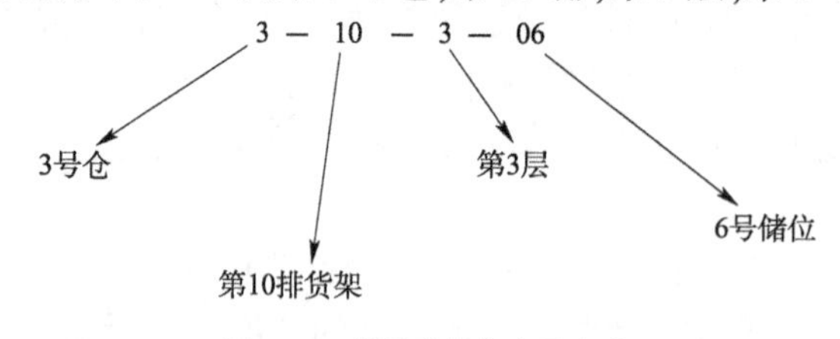

图2-11 地址式储位表示方法

(4)坐标式:利用空间概念来编排储位的方式。此种编排方式由于其对每个储位定位切割细小,在管理上比较复杂,对于流通率很小、要长时间存放的货品也就是一些生命周期较长的货品比较适用。

一般而言,由于储存货物特性不同,所适合采用的储位编码方式也不同,而如何选择编码方式就得依保管货物的储存量、流动率,保管空间布置及所使用的保管设备而做选择。不同的编码方法,对于管理的容易与否也有影响,这些都必须先行考虑上述因素及资讯管理设备,才能适宜的选用。

七、物料的分类储存与标识

目前,大部分企业都在物料与仓储管理过程中逐步形成了自己的物料编号系统,但是随着经济的发展,企业的壮大,企业需要重建物料管理系统,那么如何对物料进行重新编号和更有效的管理这些编号就成为最迫切的问题。

(一)为什么需要编号

生活经验告诉我们,冰箱中的食物也要注意分开保存,这样可以防止食物之间的窜味。与此同理,在物料和仓储管理工程中也需要对物料进行编号管理,除了防止食物之间的相互影响外,还可以更方便地寻找物料。物料编号以物料为前提,使用一些简单、易记的文字、数字或者符号来代表物料的归属、名称等,使其见号知名。

物料的编号方法可以促使物料的有效排列以及大大简化内容,从而大幅度提高效率。一般来说,企业进行编号的目的如图 2-12 所示。

(二)物料编号的原则

编号确实能给企业管理带来众多好处,但是必须在严格按照一定标准和原则下制定的编号才能发挥实实在在的效益,否则,编号只能越编越乱。具体来说,其基本原则如图 2-13 所示。

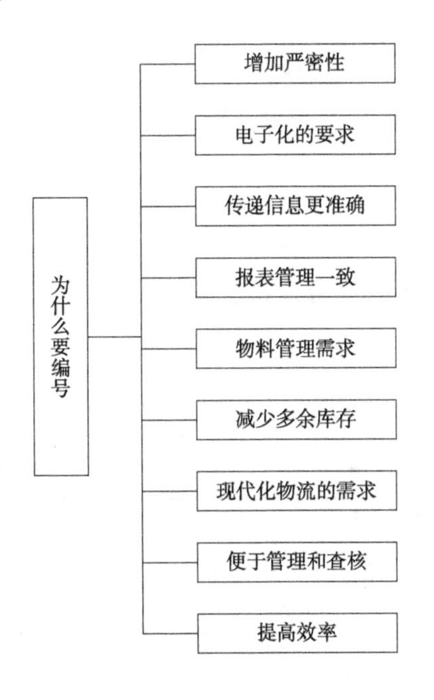

图 2-12　物料编号的目的

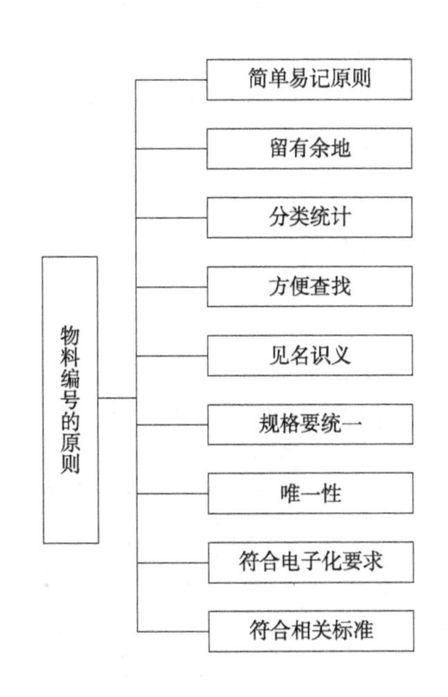

图 2-13　编号原则

货架货位选择

【实训目标】

1. 具备仓库储位标识能力;

2. 具备根据入库货物寻找合适货位的能力;

3. 具备仓库储位规划的能力。

【实训任务】

现有一批货物(表 2-8)已经经过仓库储存管理人员的验收,现准备入库上架作业,请根据仓库存储要求安排合适的货位,仓库储位如图 2-14 所示。

入 库 货 物 信 息　　表 2-8

序号	货物编号	货物名称	数量(箱)	托盘数	备注
1	326578176541	旺旺雪饼	28	1	B 类
2	851214696324	统一方便面	35	2	A 类

娃哈哈营养快线	娃哈哈营养快线	王老吉	王老吉
旺旺雪饼	(空白货位)	(空白货位)	加多宝
(空白货位)	(空白货位)	统一方便面	加多宝

图 2-14　货架货物存储示意图

注:灰色标注的货物为已有货物存放的货架,不能存放货物,白色底的,写明"空白货位"的是可以存放货物的货位。

要求:

(1)给以上货架货位利用坐标法进行货位标识,要求:标示清楚、简单、明确、方便记忆;

(2)利用本任务所学货物存储知识把要入库货物安排在图 2-14 的货架空白货位处,要求:方便管理、便于查找、符合货物存放相关规定。

【实训道具】

模拟旺旺雪饼 30 箱、统一方便面纸箱 40 箱、标准化托盘若干、货架 2 个。

【实训步骤】

第一步:进行仓库储位标示。

第二步:入库货物组托。

第三步:根据现有储位货物及入库货物确定货物要存放的储位。

第四步:利用电动堆高车把货物放入相应的货位。

【实训考核】

实训考核表见表 2-9。

实 训 考 核 表　　表 2-9

考核人		被考核人	
考核地点			
考核内容	货架货位选择		
考核标准	具 体 内 容	分值(分)	实 际 得 分
	货位标示	15	
	货物组托堆码	15	
	安排货物储位	30	
	上架作业	20	
	团队分工	20	
合计		100	

模块三　货物保管

模块概述

假设一批货物即将到达仓库，货物单据（包括货物名称、数量、包装规格、重量、堆码要求等信息）已到达仓库，要求仓库提前做好以下准备工作：

（1）根据货物种类查到适宜的保管条件，然后根据要求来控制仓库温湿度，为货物仓储提供合适的环境。

（2）根据货物数量、规格、堆码要求等信息，在货物到来之前提供合适的场地，确保该批货物能顺利入库。

（3）根据该货物特征，确定合适堆码方法及堆码垛型，是否需要衬垫等作业。

知识目标

1. 了解货物在仓库保管过程出现货损货差的原因；
2. 熟悉货物在仓库保管过程质量发生变化的类型；
3. 熟悉仓库温湿度相关概念，能根据货物要求进行温湿度调节；
4. 了解仓库安全，特别是仓库防火、防盗等相关知识。

技能目标

1. 能根据仓库货物保管要求采用相应的保管措施，确保货物完好；
2. 掌握货物盘点方法，并组织货物盘点作业。

模块图解

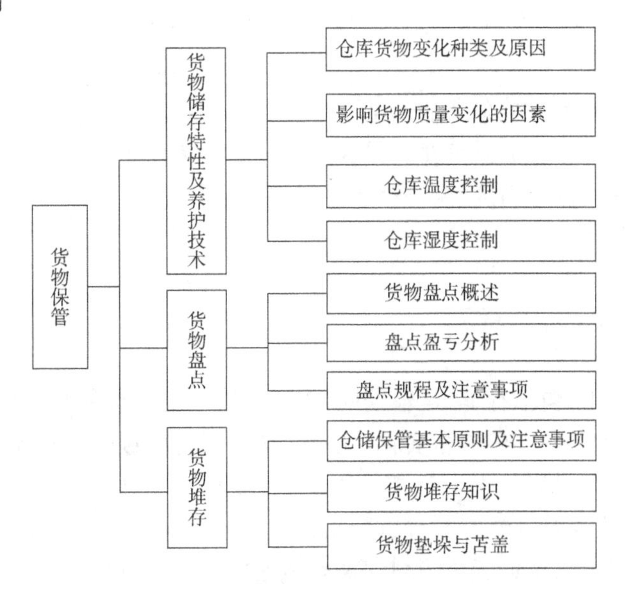

任务一　货物的储存特性和养护技术

【应知应会】

通过本工作任务的学习与具体实施，学生应学会下列知识：

1. 了解货物在仓库保管过程可能出现货损货差的类型及其原因；
2. 根据货物不同保管要求，能进行相应的温湿度控制，确保货物安全。

【学习要求】

1. 学生在上课前，对生活中常见货物种类有一定了解，特别是储存特性；
2. 结合高中知识，了解货物储存过程可能出现的物理、化学及生化变化，做好相应的预防措施；
3. 能根据把相应知识，运用到实际货物保管过程中。

案例引入

物品储存

1. 长沙市某仓库新进一批茶叶，仓储管理员将茶叶储存于一日化仓库，请问他这样操作正确吗？茶叶的储存应注意哪些问题？

分析要点：不正确。

(1)茶叶必须储存在干燥、阴凉、通风良好，无日光照射，具备防潮、避光、隔热、防尘、防污染等防护措施的库房内，并要求进行密封。

(2)茶叶应专库储存，不得与其他物品混存，尤其严禁与药品、化妆品等有异味、有毒、有粉尘和含水量大的物品混存，库房周围也要求无异味。

(3)一般库房温度应保持在15℃以下，相对湿度不超过65%。

2. 假设有一批货物即将到库，请仓库相关人员做好接受准备工作。经测量发现当前仓库干球温度为30℃，湿球温度为28℃。货物信息：货物种类为电器设备。

案例思考

1. 货物在仓库储存如何确保货物质量不发生变化？
2. 货物在仓库储存发生质量变化的原因有哪些及如何保管？
3. 如何根据仓库干湿球温度，来进行温湿度控制？

相关知识

一、货物的质量变化

货物在物流过程中，包括存储、运输期间，由于货物本身的性能特点，以及受各种外界因素的影响，可能发生各种各样的质量变化。防止、减缓货物质量的变化是物流企业必须做好的一项重要工作。研究物流过程中货物的质量变化，了解货物质量变化的规律及影质量变化的因素，对确保货物安全，防止、减少货物损耗或损失有十分重要的作用。

货物在物流过程中的质量变化归纳起来有物理机械变化、化学变化、生理生化变化及某些生物活动引起的变化等。

(一)货物的物理机械变化

物理变化是只改变物质本身的外表形态,不改变其本质,没有新物质的生成,并且有可能反复进行的质量变化现象。货物的机械变化是指商品在外力的作用下,发生形态变化。物理机械变化的结果不是数量损失,就是质量降低,甚至使货物失去使用价值。货物常发生的物理机械变化有货物的挥发、溶化、熔化、渗漏、串味、冻结、沉淀、破碎与变形等。

1. 挥发

挥发是低沸点的液体货物或经液化的气体货物在空气中经汽化而散发到空气中的现象。这种挥发的速度与气温的高低、空气流动速度的快慢、液体表面接触空气面积的大小成正比关系。液体货物的挥发不仅降低有效成分,增加货物损耗,降低货物质量,有些燃点很低的货物还容易引起燃烧或爆炸;有些货物挥发的蒸气有毒性或麻醉性,容易造成大气污染,对人体有害;还有些货物受到气温升高的影响体积膨胀,使包装内部压力增大,可能发生爆破。常见易挥发的货物如酒精、白酒、香精、花露水、香水、化学试剂中的各种溶剂、医药中的一些试剂、部分化肥农药、杀虫剂、油漆等。

防止货物挥发的主要措施是加强包装密封性。此外,还要控制仓库温度,高温季节要采取降温措施,保持较低温度条件下储存,以防挥发。

2. 溶化

溶化是指有些固体商品在保管过程中,能吸收空气或环境中的水分,当吸收量达到一定程度时,就会溶化成液体。

易溶性商品必须具有吸湿性和水溶性两种性能,常见易溶化的商品有:食糖、糖果、食盐、明矾、硼酸、甘草硫浸膏、氯化钙、氯化镁、尿素、硝酸铵、硫酸铵、硝酸锌和硝酸锰等。

货物溶化与空气温度、湿度及货物的堆码高度有密切关系。在保管过程中,有一些结晶粒状或粉状易溶化商品,在空气比较干燥的条件下,慢慢失水后结成硬块。特别是货垛底层货物,承受压力较重的部位较严重,虽然溶化后,货物本身的性质并没有发生变化,但由于形态改变,给储存、运输及销售部门带来很大的不便。对易溶化货物应按货物性能,分区分类存放在干燥阴凉的库房内,不适合与含水分较大的货物同储。在堆码时要注意底层货物的防潮和隔潮,垛底要垫得高一些,并采取吸潮和通风相结合的温、湿度管理方法来防止货物吸湿溶化。

3. 熔化

熔化是指低熔点的货物受热后发生软化以致化为液体的现象。货物的熔化,除受气温高低的影响外,还与货物本身的熔点、货物中杂质种类和含量高低密切相关。熔点愈低,愈易熔化;杂质含量越高,越易熔化。

常见易熔化的货物有:百货中的香脂、蛤蜊油、发蜡、蜡烛;文化用品中的复写纸、蜡纸、打字纸和圆珠笔芯;化工货物中的松香、石蜡、粗萘、硝酸锌;医药货物中的油膏、胶囊、糖衣片等。货物熔化,有的会造成货物流失、粘连包装、沾污其他货物;有的因产生熔解热而体积膨胀,使包装爆破;有的因货物软化而使货垛倒塌。

预防货物的熔化应根据商品的熔点高低,选择阴凉通风的库房储存。在保管过程中,一般可采用密封和隔热措施,加强库房的温度管理,防止日光照射,尽量减少温度的影响。

4. 渗漏

渗漏主要是指液体货物,特别是易挥发的液体商品,由于包装容器不严密,包装质量不符合货物性能的要求,或在搬运装卸时碰撞震动破坏了包装,而使货物发生跑、冒、滴、漏的现象。因此,对液体货物应加强入库验收和在库货物检查及温、湿度控制和管理。

5. 串味

串味指吸附性较强的货物吸附其他气体、异味,从而改变本来气味的变化现象。具有吸附性、易串味的货物,主要是它的成分中含有胶体物质,以及疏松、多孔性的组织结构。货物串味与其表面状况,与异味物质接触面积的大小、接触时间的长短,以及环境中异味的浓度有关。

常见易被串味的货物有:大米、面粉、木耳、食糖、饼干、茶叶、卷烟等。常见的引起其他商品串味的货物有:汽油、煤油、桐油、腌鱼、腌肉、樟脑、卫生球、肥皂、化妆品以及农药等。预防货物的串味,应对易被串味的货物尽量采取密封包装,在储存和运输中不得与有强烈气味的货物同车、船并运或同库储藏,同时还要注意运输工具和仓储环境的清洁卫生。

6. 沉淀

沉淀指含有胶质和易挥发成分的货物,在低温或高温等因素影响下,引起部分物质的凝固,进而发生沉淀或膏体分离的现象。常见的易沉淀货物有墨汁、墨水、牙膏、雪花膏等。又如饮料、酒在仓储中,离析出纤细絮状的物质,而发生浑浊沉淀的现象。预防货物的沉淀,应根据不同货物的特点,防止阳光照射,做好商品冬季保温工作和夏季降温工作。

7. 沾污

沾污指货物外表沾有其他脏物,染有其他污秽的现象。货物沾污,主要是生产、储运中卫生条件差及包装不严所致。对一些外观质量要求较高的货物,如绸缎呢绒、针织品、服装等要注意防沾污,精密仪器、仪表类也要特别注意。

8. 破碎与变形

破碎与变形是常见的机械变化,指货物在外力作用下所发生的形态上的改变。货物的破碎主要是脆性较大的商品,如玻璃、陶瓷、搪瓷制品、铝制品等因包装不良在搬运过程中,受到碰、撞、挤、压和抛掷而破碎、掉瓷、变形等。货物的变形通常是塑性较大的货物,如铝制品和皮革、塑料、橡胶等制品由于受到强烈的外力撞击或长期重压,货物丧失回弹性能,从而发生形态改变。对于容易发生破碎和变形的货物,主要注意妥善包装,轻拿轻放。在库堆垛高度不能超过一定的压力限度。

(二)货物的化学变化

货物的化学变化与物理变化有本质的区别,它是构成货物的物质发生变化后,不仅改变了货物的外表形态,也改变了货物的本质,并且有新物质生成,且不能恢复原状的变化现象。商品化学变化过程即货物质变过程,严重时会使货物失去使用价值。货物的化学变化形式主要有氧化、分解、水解、化合、聚合、裂解、老化、曝光、锈蚀等。

1. 氧化

氧化是指货物与空气中的氧或其他能放出氧的物质,所发生的与氧相结合的变化。货物发生氧化,不仅会降低货物的质量,有的还会在氧化过程中,产生热量,发生自燃,有的甚至会发生爆炸事故。货物容易发生氧化的品种比较多,例如,某些化工原料、纤维制品、橡胶制品、油脂类商品等。如棉、麻、丝、毛等纤维织品,长期同日光接触,发生变色的现象,也是由于织品中的纤维被氧化的结果。

货物在氧化过程中,如果产生的热量不易散失,就能加速其氧化过程,从而使反应的温度迅速升高，当达到自燃点，就会发生自燃现象。此类货物要储存在干燥、通风、散热和温度比较低的库房，才能保证其质量安全。

2. 分解

分解是指某些性质不稳定的货物，在光、电、热、酸、碱及潮湿空气的作用下，由一种物质生成两种或两种以上物质的变化现象。货物发生分解反应后，不仅使其数量减少、质量降低，有的还会在反应过程中，产生一定的热量和可燃气体，而引起事故。

3. 老化

老化是指含有高分子有机物成分的货物（如橡胶、塑料、合成纤维等），在日光、氧气、热等因素的作用下，性能逐渐变坏的过程。货物发生老化后，能破坏其化学结构、改变其物理性能，使机械性能降低，出现变硬发脆、变软发黏等现象，而使商品失去使用价值。

容易老化的货物，在保管养护过程中，要注意防止日光照射和高温的影响，切不能使其在阳光下曝晒。

4. 锈蚀

锈蚀是指金属或金属合金，同周围的介质相接触时，相互间发生了某种反应，而逐渐遭到破坏的过程。金属商品之所以会发生锈蚀，其一是由于金属本身不稳定，在其组成中存在着自由电子和成分的不纯；其二是由于受到水分和有害气体（SO_2、HCL 等）的作用所造成的。

（三）货物的生理生化变化及其他生物作用引起的变化

生化变化是指有生命活动的有机体货物，在生长发育过程中，为了维持它的生命，本身所进行的一系列生理变化。如粮食、水果、蔬菜、鲜鱼、鲜肉、鲜蛋等有机体货物，在储存过程中，受到外界条件的影响和其他生物作用，往往会发生这样或那样的变化，这些变化主要有呼吸作用、发芽、胚胎发育、后熟作用、霉腐、虫蛀等。

1. 呼吸作用

呼吸作用是指有机体货物在生命活动过程中，不断地进行呼吸，分解体内有机物质，产生热量，维持其本身的生命活动的现象。保持正常的呼吸作用，可维持有机体的基本生理活动，使货物本身具有一定的抗病性和耐储性。因此，鲜活商品的储藏应保证它们正常且最低频率的呼吸，利用它们的生命活性，减少商品损耗、延长储藏时间。

2. 发芽

发芽指有机体货物在适宜条件下，冲破“休眠”状态，发生的发芽、萌发现象。发芽的结果会使有机体货物的营养物质，转化为可溶性物质，供给有机体本身的需要，从而降低有机体货物的质量。在发芽萌发过程中，通常伴有发热、生霉等情况，不仅增加损耗，而且降低质量。因此对于能够萌发、发芽的商品必须控制它们的水分，并加强温、湿度管理，防止发芽、萌发现象的发生。

3. 胚胎发育

胚胎发育主要指的是鲜蛋的胚胎发育。在鲜蛋的保管过程中，当温度和供氧条件适宜时，胚胎会发育成血丝蛋、血环蛋。经过胚胎发育的禽蛋新鲜度和食用价值大大降低。为抑制鲜蛋的胚胎发育，应加强温、湿度管理，最好是低温储藏或截止供氧条件，亦可采用石灰水浸泡、表面涂层等储藏方法。

4. 后熟作用

后熟是指瓜果、蔬菜等类食品在脱离母株后继续其成熟过程的现象。瓜果、蔬菜等的后熟作用,能改进色、香、味以及硬脆度等食用性能。但当后熟作用完成后,则容易发生腐烂变质,难以继续储藏甚至失去食用价值。因此对于这类鲜活食品,应在其成熟之前采收并采取控制储藏条件的办法,来调节其后熟过程,以达到延长储藏期、均衡上市的目的。

5. 霉腐

霉腐是货物在霉腐微生物作用下所发生的霉变和腐败现象。常见危害货物的微生物主要是一些腐败性细菌、酵母菌和霉菌。特别是霉菌,它是引起绝大部分日用工业品、纺织品和食品霉变的主要根源,对纤维素、淀粉、蛋白质、脂肪等物质,具有较强的分解能力。

对易霉腐的货物在储存时必须严格控制温、湿度,并做好货物的防霉和除霉工作。

二、影响货物质量变化的因素

货物发生质量变化,是由一定因素引起的。为了保养好货物,确保货物的安全,必须找出变化原因,掌握货物质量变化的规律。通常引起货物变化的因素有内因和外因两种,内因是变化的根据,外因是变化的条件。

(一)影响货物质量变化的内在因素

1. 货物的物理性质

货物的物理性质主要包括货物的吸湿性、导热性、耐热性、透气性等。

货物吸湿性是指货物吸收和放出水分的特性。货物吸湿性的大小,吸湿速度的快慢,直接影响该货物含水量的增减,对货物质量的影响极大,是许多货物在储存期间发生质量变化的重要原因之一。货物的很多质量变化都与其含水的多少以及吸水性的大小有直接关系。

货物的导热性是指物体传递热能的性质。货物的导热性,与其成分和组织结构有密切关系,货物结构不同,其导热性也不一样。同时货物表面的色泽与其导热性也有一定的关系。

货物的耐热性是指商品耐温度变化而不致被破坏或显著降低强度的性质。货物的耐热性,除与其成分、结构和不均匀性有关外,与其导热性、膨胀系数也有密切关系。导热性大而膨胀系数小的货物,耐热性良好,反之则差。

2. 货物的机械性质

货物的机械性质,是指货物的形态、结构在外力作用下的反应。货物的这种性质与其质量关系极为密切,是体现适用性、坚固耐久性和外观的重要内容,它包括货物的弹性、可塑性、强力、韧性、脆性等。这些货物的机械性质对货物的外形及结构变化有很大的影响。

3. 货物的化学性质

货物的化学性质是指货物的形态、结构以及商品在光、热、氧、酸、碱、温度、湿度等作用下,发生改变货物本质相关的性质。

4. 货物的结构

货物的种类繁多,各种货物有各种不同形态的结构,要求用不同的包装盛装。如气体货物,分子运动快、间距大、多用钢瓶盛装,其形态随盛器而变;液态货物,分子运动比气态慢,间距比气态小,其形态随盛器而变;只有固态货物,有一定外形。

总之,影响货物发生质量变化的因素很多,这些因素主要包括货物的性质、成分、结构等内在因素,这些因素之间是相互联系,相互影响的统一整体,工作中绝不能孤立对待。

（二）影响货物质量变化的外界因素

货物储存期间的质量变化，主要是货物体内部运动或生理活动的结果，但与储存的外界因素有密切关系。这些外界因素主要包括：空气中的氧、日光、温度、湿度、微生物和昆虫等。

1. 空气中的氧

空气中约含有21%的氧气。氧非常活泼，能和许多货物发生作用，对货物质量变化影响很大。如氧可以加速金属商品锈蚀；氧是好氧性微生物活动的必备条件，使有机体货物发生霉腐；氧是害虫赖以生存的基础，是仓库害虫的发育的必要条件；氧是助燃剂，不利于危险品的安全储存；在油脂的酸败、鲜活货物的分解、变质中，氧都是积极参与者。因此，在养护中，对于受氧气影响比较大的货物，要采取各种方法（如浸泡、密封、充氮等）隔绝氧气对货物的影响。

2. 日光

日光中含有热量、紫外线、红外线等，它对货物起着正反两方面的作用：一方面，日光能够加速受潮货物的水分蒸发，杀死杀伤微生物和货物害虫，在一定条件下，有利于货物的保护；但是另一方面，某些货物在日光的直接照射下，又发生破坏作用。如日光能使酒类挥发、油脂加速酸败、橡胶塑料制品迅速老化、纸张发黄变脆、色布褪色、药品变质、照相胶卷感光等。因此，要根据各种不同货物的特性，注意避免或减少日光的照射。

3. 微生物和仓库害虫

微生物和仓库害虫存在是货物霉腐、虫蛀的前提条件。微生物在生命活动过程中分泌一种酶，利用它把货物中的蛋白质、糖类、脂肪、有机酸等物质，分解为简单的物质加以吸收利用，从而使货物受到破坏、变质、丧失其使用价值。同时，微生物异化作用中，在细胞内分解氧化营养物质产生各种腐败性物质排出体外，使货物产生腐臭味和色斑霉点，影响货物的外观，加速高分子货物的老化。

4. 温度

气温是影响货物质量变化的重要因素。温度能直接影响物质微粒的运动速度：一般货物在常温或常温以下，都比较稳定，高温能够促进货物的挥发、渗漏、熔化等物理变化及各种化学变化；而低温又容易引起某些货物的冻结、沉淀等变化，温度忽高忽低，会影响到货物质量的稳定性；此外，温度适宜时会给微生物和仓虫的生长繁殖创造有利条件，加速货物腐败变质和虫蛀。因此，控制和调节仓储货物的温度是货物养护的重要工作内容之一。

5. 空气的湿度

空气的干湿程度称为空气的湿度。空气湿度的改变，能引起货物的含水量、化学成分、外形或体态结构发生变化。湿度下降，将使货物因放出水分而降低含水量，减轻重量。在货物养护中，必须掌握各种货物的适宜湿度要求，按其具体货物及设备，尽量创造货物适宜的空气湿度。

6. 卫生条件

卫生条件是保证货物免于变质腐败的重要条件之一。卫生条件不良，不仅使灰尘、油垢、垃圾、腥臭等污染商品造成某些外观疵点和感染异味，而且还为微生物、仓虫等创造了活动场所。因此货物在储存过程中，一定要搞好储存环境的卫生，保持货物本身的卫生，防止货物之间的感染。

（三）普通货物存储的基本要求

货物养护不仅是技术问题也存在管理问题，是一门综合性应用科学。对于普通货物的养护工作而言维持他们质量、数量、包装的完好,重要的不是技术措施的保证而是管理水平的高低。制定必要的管理制度和操作规程,并严格执行是各项管理工作的基础。“以防为主,以治为辅,防治结合”是货物保管工作的方针。搞好货物保管,具体应做好以下几个方面的工作。

1. 严格验收入库货物

要防止货物在储存期间发生各种不应有的变化,首先在货物入库时要严格验收,弄清货物及其包装的质量状况。对吸湿性商品要检测其含水量是否超过安全水平,对其他有异常情况的货物要查清原因,针对具体情况进行处理和采取救治措施,做到防微杜渐。

2. 适当安排储存场所

由于不同货物性能不同,对保管条件的要求也不同,分区分类,合理安排存储场所是货物养护工作的一个重要环节。如怕潮湿和易霉变、易生锈的货物,应存放在较干燥的库房里;怕热易溶化、发黏、挥发、变质或易发生燃烧、爆炸的货物,应存放在温度较低的阴凉场所;一些既怕热、又怕冻且需要较大湿度的货物,应存放在冬暖夏凉的楼下库房或地窖里。此外,性能相互抵触或易串味的货物不能在同一库房混存,以免相互产生不良影响。尤其对于化学危险品,要严格按照有关部门的规定,分区、分类安排储存地点。

3. 妥善进行堆码苫垫

阳光、雨雪、地面潮气对商品质量影响很大,要切实做好货垛遮苫和货垛垛下苫垫隔潮工作,如利用石块、枕木、垫板、苇席、油毡或采用其他防潮措施。存放在货场的货物,货区四周要有排水沟,以防积水流入垛下;货垛周围要遮盖严密,以防雨淋日晒。货垛的垛形与高度,应根据各种货物的性能和包装材料,结合季节气候等情况妥善堆码。

4. 控制好仓库温、湿度

仓库的温度和湿度,对货物质量变化的影响极大,也是影响各类货物质量变化的重要因素。各种货物由于其本身特性,对温、湿度一般都有一定的适应范围,有安全湿度和安全温度的要求。超过这个范围,货物质量就会发生不同程度的变化。因此,应根据库存货物的性能要求,适时采取密封、通风、吸潮和其他控制与调节温、湿度的办法,力求把仓库温、湿度保持在适应货物储存的范围内,以维护货物质量安全。

5. 认真进行货物在库检查

做好货物在库检查,对维护货物安全具有重要作用。库存货物质量发生变化,如不能及时发现并采取措施进行救治,就会造成或扩大损失。因此,对库存货物的质量情况,应进行定期或不定期的检查。检查应特别注意商品温度、水分、气味、包装物的外观、货垛状态是否有异常。

6. 搞好仓库清洁卫生

储存环境不清洁,易引起微生物、虫类寄生繁殖,危害货物。因此,对仓库内外环境应经常清扫,彻底铲除仓库周围的杂草、垃圾等物,必要时使用药剂杀灭微生物和潜伏的害虫。对容易遭受虫蛀、鼠咬的商品,要根据货物性能和虫、鼠生活习性及危害途径,及时采取有效的防治措施。

三、仓储温、湿度管理

货物在储存期间的质量变化与货物储存环境密切相关。而在货物储存环境诸因素中,仓库的温、湿度最为重要。货物在储存期间发生的霉变、锈蚀、虫蛀、溶化、挥发、燃爆等,都与温、湿度密切相关。仓库温、湿度的变化,直接受库外自然气候变化的影响。了解自然气候的变化规律,加强仓库温、湿度管理,创造适宜货物安全储存的温、湿度条件,是货物养护的一项重要工作。

(一)空气温、湿度的变化对货物质量的影响

大多数货物都含有水分,水分在货物组成中占有重要地位。各种货物对温、湿度的适应性是有一定限度的,如果长期超过或低于这个限度,商品质量就会发生变化,而这种变化,对大多数货物来说,又是因为货物中水分含量的变化所引起的。由此可见,空气温、湿度与货物中水分的关系极为密切。因此,我们必须首先研究货物中的水分与空气温、湿度的相互关系,并应用这些关系,做好货物养护工作,维护货物质量的安全。

空气温度的变化,跟空气相对湿度的变化一样,对货物中的含水量有着密切的关系,而且对货物质量的影响,也是十分重大的。在绝对湿度不变的情况下,气温的变化,可以提高或降低货物中的含水量;同时,气温的变化,对某些易溶、易熔、液体、挥发性以及动植物性货物等,将引起物理、化学及生物化学性能的变化,使货物在质量上和数量上遭受损失。货物在保管中,为了保证其质量的安全,对储存环境所要求的温度界线就是货物的安全温度。对一般货物来说,只要求最高温度界线,对一些怕冻货物,才要求最低温度线。货物的安全温度,指的是空气温度,它是从仓储工作实践中摸索总结出来的一个温度范围的数据。在实际工作中,要掌握一种货物的安全温度,就要综合考虑货物及其包装等各方面情况,来加以确定。

仓库湿度

湿度分为货物湿度、空气湿度(大气湿度)。笼统来说,湿度表示含水量的多少。货物含水量用百分比表示,空气湿度则用绝对湿度和相对湿度两种方式表示。

1. 货物湿度

货物湿度指货物的含水量。货物的含水量对货物有直接影响,含水量高则容易发生霉变、锈蚀、溶解、发热,甚至化学反应等。含水量太低则会发生干裂、干涸、挥发、容易燃烧等危害,因此,控制货物含水量是货物保管的重要工作。大多数要求较低的含水量,具体可根据货物资料确定合适的含水量标准。

2. 空气湿度含义

空气湿度是表示大气干燥程度的物理量。在一定的温度下在一定体积的空气里含有的水汽越少,则空气越干燥;水汽越多,则空气越潮湿。空气的干湿程度叫作"湿度"。在此意义下,常用绝对湿度、相对湿度露点等物理量来表示。

绝对湿度是一定体积的空气中含有的水蒸气的质量,一般其单位是克/立方米。绝对湿度的最大限度是饱和状态下的最高湿度。相对湿度是绝对湿度与最高湿度之间的比,它的值显示水蒸气的饱和度有多高。

相对湿度是空气中的含水汽与相同温度空气中能容纳的最大水汽量的百分比,最大时为100%。相对湿度越大表示空气中的水汽含量越大,空气越潮湿,反之,相对湿度越小,表示空气越干燥。

露点是指在一定温度下含有一定水汽量(未饱和)的空气,将温度降低,直到空气达到饱和状态,并开始出现水珠时的温度。露点用温度表示。如果温度下降到露点以下,空气中的水汽就会在物体表面凝结成水滴,俗称“汗水”,造成货物的湿损。

空气湿度可以采用“干湿球温度计(表)”测定并经过换算得出。干球温度计直接测量空气温度;湿球温度计下端裹缠纱布,纱布部分浸泡在水中,测量得到湿球温度,由于纱布的水分蒸发吸热,湿球温度计测量的温度一般比干球温度计测得的温度低,当空气中水汽达到饱和时,两者温度相同。可通过“湿度对照表”(表3-1)确定空气相对湿度、露点等。

湿度对照表

表3-1

r / 气温(℃)	干球温度(℃) - 湿球温度(℃)															
	0.5	1.0	1.5	2.0	2.5	3.0	3.5	4.0	4.5	5.0	5.5	6.0	6.5	7.0	7.5	8.0
40	97	94	91	88	85	82	79	76	73	71	68	66	63	61	58	56
39	97	94	91	87	84	82	79	76	73	70	68	65	63	60	58	55
38	97	94	90	87	84	81	78	75	73	70	67	64	62	59	57	54
37	97	93	90	87	84	81	78	75	72	69	67	64	61	59	56	53
36	97	93	90	87	84	81	78	75	72	69	66	63	61	58	55	53
35	97	93	90	87	83	80	77	74	71	68	65	63	60	57	55	52
34	96	93	90	86	83	80	77	74	71	68	65	62	59	56	54	51
33	96	93	89	86	83	80	76	73	70	67	64	61	58	56	53	50
32	96	93	89	86	83	79	76	73	70	66	64	61	58	55	52	49
31	96	93	89	86	82	79	75	72	69	66	63	60	57	54	51	48
30	96	92	89	85	82	78	75	72	68	65	62	59	56	53	50	47
29	96	92	89	85	81	78	74	71	68	64	61	58	55	52	49	46
28	96	92	88	85	81	77	74	70	67	64	60	57	54	51	48	45
27	96	92	88	84	81	77	73	70	66	63	60	56	53	50	47	43
26	96	92	88	84	80	76	73	69	66	62	59	55	52	48	46	42
25	96	92	88	84	80	76	72	68	64	61	58	54	51	47	44	41
24	96	91	87	83	79	75	71	68	64	60	57	53	50	46	43	39
23	96	91	87	83	79	75	71	67	63	59	56	52	48	45	41	38
22	95	91	87	82	78	74	70	66	62	58	54	50	47	43	40	36
21	95	91	86	82	78	73	69	65	61	57	53	49	45	42	38	34
20	95	91	86	81	77	73	68	64	60	56	52	58	44	40	36	32
19	95	90	86	81	76	72	67	63	59	54	50	56	42	38	34	30
18	95	90	85	80	76	71	66	62	58	53	49	44	41	36	32	28
17	95	90	85	80	75	70	65	61	56	51	47	43	39	34	30	26
16	95	89	84	79	74	69	64	59	55	50	46	41	37	32	28	23
15	94	89	84	78	73	68	63	58	53	48	44	39	35	30	26	21
14	94	89	83	78	72	67	62	57	52	46	42	37	32	27	23	18
13	94	88	83	77	71	66	61	55	50	45	40	34	30	25	20	15
12	94	88	82	76	70	65	59	53	47	43	38	32	27	22	17	12
11	94	87	81	75	69	63	58	52	46	40	36	29	25	19	14	8
10	93	87	81	74	68	62	56	50	44	38	33	27	22	16	11	5
9	93	86	80	73	67	60	54	48	42	36	31	24	18	12	7	1
8	93	86	79	72	66	59	52	46	40	33	27	21	15	9	3	
7	93	85	78	71	64	57	50	44	37	31	24	18	11	5		
6	92	85	77	70	63	55	48	41	34	28	21	13	3			
5	92	84	76	69	61	53	46	36	28	24	16	9				
4	92	83	75	67	59	51	44	36	28	20	12	5				
3	91	83	74	66	57	49	41	33	25	16	7	1				
2	91	82	73	64	55	46	38	29	20	12	1					
1	90	81	72	62	53	43	34	25	16	8						

(二)仓库温、湿度的控制与调节

仓库里温、湿度的变化,对储存货物的安全有着密切的关系。储存中的货物,要保持质量稳定,都需要有一个较适宜的温、湿度范围。因此,控制与调节仓库温、湿度,就成为当前条件下货物养护的一个重要措施。

在仓储环境的控制与调节中,温、湿度的控制与调节尤为重要。由于仓库的温、湿度是受大气、气候的影响而发生变化。这就需要研究并采取一些措施来控制仓库内温、湿度的变化,对不适宜货物储存的温、湿度及时进行调节,控制与调节仓库环境的方法很多,采取密封、通风与吸潮相结合的方法,是控制与调节库内温、湿度行之有效的方法。

1. 仓库的密封

仓库密封就是把整库、整垛或整件货物尽可能地密封起来,减少外界不良气候条件的影响,以达到货物安全储存的目的。

密封措施是仓库环境管理工作的基础。没有密封措施,也就无法运用通风、吸潮、降温、升温和气调的方法。对库房采用密封,就能保持库内温、湿度处于相对稳定状态,达到防潮、防热、防干裂、防冻、防溶化的目的,还可达到防霉、防火、防锈蚀、防老化等方面的效果。

采取密封储存,除应考察库内外的温、湿度变化情况外,还必须符合下列要求,方能达到预期的效果。

(1)认真检查货物的质量、温度和含水量是否正常,如发现货物生霉、发热、发黏、出汗、生虫或货物含水量超过安全范围,以及包装材料含水量过大,就不能进行密封。只有进行必要的处理,使货物的质量和含水量达到安全限度以内时,才能进行密封。

(2)密封的时期要根据货物性质和气候变化规律来确定,怕潮、易霉的货物,应在梅雨季节到来之前进行密封;怕热、易熔的货物,应在较阴凉的季节进行密封;怕干裂的货物,应在温度较高,干燥期到来之前进行密封;怕冻的货物,应尽可能提前在气温较高时进行密封。

(3)货物密封后,要加强检查管理工作,因为密封只能是相对的密封,不能完全隔绝气候对货物的影响。在检查中若发现货物或包装材料有异状,或温、湿度不适宜时,都要及时采取措施,保护商品质量的安全。

2. 通风

通风就是根据空气自然流动的规律,使库内、外的空气交换,以达到调节库内空气温、湿度的目的。利用通风调节库内温、湿度,是简单易行的有效方法。我们已经知道,空气总是从压力大的地方流向压力小的地方。这种自然流动的空气,也叫气流。风,实际上就是气流。利用库内外空气温、湿度的不同,构成的气压差,使库内外空气自然流动。从而达到调节库内温、湿度的目的。这就是自然通风的基本原理。

当库内外温度不同时,如果库内温度高,空气密度小,其气压也小;库外温度低,空气密度大,其气压就大。只要库内外的温度不同,就会产生气压差。如果此时开启库房的通风口,便会引起库内外不同气压差的空气的自然对流,库外空气就会自然流入库内。库内外温差愈大,气压差也愈大,空气流动速度也就会愈快。

仓库通风必须根据库存货物的性质,以及它们对空气温、湿度的不同要求,认真对比、分析库内外温、湿度情况,并参考风力、风向等,然后选择适宜的时机进行通风。常见的通风时机有以下几种情况。

1)通风降温或升温

通风降温主要是指对空气湿度要求不严,而对温度要求比较严格的一些怕热货物。如玻璃瓶或铁桶装的易挥发的化工原料、化学试剂和医药等的液体货物。这类货物,在气温高的季节,只要库外温度低于库内时,就可以通风。此外,对于一些怕冻货物,在冬季,只要库外温度高于库内就可以进行通风,以提高库内温度。

2)通风散湿

散湿通风一般是指易霉腐、溶化、锈蚀等货物的通风。在一定温度下,货物的吸湿速度取决于货物的吸湿点的高低和当时空气的相对湿度的大小。但决定相对湿度的大小,主要因素是空气中的绝对湿度。因此。利用通风散潮,来降低库内的相对湿度,首先应该对比库内、外绝对湿度的高低,然后再考虑气温与相对湿度的高低。一般说来,只有当库外绝对湿度低于库内时,才能进行通风。由于库内外温、湿度变化情况比较复杂,所以,必须认真分析研究,决定通风与否。

以上介绍的通风时机,除了根据货物的性质和库内外温、湿度对比、分析进行选择外,在实际工作中,还要考虑到现有仓库的工作条件和库外温、湿度变化规律,灵活地掌握。

3.吸潮

吸潮是与密封紧密配合,用以降低库内空气湿度的一种有效方法。在梅雨季节或阴雨天,当库内湿度过大,又无适当通风时机的情况下,在密封库里常采用吸潮的办法,以降低库内的湿度。

吸潮方法常采用吸潮剂和去湿机吸潮。

1)吸潮剂吸潮

吸潮剂的种类很多,常用的有以下几种。

(1)生石灰。

生石灰即氧化钙,吸湿性较强,在潮湿空气中,容易吸取空气中的水分,变成熟石灰,并放出热量。生石灰吸潮速度较快,一般每千克能吸收水分0.25kg左右。使用生石灰时,应先捣成小块,用木箱、篓筐等容器盛装,放在库内垛底、垛边、沿墙四周以及出入门附近。

在使用时要勤检查,发现潮湿松散现象应及时更换,并注意做好库房防漏和安全防火工作。对怕碱性的货物,如毛丝织品、皮革制品等,不宜使用生石灰吸潮。

(2)氯化钙。

氯化钙是一种白色固体,有无水氯化钙和工业用氯化钙两种。无水氯化钙吸湿性较强,每千克能吸水1~1.2kg。仓库里通常用作吸潮剂的多是工业氯化钙,吸湿性略差些,每千克能吸水0.7~0.8kg。氯化钙吸潮后,便溶化为液体,变成氯化钙的水化物。因此,使用时应放在竹筛上或装在麻袋里,下放容器盛装吸湿后的液体。氯化钙是目前仓库里常用的吸潮剂,使用时,要防止污染商品或地面。

(3)硅胶。

硅胶又叫矽胶、硅酸凝胶。它是无色透明或乳白色的颗粒状或不规则的固体。硅胶具有良好和持久的吸湿性能,每千克能吸水0.4~0.5kg。吸水后不溶化,不沾污货物,经烘干后仍可继续使用。

硅胶本身无色,但为了便于掌握它的吸湿程度,通常加入氯化钴、氯化铁和溴化铜等物质,使其带有颜色。带色的硅胶,随着吸潮程度的不同,其颜色变化也不一样。例如,蓝绿色的硅胶,吸潮后逐渐变为浅绿色、黄绿色,最后变为深黄色;深蓝色的硅胶,吸潮后逐渐变为浅蓝色,最后变成粉红色或无色;黑褐色或赭黄色的硅胶,吸潮后变为浅咖啡色,最后变成浅绿色或无色等。从这些颜色的变化,可以指示出吸潮的程度。硅胶虽吸湿性能好,但价格较贵,所以目前多为精密仪器、贵重货物等的小包装内使用。硅胶吸潮后,在 130 ~ 150℃ 的温度下烘至恒重后仍可继续使用。

除了以上几种吸潮剂外,还可以因地制宜,就地取材,如使用木炭、炉灰和干谷壳等进行吸潮。

2)机械吸潮法

使用空气去湿机吸潮,就是利用机械吸潮方法,来降低空气的相对湿度。

去湿机的工作原理:室内潮湿空气经过滤器(吸尘泡沫塑料或金属网)到蒸发器,由于蒸发器的表面温度低于空气露点温度,空气中的水分就会凝结成水滴,流入接水盘,经水管排出,使空气中的含水量降低,被冷却的干燥空气,经加热后,使其相对湿度降低,再由离心机送入室内。室内空气相对湿度便不断地下降,当达到所要求的相对湿度时,可停机。

空气去湿机吸潮,在温度为 27℃,相对湿度为 70% 时,一般每小时可吸水 3.4kg,使用空气去湿机吸潮,不仅效率高,降湿快,而且体积小,重量轻,不污染货物。

利用干湿球温度来计算仓库温湿度

【实训目标】

1. 掌握仓库温湿度测量仪的使用;
2. 能利用温度计测得仓库相对湿度;
3. 能根据仓库相对湿度来确定仓库保管措施。

【实训任务】

现有一批货物(TCL 电视)储存在江西交通职业技术学院管理工程系实训中心,利用温度计或温湿度计测得当前仓库相对湿度,请根据此相对湿度来确定仓库保管措施。

要求完成以下任务:

(1)手工测量当前仓库温湿度,计算出当前仓库相对湿度;

(2)查找资料得出 TCL 电视要求的仓库保管环境,特别是温湿度要求;

(3)得出当前仓库的保管环境是否适合 TCL 的保存,如不适合,请采取相应的措施,确保货物安全;

(4)各组组长对其他组进行打分,最后去掉一个最高分及一个最低分算总分进行小组成绩排名。

【实训道具】

1. TCL 电视一批;
2. 温度计 2 支或温湿度 1 支。

【实训步骤】

第一步:进行岗位分工并设定角色。每组 5 人,自由分工,只要合理即可。

第二步:利用温度计或温湿度计测量或计算出当前仓库温湿度计。

第三步:查找资料得出当前仓库货物适合的保管条件,特别是温湿度要求。

第四步:判断当前仓库条件是否适合该货物的保管。

第五步:仓库环境调节。若判断后,发现有当前仓库环境不合适该货物储存,就要进行温湿度调节。若仓库相对湿度高于该货物要求湿度,应该采取什么样的措施?若仓库相对湿度低于该货物要求湿度,又应该采取什么样的措施?

第六步：若适合该货物储存，则实训结束。

第七步：各自打分排名，成绩计入平时成绩。

【实训考核】

实训考核表见表3-2。

实 训 考 核 表　　表3-2

考核人		被考核人	
考核地点			
考核内容	利用干湿球温度来计算仓库温湿度		
考核标准	具 体 内 容	分值(分)	实 际 得 分
	温度计或温湿度计测量出当前仓库相对湿度	30	
	找出TCL电视储存时要求的相对湿度	20	
	判断，并根据结果采取相应的处理措施	30	
	作业时间	20	
合计		100	

任务二　货 物 盘 点

任务概述

【应知应会】

通过本工作任务的学习与具体实施，学生应学会下列知识：

1. 了解仓库盘点意义，熟悉盘点方法；
2. 掌握盘点盈亏分析，找出仓库盘点过程出现问题的原因。

【学习要求】

1. 学生在上课前，对仓库盘点要有一定了解；
2. 通过学习，了解仓库盘点流程，会设计和填写相应盘点表；
3. 会进行仓库盘点盈亏分析，利用盘点分析指标，发现仓库管理过程中存在问题并提出改进办法。

案例引入

仓库货物盘点

某企业仓库物料摆放零乱，非常不整齐，有的物料随便用一张废纸作为标识卡，更多的是无物料卡。而且仓库区域混乱，仓管找物料完全凭记忆和经验，要经过长时间的寻找，才能找到物料，严重影响了正常工作开展。

仓库由于2010年4月初才正式设定仓管员，仓库管理的各项制度不完善，仓库管理架构不明确，仓库的直接上级能力不足，仓管员的责任心不足。

比如客户送来加工的纸张多，占用大量仓库空间，影响仓库的正常分区和摆放，影响物料的查找与正常发放，而仓管员视而不见。

仓管员平时忙于收货发料，很多材料账没有及时登记，后来凭记忆去补做账，所以账目漏记、错记现象十分普遍。

1. 原因分析

仓库管理制度不健全，车间物料员领料经常不开单，随便拿。仓库钥匙除了仓管外，门卫也有，本来是为了方便仓管不在时生产部门可以领料不影响生产，但是却变成了车间物料员自己到仓库里面去拿，想拿多少就拿多少，也不用审批，自己开个单就是，用剩的物料自行放回仓库。

仓管员工作责任心不强，贪图方便，对车间物料的领取没有认真进行控制，仓管员借口平时工作很忙，没有将收入的物料及时进行入账，相关单据积压多日不进行账务处理。

仓库记账方式也不正确，没有进、销、存账务处理概念，仓管员平时只记收入账，而发出物料由于平时根本没有去管控，《领料单》不全，故记账也是凭记忆。

每次盘点后出现账物不符的情况多，仓管对此没有认真对待，没有及时找出不符的原因和对策，到月底盘点时仓管按实盘数倒推出该月总发出数，将账一次性调平，将所有的盘盈盘亏问题全部掩盖。

2. 问题处理

从抽查的数据来看，账物相符率仅为40%，表明仓库的管理已非常混乱，因此顾问老师根据企业实际情况制定了仓库整顿方案，重新调整了仓库组织架构及各仓管的分工，按照物料种类将仓库划分为原材料仓、半成品仓、成品仓、包材仓、低值易耗品仓，明确每个仓管的职责后，又将仓库区域进行划分，开始了仓库整理、盘点工作，经过整整两个月的整理，仓库的物料标识卡挂起了、台账建立了，项目组趁热打铁推行了《仓库管理制度》等流程、制度对仓库物料以及账务处理进行了规范。

案例思考

1. 为什么要进行仓库货物盘点？
2. 仓库货物盘点要点有哪些？
3. 货物盘点方法主要有哪些？

相关知识

一、盘点概述

（一）盘点的定义和内容

1. 盘点的定义

盘点就是为了有效地控制库存数量，需进行的货物数量清点作业。货物盘点工作在仓储管理中是一个重要的环节。通过盘点，可使各类货物的实存数量、种类、规格得到真实反映；可以掌握各类物资的保管情况；可以查明各类货物的储备和利用情况；可以了解验收、保管、发放、调拨、报废等各项工作是否按规定管理。

2. 盘点的主要内容

（1）检查货物的账面数量与实物数量是否相符。

（2）检查货物的收发情况及是否按先进先出的原则发放货物。

（3）检查货物的堆放及维护情况。

（4）检查各种货物有无超储积压、损坏变质。

（5）检查对不合格品及呆滞、废品的处理情况。

(6)检查仓库内的安全设施及安全情况。

(二)盘点的原因

货物盘点是保证储存货物达到账、卡、货完全相符和促使库存货物经常保持数量准确和品质完好的重要措施之一。通过盘点可以确定现存量,并修正账货不符产生的误差,发现仓储管理中存在的问题,及时处理库存货物的溢余和短缺、规格互串、货物积压等问题,以便及时查找,分析原因,改进管理。货物盘点可以准确计算仓库在报告期的损益,提高账货相符率,检查货物管理的绩效,对加强仓管理具有非常重要的意义。

(三)盘点的主要方法

目前仓库盘点常用的方法有以下两种:

1. 账面盘点

账面盘点即把每天出入库货物的品种、数量、单价等录入管理信息系统货账簿上,并进行核对,而后逐日累加或递减,得出总账面上的库存量及库存金额。

2. 现货盘点(又称实盘)

现货盘点即在仓库实地清点调查仓库内的各种货物的库存数,再根据它们各自的单价,计算出实际库存金额。

要确保盘点无误,最直接的方法就是确定账面盘点数与现货盘点数的完全一致。依盘点时间频率不同,现货盘点可分为以下三种方法:

(1)动态盘点,也称永续盘点。指对发生进出库业务的货物,当天进行盘点的方法。动态盘点主要适合对价值大、贵重获物的盘点。

(2)期末盘点。即在规定的周期期末对库存所有货物都进行的盘点。因盘点货物的范围广、数量多,一般需仓库内全体员工一齐出动,分组进行盘点。盘点小组每组至少三人,盘点、复盘、监盘各一人,并可以互相牵制,避免舞弊。

(3)循环盘点法。是在每天、每周按顺序一部分一部分地进行盘点,到了月末或期末则每项商品至少完成一次盘点的方法;是指按照商品入库的前后顺序,不论是否发生过进出业务,有计划地循环进行盘点的一种方法。

(四)盘点流程图分析

1. 库房盘点流程

库房盘点的处理有两种:一种是根据存货账管理员的要求月底对货品进行盘点,保管员生成当时盘点表,并进行实盘录入,实盘对账等过程,对差异进行处理,最后存货账管理员也要处理盘点的差异,以保证账实相符;另外一种是保管员可以每天或不定期的根据货品发生的变动生成自某时动态盘点表,后来的处理过程与第一种一样。

库房盘点流程图如图3-1所示。

2. 商品盘点工作流程

盘点的结果可以说是一份商场经营绩效的成绩单。通过盘点作业可以计算出商场真实的存货、费用率、毛利率、货损率等经营指标。

1)盘点目的

盘点目的主要有两个:一是控制存货,以指导日常经营业务;二是掌握损益,以便真实地把握经营绩效,并尽早采取防漏措施。

2)盘点原则

一般是每月对商品盘点一次，并由连锁总部所设的盘点小组负责各商场的盘点工作。为了确保商品盘点的效率，应坚持以下三个原则。

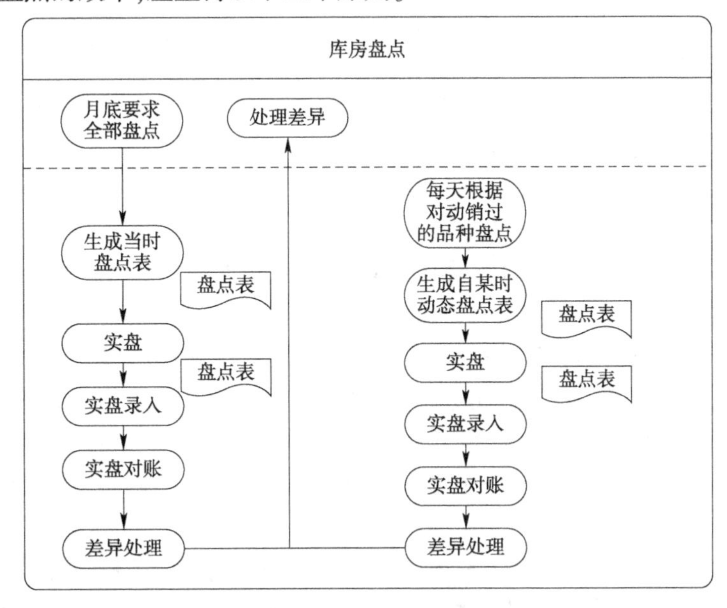

图 3-1　库房盘点流程图

(1)售价盘点原则。即以商品的零售价作为盘点的基础，库存商品以零售价金额控制，通过盘点确定一定时期内的商品溢损和零售差错。

(2)即时盘点原则。即在营业中随时进行盘点，“停止营业”以及“月未盘点”并不一定才是“正确”的盘点，超市(尤其是便利商店)可以在“营业中盘点”，且任何时候都可以进行。

(3)自动盘点原则。即利用现代化技术手段来辅助盘点作业，如利用掌上型终端机可一次完成订货与盘点作业，也可利用收银机和扫描器来完成盘点作业。

3)盘点作业流程

一是做好盘点基础工作；二是做好盘点前准备工作；三是盘点中作业；四是盘点后处理。

4)盘点基础工作

盘点基础工作包括：盘点方法、账务处理、盘点组织、盘点配置图等内容。

(1)盘点方法。盘点方法可以从以下四个方面来划分：

①以账或物来区别，可分为账面存货盘点和实际存货盘点。账面存货盘点是指根据数据资料，计算出商品存货的方法；实际存货盘点是针对未销售的库存商品，进行实地的清点统计，清点时只记录零售价即可。

②以盘点区域来区别，可分为全面盘点和分区盘点。全面盘点是指在规定的时间内，对店内所有存货进行盘点；分区盘点是指将店内商品以类别区分，每次依顺序盘点一定区域。

③以盘点时间来区别，可分为营业中盘点、营业前(后)盘点和停业盘点。营业中盘点就是“即时盘点”，营业与盘点同时进行；营业前(后)盘点是指开门营业之前或打烊之后进行盘点；停业盘点是指在正常的营业时间内停业一段时间来盘点。

④以盘点周期来区别，可分为定期和不定期盘点。定期盘点是指每次盘点间隔时间相同，包括年、季、月度盘点，每日盘点，交接班盘点。不定期盘点是指每次盘点间隔时间不一致，是在调整价格、改变销售方式、人员调动、意外事故、清理仓库等情况下临时进行

的盘点。

(2)账务处理。超市与便利商店由于商品种类繁多,各类商品的实际成本计算有一定的困难,所以一般采用"零售价法"来进行账面盘点。其计算公式是:

账面金额 = 上期库存零售额 + 本期进货零售额 - 本期销售金额 + 本期调整变价金额

(3)盘点组织。盘点工作一般都由店铺自行负责,总部则予以指导和监督。但随着连锁规模的扩大,盘点工作也需要专业化,即由专职的盘点小组来进行盘点。盘点小组的人数依营业面积的大小来确定。

(4)盘点配置图。商场开业前所设计的卖场商品配置图和仓库存货配置图可作为盘点之用。但在盘点时还应另外制作一张配置图,应包括卖场的设施(冷冻冷藏柜、货架、大陈列区等)、后场的仓库区、冷冻冷藏库等,凡商品储存或陈列之处均要标明位置,以便分区负责实施盘点作业。其动作办法是:确定存货及商品陈列位置;根据存货位置编制盘点配置图;对每一个区位进行编号;将编号做成贴纸,粘贴于陈列架的右上角。做好了上述工作后,就可以详细地分配责任区域,以便使盘点人员确实了解工作范围,并控制盘点进度。

(5)奖惩规定。商品盘点的结果一般都是盘损,即实际值小于账面值,但只要盘损在合理范围内应视为正常。商品盘损的多寡,可表现出店内从业人员的管理水平及责任感,所以有必要对表现优异者予以奖励,对表现较差者予以处罚。一般的做法是事先确定一个盘损率[盘损金额 ÷ (期初库存 + 本期进货)],当实际盘损率超过标准盘损时,商场各类人员都要负责赔偿;反之,则予以奖励。

5)盘点前准备

盘点前除应把握由公司总部所确立的盘点基础工作规范外,还必须做好盘点前的准备工作,以利盘点作业顺利进行。盘点准备工作包括:人员准备;环境整理;准备好盘点工具。

6)盘点前指导

盘点前一日最好对盘点人员进行必要的指导,如盘点要求、盘点常犯错误及异常情况的处理办法等。

7)盘点工作分派

在进行盘点工作时,商品管理人员不宜自行盘点,但由于品项繁多,差异性大,不熟识商品的人员进行盘点难免会出现差错,所以在初盘时,最好还是由管理该类商品的从业人员来实施盘点,然后再由后勤人员及部门主管进行交叉的复盘及抽盘工作。

8)单据整理

为了尽快获得盘点结果(盘损或盘盈),盘点前应将进货单据、进货退回单据、变价单据、销货单据、报废品单据、赠品单据、移库商品单据及前期盘点单据等整理好。

9)盘点中作业

盘点中作业可分为三种,即初点作业、复点作业和抽点作业。

(1)初点作业应注意:先点仓库、冷冻库、冷藏库,后点卖场;若在营业中盘点,卖场内先盘点购买频率较低且售价较低的商品;盘点货架或冷冻、冷藏柜时,要依序由左而右,由上而下进行盘点;每一台货架或冷冻、冷藏柜都应视为一个独立的盘点单元,使用单独的盘点表,以利按盘点配置图进行统计整理。最好两人一组进行盘点,一人点,一人记;盘点单上的数据应填写清楚,以免混淆;不同特性商品的盘点应注意计量单位的不同;盘点时应顺便观察商品的有效期,过期商品应随即取下,并作记录。若在营业中盘点,应注意不可高声谈论,或阻碍顾客通行;店长要掌握盘点进度;做好收银机处理工作。

(2)复点作业应注意:复点可在初点进行一段时间后再进行,复点人员应手持初点的盘点表,依序检查,把差异填入差异栏;复点人员须用红色圆珠笔填表;复点时应再次核对盘点配置图是否与现场实际情况一致。

(3)抽点作业应注意:抽点办法可参照复点办法;抽点的商品可选择卖场内死角,或不易清点的商品,或单价高、金额大的商品;对初点与复点差异较大的商品要加以实地确认。

10)盘点后处理

(1)资料整理。将盘点表全部收回,检查是否有签名,并加以汇总。

(2)计算盘点结果。在营业中应考虑盘点中所出售的商品金额。

(3)根据盘点结果实施奖惩措施。

(4)根据盘点结果找出问题点,并提出改善对策。

(5)做好盘点的财务会计账务处理工作。

二、盘点盈亏原因分析及处理方法

(一)库存盈亏原因分析

盘点结束后,若发现账货不符,发现库存与盘点结果在数量上和金额上有盘盈盘亏现象,应立即查找原因,如图3-2所示,采取改进措施“亡羊补牢”。这是整个盘点工作流程中很重要的一环,它有利于找到仓储管理中存在的漏洞,改进工作。

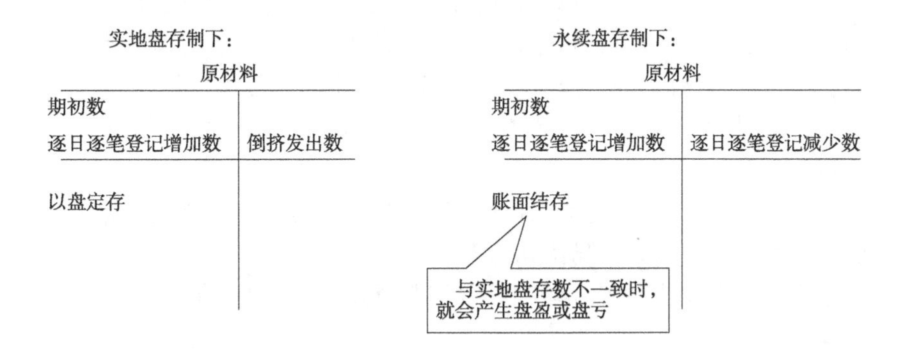

图3-2　盘盈或盘亏

盘亏原因分析可从以下因素着手:

(1)货物盘点的相关规章制度是否已建立健全,制度中是否有漏洞,是否存在员工偷窃、客户偷盗的可能。

(2)登账人员的素质,包括工作责任性、敬业精神、业务能力、原始单据、统计台账收集整理的规范制度等。

(3)进出库作业人的素质,包括工作认真负者精神、相关的业务水平等。

(4)货物盘点方法是否妥当,是否有漏盘、错盘和重盘。

(5)货物的特性如何,盘点差异是否在允许范围内。

(6)盘点差异是否可事先预防,如何预防,如何降低账货差异等。

(二)库存盈亏处理方法

库存货物盘点差异追查清楚后,可针对问题的主要原因进行改进和处理。具体解决的方法如下:

(1)建立健全进、存、出货物检验、记录、核对制度,并落实到岗位、人员。

(2)分别培训登账人员和出入库货物的作业人员,提高仓库管理人员的素质。首先,应培养仓库管理人员的主人翁责任感,爱库如家;其次,应分岗位培训其业务操作能力;再次,应常进行岗位练兵活动,并形成制度。

(3)推行赏罚分明的奖励制度。对盘点结果无差异,仓库管理工作做得好的人员进行褒奖,对差错严重,管理工作做得较差的人员进行惩罚。

(4)对易发生货损货差的货物,可委派专人进行循环盘点,发现问题,及时解决。

(5)对于盘点中发现的呆滞货物,应及时通知采购部门予以停购,并对库存的呆滞货物进行处理。

(6)对于废、次品及不良品,应视为盘亏,并专题研究其产生的原因、预防的措施。对于已存在的废、次品及不良品,应予以迅速处理。

(7)货物除在盘点时发生数量盘亏外,有些货物在价格上还会产生增减。这些差异经主管审核后,必须利用货物盘点盈亏及价格增减更正表进行修改。

三、盘点规程及其注意事项

货物盘点的程序一般为:盘点前的准备、初盘、复盘、盘点报告、盘点结果处理等。

(1)盘点前准备。明确建立盘点程序、方法,确定盘点范围、盘点时间(尽量利用连续假期)、盘点方式、盘点人员、盘点表单以及提出盘点货物进出要求,配合会计进行盘点,对盘点人员进行培训,印制盘点单。盘点周期的确定,一般应根据货物的特性来决定。贵重货物盘点周期一般较短,次要货物盘点周期较长。全面盘点通常为一月一次。

(2)初盘。在正式盘点前,仓储管理人员应先进行盘点并填写盘点单和盘点表,以便正式盘点工作顺序进行。

(3)复盘。按预定的时间和人员对需盘点的货物进行盘点。主要是根据盘点表核对盘点单和实物,并检查货物的堆放情况及其他情况。

(4)盘点报告。根据盘点数量和账存数量编制盘点报告,确定盘盈、盘亏量,追查盘盈、盘亏原因。

(5)盘点结果处理。查明差异,分析原因;认真总结,加强管理。

(6)储存场所的清理。对于盘点后的账、卡、单据应及时整理,同时打扫盘点相关货位、库房,对清理出来的呆滞货物、不良品、废次品,应明确标示,以待处理。

(7)盘点数据的录入。盘点时,保管人员将盘点结果输入电脑,并对盘点中的差异进行复核;对所报的货物损益进行复核,并打印出“配送损益单”。

(8)差异因素的查找。凡发现盘点数字与账、卡数据不相符时,应立即组织调查,找出原因,及时纠正。

(9)盘盈、盘亏的处理。盘点中发现的不良品(过期品)、呆滞品、废品等,可与盘盈、盘亏一起处理,并编制盘点盈亏及价值增减更正表,进行修正。

仓库货物盘点实训

【实训目标】

1. 能掌握盘点作业的步骤，理解盘点作业的含义与目的；
2. 能有效地做好盘点准备工作，按要求对盘点现场进行及时清理；
3. 会根据物品的特点与要求，选择合适的盘点方法；
4. 对盘点结果进行分析，找出盘点盈亏原因；
5. 树立责任意识，理解盘点工作的重要性。

【实训任务】

有一批货物在江西交通职业技术学院管理工程系实训中心长期储存，现为了确切了解该货物状态和数量，需要对其进行全方面的盘点。

要求完成以下任务：

(1)根据货物特点及分布区域，确定合适的盘点方法；

(2)做好盘点前准备工作，如盘点表、队员分工；

(3)盘点结果分析，找出问题原因所在；

(4)各组组长对其他组进行打分，最后去掉一个最高分及一个最低分算总分进行组成绩排名。

【实训道具】

1. 仓库有3种以上的货物，每种货物数量在30件以上；
2. 适当的作业场地，要求能容纳9人以上学生作业；
3. 2种颜色的彩笔和计算器3个、盘点表。

【实训步骤】

第一步：进行岗位分工并设定角色。每组3人，自由分工，只要合理即可。

第二步：准备好盘点表。

第三步：进行实物盘点，人员之间交叉盘点，也可以随机抽盘。

第四步：盘点盈亏分析，找出货物盈亏原因。

【实训考核】

实训考核表见表3-3。

实训考核表　　表3-3

考核人		被考核人	
考核地点			
考核内容	仓库货物盘点		
考核标准	具体内容	分值(分)	实际得分
	盘点表填写是否规范	20	
	盘点人员分工、盘点区域划分	20	
	实物盘点数量是否正确	30	
	盘点盈亏分析	20	
	作业时间长短	10	
合计		100	

任务三　货物堆存

【应知应会】

通过本工作任务的学习与具体实施,学生应学会下列知识:

1. 熟悉仓库货物堆存的原则和方法
2. 了解仓库货物堆存的垛形及特点;
3. 能根据入库货物不同尺寸,计算出该批货物所需的仓储面积;
4. 熟悉货物苫盖方法及要求,熟悉货物垫垛的意义。

应该掌握下列技能:

1. 根据货物种类、数量及堆码要求,设计合理堆码垛形,并计算其所需要的面积;
2. 能根据已知条件判断货物是否需要垫垛,如需要,应该如何垫垛。

【学习要求】

1. 在上课前学生要预习相关内容或网上查询相关资料进行学习;
2. 具备一定数学计算能力,能根据不同形状垛形,计算货物数量;
3. 具备一定生活经历,了解不同货物堆码要求及方法。

货物堆码

今天上午9时左右北方盛大集团公司将有一批光明罐装婴儿奶粉送达我物流中心仓库,请物流仓库组织完成商品的入库堆码工作。

规格:优幼3。

数量:55箱(900g×12罐/箱)。

外包装尺寸:402mm×301mm×150mm。

净重/毛重:10.8kg/13.6kg。

设计地面堆放和托盘堆放两种堆放方案。

计算两种堆放方案所占用的仓容。

实地验证方案说明:先设计好方案的小组立即进行实地操作(可用托盘、叉车等搬运工具将货物运送到堆垛区堆垛),其他小组进行观摩和评价。

案例思考

1. 货物就地堆码要考虑因素有哪些?
2. 仓库"五距"含义及其数值?
3. 就地堆码和托盘堆码有何异同?

相关知识

一、物流仓储保管基本原则及注意事项

(一)仓储的保管原则

1.面向通道进行保管

为使物品出入库方便,容易在仓库内移动,基本条件是将物品面向通道保管。

2.尽可能地向高处码放,提高保管效率

有效利用库内容积,应尽量向高处码放,为防止破损,保证安全,应当尽可能使用棚架等保管设备。

3.根据出库频率选定位置

出货和进货频率高的物品,应放在靠近出入口,易于作业的地方;流动性差的物品放在距离出入口稍远的地方;季节性物品则依其季节特性来选定放置的场所。

4.同一品种在同一地方保管

为提高作业效率和保管效率,同一物品或类似物品应放在同一地方保管,员工对库内物品放置位置的熟悉程度直接影响着出入库的时间,将类似的物品放在邻近的地方也是提高效率的重要方法。

5.根据物品重量安排保管的位置

安排放置场所时,把重的物品放在下边,轻的物品放在货架的上方。需要人工搬运的大型物品则以腰部的高度为基准。这对提高效率、保证安全是一项重要的原则。

6.依据形状安排保管方法

依据物品形状来保管也是很重要的,如标准化的商品应放在托盘或货架上来保管。

7.依据先进先出的原则

保管的一条重要原则是对于易变质、易破损、易腐败的物品,机能易退化、老化的物品,应尽可能按先入先出的原则,加快周转。由于商品的多样化、个性化,使用寿命短这一原则是十分重要的。

(二)储存应注意事项

(1)危险物品应隔离同类存放。

(2)避免使用潮湿的地方做仓库,尽量用卡板垫底。

(3)防火、防盗、防水等防护措施应考虑周到。

(4)货物防压措施要做好,地面负荷不可超过。

(5)保持适当的温、湿度及通风条件。

(6)保证消防通道的畅通,通道不可堆放物品。

(7)良好的照明。

(8)物料放置要整齐、平稳。

(9)依分区及编号顺序排放。

(10)物料标示朝外。

(11)保持整齐、清洁,按7S要求维护。

7S 管 理

5S起源于日本,是指在生产现场对人员、机器、材料、方法、信息等生产要素进行有效管理。这是日本企业独特的管理办法。近年来,随着人们对这一活动认识的不断深入,有人又添加了“安全(Safety)、节约(Save),变成7S,其具体内容如下:

(1)整理:增加作业面积;物流畅通、防止误用等。

(2)整顿:工作场所整洁明了,一目了然,减少取放物品的时间,提高工作效率,保持井井有条的工作秩序区。

(3)清扫:使员工保持一个良好的工作情绪,并保证稳定产品的品质,最终达到企业生产零故障和零损耗。

(4)清洁:使整理、整顿和清扫工作成为一种惯例和制度,是标准化的基础,也是一个企业形成企业文化的开始。

(5)素养:通过素养让员工成为一个遵守规章制度,并具有一个良好工作素养习惯的人。

(6)安全:保障员工的人身安全,保证生产连续、安全、正常的进行,同时减少因安全事故带来的经济损失。

(7)节约:就是对时间、空间、能源等方面合理利用,以发挥它们的最大效能,从而创造一个高效率的、物尽其用的工作场所。

二、货物堆存基本知识

(一)货物存放的基本原则

1.分类存放

分类存放是仓库保管的基本要求,是保证货物质量的重要手段。不同类别的货物分类存放,甚至需要分库存放;不同规格、不同批次的货物也要分位、分堆存放;残损货物要与原货分开;对于需要分拣的货物,在分拣之后,应分位存放,以免又混合;不同流向货物、不同经营方式的货物也要分类分存。

2.适当的搬运活性、摆放整齐

为了减少作业时间、次数,提高仓库周转速度,根据货物作业的要求,合理选择货物的搬运活性。对选用搬运活性高的入库存放货物,应注意摆放整齐,以免堵塞通道、浪费仓容。

3.尽可能码高、货垛稳固

为了充分利用仓容,存放的货物要尽可能码高,使货物占用地面最少面积。尽可能码高包括采用码垛码高和使用货架在高处存放,充分利用空间。货物堆垛必须稳固,避免倒垛、散垛,要求叠垛整齐、放位准确,必要时采用稳固方法,如垛边、垛头采用纵横交叉叠垛,使用固定物料加固等。只有在货垛稳固的情况下才能码高。

4.面向通道、不围不堵

面向通道包括两方面意思,一是垛码、存放的货物的正面,尽可能面向通道,以便察看。货物的正面是指标注主标志的一面。二是所有货物的货垛、货位都有一面与通道相连,处在通道旁。以便能对货物进行直接作业。只有在所有货位都与通道相通时,才能保证不围不堵。

(二)货物存放的基本方法

根据货物的特性、包装方式、形状、保管的需要,确保货物质量、方便作业并充分利用仓容,以及仓库的条件确定存放方式。仓库货物存放的方式有:地面平放式、托盘平放式、直接码垛式、托盘堆码式、货架存方式。货物储存的码垛方法有以下几种:

1. 散堆法

散堆法适用于露天存放的没有包装的大宗货物,如煤炭、矿石、黄沙等,也可适用于库内少量存放的谷物、碎料等散装货物。散堆法是直接用堆扬机或者铲车在确定的货位后端起,直接将货物堆高,在达到预定的货垛高度时,逐步后退堆货,后端先形成立体梯形,最后成垛,整个垛形呈立体梯形状。由于散货具有的流动、散落性,堆货时不能堆到太近垛位四边,以免散落使货物超出预定的货位。散垛法不能采用先堆高后平垛的方法堆垛,以免堆超高时压坏场地地面。

2. 货架存放

货架存放适用于小件、品种规格复杂且数量较少,包装简易或脆弱、易损害、不便堆垛的货物,特别是价值较高而需要经常查数的货物仓储存放。货架存放需要使用专用的货架设备。常用的货架有:橱柜架、悬臂架、U形架、板材架、栅格架、钢瓶架、多层平面货架、托盘货架、多层立体货架等。

3. 堆垛法存货

对于有包装(如箱、桶、袋、箩筐、捆、扎等包装)的货物,包括裸装的计件货物,采取堆垛的方式储存。堆垛方法储存能充分利用仓容,做到仓库内整齐,方便作业和保管。

(1)重叠式堆码。重叠式也称直堆法,是逐件、逐层向上重叠堆码,一件压一件的堆码方式,见图3-3。为了保证货垛稳定,在一定层数后(如10层)改变方向继续向上,或者长宽各减少一件继续向上堆放(俗称四面收半件)。该方法较方便作业、计数,但稳定性较差。适用于袋装、箱装、箩筐装货物,以及平板、片式货物等。

(2)纵横交错式。每层货物都改变方向向上堆放,相邻两层货物的摆放旋转90°角,一层成横向放置,另一层成纵向放置,层间纵横交错堆码,见图3-4。适用于管材、捆装、长箱装货物等货物。该方法较为稳定,但操作不便。

图3-3 重叠式堆码

图3-4 纵横交错式堆码

(3)仰伏相间式。对上下两面有大小差别或凹凸的货物,如槽钢、钢轨、箩筐等,将货物仰放一层,再反一面伏放一层,仰伏相间相扣,见图3-5。堆垛极为稳定,但操作不便。

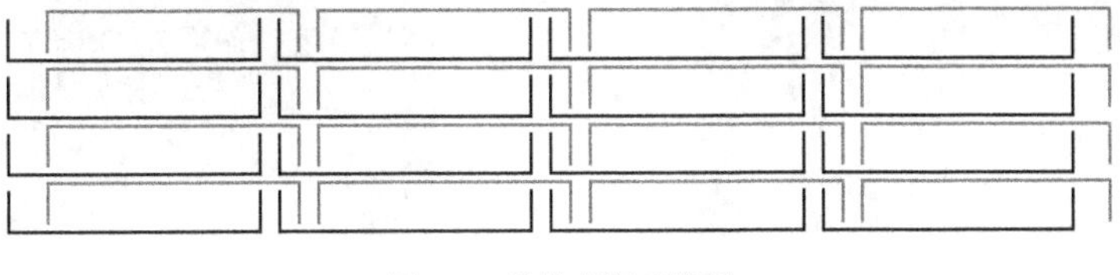

图3-5 仰伏相间式堆码

(4)压缝式。将底层并排摆放，上层放在下层的两件货物之间，见图 3-6。如果每层货物都不改变方向，则形成梯形形状；如果每层都改变方向，则类似于纵横交错式。

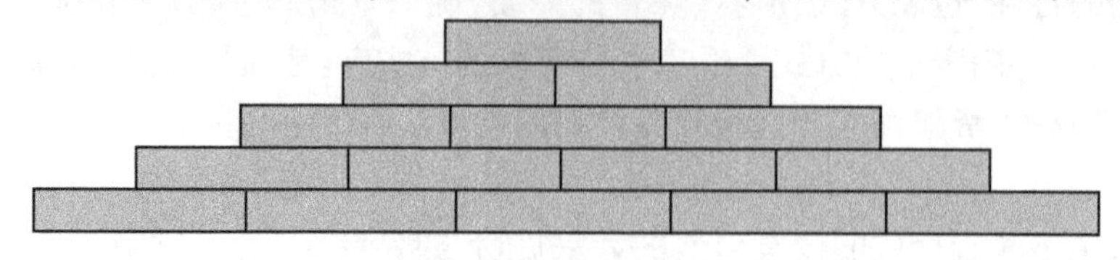

图 3-6　压缝式堆码

(5)通风式。货物在堆码时，每件相邻的货物之间都留有空隙，以便通风，层与层之间采用压缝式或者纵横交叉式，见图 3-7。此法适用于需要通风量较大的货物堆垛。

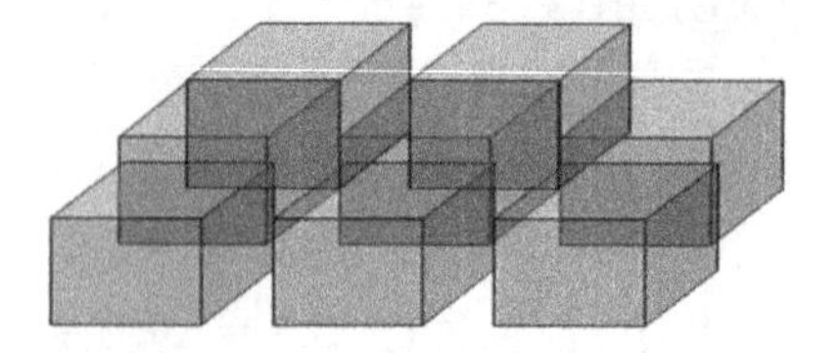

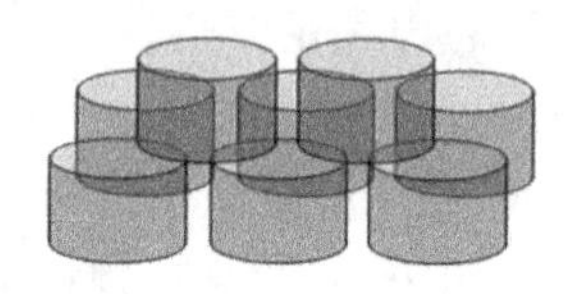

图 3-7　通风式堆码

(6)栽柱式。码放货物前在货垛两侧栽上木桩或者钢棒(如 U 形货架)，然后将货物平码在桩柱之间，几层后用铁丝将相对两边的柱拴连，再往上摆放货物，见图 3-8。此法适用于棒材、管材等长条状货物。

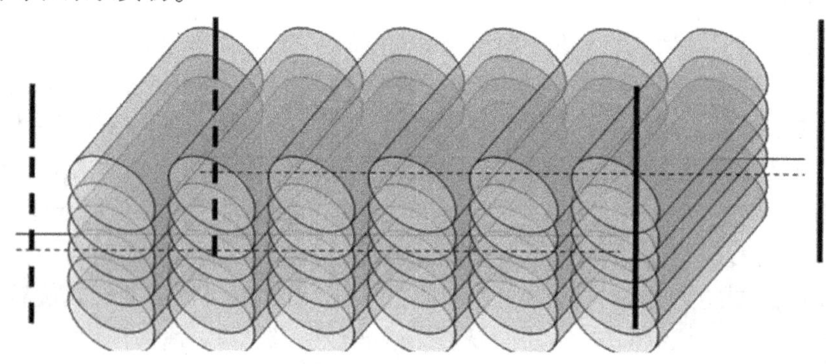

图 3-8　栽柱式堆码

(7)衬垫式。码垛时，隔层或隔几层铺放衬垫物，衬垫物平整牢靠后，再往上码。适用于不规则且较重的货物，如无包装电机、水泵等，见图 3-9。

(8)直立式。货物保持垂直方向码放的方法，见图 3-10。适用于不能侧压的货物，如玻璃、油毡、油桶、塑料桶等。

图 3-9　衬垫式堆码

图 3-10　直立式堆码

(三)垛形与码垛

1. 垛形

垛形是指货物在库场码放的形状,垛形的确定根据货物的特性、保管的需要,能实现作业方便、迅速和充分利用仓容的原则。仓库常见的垛形有以下几种:

1)平台垛

平台垛是先在底层以同一个方向平铺摆放一层货物,然后垂直继续向上堆积,每层货物的件数、方向相同,垛顶呈平面,垛形呈长方体(图 3-11)。当然在实际堆垛时并不是采用层层加码的方式,往往从一端开始,逐步后移。平台垛适用于包装规格单一的大批量货物,包装规则、能够垂直叠放的方形箱装货物,大袋货物,规则的软袋成组货物,托盘成组货物。平台垛只适用在仓库内和无须遮盖的堆场堆放的货物码垛。

平台垛具有整齐、便于清点,占地面积小,堆垛作业方便的优点。但该垛形的稳定性较差,特别是小包装、硬包装的货物有货垛端头倒塌的危险,所以在必要时(如太高、长期堆存、端头位于主要通道等)要在两端采取稳定的加固措施。对于堆放很高的轻质货物,往往在堆码到一定高度后,向内收半件货物后再向上堆码,以保证货垛稳固。

标准平台垛的货物件数为:

$$A = L \times B \times h$$

式中:A——总件数;

L——长度方向件数;

B——宽度方向件数;

h——层数。

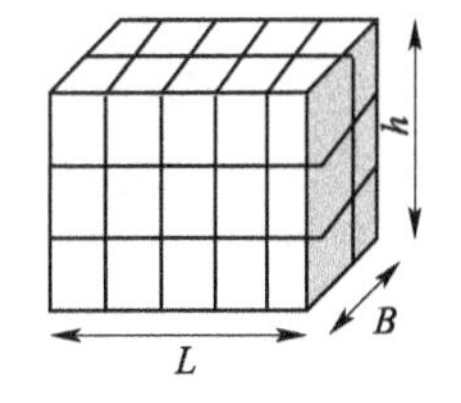

图 3-11　平台垛示意图

2)起脊垛

起脊垛是指先按平台垛的方法码垛到一定的高度,以卡缝的方式逐层收小,将顶部收尖成屋脊形。起脊垛是堆场场地堆货的主要垛形,货垛表面的防雨遮盖从中间起向下倾斜,便于雨水排泄,防止水湿货物。有些仓库由于陈旧或建筑简陋有漏水现象,仓内的怕水货物也采用起脊垛堆垛并遮盖。

起脊垛是平台垛为了遮盖、排水的需要而进行的变形,具有平台垛操作方便、占地面积小的优点,适用平台垛的货物都可以采用起脊垛堆垛。但是起脊垛由于顶部压缝收小,形状不规则,无法在垛堆上清点货物,顶部货物的清点需要在堆垛前以其他方式进行。另外由于起脊的高度使货垛中间的压力大于两边,因而采用起脊垛时库场使用定额要以脊顶的高度来确定,以免中间底层货物或库场被压损坏。

起脊垛的货物件数为:

$$A = L \times B \times h + \text{起脊件数}$$

式中:A——总件数;

L——长度方向件数;

B——宽度方向件数;

h——未起脊层数。

3)立体梯形垛

立体梯形垛是在最底层以同一方向排放货物的基础上,向上逐层同方向减数压缝堆码,垛顶呈平面,整个货垛呈下大上小的立体梯形形状,如图 3-12 所示。立体梯形垛用于包装松软的袋装货物和上层面非平面而无法垂直叠码的货物的堆码,如横放的桶装、卷形、捆包货物。立体梯形垛极为稳固,可以堆放的较高,仓容利用率较高。对于在露天堆放的货物采用立体梯形垛,为了排水需要也可以在顶部起脊。

为了增加立体梯形垛的空间利用率,在堆放可以立直的筐装、矮桶装货物时,底部数层可以采用平台垛的方式堆放,在一定高度后才用立体梯形垛。

每层两侧面(长度方向)收半件(压缝)的立体梯形垛件数为:

$$A=\frac{(2\cdot L-h+1)\cdot B\cdot h}{2}$$

式中:A——总件数;

L——长度方向件数;

B——宽度方向件数;

h——层数。

4)行列垛

行列垛是将每票货物按件排成行或列排放,每行或列一层或数层高。垛形呈长条形,如图3-13所示。行列垛用于存放批量较小货物的库场码垛,如零担货物。为了避免混货,每批独立开堆存放。长条形的货垛使每个货垛的端头都延伸到通道边,可以直接作业而不受其他货物阻挡。但每垛货量较少,垛与垛之间都需留空,垛基小而不能堆高,使得行列垛占用库场面积大,库场利用率较低。

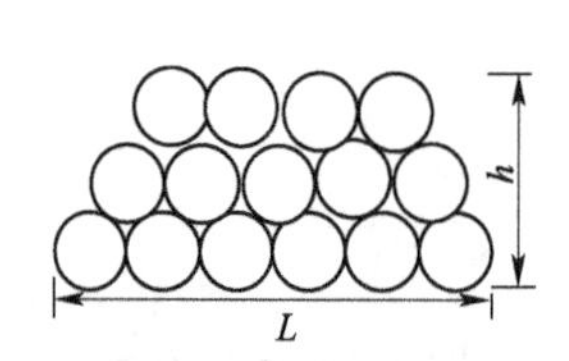

图3-12　立体梯形垛

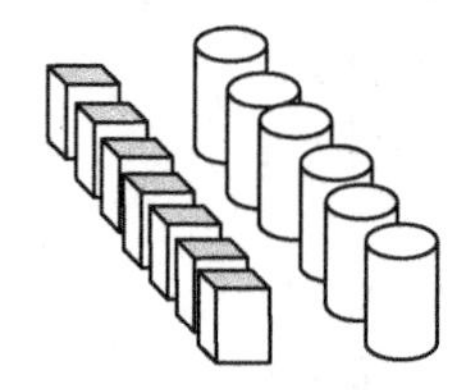
图3-13　行列垛示意图

5)井形垛

井形垛用于长形的钢材、钢管及木方的堆码。它是在以一个方向铺放一层货物后,再以垂直的方向铺放第二层货物,货物横竖隔层交错逐层堆放。井形垛垛顶呈平面,如图3-14所示。井形垛垛形稳固,但层边货物容易滚落,需要捆绑或者收进。井形垛的作业较为不便,需要不断改变作业方向。

井形垛货量计算:

$$A=\frac{L+B}{2}\cdot \mathrm{h}$$

式中:A——总件数;

L——纵向方向件数;

B——横向方向件数;

h——层数。

6)梅花形垛

对于需要立直存放的大桶装货物,将第一排(列)货物排成单排(列),第二派(列)的每件靠在第一排(列)的两件之间卡位,第三排(列)同第一排(列)一样,之后每排(列)依次卡缝排放,形成梅花形垛,如图3-15所示。梅花形垛货物摆放紧凑,充分利用了货件之间的空隙,节约了库场的使用面积。

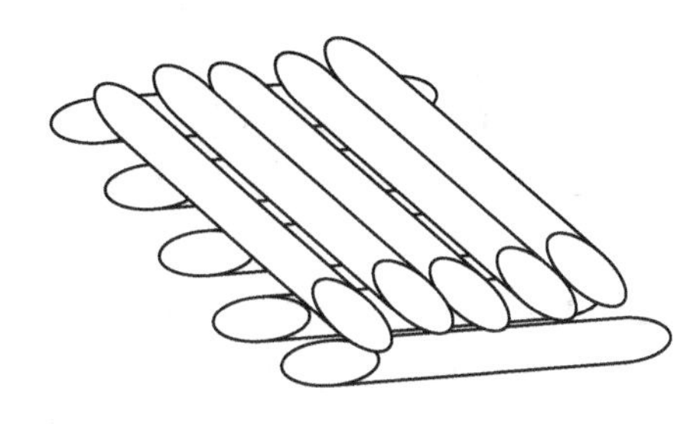

图 3-14　井形垛示意图

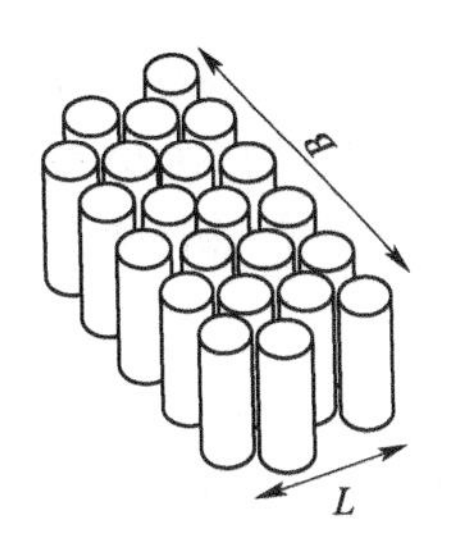

图 3-15　梅花形垛示意图

对于能够多层堆码的桶装货物，在堆放第二层以上时，将每件货物压放在下层的三件货物之间，四边各收半件，形成立体梅花形垛。单层梅花型货垛货量计算为：

$$A=\frac{(2\cdot B-1)\cdot L}{2}$$

式中：A——总件数；

B——宽度方向件数；

L——长度方向件数。

2. 码垛的基本要求

(1)合理。要求不同货物的性质、品种、规格、等级、批次和不同客户的货物，应分开堆放。货垛形式适应货物的性质、有利于货物的保管，能充分利用仓容和空间；货垛间距符合作业要求以及防火安全要求；大不压小，重不压轻，缓不压急，不会围堵货物，特别是后进货物不堵先进货物，确保“先进先出”。

(2)牢固。堆放稳定结实，货垛稳定牢固，不偏不斜，必要时采用衬垫物料固定，不压坏底层货物或外包装，不超过库场地坪承载能力。货垛较高时，上部适当向内收小。易滚动的货物，使用木契或三角木固定，必要时使用绳索、绳网队货垛进行绑扎固定。

(3)定量。每一货垛的货物数量保持一致，采用固定的长度和宽度，且为整数，如 50 袋成行，每层货量相同或成固定比例递减，能做到过目知数。每垛的数字标记清楚，货垛牌或料卡填写完整，排放在明显位置。

(4)整齐。货垛堆放整齐，垛形、垛高、垛距标准化和统一化，货垛山每件货物都排放整齐、垛边横竖成列，垛不压线；货物外包装的标记和标志一律朝垛外。

(5)节约。尽可能堆高，避免少量货物占用一个货位，节约仓容，提高仓库利用率；妥善组织安排，做到一次作业到位，避免重复搬倒，节约劳动消耗；合理使用苫垫材料，避免浪费。

(6)方便。选用的垛形、尺度、堆垛方法，方便堆垛作业、搬运装卸作业，提高作业效率；垛形方便理数、查验货物，方便通风、苫盖等保管作业。

五　距

商品堆码要做到货堆之间，货垛与墙、柱之间保持一定距离，留有适宜的通道，以便商品的搬运、检查和养护。要把商品保管好，“五距”很重要。五距是指顶炬、灯距、墙距、柱距和堆距。

(1)顶距是指货堆的顶部与仓库屋顶平面之间的距离。留顶距主要是为了通风，平房仓库顶距应不小于30cm，多层仓库顶距应不小于50cm，人字形屋架库房，以屋架横梁为货垛可堆高度，即不能超过横梁。

(2)灯距是指在仓库里的照明灯与商品之间的腔离。留灯距主要是防止火灾，商品与灯的距离一般不应少于50cm。

(3)墙距是指货垛与墙的距离。留墙距主要是防止渗水,便于通风散潮。

(4)柱距是指货垛与屋柱之间的距离。留柱距是为防止商品受潮和保护住脚,一般留10~20cm。

(5)垛距是指货垛与货垛之间的距离。留堆距是为便于通风和检查商品,一般留10cm即可。

【例3-1】 今收到供货商发来入库通知单,计划到货日期为明天上午10点,内容如下:品名为九阳豆浆机;包装规格为400mm×300mm×250mm,包装材质为纸箱;单体毛重为60kg,包装标识限高5层;数量为3 200箱。

如果此批货物入库后就地码垛堆存,作为仓库管理员请计算出至少需要多大面积的储位?如果目标存储区域宽度限制为4.0m,仓库高度为4.6m,地坪荷载为2 000kg/m²,计算计划堆成的货垛的垛长、垛宽及垛高各为多少箱?

解:就地堆码存储区规划的步骤如下:

(1)计算单位包装物面积。

$$400 \times 300 = 0.12(\mathrm{m}^2)$$

(2)计算单位面积重量。

$$\frac{60}{0.12} = 500(\mathrm{kg})$$

(3)计算货垛堆码高度。

①可堆码层数从净高考虑(顶距不得小于500mm):

$$a = \frac{4.6 - 0.5}{0.25} = 16.4(\text{层})$$

②可堆码层数从包装标志限高考虑:

$$b = 5(\text{层})$$

③可堆码层数从地坪荷载考虑:

$$c = \frac{2\ 000}{500} = 4(\text{层})$$

④可堆码层数 $= \min\{a, b, c\} = \min\{16, 5, 4\} = 4(\text{层})$

$$\text{占地面积} = \frac{3\ 200}{4} \times 0.12 = 96(\mathrm{m}^2)$$

$$\text{垛宽} = \frac{4}{0.4} = 10(\text{箱})$$

$$\text{垛长} = \frac{96}{4 \times 0.3} = 80(\text{箱})$$

$$\text{垛高} = 4(\text{箱})$$

该批货物就地堆码至少需要96m²的储位,目标存储区域宽度限制为4.0m时,堆成重叠堆码平台的货垛垛宽为10箱、垛长为80箱、垛高为4箱。

(四)垫垛

垫垛是指在货物码垛前,在预定的货位地面位置,使用衬垫材料进行铺垫。常见的衬垫物有:枕木、废钢轨、货板架、木板、帆布、芦席、钢板等。

1. 垫垛的目的

使地面平整;堆垛货物与地面隔离,防止地面潮气和积水浸湿货物;通过强度较大的衬垫物使重物的压力分散,避免损害地坪;使地面杂物、尘土与货物隔离;形成垛底通风层,有利于货垛通风排湿;使货物的泄漏物留存在衬垫之内,不会流动扩散,便于收集和处理。

2. 垫垛的基本要求

所使用的衬垫物与拟存货物不会发生不良影响,具有足够的抗压强度;地面要平整坚实、衬垫物要摆平放正,并保持同一方向;层垫物间距适当,直接接触货物的衬垫面积与货垛底面积相同,垫物不伸出货垛外;要有足够的高度,露天堆场要达到0.3~0.5m,库房内达到0.2m即可。

【例3-2】 某仓库内要存放一台自重30t的设备,该设备底架为两条2×0.2m的钢架。该仓库库场单位面积技术定额为3t/m²。问需不需要垫垛?如何采用2×1.5m,自重0.5t的钢板垫垛?

解:货物对地面的压强为:$30/(2\times2\times0.2)=37.5(t/m^2)$。远远超过库场单位面积技术定额,必须垫垛。

假设衬垫钢板为n块,根据重量(含衬垫重量)=面积×库场单位面积技术定额,可得:

$$30+n\times0.5=n\times2\times1.5\times3$$

故$n\approx3.3$(块),因此需要使用4块钢板衬垫。将4块钢板平铺展开,设备的每条支架分别均匀地压在两块钢板之上,如图3-16所示。

(五)苫盖

苫盖是指采用专用苫盖材料对货垛进行遮盖。以减少自然环境中的阳光、雨雪、刮风、尘土等对货物的侵蚀、损害,并使货物由于自身理化性质所造成的自然损耗尽可能减少,保护货物在储存期间的质量。常用的苫盖材料有:帆布、芦席、竹席、塑料膜、铁皮铁瓦、玻璃钢瓦、塑料瓦等。

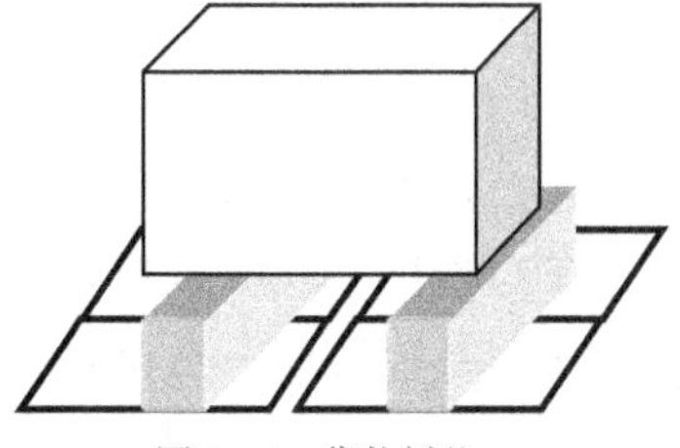

图3-16　货物衬垫

1. 苫盖的方法

(1)就垛苫盖法。直接将大面积苫盖材料覆盖在货垛上遮盖。适用于起脊垛或大件包装货物。一般采用大面积的帆布、油布、塑料膜等。就垛苫盖法操作便利,但基本不具有通风条件。

(2)鱼鳞式苫盖法。将苫盖材料从货垛的底部开始,自下而上呈鱼鳞式逐层交叠围盖。该法一般采用面积较小的席、瓦等材料苫盖。鱼鳞式苫盖法具有较好的通风条件,但每件苫盖材料都需要固定,操作比较繁琐复杂。

(3)活动棚苫盖法。将苫盖物料制作成一定形状的棚架,在货物堆垛完毕后,移动棚架到货垛遮盖;或者采用即时安装活动棚架的方式苫盖。活动棚苫盖法较为快捷,具有良好的通风条件,但活动棚本身需要占用仓库位置,也需要较高的购置成本。

2. 苫盖的要求

苫盖的目的是为了给货物遮阳、避雨、挡风、防尘。苫盖的要求就是实现苫盖的目的。

(1)选择合适的苫盖材料。选用符合防火、无害的安全苫盖材料;苫盖材料不会与货物发生不利影响;成本低廉,不宜损坏,能重复使用;没有破损和霉烂。

(2)苫盖牢固。每张苫盖材料都需要牢固固定,必要时在苫盖物外用绳索、绳网绑扎或者采用重物镇压,确保刮风揭不开。

(3)苫盖的接口要有一定深度的互相叠盖,不能迎风叠口或留空隙;苫盖必须拉挺、平整,不得有折叠和凹陷,防止积水。

(4)苫盖的底部与垫垛平齐,不腾空或拖地,并牢固地绑扎在垫垛外侧或地面的绳桩上,衬垫材料不露出垛外,以防雨水顺延渗入垛内。

(5)使用旧的苫盖物或雨水丰沛季节，垛顶或者风口需要加层苫盖，确保雨淋不透。

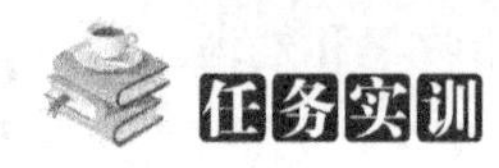

货物堆码实训

【实训目标】

1. 能掌握货物在仓库堆存方法及垛形；
2. 能根据不同货物垛形，快速计算货物数量；
3. 能掌握货物苫盖和垫垛方法并判断货物是否需要苫盖和垫垛。

【实训任务】

江西交通职业技术学院物流管理工程系实训中心仓库现接到一入库通知单，2天后有一批货物要存储实训中心仓库，现货架货位已全部存满，计划该批货采用地面堆码堆存方式，信息如下：货物联想显示器60箱，规格为528mm×388mm×172mm，重量为25kg，堆码极限为13层；旺旺雪饼40箱，规格为595mm×395mm×200mm，重量为15kg，堆码极限为8层。仓库高度为4m，地面承载能力为1 500kg/m^2。请根据以上信息，在实训中心仓库寻找一块适合储存该批货的空地或整理出相应的货位。

要求完成以下任务：

(1)请根据货物和仓库信息，确定货物堆码方式和堆码垛形；

(2)请根据入库通知单，明确该批货物所要货位大小；

(3)结合实训中心仓库当时货物存储状态，寻找合适的货位来存储该货物；

(4)各组组长对其他组进行打分，最后去掉一个最高分及一个最低分算总分进行组成绩排名。

【实训道具】

1. 联想显示器纸箱，数量60箱以上，规格同上；
2. 旺旺雪饼纸箱，数量40以上，规格同上；
3. 适当的空货位；
4. 皮尺，粉笔。

【实训步骤】

第一步：进行岗位分工并设定角色。每组3人，自由分工，只要合理即可。

第二步：根据货物尺寸，确定货物堆码方式和垛型。

第三步：根据仓库条件，确定货物堆码高度。

第四步：计算出该批货物所需货位的大小。

第五步：实训中心仓库寻找合适的货位。

具体要求如下：

(1)不能对其他货物进行围堵，方便货物进出。

(2)根据仓库分区分类储存原则确定每种货物合适的储位。

(3)判断是否进行垫垛。

第六步：货位入库作业，即利用地牛和托盘把相应的货物运送到相应的储位，就地堆码作业，作业要符合相应的要求。

第七步：各组给其他队伍打分，成绩计入学科平时成绩。

【实训考核】

实训考核表见表3-4。

实训考核表 表3-4

考核人		被考核人	
考核地点			
考核内容	货物储存条件		
考核标准	具体内容	分值(分)	实际得分
	确定货物堆码方式和垛形	30	
	确定是否进行垫垛	10	
	货物入库作业	40	
	作业时间	10	
	团队分工与合作是否合理	10	
合计		100	

任务四 仓库安全管理

任务概述

【应知应会】

通过本工作任务的学习与具体实施,学生应学会下列知识:

1. 了解仓库安全重要性,熟悉仓库安全工作主要内容;
2. 了解仓库消防的意义,掌握仓库消防方法;
3. 了解仓库治安保卫的意义,熟悉治安保卫工作内容;
4. 熟悉仓库作业安全的重要性,如何确保作业安全。

应该掌握下列技能:

1. 了解仓库安全重要性,能根据仓库存货货物不同,掌握仓库防火的要点;
2. 能根据仓库存货货物种类不同,制定不同作业流程、方法,确保仓库作业安全。

【学习要求】

1. 在上课前学生要预习相关内容或网上查询相关资料进行学习;
2. 上课前了解火宅相关知识;
3. 课后结合生活案例来掌握仓库如何防火,掌握防火重点工作。

案例引入

仓库火宅的危害

化工产品具有易燃、易爆、易中毒、易腐蚀和高温、高压等特点,不安全因素多,危险性和危害性大,历来是消防安全防范的重点。2011 年 7 月 12 日,湖北省武汉市一化工企业仓库发生火灾。事故发生在当日 9 点 25 分,据事后调查,该仓库为大空间钢结构单体建筑,集生产、住宿、办公为一体,总建筑面积为 9 200m^2。其中,一层为仓库、生产加工车间,二层为办公和住宿区。火灾过火面积约为 3 450m^2,事故共造成 15 人死亡。

1. 火灾的教训

该企业厂房存在严重的消防安全隐患。擅自将原设计的戊类厂房改为集生产、储存、销售、办公和人员食宿为一体的“多合一”场所。人员食宿与生产区域未实行防火分隔,且厂房的安全出口不满足消防安全要求,疏散通道堵塞,严重影响人员疏散逃生和灭火救援。现场人员消防安全意识淡薄,在火灾发生后20min后才报警,延误了灭火救援的时机。发生火灾时,现场人员没有在第一时间逃生,反而到二层躲避,造成了人员伤亡的扩大。

2. 防火措施

企业应严格按照规范设计和施工。厂房总平面布局要根据生产流程及各组成部分的生产特点和火灾危险性,结合地形、风向等条件,充分考虑防火分隔、通风、防泄漏等因素。厂区内要保证充足的消防水源,并设置室内外消防给水设施。消防车通道要保持畅通。要对员工开展经常性消防安全培训,使之熟练掌握本行业安全操作规程,重点岗位人员要做到持证上岗,严防违章操作和违反消防安全管理的行为。要定期组织有针对性的消防演练,使员工熟悉本行业火灾扑救和逃生的基本方法。

案例思考

1. 该企业仓库火灾带给我们的教训有哪些?

2. 仓库防火应该从哪些方面着手?

相关知识

一、治安保卫管理

(一)治安保卫管理的内容

仓库的治安保卫工作是仓库为了防范、制止恶性侵权行为、意外事故对仓库及仓储财产的侵害和破坏,维护仓储环境的稳定,保证仓储生产经营的顺利开展所进行的管理工作。治安保卫工作的具体内容就是执行国家治安保卫规章制度、防盗、防抢、防骗、防破坏、防火、防止财产侵害、维持仓库内交通秩序、防止交通意外事故等仓库治安灾难事故,协调与外部的治安保卫关系,维持仓库内的安定局面和员工人身安全。

治安保卫管理是仓库管理的重要组成部分,不仅涉及财产安全、人命安全,执行国家的治安保卫管理法规和政策,同时也是仓库履行仓储合同义务的组成部分,降低和防止经营风险的手段。治安保卫工作只有良好的开展,才能确保企业的生产经营顺利进行,因而是仓库实现经营效益的保证,在生产效率和提高经营效益与安全保卫发生冲突时,要以治安保卫优先。仓库治安保卫管理的原则为:坚持预防为主、确保重点、严格管理、保障安全和谁主管谁负责。

(二)治安保卫管理组织

专职保卫机构既是仓库治安保卫的执行机构,也是仓库治安保卫管理的职能机构。专职保卫机构根据仓库规模的大小、人员的多少、任务的繁重程度、仓库所在地的社会环境确定机构设置、人员配备,一般设置保卫部、保卫队、门卫队等。专职保卫机构协助仓库主管领导的工作,制定仓库治安保卫规章制度、工作计划,督促各部门领导的治安保卫工作,组织全员的治安保卫学习教育和宣传,协调对外的治安保卫工作,保持与当地公安部门的联系,协助公安部门在仓库内的治安管理活动,管理治安保卫的器具,管理专职保卫员工。

治安保卫的兼职制度是实行治安保卫群众管理制度的体现,应选择部分责任心强、所从事的岗位对治安保卫敏感、具有一定的精力和体力的员工兼任安全员。兼职安全员主要承担所在部门和组织的治安保卫工作,协助部门领导的管理工作,督促部门执行仓库治安保卫管理的制度，组织治安保卫教育学习、检查预防工作。

（三）治安保卫管理制度

治安保卫工作是仓储长期性的工作，需要采取制度性的管理措施。通过规章制度确定工作要求、工作行为规范、明确岗位责任，通过制度建立管理系统，及时畅顺地交流信息，随时堵塞保卫漏洞，确保及时、有效的保卫反应。

仓库治安保卫的规章制度既有独立的规章制度，如安全防火责任制度，安全设施设备保管使用制度，门卫值班制度，车辆、人员进出仓库管理制度，保卫人员值班巡查制度等，也可合并在其他制度之中，如仓库管理员职责，办公室管理制度，车间作业制度，设备管理制度等规定的治安保卫事项。

（四）治安保卫工作的内容

仓库的治安保卫工作主要有防火、防盗、防破坏、防抢、防骗、员工人身安全保护、保密等工作。治安保卫工作不仅有专职保安员承担的工作，如门卫管理、治安巡查、安全值班等，还有大量的工作由相应岗位的员工承担，如办公室防火防盗、财务防骗、商务保密、仓库员防火、锁门关窗等。仓库主要的治安保卫工作及要求如下：

1. 守卫大门和要害部位

仓库需要通过围墙或其他物理设施隔离，设置1～2个大门。仓库大门是仓库与外界的连接点，是仓库地域范围的象征，也是仓储承担货物保管责任的分界线。大门守卫是维持仓库治安的第一道防线。大门守卫负责开关大门，限制无关人员、车辆进入，接待入库办事人员并实施身份核查和登记，禁止入库人员携带火源、易燃易爆物品入库，检查入库车辆的防火条件，指挥车辆安全行使、停放，登记入库车辆，检查出库车辆、核对出库货物以及物品放行条和实物并收留放行条，查问和登记出库人员携带的物品，特殊情况下查扣物品、封闭大门。对于危险品储存仓、贵重物品储存仓、特殊品储存仓等要害部位，需要安排专职守卫看守，限制人员接近、防止危害、防止破坏和失窃。

2. 巡逻检查

由专职保安员不定时、不定线、经常地巡视整个仓库区的每一个位置的安全保卫工作。巡逻检查一般安排两名保安员同时进行，携带保安器械和强力手电筒。查问可疑人员，检查各部门的防卫工作，关闭确实无人的办公室、仓库门窗、电源，制止消防器材挪作他用，检查仓库内有无发生异常现象，停留在仓库内过夜的车辆是否符合规定等。巡逻检查中发现不符合治安保卫制度要求的情况，采取相应的措施处理或者通知相应部门处理。

3. 防盗设施、设备使用

仓库的防盗设施大至围墙、大门，小到门锁，防盗门、窗，均应根据法规规定和治安保管的需要设置和安装。仓库具有的防盗设施如果不加以有效使用，则不能实现防盗目的。承担安全设施操作的仓库员工应该按照制度要求，有效使用配置的防盗设施。

仓库使用的防盗设备除了专职保安员的警械外，主要有视频监控设备、自动警报设备、报警设备，仓库应按照规定使用所配置的设备，专人负责操作和管理，确保设备的有效运作。

4. 治安检查

治安责任人应经常检查治安保卫工作，督促照章办事。治安检查实行定期检查与不定期检查相结合的制度，班组每日检查、部门每周检查、仓库每月检查，及时发现治安保卫漏洞、安全隐患，采取有效措施及时消除。

5. 治安应急

治安应急是仓库发生治安事件时,采取紧急措施,防止和减少事件所造成的损失的制度。治安应急需要通过制定应急方案,明确确定应急人员的职责,发生事件时的信息(信号)发布和传递规定,以及经常的演练来保证实施。

二、仓库消防

(一)仓库火灾知识

1. 火灾的危害

仓库火灾是仓库的灾难性事故,不仅造成仓储货物的损害,还损毁仓库设施、燃烧和燃烧产生的有毒气体直接危及人身安全。仓库储存大量的物质,物质存放密集,机械、电气设备大量使用,管理人员偏少,具有发生火灾的系统性缺陷。仓库的消防工作,是仓库安全管理的重中之重,也是长期的、细致的、不能疏忽的工作。

2. 燃烧三要素

火是燃烧的一种方式,是一种剧烈的氧化反应,着火具有放热、发光和生成新物质的三个特征。火的发生必须具备三要素:可燃物、助燃物和火源。

可燃物是指在常温条件下能燃烧的物质,包括一般植物性物料、油脂、煤炭、腊、硫黄、大多数的有机合成物等。

助燃物指支持燃烧的物质,包括空气中的氧气、释放氧离子的氧化剂。

着火源则是物质燃烧的热能源,无论是明火源还是其他火源实质上就是引起易燃物燃烧的热能,该热能引起易燃物资的气化,形成易燃气体,易燃气体在火源的高温中燃烧。着火源是引起火灾的罪魁祸首,是仓库防火管理的核心。

仓库火灾的着火源主要有以下几种:

1)明火与明火星

明火与明火星有生产、生活活动使用的炉火、灯火,气焊气割的乙炔火,火柴、打火机火焰、未熄灭的烟头、火柴梗的火星,车辆、内燃机械的排烟管火星、飘落的未熄灭烟花爆竹等。

2)电火

电火包括由于电线短路、用电超负荷、漏电引起的电路电火花,电器设备的电火花,电器设备升温引起的燃烧等。

3)化学火和爆炸性火灾

由于一些化学反应会释放大量热能、甚至直接发生火焰燃烧,而发生火灾。如活泼轻金属遇水的反应和燃烧,硫化亚铁氧化燃烧、高锰酸钾与甘油混合燃烧等。具有爆炸危险的货物在遇到冲击、撞击或热源时,会发生爆炸而引起火灾。一定浓度的易燃气体、易燃物的粉尘,遇到火源也会发生爆炸。

4)自燃

自燃是指物资自身的温度升高,达到自燃点时,无须外界火源,就发生燃烧的现象。容易发生自燃的物质有:粮食谷物、煤炭、棉花、化纤、干草、鱼粉、部分化肥、油污的棉纱等。

5)雷电与静电

雷电是带有不同电荷的云团接近时瞬间放电而形成的电弧,电弧的高能量能引起可燃物资燃烧。静电则是因为摩擦、感应使物体表面电子大量集结,向外以电弧的方式传导的现象,同样也能使易燃物燃烧。液体容器、传输液体的管道、工作的电器、运转的输送带、高压电气、强无线电波等都会产生静电。

6)聚光

太阳光的直接照射会使物体表明温度升高,如果将太阳光聚合,形成强烈的光束就会使易燃物升温而燃烧。玻璃的折射、镜面的反射光都可能出现聚光现象。

7)撞击和摩擦

金属或者其他坚硬的非金属,在撞击时会出现火化,引起接近的易燃物品燃烧。物体长时间摩擦也会升温导致燃烧。

8)人为破坏

人为破坏指人为恶意将火源引入仓库所造成的火灾。人为故意引火构成纵火罪,纵火人要受到刑事惩罚。

(二)仓库消防管理

仓库消防管理的方针是“预防为主、防消结合”。重视预防火灾的管理,以不存在火灾隐患为管理目标。

仓库的消防管理是仓库安全管理的重要组成部分,各部门、各组织的主要领导人担任部门防火管理责任人,每一位员工都是其工作岗位的防火责任人。形成仓库领导、中层领导、基层员工的消防组织体系,实行专职和兼职相结合的制度,使消防管理工作覆盖到仓库的每一个角落。

消防工作采用严格的责任制,采取“谁主管谁负责,谁在岗谁负责”的制度。每个岗位每个员工的消防责任明确确定,并采取有效的措施督促执行。仓库需订立严格和科学的消防规章制度,制定电源、火源、易燃易爆物品的安全管理和值班巡逻制度,确保各项规章制度被严格执行。制定合适的奖惩制度,激励员工做好消防工作。

仓库内的工作人员需要经过消防培训,考核合格方可上岗。仓库还需要定期组织员工消防培训,并结合进行消防演习,确保每一位仓库员工熟悉岗位消防职责。经常性开展防火宣传,保持员工防火的高度警惕性。

仓库的消防设备要有专人负责管理,坚决制止挪用,或损坏消防设备。根据各类消防设备的特性,定期保养和检查、充装。定期检查防雷系统,保证其处于有效状态。

(三)仓库防火

(1)严格把关、严禁火种带入仓库。库区内严禁吸烟、严禁用火炉取暖。存货仓库内严禁明火作业。库房内不准设置和使用移动式照明灯具。库房内不得使用电炉、电烙铁等电热器具和电视机、电冰箱等家用电器。库房内不得作为办公场所和休息室。

(2)严格管理库区明火。库房外使用明火作业,必须按章进行,在消除可能发生火灾的条件下,经主管批准,在专人监督下进行,明火作业后彻底消除明火残迹。库区内的取暖、烧水炉应设置在安全地点,并有专人看管。库区及周围 50m 范围内,严禁燃放烟花爆竹。

(3)电气设备防火。库区内的供电系统和电器应经常检查,发现老化、损害、绝缘不良时,及时更换。每个库房应该在库房外单独安装开关箱,保管人员离库时,必须拉开电闸断电。使用低温照明的不能改为高温灯具,防爆灯具不得改用普通灯具。

(4)作业机械防火。进入库区的内燃机械必须安装防火罩,电动车要装设防火星溅出装置。蒸汽机车要关闭灰箱和送风器。车辆装卸货物后,不准在库区、库房、货场内停放,更不得在库内修理。作业设备会产生火花的部位要设置防护罩。

(5)入库作业防火。装卸搬运作业时,作业人员不得违章采用滚动、滑动、翻滚、撬动的方式作业,不得使用容易产生火花的工具。避免跌落、撞击货物。对容易产生静电的作业,要采取消除静电措施。货物入库前,要专人负责检查,确定无火种隐患后,如无升温发热、燃烧痕迹、焦味等,方准入库。对已升温的货物,要采取降温措施后才能入库。

(6)安全选择货位。货物要进行分类、分垛储存。对于会发生化学反应的货物应远离对方,消防方法不同的货物不得同仓储存。根据货物的消防特性选择合适的货位,如低温位置、通风位置、光照位置、方便检查位置、干燥位置、少作业位置等。

(7)保留足够安全间距。货垛大小合适,间距符合要求。堆场堆垛应当分类、分堆、分组和分垛,按照防火规范的防火距离的要求保留间距。库房内按类分垛,每垛占地面积不宜大于 $100m^2$,垛与垛间距不少于1m,垛与墙间距不少于0.5m,垛与梁、柱的间距不小于0.3m,货垛与水暖取暖管道、散热器间距不小于0.3m,库内主要通道的宽度不小于2m。

在照明灯具下方不得堆放物品,其垂线下方与存货品间距不得小于0.5m,电器设备周围间距保留1.5m,架空线路下方严禁堆放货物。不得占用消防通道、疏散楼梯存放货物和其他物品,不得围堵消防器材。

(8)货物防火保管。对已入库货物的防火保管是仓库保管的重要工作,仓库管理人员应经常检查仓库内的防火情况,按防火规程实施防火作业。经常检查易自燃货物的温度,做好仓库通风,对货场存放较久的货物时常掀开部分苫盖通风除湿。气温高时对易燃液体、易燃气体洒水降温。烈日中苫盖好货物,阻止阳光直射入仓库或反射入仓库照射货物。经常查看电气设备工作状态,及时发现不良情况。仓库保管中发现不安全情况及时报告,迅速采取有效措施,消除隐患。

(9)及时处理易燃杂物。对于仓库作业中使用过的油污棉纱、油手套、油污垫料等沾油纤维、可燃包装、残料等,应当存放在库外的安全地点,如封闭铁桶、铁箱内,并定期处理。

仓库作业完毕,应当对仓库、通道、作业线路、货垛边进行清理清扫,对库区、库房进行检查,确定安全后,方可离人。

(10)危险品仓对消防工作有更高的要求,严禁一切火源入库,汽车、拖拉机不得进入,仓库内使用防爆作业设备,使用防爆电气,特别危险的危险仓不接入电,人员穿戴防静电服装,且不得在库内停留。

三、安全作业

(一)仓库操作与安全管理的重要性

仓库的作业包含对运输工具装卸货物、出入库搬运、堆垛上架、拆垛取货等操作过程。仓库作业构成仓库生产的重要环节,且随着仓库功能的扩展,仓库作业的项目会更多、作业量更大。仓库货物作业的安全特性如下:

1.作业对象的多样性

除了少数专业仓库从事单一的货物作业外,绝大多数仓库仓储的货物都是种类众多、规格繁多,仓库需面对多种多样的货物作业。为了降低物流成本,货物的包装都在向着大型化、成组化、托盘化、集装化方向发展。但由于我国的包装标准化普及程度较低,各种货物的包装尺度、单量差别很大。

2. 作业场地的多变性

仓库作业除了部分配送中心、危险品仓库在确定的收发货区进行装卸外,大多数仓库都是直接在库房门口或仓内、货场货位进行装卸作业,而搬运作业则延伸至整个仓库的每一个位置,因而仓库作业的环境极不确定。

3. 机械作业与人力作业并重

我国现代仓库的发展目标主要是普及机械化作业,实现机械化。但仓库作业的多样和多变使得人力作业不可缺少,而仓库的机械作业主要是采用通用机械设备,需要一定的人力协助。我国的国情也确定了人力作业仍会是仓库作业的重要方式。通用机械作业的稳定性较差,而人力作业容易直接造成人身伤害。

4. 突发性和不均衡

仓库作业因货物出入库而定。货物到库,仓库组织卸车搬运、堆垛作业,客户提货则进行拆垛、搬运装车作业。由于货物出入库的不均衡,仓库作业具有阶段性和突发性的特性,闲忙不均。

5. 任务紧迫性

为了缩短送提货运输工具的停库时间,迅速将货物归类储藏,仓库作业不能间断。每次作业都要完成阶段性作业,方可停止。

6. 不规范的货物

随着仓储开展提供增值服务热潮,越来越多的货物以未包装、内包装、散件、混件的形式入库,极易发生货物损害。

(二)安全作业管理

作业安全涉及货物的安全、作业人员人身安全、作业设备和仓库设施的安全。这些安全事项都是仓库的责任范围,所造成的损失都是100%由仓库承担。因而说仓储作业安全管理就是经济效益管理的组成部分。

1. 安全操作管理制度化

安全作业管理应成为仓库日常管理的重要项目,通过制度化的管理保证管理的效果。制定科学合理的各种作业安全制度、操作规程和安全责任制度。并通过严格的监督,确保管理制度得以有效和充分地执行。

2. 加强劳动安全保护

劳动安全保护包括直接和间接施行于员工人身的保护措施。仓库要遵守《中华人民共和国劳动法》的劳动时间和休息规定,实行每日8h、每周不超过44h的工时制,依法安排加班,保证员工有足够的休息时间,包括合适的工间休息。提供合适和足够的劳动防护用品,如高强度工作鞋、安全帽、手套、工作服等,并督促作业人员使用和穿戴。

3. 重视作业人员资质管理和业务培训、安全教育

新参加仓库工作和转岗的员工,应进行仓库安全作业教育,对所从事的作业进行安全作业和操作培训,确保熟练掌握岗位的安全作业技能和规范。从事特种作业的员工必须经过专门培训并取得特种作业资格,方可进行作业,且仅能从事其资格证书限定的作业项目操作,不能混岗作业。

(三)安全操作基本要求

1. 人力操作

(1)人力作业仅限制在轻负荷的作业。男工人力搬举货物每件不超过80kg,距离不大

于 60m；集体搬运时每个人负荷不超过 40kg；女工不超过 25kg。

(2)尽可能采用人力机械作业。人力机械承重也应在限定的范围，如人力绞车、滑车、拖车、手推车等不超过 500kg。

(3)只在适合作业的安全环境进行作业。作业前应使作业员工清楚明白作业要求，让员工了解作业环境，指明危险因素和危险位置。

(4)作业人员按要求穿戴相应的安全防护用具，使用合适的作业工具进行作业。采用安全的作业方法，不采用自然滑动和滚动、推倒垛、挖角、挖井、超高等不安全作业，人员在滚动货物的侧面作业。注意人员与操作机械的配合，在机械移动作业时人员需避开。

(5)合适安排工间休息。每作业 2h 至少有 10min 休息时间，每 4h 有 1h 休息时间。并合理安排生理需要时间。

(6)必须有专人在现场指挥和安全指导。严格按照安全规范进行作业指挥。人员避开不稳定货垛的正面，塌陷、散落的位置，运行设备的下方等不安全位置作业；在作业设备调位时暂停作业；发现安全隐患时及时停止作业，消除安全隐患后方可恢复作业。

2. 机械安全作业

(1)使用合适的机械、设备进行作业。尽可能采用专用设备作业，或者使用专用工属具。使用通用设备，必须满足作业需要，并进行必要的防护，如货物绑扎、限位等。

(2)所使用的设备具有良好的工况。设备不得带“病”作业，特别是设备的承重机件，更应无损坏，符合使用的要求。应在设备的许用负荷范围内进行作业，绝不超负荷运行。危险品作业时还需减半负荷。

(3)设备作业要有专人进行指挥。采用规定的指挥信号，按作业规范进行作业指挥。

(4)汽车装卸时，注意保持安全间距。汽车与堆物距离不得小于 2m，与滚动物品距离不得小于 3m。多辆汽车同时进行装卸时，直线停放的前后车距不得小于 2m，并排停放的两车侧板距离不得小于 1.5m。汽车装载应固定妥当、绑扎牢固。

(5)移动吊车必须在停放稳定后方可作业。叉车不得直接叉运压力容器和未包装货物。移动设备在载货时需控制行驶速度，不得高速行驶。货物不能超出车辆两侧车厢板 0.2m，禁止两车共载一物。

 任务实训

掌握干粉灭火器的使用

【实训目标】

1. 能根据着火货物的类型，选择相应的灭火器；
2. 掌握灭火器的使用方法。

【实训任务】

干粉灭火器的使用：干粉灭火器使用方便，有效期长，一般家庭使用的灭火器都是这一类型。它适用于扑救各种易燃、可燃液体和易燃、可燃气体火灾，以及电器设备火灾。

【实训道具】

1. 泡沫灭火器 1 个，干粉灭火器 1 个；
2. 破旧纸箱若干；
3. 空旷场地 $100m^2$ 以上；
4. 防火服、防火手套、头盔。

【实训步骤】

第一步:使用前将瓶体颠倒几次,使筒内干粉松动。

第二步:去掉铅封,如图 3-17 所示。

第三步:拔掉保险销,如图 3-18 所示。

图 3-17　干粉灭火器的使用(步骤一)

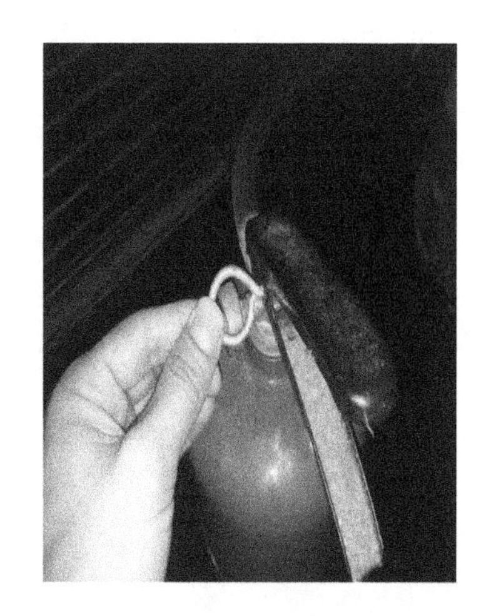

图 3-18　干粉灭火器的使用(步骤二)

第四步:左手握着喷管,如图 3-19 所示。

第五步:右手提着压把,如图 3-20 所示。

图 3-19　干粉灭火器的使用(步骤三)

图 3-20　干粉灭火器的使用(步骤四)

第六步:在距离火焰 2m 的地方,右手用力压下压把,左手拿着喷管左右摇摆,喷射干粉覆盖燃烧区,直到把火全部扑灭。

要求:

(1)在空旷的空地上进行本次实训;

(2)确保安全,要求穿着防火服。

【实训考核】

实训考核表见表 3-5。

实训考核表 表3-5

考核人		被考核人	
考核地点			
考核内容	灭火器的使用		
考核标准	具体内容	分值(分)	实际得分
	安全意识	20	
	根据火灾类型,选择合适的灭火器	20	
	灭火器的正确使用	40	
	穿戴防火手套,防火服	10	
	灭火时选手所站位置是否正确	10	
合计		100	

模块四 出库作业

模块概述

本模块主要学习货物出库作业流程，重点掌握出库订单处理，包括订单有效性分析、订单优先权的确定，根据其结果确定库存分配结果，特别是仓库库存不足的情况。然后根据订单确定货物分拣方式，主要是掌握播种式分拣和摘果式分拣两种方式的各自优缺点及其使用范围，能根据订单不同选择合适的分拣方式。分拣后按要求对货物进行包装作业，选择合适的包装材料和包装方法，确保货物运输途中的安全。

知识目标

1. 熟悉货物出库作业流程；
2. 掌握货物出库订单流程及其作业内容；
3. 掌握货物分拣方法，熟悉摘果式和播种式两种分拣方式的优缺点及各自适用范围。

技能目标

1. 要求学生能根据货物出库单，自己安排出库作业流程及其单证填写；
2. 要求学生理论联系实践，把理论知识和实际操作结合起来学习。

模块图解

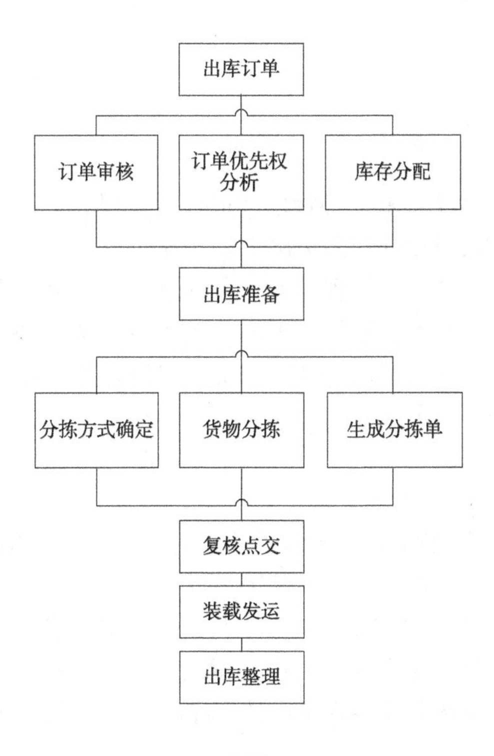

任务一　订 单 处 理

任务概述

【应知应会】

通过本工作任务的学习与具体实施,学生应学会下列知识:

1. 掌握订单处理流程及流程中每个环节的知识点;
2. 熟悉订单处理过程出现的各种问题,掌握其相应的处理方法;
3. 能结合实际情况,进行相应订单处理作业。

【学习要求】

1. 学生在上课前,预习订单处理相关内容;
2. 结合网络了解订单处理相关知识;
3. 结合实际情况和订单处理流程掌握其作业过程。

案例引入

订 单 处 理

假设你是某企业采购人员,2015 年 3 月 8 日要向江西交通职业技术学院物流配送中心订购如下商品:旺旺雪饼,20 箱,每箱 24 包;王老吉,10 小箱,每箱 6 罐;美的电风扇,8 台。要求 2015 年 3 月 10 日在中百鲁巷仓库交货。

案例思考

1. 你可以通过哪些方式完成订货?各种方式有哪些优缺点?
2. 根据以上内容编制一份订购单。

相关知识

一、订单处理

从接到客户订货开始至准备着手拣货之间的作业阶段,称为订单处理,包括有关客户、订单的资料确认、存货查询、单据处理乃至出货配发等。

订单处理可以通过人工或资料处理设备来完成,其中人工处理较具有弹性,但只适合少量的订单货的方式,接单作业为订单处理的第一步骤,随着流通环境及科技的发展,接受客户订货的方式也渐由传统的人工下单、接单,演变为电脑间直接送收订货资料的电子订货方式。订单处理流程如图 4-1 所示。

1. 接受订单

1)传统订货方式

(1)厂商铺货。供应商直接将商品放在车上,一家家去送货,缺多少补多少。此种方式对周转率较快的商品或新上市的商品较常使用。

(2)厂商巡货、隔日送货。供应商派巡货人员前一天先至各客户处寻查需补充的货品,隔天再予以补货的方式。此方法厂商可利用巡货人员为店头整理货架、贴标或提供经营管理意见、市场资讯等,亦可促销新品或将自己的商品放在最占优势的货架上。此种方式的缺点是厂商可能会将巡货人员的成本加入商品的进价中,而且厂商乱塞货将造成零售业者难以管理、分析自己所卖的商品。

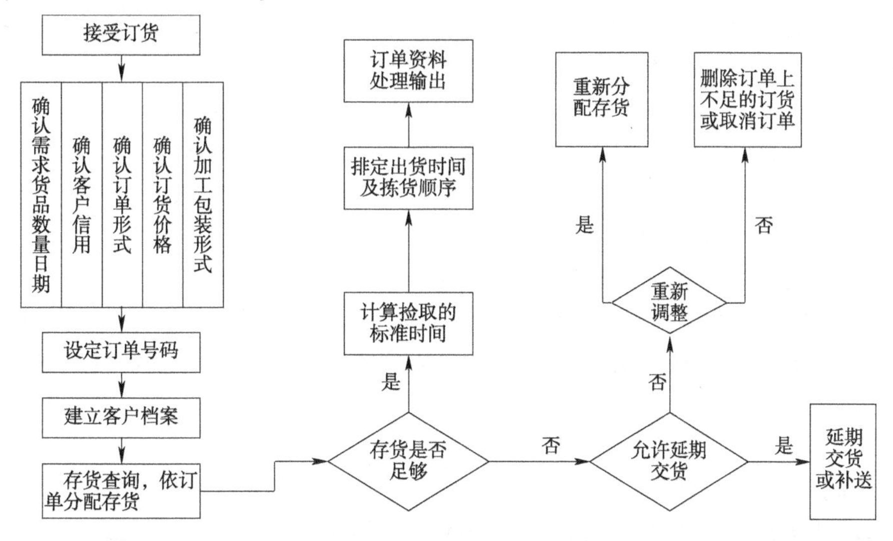

图4-1　订单处理流程

(3)电话口头订货。订货人员将商品名称及数量,以电话口述向厂商订货。但因客户每天订货的品项可能达数十项,而且这些商品常由不同的供应商供货,因此利用电话订货所费时间太长,且错误率高。

(4)传真订货。订货人员将缺货资料整理成书面资料,利用传真机传给厂商。利用传真机虽可快速的传送订货资料,但因其传送资料品质不良常增加事后确认作业。

(5)邮寄订单。客户将订货表单或订货磁片、磁带邮寄给供应商。

(6)客户自行取货。客户自行到供应商处看货、补货,此种方式多为以往传统杂货店根据距离远近所采行。

(7)业务员跑单接单。业务员至各客户处推销产品,将订单携回或紧急时以电话先联络公司通知客户订单。

不管利用何种方式订货,上述这些订货方式皆人工输入资料而且经常重复输入,传票也经常重复誊写,在输入输出间常造成时间耽误并产生错误,这些都是无谓的浪费。尤其现今客户更趋向高频度的订货,且要求快速配送,传统订货方式已无法应付需求,这使得新的订货方式——电子订货因应而生。

2)电子订货方式

电子订货,顾名思义即借由电子传递方式,取代传统人工书写、输入、传送的订货方式,也就是将订货资料转为电子资料形式,借由通信网路传送,此系统即称电子订货系统(EOS-Electronic Order System),即采用电子资料交换方式取代传统商业下单、接单动作的自动化订货系统。

一般而言,通过电脑直接连线的方式最快也最准确,而由邮寄、电话或销售员携回的方式较慢。由订单传递时间是订货前置时间内的一个因素,其可经由存货水准的调整来影响客户服务及存货成本,因而传递速度快、可靠性及正确性高的订单处理方式,不仅可大幅提升客户服务水准,对存货相关的成本费用亦能有效地缩减。

2. 订单数量及日期的确认

订单数量及日期的确认是对订货资料项目的基本检查,即检查品名、数量、送货日期等是否有遗漏、笔误或不符公司要求的情形。尤其当要求送货时间有问题或出货时间已延迟的时候,可再与客户确认一下订单内容或更正期望运送时间。同样的若采用电子订货方式接单,亦须对接收订货资料加以检查确认,若通过 VAN 中心进行电子订货处理,可委托其进行一些基本的客户下单资料检查,对错误的下单资料,传回给客户修改后再重新传送。

3. 客户信用的确认

不论订单由何种方式传至公司,配销系统的第一步骤即要查核客户的财务状况,以确定其是否有能力支付该件订单的账款,其做法多是检查客户的应收账款是否已超过其信用额度。因而接单系统中应设计下述两种途径来查核客户信用的状况。

(1)客户代号或客户名称输入时。

当输入客户代号名称资料,系统即加以检核客户的信用状况,若客户应收账款已超过其信用额度时,系统应加以警示,以便输入人员决定是否继续输入其订货资料或进行拒绝其订货。

(2)订购品项资料输入时。

若客户此次的订购金额加上以前累计的应收账款,超过信用额度时,系统应将此笔订单资料锁定,以便主管审核,审核通过,此笔订单资料才能进入下一个处理步骤。

原则上顾客的信用调查是由销售部门来负责,但有时销售部门往往为了争取订单并不太重视这种查核工作,因而也有些公司会授权由运销部门来承接负责,一旦查核结果发现客户的信用有问题,运销部门再将订单送回销售部门再调查或退回。

4. 订单形态确认

物流中心虽有整合传统批发商的功能以及有效率的物流、资讯处理功能,但在面对众多的交易对象时,似乎仍因应客户的不同需求而有不同的做法,这反映到接受订货业务上,可看出其具有多种的订单交易形态,亦即物流中心因应不同的客户需求或不同的商品有不同交易及处理方式。将各订单交易形态及相对处理方式整理如下:

1)一般交易订单

(1)交易形态:正常、一般的交易订单。接单按正常的作业程序拣货、出货、配送、收款结案的订单。

(2)处理方式:接单,将资料输入订单处理系统,按正常的订单处理程序处理,资料处理完进行拣货、出货、配送、收款结案等作业。

2)现销式交易订单

(1)交易形态:与客户当场直接交易、直接给货的交易订单。如业务员至客户处巡货、铺销所得的交易订单或客户直接至物流中心取货的交易订单。

(2)处理方式:订单资料输入,因其货品已交予客户,故订单资料不再参与拣货、出货、配送等作业,只记录交易资料,以便收取应收款项。

3)间接交易订单

(1)交易形态:客户向物流中心订货,但由供应商直接配送给客户的交易订单。

(2)处理方式:接单,将客户的出货资料传给供应商由其代配。此方式需注意客户的送货单是自行制作或委由供应商制作,以及出货资料(送货单回联)的核对确认。

4)合约式交易订单

(1)交易形态:与客户签订配送契约的交易。如签订某期间内定时配送某数量商品。

(2)处理方式:约定的送货日来临时,将该配送的资料输入系统处理以便出货配送;或一开始便输入合约内容的订货资料并设定各批次送货时间，以便在约定日期来临时系统自动产生送货的订单资料。

5）寄库式交易

（1）交易形态：客户因促销、降价等市场因素而先行订购某数量商品，往后视情况再要求出货的交易。

（2）处理方式：当客户要求配送寄库商品时，系统应检核客户是否确实有此项寄库商品，若有，则出此项商品，并且扣除此项商品的寄库量。注意此项商品的交易价格是依据客户当初订购时的单价计算。

6）兑换券交易

（1）交易形态：客户兑换券所兑换商品的配送出货。

（2）处理方式：将客户兑换券所兑换的商品配送给客户时，系统应查核客户是否确实有此兑换券回收资料，若有，依据兑换券兑换的商品及兑换条件予以出货，并应扣除客户的兑换券回收资料。

不同的订单交易形态有不同的订货处理方式，因而接单后必须再对客户订单或订单上的订货品项确认其交易形态，以便让系统针对不同形态的订单提供不同的处理功能，例如，提供不同的输入画面或不同的检核、查询功能，不同的储存档案等。

5. 订货价格确认

不同的客户（大盘、中盘、零售）、不同的订购量，可能有不同的售价，输入价格时系统应加以检核。若输入的价格不符（输入错误或因业务员降价强接单等），系统应加以锁定，以便主管审核。

6. 加工包装确认

客户对于订购的商品，是否有特殊的包装、分装或贴标等要求，或是有关赠品的包装等资料皆需详加确认记录。

7. 设定订单号码

每一订单都要有其单独的订单号码，此号码系由控制单位或成本单位来指定，除了便于计算成本外，可用制造、配送等一切有关工作，且所有工作说明单及进度报告均应附此号码。

8. 建立客户主档

将客户状况详细记录，不但能让此次交易更易进行，且有益于往后合作机会的增加。客户主档应包含订单处理用到的及与物流作业相关的资料，具体包括以下几种：

（1）客户姓名、代号、等级形态（产业交易性质）。

（2）客户信用额度。

（3）客户销售付款及折扣率的条件。

（4）开发或负责此客户的业务员。

（5）客户配送区域。

（6）客户收账地址。

（7）客户点下货特性：客户所在地点或客户下货位置，由于建筑物本身或周围环境特性（如地下室有限高或高楼层），可能造成下货时有不同的要求及难易程度，在车辆及工具的调度上须加以考量。

（8）客户配送要求：客户对于送货时间有特定要求或有协助上架、贴标等要求也应将其建于资料档中。

9. 存货查询及依订单分配存货

(1)存货查询。此程序在于确认是否有效库存能够满足客户需求,通常称为事先拣货(Pre picking the order)。存货档的资料一般包括品项名称、SKU 号码、产品描述、库存量、已分配存货、有效存货及期望进货时间。

因而输入客户订货商品的名称、代号时,系统即应查对存货档的相关资料,看此商品是否缺货,若缺货则应可提供商品资料或是此缺货商品的已采购未入库资讯,便于接单人员与客户协调是否改订替代品或是允许延后出货等权宜办法,以提高人员的接单率及接单处理效率。

(2)分配存货。订单资料输入系统,确认无误后,最主要的处理作业在于如何将大量的订货资料作最有效的汇总分类、调拨库存,以便后续的物流作业能有效地进行。存货的分配模式可分为单一订单分配及批次分配二种。

①单一订单分配。此种情形多为线上即时分配,亦即在输入订单资料时,就将存货分配给该订单。

②批次分配。累积汇总数笔的已输入订单资料后,再一次分配库存。物流中心订单数量多、客户类型等级多,且多为每天固定配送次数,因此通常采取批次分配以确保库存能作最佳的分配。采取批次分配时,注意订单的分批原则,即批次的划分方法。随着作业的不同,各物流中心的分批原则亦可能不同,概括来说有下面几种方法:

a. 按接单时序划分。将整个接单时段划分成几个区段,若一天有多个配送梯次,可配合配送梯次,将订单按接单先后分为几个批次处理。

b. 按配送区域路径划分。将同一配送区域路径的订单汇总一起处理。

c. 按车辆划分。若配送商品需要特殊的配送车辆(如低温车、冷冻车、冷藏车)或客户所在地、下货特性需特殊形态车辆可汇总合并处理。

然而,若以批次分配选定参与分配的订单后,若这些订单的某商品总出货量大于可分配的库存量,则应如何取舍来分配有限的库存?此时,可依以下四原则来决定客户订购的优先性:

一是具特殊优先权者先分配。对于一些例外的订单如缺货补货订单、延迟交货订单、紧急订单或远期订单,这些在前次即应允诺交货的订单,或客户提前预约或紧急需求的订单,应有优先取得存货的权利。因此,当存货已补充或交货期限到时,应确定这些订单的优先的分配权。

二是依客户等级来取舍,将客户重要性程度高的作优先分配。

三是依订单交易量或交易金额来取舍,将对公司贡献度大的订单作优先处理。

四是依客户信用状况来取舍,将信用较好的客户订单作优先处理。

此外,也可依上述原则在接受客户订单时即将优先顺序性键入,而后在作分配时即可依此顺序自动作取舍,也就是建立一套订单处理的优先系统。

分配后存货不足的处理:重新调拨;补送;删除不足额订单;延迟交货;取消订单。

10. 计算拣取的标准时间

由于要有计划地安排出货时程,因而对于每一订单或每批订单可能花费的拣取时间应事先掌握,因此要计算订单拣取的标准时间,具体步骤如下。

阶段一:首先计算每一单元(一栈板、一纸箱、一件)的拣取标准时间,且将之设定于电脑记录标准时间档,将此个别单元的拣取时间记录下来,则不论数量多少,都很容易推导出整个标准时间。

阶段二:有了单元的拣取标准时间后,即可依每品项订购数量(多少单元?)再配合每品项的寻找时间,来计算出每品项拣取的标准时间。

阶段三:根据每一订单或每批订单的订货品项并考虑一些纸上作业的时间,来将整张或整批订单的拣取标准时间算出。

11.依订单排定出货时程及拣货顺序

前面已由存货状况进行了存货的分配,但对于这些已分配存货的订单,应如何安排其出货时程及拣货先后顺序,通常会再依客户要求、拣取标准时间及内部工作负荷来拟定。

12.分配后存货不足的异动处理

若现有存货数量无法满足客户要求,且客户又不愿以替代品替代时,则应依客户意愿与公司政策来决定对应方式。

(1)客户不允许过期交货(Back-Order),则删除订单上不足额的订货,或者取消订单。

(2)客户允许不足额的订货,等待有货时再予以补送。

(3)客户允许不足额的订货,留待下一次订单一起配送。

(4)客户希望所有订货一起配达。

配合上述客户意愿与公司政策,对于缺货订单的处理方式归纳如下:

(1)重新调拨。若客户不允许过期交货,而公司也不愿失去此客户订单时,则有必要重新调拨分配订单。

(2)补送。

①若客户允许不足额的订货等待有货时再予以补送,且公司政策亦允许,则采取补送方式。

②若客户允许不足额的订货或整张订单留待下一次订单一起配送,则亦采取补送处理。但注意,对这些待补送的缺货品项需先记录成档。

(3)删除不足额订单。

①若客户允许不足额订单可等待有货时再予以补送,但公司政策并不希望分批出货,则只好删除订单上不足额的订单。

②若客户不允许过期交货,且公司也无法重新调拨,则可考虑删除订单上不足额的订单。

(4)延迟交货。

①有时限延迟交货:客户允许一段时间的过期交货,且希望所有订单一起配送。

②无时限延迟交货:不论需等多久客户皆允许过期交货,且希望所有订货一起送达,则等待所有订货到达再出货。

对于此种情况将整张订单延后配送,亦需将这些顺延的订单记录成档。

(5)取消订单。若客户希望所有订单一起配达,且不允许过期交货,而公司也无法重新调拨时,则只有将整张订单取消。

13.订单资料处理输出

订单资料经由上述的处理后,即可开始列印一些出货单据,以展开后续的物流作业。

(1)拣货单(出库单)。拣货单据的产生,在于提供商品出库指示资料,作为拣货的依据。拣货资料的形式需配合物流中心的拣货策略及拣货作业方式来加以设计,以提供详细且有效率的拣货资讯,便于拣货的进行。

拣货单的列印应考虑商品储位，依据储位前后相关顺序列印，以减少人员重复往返取货，同时拣货数量、单位亦需详确标示。随着拣货、储存设备的自动化，传统的拣货单据形式已不符合需求，利用电脑、通信等方式处理显示拣货资料的方式已取代部分传统的拣货表单，如利用电脑辅助拣货的拣货棚架、拣货台车以及自动存取的 AS/RS。采用这些自动化设备进行拣货作业，注意拣货资料的格式与设备显示器的配合以及系统与设备间的资料传送及回馈处理。

(2)送货单。物品交货配送时，通常要附上送货单据给客户清点签收。因为送货单主要是给客户签收、确认出货资料，其正确性及明确性很重要。要确保送货单上的资料与实际送货资料相符，除了出货前的清点外，出货单据的列印时间及修改亦需注意。

①单据列印时间。最能保证送货单上的资料与实际出货资料一样的方法是在出车前，一切清点动作皆完毕，而且不符合的资料也在电脑上修改完毕，再列印出货单。但此时再列印出货单，常因单据数量多，耗费许多时间，影响出车时间。若提早列印，则对于因为拣货、分类作业后发现实际存货不足，或是客户临时更改订单等原因，造成原出货单上的资料与实际不符时，须重新列印送货单。

②送货单资料。送货单据上的资料除了基本的出货资料外，对于一些订单异动情形如缺货品项或缺货数量等亦需列印注明。

(3)缺货资料。库存分配后，对于缺货的商品或缺货的订单资料，系统应提供查询或报表列印功能，以便人员处理。

①库存缺货商品。提供依商品别查询的缺货商品资料，以提醒采购人员紧急采购。

②缺货订单。提供依客户别或外务员别查询的缺货订单资料，以便人员处理。

二、异常订单处理方法

异常订单处理方法见表4-1。

异常订单处理方法 表4-1

异常订单	处理方法
客户取消订单	客户取消订单常常会造成许多损失，因此在业务处理上需要与客户就此问题进行协商。 目前订单处于已分配未出库状态，则应从已分配未出库销售资料里找出此订单，将其删除，并恢复相关品项的库存资料(库存量/出库量)；若此订单处于已拣货状态，则应从已拣货未出库销售资料里找出此笔订单，将其删除，并恢复相关品项的库存资料(库存量/出库量)，且将已拣取的物品按拣货的相反顺序放回拣货区
客户增订	如果客户在出货前临时打电话来增加订购某物品，那么作业人员要先查询客户的订单目前处于何种状态，是否还未出货，是否还有时间再去拣货。 若接受增订，则应追加此笔增订资料；若客户订单处于已分配状态，则应修改已分配未出库销售资料文件里的这笔订单资料，并更改物品库存档案资料(库存量/出库量)
拣货时发生缺货	拣货时发现仓库缺货，则应从已拣货未出库销售资料里找出这笔缺货订单资料，加以修改。若此时出货单据已打印，就必须重新打印
配送前发生缺货	当配送前装车清点时才发现缺货，则应从已拣货未出库销售资料里找出此笔缺货订单资料，加以修改。若此时出货单据已打印，就必须重新打印。
送货时客户拒收/短缺	配送人员送货时，若客户对送货品项、数目有异议予以拒收，或是发生少送或多送，则回库时应从在途销售资料里找出此客户的订单资料加以修改，以反映实际出货资料

任务实训

出库订单处理

【实训目标】

通过实训要求学生了解订单处理流程,掌握订单有效性分析和订单优先权确定方法。

【实训任务】

现公司收到三家公司订单,客户信息和订单信息如表 4-2 ~ 表 4-7 所示,请根据以下信息判断订单有效率,并根据客户信息把有效订单进行排序,按先后顺序组织发货。

美 麟 公 司 信 息 表 4-2

客户编号	2009012403						
公司名称	××××				法人代表	张×	
公司地址	天津市滨海区新民道 93 号			邮编	300026	联系人	李×
开户银行	海河银行滨海支行			银行账号	××××××××××××××××		
公司性质	民营	所属行业	零售	注册资金	2 000 万	经营范围	食品、日用百货
信用额度	18 万元	忠诚度	高	满意度	中	应收账款	15 元
客户类型	重点型				客户级别	A	
建档时间	2009 年 1 月				维护时间	2013 年 10 月	

美 家 公 司 信 息 表 4-3

客户编号	2003020157						
公司名称	××××				法人代表	李×	
公司地址	天津市滨海区第五大街 56 号			邮编	322567	联系人	王×
开户银行	淮海银行			银行账号	××××××××××××××××		
公司性质	中外合资	所属行业	商业	注册资金	1 200 万	经营范围	日用品、食品
信用额度	200 万元	忠诚度	中	满意度	中	应收账款	198 万元
客户类型	母公司				客户级别	A	
建档时间	2001 年 12 月				维护时间	2013 年 10 月	

美 鄢 公 司 信 息 表 4-4

客户编号	2008160902						
公司名称	××××				法人代表	王×	
公司地址	天津市西城区晚霞路 43 号			邮编	300587	联系人	范×
开户银行	津广银行			银行账号	××××××××××××××××		
公司性质	中外合资	所属行业	零售业	注册资金	3 600 万	经营范围	食品、日用品
信用额度	15 万元	忠诚度	较高	满意度	高	应收账款	14.5 万元
客户类型	伙伴型				客户级别	B	
建档时间	2008 年 8 月				维护时间	2013 年 10 月	

美家公司采购订单 表4-5

订单编号:D201206260102					发货时间:2013.6.16	
序号	商品名称	单位	单价(元)	订购数量	金额(元)	备　注
1	美年达	个	200	33	6 600	
2	娃哈哈AD钙奶	个	500	13	6 500	
3	汽车橡皮擦	个	50	2	100	
4	给力兔修正带	个	10	3	30	
5	7喜汽水	瓶	8	5	40	
	合计			56	12 320	

美麟公司采购订单 表4-6

订单编号:D201206260103					发货时间:2013.6.16	
序号	商品名称	单位	单价(元)	订购数量	金额(元)	备　注
1	旺旺雪饼	个	300	42	12 600	
2	娃哈哈矿泉水	个	100	26	2 600	
3	虎娃卷笔刀	个	10	5	50	
4	阿狸直尺	个	50	2	100	
5	给力兔修正带	个	10	2	20	
	合计			77	15 370	

美鄙公司采购订单 表4-7

订单编号:D201206260104					发货时间:2013.6.16	
序号	商品名称	单位	单价(元)	订购数量	金额(元)	备　注
1	米老头	个	100	35	3 500	
2	旺旺雪饼	个	100	54	5 400	
3	兔子橡皮擦	个	50	1	50	
4	白板笔	个	10	1	10	
5	虎娃卷笔刀	个	10	2	20	
	合计			93	8 980	

【实训要求】

1. 学生应积极参与,具有一定计算能力;
2. 撰写实训报告,记录学习的收获及心得体会。

【实训考核】

实训考核表见表4-8。

实 训 考 核 表 表4-8

考核人		被考核人	
考核地点			
考核内容	订单有效性分析		
考核标准	具 体 内 容	分值(分)	实 际 得 分
	订单有效性分析是否正确,要求有过程	40	
	能根据客户资料利用因素得分法确定客户优先级	30	
	确定库存分配表	20	
	团队分工与合作是否合理	10	
合计		100	

任务二 货物分拣

【应知应会】

通过本工作任务的学习与具体实施,学生应学会下列知识:

1. 要求掌握订单处理流程及流程中每个环节的知识点;
2. 熟悉订单处理过程出现的各种问题,掌握其相应的处理方法;
3. 能结合实际情况,进行相应订单处理作业。

【学习要求】

1. 学生在上课前,预习订单处理相关内容;
2. 结合网络了解订单处理相关知识;
3. 结合实际情况和订单处理流程掌握其作业过程。

货物分拣系统提高顶峰公司的物流速度

在传统的货物分拣系统中,一般是使用纸制书面文件来记录货物数据,包括货物名称、批号、存储位置等信息,等到货物提取时再根据书面的提货通知单,查找记录的货物数据,人工搜索、搬运货物来完成货物的提取。这样的货物分拣严重影响了物流的流动速度。随着竞争的加剧,人们对物流的流动速度要求越来越高,这样的货物分拣系统已经远远不能满足现代化物流管理的需要。

当今,一个先进的货物分拣系统,对于系统集成商、仓储业、运输业、后勤管理业等都是至关重要的,因为这意味着比竞争对手更快的物流速度,更快地满足顾客的需求,其潜在的回报是惊人的;建立一个先进的货物分拣系统,结合有效的吞吐量,不但可以节省数十、数百甚至数千万元的成本,而且可以大大提高工作效率,显著降低工人的劳动强度。使用这样的货物分拣系统,完全摒弃了使用书面文件完成货物分拣的传统方法,采用高效、准确的电子数据的形式,可提高效率,节省劳动力;使用这样的货物分拣系统,不但可以快速完成简单订货的存储提取,而且可以方便地根据货物的尺寸、提货的速度要求、装卸要求等实现复杂货物的存储与提取;使用这样的货物分拣系统,分拣工人只需简单的操作就可以实现货物的自动进库、出库、包装、装卸等作业,降低了工人的劳动强度,提高了效率;使用这样的货物分拣系统,结合必要的仓库管理条件,可以真正实现仓库的现代化管理,充分实现仓库空间的合理利用,显著提高企业的物流速度,为企业创造、保持市场竞争优势创造条件。

1. 根据订单分拣货物

如果订单订货数量比较大,可以根据订单,一个人一次提取大量定货。货物分拣者从他或她的无线射频终端进入服务器,选择订单上各种货物,系统会通过射频终端直接向货物分拣者发送货物位置信息,指导分拣者选择最优路径。货物分拣者在分拣前扫描货柜箱上的条形码标签,如果与订单相符,直接分拣。完成货物选择后,所有选择的货物经由传送设备运到打包地点。扫描货物目的地条码,对分拣出来的货物进行包装前检查,然后打印包装清单。完成包装以后,在包装箱外面打印订单号和条码(使用 CODE-39 条码)。包装箱在 UPS

航运站称重，扫描条形码订单号，并且把它加入到UPS的跟踪号和重量信息条码中，这些数据，加上目的地数据，构成跟踪记录的一部分上报到UPS。

2. 零星分拣货物

小的订单分拣或者单一路线货物分拣，则采用“零星分拣货物”的策略来处理。信号系统直接将订单分组派给货物分拣者，每个分拣人负责3～4个通道之间的区域。货物分拣者在他或她负责的区域内/携带取货小车进行货物分拣，取货小车上放置多个货箱，一个货箱盛放一个订单的货物。如果货架上的货物与订单相符，就把货物放进小车上的货箱，并且扫描货箱上条形码序列号。在货物包装站，打印的包装清单既包括货物条码也包括包装箱序列号。

新的货物分拣系统使装船准确率增长到99.9%，详细目录准确率保持在99.9%，货物分拣比率显著提高，以前，货物分拣者平均每小时分拣16次，现在是120次。由于这一系统的动用，劳动力减少到原来的1/3，从事的业务量增加了26%。尽管公司保证48h内出货，实际上99%的UPS订货在15min内就能完成，当日发出。

这一系统方案为顶峰电子公司遍及全美的服务区域提供了电视、录像装备，实现远程监控与订货，装船作业在接到订单24～48h内完成，每日处理订单达到2 000份。同时，应用这一系统，顶峰公司绕过了美国国内60个、国外90个中间商，把产品直接输送到个人服务中心，缩短了产品供应链，大大降低了产品的销售成本，显著提高了顶峰公司企业的市场竞争能力。

案例思考

1. 顶峰(Zenith)电子公司的自动识别技术改进了货物分拣，其特点是什么？

2. 结合本案例，写出“订单分拣货物”和“零星分拣货物”的作业流程。

相关知识

一、货物分拣概述

拣货作业就是依据客户的订货要求或仓储配送中心的送货计划，尽可能迅速地将货物从其储存的位置或其他区域拣取出来的作业过程。

(一)拣货信息传递方式

拣货信息来源于客户的订单，它是进行拣货作业的依据。拣货信息既可以通过手工单据来传递，也可以通过电子设备或自动拣货控制系统进行传递。

拣货信息传递方式有以下几种：

(1)订单传递：订单传递是直接利用客户订单为拣货的凭据。此方式适合于订单订购品种数较少，批量较小的情况。

(2)拣货单传递：拣货单是企业采用计算机进行库存管理时，将客户订单原始信息输入电脑，经过信息处理后，生成并打印出来的拣货单据。这种方式的优点在于：拣货单上的信息能够更直接、更具体地指导拣货作业，因而能够大大提高拣货作业的效率和准确性。

(3)显示器传递：显示器传递方式是在货架上显著的位置安装液晶显示器和拣货指示灯用来显示拣货信息。当有拣货信息产生时，相应储位上指示灯亮，同时显示器明确显示出该货物应拣取的数量，然后，拣货人员依据信息将货物拣取出来。这种方式可以防止拣货错误，提高拣货效率。

(4)无线通信传递:无线通信传递是利用无线终端机通过无线通信方式去接受拣货信息的方式。仓储管理信息系统通过无线登陆点将拣货信息发送到便携式手持终端,或者发送到安装于叉车或堆垛机上的电脑终端机。当终端机接收到拣货信息后,便可依据拣货信息进行相应的拣货作业。

(5)自动拣货系统传递:拣货信息由自动控制系统发出,发出信息的方式可以是有线方式,也可以是无线方式。当订单输入系统后,系统便能自动生成拣货信息,自动拣货装置便按照拣货信息指令自动将货物拣选出来,整个过程不需要人工参与。

(二)拣货方式

1. 单一拣取

结合分区策略具体又可以分为单人拣取、分区接力拣取和分区汇总拣取几种方式。

(1)单人拣取时可以一张订单由一个人从头到尾负责到底。此种拣货方式的拣货单,只需将订单资料转为拣货需求资料即可。

(2)分区接力拣取是将存储或拣货区划分成几个区域,一张订单由各区人员采取前后接力方式合力完成。

(3)分区汇总拣取是将存储区或拣货区划分成几个区域,将一张订单拆成各区域所需的拣货单,再将各区域所拣取的商品汇集一起。

1)单一拣取的特点

一般来讲,单一拣取的准确度较高,很少发生货差,并且机动灵活。这种方法可以根据用户要求调整拣货的先后次序;对于紧急需求,可以集中力量快速拣取;对机械化、自动化没有严格要求;一张货单拣取完毕后,货物便配置齐备,配货作业与拣货作业同时完成,简化了作业程序,有利于提高作业效率。

2)单一拣取的主要适用范围

在以下情况下,单一拣取方式比较适用于以下范围:用户不稳定,波动较大;用户需求种类不多;用户之间需求差异较大,配送时间要求不一。

2. 批量拣取

批量拣取是将数张订单汇总成一批,再将各订单相同的商品订购数量加总起来,一起拣取处理。

1)批量拣取的分批方式

(1)按拣货单位分批,也就是将同一种拣货单位的品种汇总一起处理。

(2)按配送区域路径分批,也就是将同一配送区域路径的订单汇总一起处理。

(3)按流通加工需求分批,也就是将需加工处理或需相同流通加工处理的订单汇总一起处理。

(4)按车辆需求分批,也就是如果配送商品需特殊的配送车辆(如低温车、冷冻、冷藏车),或客户所在地需特殊类型车辆者可汇总合并处理。

2)批量拣取的特点

与单一拣取相比,批量拣取由于将备用户的需求集中起来进行掠取,所以有利于进行拣取路线规划,减少不必要的重复行走。但其计划性较强,规划难度较大,容易发生错误。

3)批量拣取的适用范围

批量拣取比较适合用户稳定而且用户数量较多的专业性配送中心,需求数量可以有差异,配送时间要求也不太严格。

（三）拣货策略

拣货策略是影响拣货作业效率的关键，主要包括分区、订单分割、订单分批、分类四个因素，这四个因素相互作用可产生多个拣货策略。

1. 分区

分区是指将拣货作业场地进行区域划分。主要的分区原则有以下三种：

（1）按拣货单位分区。如将拣货区分为箱装拣货区、单品拣货区等，基本上这一分区与存储单位分区是相对应的，其目的在于将存储与拣货单位分类统一，以便拣取与搬运单元化。

（2）按物流量分区。这种方法是按各种货物出货量的大小以及拣取次数的多少进行分类，再根据各组群的特征，决定合适的拣货设备及拣货方式。这种分区方法可以减少不必要的重复行走，提高拣货效率。

（3）按工作分区。这种方法是指将拣货场地划分为几个区域，由专人负责各个区域的货物拣选。这种分区方法有利于拣货人员记忆货物存放的位置，熟悉货物品种，缩短拣货所需时间。

2. 订单分割

当订单所订购的商品种类较多，或设计一个要求及时、快速处理的拣货系统时，为了能在短时间完成拣货处理，需要将一份订单分割成多份子订单，交给不同的拣货人员同时进行拣货。要注意订单分割与分区原则结合起来，才能取得较好的效果。

3. 订单分批

订单分批是将多张订单集中起来进行批次拣取的作业。订单分批的方法有多种。

（1）按照总合计量分批。在拣货作业前将所有订单中订货量按品种进行累计，然后按累计的总量进行拣取，其好处在于可以缩短拣取路径。

（2）按时窗分批。在存在紧急订单的情况下可以开启短暂而固定的5min或10min的时窗，然后将这一时窗的订单集中起来进行拣取。这一方式非常适合到达间隔时间短而平均的订单，常与分区以及订单分割联合运用，不适宜订购量大以及品种过多的订单。

（3）固定订单量分批。在这种分批方法下，订单按照先到先处理的原则，积累到一定量后即开始拣货作业。这种分批方法可以维持较稳定的作业效率。

4. 分类

如果采用分批拣货策略，还必须明确相应的分类策略。

分类的方法主要有两种：一是在拣取货物的同时将其分类到各订单中；二是集中分类，先批量拣取，然后再分类，可以采用人工集中分类，也可以采用自动分类机进行分类。

二、货物分拣方式

配送中心内通常有多种拆零拣选作业方法，总体上可归纳为两种：一种是订单别拣选，俗称摘果式；另一种是商品别汇总拣选，俗称播种式。在普遍采用电子显示标签辅助拣选的今天，拆零拣选按照操作流程更加明确地区分为摘果式和播种式两类。

（一）摘果式分拣

1. 摘果式分拣的原理

摘果式分拣是分拣人员或分拣工具巡回于各个储存点并将分店所需货物取出，完成配货任务，货位相对固定，而分拣人员或分拣工具相对运动。摘果式分拣见图4-2。

图4-2　摘果式分拣

摘果式分拣的基本流程是：储物货位相对固定，而拣选人员或工具相对运动，所以又称作人到货前式工艺。形象地说，又类似人们进入果园，在一棵树上摘下熟了的果子后，再转到另一棵树前摘果，所以又形象称之为摘果式或摘取式工艺。

2. 摘果式分拣的特点

摘果式分拣法准确程度较高，一般较少发生货差等错误，并且机动灵活。每人每次只处理一份订单或一个客户。

3. 摘果式拣选的作业流程

(1)补货：从仓储区向拆零拣选区送货，并且逐个货位上架。

(2)沿线拣选：周转箱沿着分拣流水线移动，分拣人员从货架上取货，放入周转箱。

(3)复核装箱：拣选结束后，对已经装入周转箱的货物进行核对(品种、数量等)，有时还需要换箱装货。

(4)集货待运：把已经复核装箱完毕的货箱送到发货区，等待运出。

(二)播种式分拣

1. 播种式分拣的原理

播种式分拣是分货人员或工具从储存点集中取出各个分店共同需要的货物，然后巡回于各分店的货位之间，将货物按分店需求量放在各分店的货位上，再取出下一种共同需求商品，如此反复进行直至按分店需求将全部货物取出并分放完毕。同时也完成各个用户的分拣配货工作。播种式分拣见图4-3。

图4-3　播种式分拣

播种式分拣的特点是分店货位固定，分货人员和工具相对运动。

2. 播种式分拣的特点

(1)分货式配货工艺(摘果式分拣)是集中取出众多用户共同需要的货物,再将货物分放到事先规划好的配货货位上。这就需要若干用户,有共同需求,形成共同的批量之后,再对用户的共同需求进行统计,同时规划好各用户的配货货位进行集中取出,分放配货的操作。所以,这种工艺难度较大,计划性较强,容易发生错误。

(2)有利于车辆的合理调配,合理使用配送路线,便于综合考虑,统筹安排,发挥规模效益。

3. 播种式分拣的作业流程

(1)汇总拣货:从仓储区将该波次所需货物全部拣出,送到拆零分拣区,逐个放到分拣线上。

(2)沿线分货(含复核装箱):待分播货箱沿着流水线移动,分拣人员从流水线上的箱中取货,放入货架箱内。间歇性复核、装箱。

(3)集货待运:把已经复核装箱完毕的货箱送到发货区,等待运出。

(三)摘果式分拣和播种式分拣的比较

(1)摘果式的补货作业需要巡行数千个货位的行走距离,通常长度达几百米。此外,摘果式对每个货位的放货操作,其动作量也大于播种式的放货。

由于拣选货架空间有限,对出货量较大的商品货位,一个波次内摘果式往往需要进行多次补货,而播种式只需一次。由此看来,在这个作业时段,摘果式的作业量、耗时要远大于播种式。此外,摘果式在大量补货时通常要暂停拣选作业,这就很难实现连续分拣,造成时间利用不充分,播种式则不存在这个问题。

(2)摘果式的流水线长度远大于播种式,并且摘果式的货位多、转换多,周转箱移动的阻碍也多,造成摘果式分拣线的周转箱移动速度往往低于播种式(不考虑空行程)。每当货架上货箱装满后,播种式分拣需要做一个换箱动作;此外,播种式分拣还要间歇性进行数量复核。完成这两件事所需的时间,大约为总拣货动作时间的10%。综合而论,在这个作业时段,两种方式的工效大致相当。

(3)播种式在分拣货物时,可以通过核对剩余数量发现前面作业的差错,因此可以明显减少差错;摘果式则很难在作业中核对。所以同等条件下,摘果式的差错率高于播种式。

(4)对于同样的分拣量,摘果式的行走距离较大、动作多、耗时长、差错率高。因此播种式优于摘果式。

从另一方面说,尽管摘果式对单个订单的响应速度较快,但是播种式可以高效处理成批订单,其完成一份订单的平均时间要少于摘果式。

任务实训

货物分拣实训

【实训目标】

1. 理解仓库货物分拣含义及重要性;
2. 掌握摘果式分拣和播种式分拣含义、优缺点及适用范围;
3. 能根据不同订单选择合适货物分拣方式。

【实训任务】

江西交通职业技术学院物流仓库接到某公司订单如表4-9所示,货物摆放位置就是江西交通职业技术学院实训中心仓库货架上货物实际储存位置,请根据订单情况与货物储位信息来确定合适的拣货方式,主要是播种式和摘果式分拣方式的选择。

某公司订单 表4-9

序　号	名称	单位	数量	备　注
1	康师傅方便面	袋	35	
2	统一方便面	袋	50	
3	美的电风扇	台	6	
4	九阳豆浆机	台	8	
5	海尔冰箱	台	2	

注:本仓库货物储存采用分区分类储存方式。

【实训道具】

1. 货架;

2. 满足以上要求的货物;

3. 打包机;

4. 拣选车。

【实训要求】

1. 撰写实训报告,记录学习的收获及心得体会;

2. 能根据订单确定拣选方式;

3. 能根据实训内容进行实际操作,把订单货物按照要求拣选出来,并打包处理;

4. 分组进行操作,把每组成绩和货物分拣方式结合起来进行分析,掌握不同分拣方式之间的优劣。

【实训考核】

实训考核表见表4-10。

实训考核表 表4-10

考核人		被考核人	
考核地点			
考核内容	货物分拣		
考核标准	具体内容	分值(分)	实际得分
	所拣选货物数量正确	30	
	选方式正确	20	
	实训报告撰写	30	
	团队分工与合作是否合理	20	
合计		100	

任务三　货物包装

【应知应会】

通过本工作任务的学习与具体实施,学生应学会下列知识:

1. 要求熟悉货物包装作用分类;

2. 掌握货物包装技术及在实际生活中如何去合理包装；

3. 熟悉合理包装的判断标准。

【学习要求】

1. 学生在上课前，收集生活中各种各样的包装，并判断其包装是否合理；

2. 熟悉包装分类和包装材料及每种包装材料的优缺点；

3 熟悉货物包装合理化含义，不合理包装的表现形式及如何去包装合理化。

案例引入

一个价值600万美元的玻璃瓶

说起可口可乐的玻璃瓶包装，至今仍为人们所称道。1898年鲁特玻璃公司一位年轻的工人亚历山大·山姆森在同女友约会中，发现女友穿着一套筒型连衣裙，显得臀部突出，腰部和腿部纤细，非常好看。约会结束后，他突发灵感，根据女友穿着这套裙子的形象设计出一个玻璃瓶。

经过反复的修改，亚历山大·山姆森不仅将瓶子设计得非常美观，很像一位亭亭玉立的少女，他还把瓶子的容量设计成刚好一杯水大小。瓶子试制出来之后，获得大众交口称赞。有经营意识的亚历山大·山姆森立即到专利局申请专利。

当时，可口可乐的决策者坎德勒在市场上看到了亚历山大·山姆森设计的玻璃瓶后，认为非常适合作为可口可乐的包装。于是他主动向亚历山大·山姆森提出购买这个瓶子的专利。经过一番讨价还价，最后可口可乐公司以600万美元的天价买下此专利。要知道在100多年前，600万美元可是一项巨大的投资。然而实践证明可口可乐公司这一决策是非常成功的。

亚历山大·山姆森设计的瓶子不仅美观，而且使用非常安全，易握不易滑落。更令人叫绝的是，其瓶型的中下部是扭纹形的，如同少女所穿的条纹裙子；而瓶子的中段则圆满丰硕，如同少女的臀部。此外，由于瓶子的结构是中大下小，当它盛装可口可乐时，给人的感觉是分量很多的。采用亚历山大·山姆森设计的玻璃瓶作为可口可乐的包装以后，可口可乐的销量飞速增长，在两年的时间内，销量翻了一倍。从此，采用山姆森玻璃瓶作为包装的可口可乐开始畅销美国，并迅速风靡世界。600万美元的投入，为可口可乐公司带来了数以亿计的回报。

案例思考

1. 简述包装的作用。

2. 亚历山大设计的瓶子为什么能赢得市场的青睐？

相关知识

一、包装概述

（一）包装的概念

包装的概念是随着包装的发展而发展的。早期的观点认为，包装是容纳物品的器具或是对物品进行盛装、捆扎以对容纳物施予保护的材料。这种观点是从静态的角度来看待包装，即包装是一种手段。现代的包装定义是从整个物流环节中用动态的观点表达的。

我国国家标准《包装术语》（GB/T 4122—2010）中，对包装是这样定义的：包装为在流通过程中保护产品、方便储运、促进销售，按一定技术方法而采用的容器、材料及辅助物等的总体名称；也指为了达到上述目的而采用容器、材料和辅助物的过程中，施加一定技术方法等的操作活动。

这一定义除了说明包装是一种技术和方法外，进一步强调包装在商品流通中的作用，明确指出包装是一个过程，它还可以使商品处于稳定状态，使商品在运输、保管、装卸搬运时保持完好无损并便于销售。

（二）包装在物流中的地位与作用

1. 包装在物流中的地位

在社会再生产过程中，包装处于生产过程的末尾和物流过程的开头，既是生产的终点，又是物流的始点。作为生产的终点，产品生产工艺的最后一道工序是包装。因此，包装对生产而言，标志着生产的完成，从这个意义讲，包装必须根据产品性质、形状和生产工艺来进行，必须满足生产的要求。作为物流的始点，包装完成之后，包装了的产品便具有了物流的能力，在整个物流过程中，包装便可发挥对产品保护的作用和进行物流的作用，最后实现销售。从这个意义来讲，包装对物流有决定性的作用。

在现代物流观念形成以前，包装被天经地义地看成生产的终点，因而一直是生产领域的活动，包装的设计往往主要从生产终结的要求出发，常常不能满足流通的要求。物流的研究认为，包装与物流的关系，比之与生产的关系要密切得多，其作为物流始点的意义比之作为生产终点的意义要大得多。因此，包装应进入物流系统之中，这是现代物流的一个新观念。

2. 包装在物流中的作用

1）包装在运输中的作用

（1）防护作用。保证商品在复杂的运输环境中的安全，保证其质量和数量不受损失。

（2）方便作用。提高运输工具的装载能力，减小运输难度，提高运输效率。

2）包装在装卸搬运中的作用

（1）有利于采用机械化、自动化装卸搬运作业，减小劳动强度和难度，加快装卸搬运速度。

（2）在装卸搬运中使商品能够承受一定的机械冲击力，达到保护商品、提高工效的目的。

3）包装在储存中的作用

（1）方便计数。

（2）方便交接验收。

（3）缩短接收、发放时间，提高速度及效率。

（4）便于商品堆、码、叠放。

（5）节省仓库空间，进而节省仓容。

（6）良好的包装可以抵御储存环境对商品的侵害。

（三）包装的功能

包装有三大特性，即保护性、单位集中性及便利性，这三大特性决定了包装具有保护商品、方便物流、方便消费、促进销售的四大功能。

1. 保护商品

保护商品是包装的首要功能，是确定包装方式和包装形态时必须抓住的主要矛盾。只有有效的保护，才能使商品不受损失地完成流通过程，实现所有权的转移。

2. 方便物流单元化

包装有将商品以某种单位集中的功能,就是单元化。包装成多大的单位适宜,不能一概而论,要视商品生产情况,消费情况及商品种类、特征,还有物流方式和条件而定。一般来讲,包装的单元化主要应达到两个目的:方便物流和方便商业交易。

从物流方面来考虑,包装单位的大小要和装卸、保管、运输条件的能力相适应。在此基础上应当尽量做到便于集中输送以获得最佳的经济效果,同时又要求能分割及重新组合以适应多种装运条件及分货要求;从商业交易方面来考虑,包装单位大小应适合于进行交易的批量,在商品方面,应适合于消费者的一次购买。

3. 方便消费

商品的包装还有方便流通及消费的功能,这就要求包装的大小、形态、包装材料、包装重量、包装标志等各个要素都应为运输、保管、验收、装卸等各项作业创造方便条件,也要求容易区分不同商品并进行计量。进行包装及拆装作业,应当简便、快速,拆装后的包装材料应当容易处理。

4. 促进销售

与商流有关的包装功能是促进销售。在商业交易中促进销售的手段很多,包装在其中占有重要地位。恰当的包装能够唤起人们的购买欲望。包装外部的形态、装潢和广告说明一样,是很好的宣传品,对顾客的购买起着说服作用。这样看来,适当的包装可以推动商品销售,有很大的经济意义。对于包装的这个功能,有许多描述,比如说"包装是不会讲话的推销员""精美的包装胜过一千个推销员"等都形象地说明了这一能力。

(四)包装的分类

按照包装在流通中的作用分类,可分为商业包装和运输包装。

(1)商业包装。商业包装是以促进销售为主要目的的包装,这种包装的特点是外形美观,有必要的装潢,包装单位适于顾客的购买量及商店陈设的要求。在流动过程中,商品越接近顾客,越要求包装有促进销售的效果。

(2)运输包装。运输包装是指以强化输送、保护产品为主要目的的包装。对生产资料来说,这两点尤其突出。生产资料的生产及消费特点之一是批量大。在运输中,生产资料的输送数量也大大超过生活资料,因此采用适合于大批量、高效率输送的包装是很重要的。运输包装的重要特点是,在满足物流要求的基础上使包装费用越低越好。为此,必须在包装费用和物流过程的损失两者之间寻找最优的效果。

二、包装材料

包装材料是指用于制造包装容器和构成产品包装的材料的总称。包装材料既包括组成运输包装、包装装潢、包装印刷等有关材料和包装辅助材料,如纸、金属、塑料、玻璃、陶瓷、竹木与野生藤类、天然纤维与化学纤维、复合材料等,又包括缓冲材料、涂料、胶黏剂、捆扎和其他辅助材料等。

常用包装材料有纸、塑料、木材、金属、玻璃等。

(一)纸及纸制品

从各个国家包装材料生产总值比较看,使用最广泛的是纸及各种纸制品。

纸和纸板区别于其他包装材料,具有下列特点:

(1)纸和纸板原料充沛,价格低廉,不论以单位面积价格还是单位容积价格,与其他材料相比都是经济的。

(2)纸和纸板具有适宜的坚牢度、耐冲击性和耐摩擦性。

(3)纸和纸板容易达到卫生要求,无毒、无污染。

(4)纸和纸板的成型性和折叠性优良,便于采用各种加工方法,机械加工时能高速连续生产。

(5)纸和纸板作为承印材料,具有良好的印刷性能,印刷的图文信息清晰牢固,便于复制和美化商品。

(6)和纸板质量轻,能降低运输费用。

(7)纸制包装可回收复用和再生,废物容易处理,不造成公害,节约资源。

(8)纸和纸板较容易进一步深加工,易于适应不同包装的需要。

作为纸制包装材料的纸和纸板也有许多致命的弱点,如难于封口,受潮后牢度下降,以及气密性、防潮性、透明性差,易发脆,会翘曲干裂,受外界机械力(如跌落、穿刺、钩搭等)作用易破裂。

(二)塑料及塑料制品

塑料具备一般包装材料所具有的基本性能,主要有以下优点:

(1)物理性能优良。塑料具有一定的强度、弹性、抗拉、抗压、抗冲击、抗弯曲、耐折叠、耐摩擦、防潮、气体阻隔等。

(2)化学稳定性好。塑料耐酸碱、耐化学药剂、耐油脂、防锈蚀等。

(3)塑料属于轻质材料。塑料密度约为金属的1/5,玻璃的1/2。

(4)塑料加工成型简单多样。塑料可制成薄膜、片材、管材、带材,还可以编织布,用作发泡材料等,其成型方法有吹塑、挤压、注塑、铸塑、真空、发泡、吸塑、热收缩、拉伸,应用多种新技术,可创造出适合不同产品需要的新型包装。

(5)塑料有优良的透明性和表面光泽,印刷和装饰性能良好,在传达和美化商品上能取得良好效果。

(6)塑料属于节能材料,价格上具有一定的竞争力。

塑料作为包装材料也有不足之处:强度不如钢铁;耐热性不及玻璃;在外界因素长期作用下易发生老化;有些塑料不是绝对不透气、不透光、不透湿;有些塑料还带有异味,其内部低分子物有可能渗入内装物;塑料还易产生静电,容易弄脏;有的塑料废物处理燃烧时会造成公害。

(三)木材及木制品

木材作为包装材料有以下许多优良的性能:

(1)木材的资源分布广,便于就地取材。

(2)木材具有优良的强度—质量比,有一定的弹性,能承受冲击、振动、重压等作用,木制包装是装载大型、重型物品的理想容器。

(3)木材加工方便,不需要复杂的机械设备,木制容器使用简单工具就能制成,由于木材钉着性能好,箱内可安装挂钩、螺钉,便于拴挂内装物。

(4)由于木材的热胀冷缩性比金属小,且不生锈、不易被腐蚀,所以木制包装可盛装化学药剂。

(5)木材可进一步加工成胶合板,对减轻包装质量、提高材料均匀性、改善外观、扩大应用范围均有很大的益处。胶合板包装箱具有耐久和一定的防潮、防湿、抗菌等性能。

(6)木制包装可以回收、复用,而且成本较低,是很好的绿色包装材料。

但是木材易吸收水分、易变形开裂、易腐败、易受白蚁蛀蚀、常有异味,而且加工不易实现机械化,价格高,加之树木生长缓慢等因素,在包装上的应用受到了很大的限制。

三、包装保护技术

1. 防振保护技术

防振包装又称缓冲包装,在各种包装方法中占有重要的地位。产品从生产出来到开始使用要经过一系列的运输、保管、堆码和装卸过程,在任何环境中都会有力作用在产品上,并使产品发生机械性损坏。为了防止产品遭受损坏,就要设法减小外力的影响。所谓防振包装就是指为减缓内装物受到冲击和振动,保护其免受损坏所采取的一定防护措施的包装。防振包装主要有以下3种方法。

(1)全面防振包装方法。全面防振包装方法是指内装物和外包装之间全部用防振材料填满进行防振的包装方法。

(2)部分防振包装方法。对于整体性好的产品和有内装容器的产品,仅在产品或内包装的拐角或局部地方使用防振材料进行衬垫即可。所用包装材料主要有泡沫塑料防振垫、充气型塑料薄膜防振垫和橡胶弹簧等。

(3)悬浮式防振包装方法。对于某些贵重易损的物品,为了有效地保证在流通过程中不被损坏,外包装容器比较坚固,然后用绳、带、弹簧等将被装物悬吊在包装容器内,从而减少损坏。

2. 防破损保护技术

缓冲包装有较强的防破损能力,因而是防破损包装技术中有效的一类。此外,还可以采取以下几种防破损保护技术。

(1)捆扎及裹紧技术。捆扎及裹紧技术的作用是使杂货、散货形成一个牢固整体,以增加整体性,便于处理及防止散堆来减少破损。

(2)集装技术。利用集装,减少与货体的接触,从而防止破损。

(3)选择高强保护材料。通过外包装材料的高强度来防止内装物受外力作用破损。

3. 防霉腐包装技术

在运输包装内装运食品和其他有机碳水化合物货物时,货物表面可能生长霉菌,在流通过程中如遇潮湿霉菌生长繁殖极快,甚至伸延至货物内部,使其腐烂、发霉、变质,因此要采取特别防护措施。

包装防霉烂变质的措施,通常是采用冷冻包装、真空包装或高温灭菌方法。冷冻包装的原理是减慢细菌活动和化学变化的过程,延长储存期,但不能完全消除食品的变质。高温杀菌法可消灭引起食品腐烂的微生物,可在包装过程中用高温处理防霉。有些经干燥处理的食品包装,应防止水汽浸入以防霉腐,可选择防水汽和气密性好的包装材料,采取真空和充气包装。

4. 防虫包装技术

防虫包装技术,常用的是驱虫剂,即在包装中放入有一定毒性和臭味的药物,利用药物在包装中挥发气体杀灭和驱除各种害虫。常用驱虫剂有萘、对位二氯化苯、樟脑精等。也可采用真空包装、充气包装、脱氧包装等技术,使害虫无生存环境,从而防止虫害。

四、包装储运标志

包装储运图示标志是根据产品的某些特性如怕湿、怕震、怕热、怕冻等确定的。其目的是为了在货物运输、装卸和储存过程中,引起作业人员的注意,使他们按图示标志的要求进行操作。

(1)小心轻放(Handle with care)的标志,见图4-4。

用于货物的外包装上。表示包装内货物易碎,不能承受冲击和振动,也不能承受大的压力,如灯泡、电表、钟、电视机、瓷器、玻璃器皿等,要求搬运装卸时必须小心轻放。具体规定见《危险货物包装标志》(GB 190—2009)。

(2)向上(This way up)标志,见图4-5。

例如,墨水、洗净剂、电冰箱等产品在倾倒的情况下会受损以致影响使用,要求在搬运和放置货物时注意其向上的方向。具体规定见《危险货物包装标志》(GB 190—2009)。

(3)由此吊起(Lift here)标志,见图4-6。

用于货物外包装上。表示吊运货物时挂链条或绳索的位置。可在图形符号近处找到方便起吊的起吊钩、孔、槽等。避免在装卸中发生破箱等损坏现象,也有利于提高装卸效率。具体规定见《危险货物包装标志》(GB 190—2009)。

(白纸印黑色)

图4-4　小心轻放标志

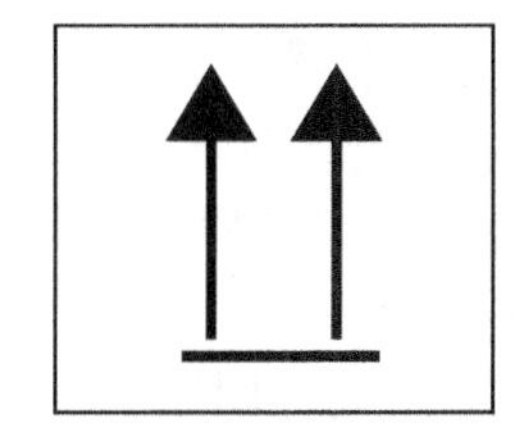

(白纸印黑色)

图4-5　货物不得倾倒、倒置

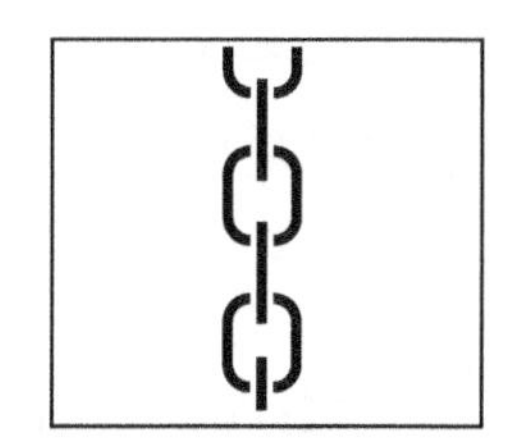

(白纸印黑色)

图4-6　由此吊起标志

(4)重心点(Center of gravity)标志,见图4-7。

用于货物重心所在平面及货物外包装上,指示货物重心所在处。在移动、拖运、起吊、堆垛等操作时,避免发生倒箱等损坏现象。具体规定见《危险货物包装标志》(GB 190—2009)。

(5)重心偏斜(Center of gravity offset)标志,见图4-8。

用于货物重心所在平面及货物外包装上,表示货物重心向右偏离货物的几何中心,货物容易倾倒或翻转。如符号变为其镜像,则表明重心容易向左偏移。见日本工业标准《包装、货物装卸图形标记》(JIS Z0150—2001)。

(6)易于翻倒(Liable to tip)标志,见图4-9。

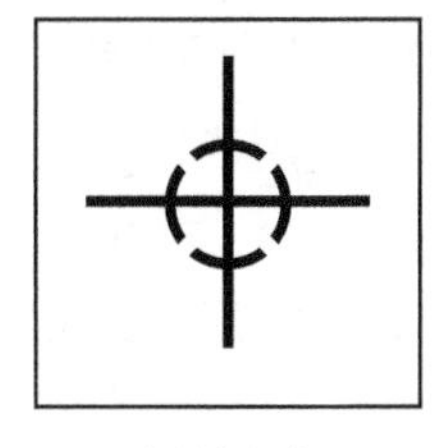

(白纸印黑色)

图4-7　重心点标志

(白纸印黑色)

图4-8　重心偏斜标志

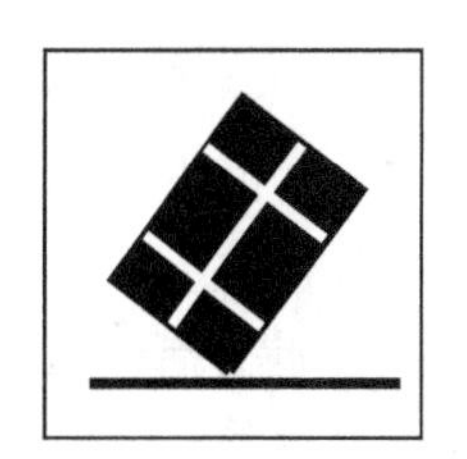

(白纸印黑色)

图4-9　易于翻倒标志

货物易于倾倒，在搬运放置时要注意安全。见日本工业标准《包装、货物装卸图形标记》(JIS Z0150—2001)。

(7)怕湿(Keep away from moisture)标志，见图4-10。

用于怕湿的货物。表示包装件在运输过程中要注意防雨淋或直接洒水，在储存中要避免存放在阴暗潮湿或低洼处。具体规定见《危险货物包装标志》(GB 190—2009)。

(8)怕热(Keep away from heat)标志，见图4-11。

表示包装内货物怕热，不能暴晒，不许置于高温热源附近。用于货物外包装上。具体规定见《危险货物包装标志》(GB 190—2009)。

(9)怕冷(keep away from cold)标志，见图4-12。

表示包装内货物怕冷，不能受冷、受冻。用于货物外包装上。

(白纸印黑色)

图4-10　怕湿标志

(白纸印黑色)

图4-11　怕热标志

(白纸印黑色)

图4-12　怕冷标志

(10)堆码极限(Stacking limit)标志，见图4-13。

用于货物外包装上。表示货物允许最大堆垛的重量，按需要在符号上添加数值。具体规定见《危险货物包装标志》(GB 190—2009)。

(11)温度极限(Temperature limit)标志，见图4-14。

表示货物需要控制温度的范围。要求货物在一定的温度环境下存放，不许超过规定的温度。符号上最低和最高温度可按货物的需求填写。具体规定见《危险货物包装标志》(GB 190—2009)。

(12)由此撕开(Tear off here)标志，见图4-15。

(白纸印黑色)

图4-13　堆码极限标志

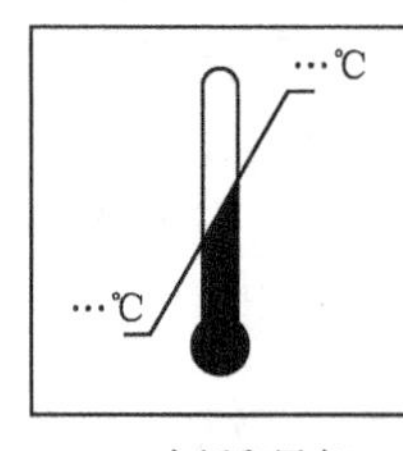

(白纸印黑色)

图4-14　温度极限标志

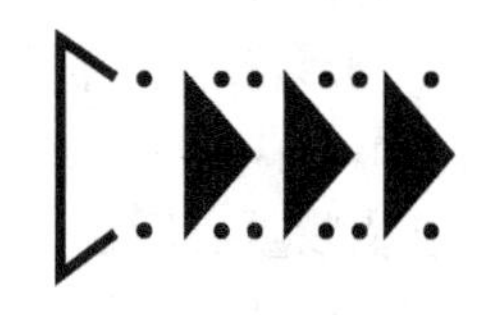

(白纸印黑色)

图4-15　由此撕开标志

表示包装的撕开部位。符号的三个箭头指向表示撕开的方向。一般用于软封装、纸盒或纸箱等外包装上。

(13)由此开启(Open here)标志，见图4-16。表示包装箱开启位置。一般用于较硬的，需用工具开启的外包装箱上。

(14)禁止翻滚(Do not roll)标志，见图4-17。

表示搬运货物时不得滚动，只能作直线移动，如平移、上升、放下等。具体规定见《危险货物包装标志》(GB 190—2009)。

(15)禁用手钩(Use no hooks)标志,见图4-18。

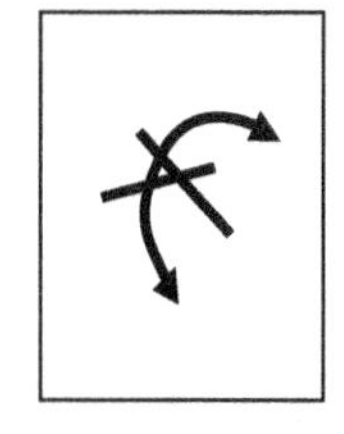

(白纸印黑色)

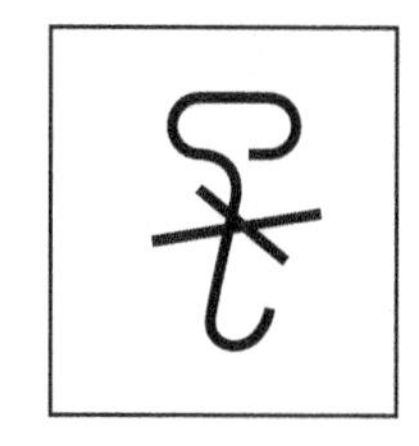

(白纸印黑色)

图4-16　由此开启标志　　图4-17　禁止滚翻标志　　图4-18　禁用手钩标志

用于货物外包装上。表示不得使用手钩直接钩着货物或其包装进行搬运,例如纸箱、麻袋等包装件,保护包装本身不受损坏,也能保证商品不受损失。具体规定见《危险货物包装标志》(GB 190—2009)。

包装储运标志图形应按图规定的颜色印刷。涂打的标志,如因货物包装关系不宜按图规定的颜色涂打时,可根据各种包装物的底色,选配与其底色不同的符合明显要求的其他颜色。印刷时外框线及标志名称都要印上;涂打时外框线及标志名称可以省略。印刷标志用纸应采用厚度适当、有韧性的纸张印刷。

包装储用图示标志使用时,对粘贴的标志,箱状包装应位于包装两端或两侧的明显处;袋、捆包装应位于包装明显的一面;桶形包装应位于桶盖或桶身。对涂打的标志,可用油漆、油墨或墨汁,以镂模、印模等方式按上述粘贴标志的位置涂打或者书写。对钉附的标志,应用涂打有标志的金属板或木板,钉在包装的两端或两侧的明显处。对于"由此起吊"和"重心点"两种标志,要求粘贴、涂打或钉附在货物包装的实际位置。

标志的文字书写应与底边平行。粘贴的标志应保证在货物储运期间不脱落。

五、包装合理化

(一)包装合理化的概念

包装合理化是物流合理化的组成部分,从现代物流观点看,包装合理化不单是包装本身的合理与否的问题,而是整个物流合理化前提下的包装合理化。包装合理化一方面包括包装总体的合理化,这种合理化往往用整体物流效益与微观包装效益的统一来衡量,另一方面也包括包装材料、包装技术、包装方式的合理组合及运用。

(二)常见的不合理包装的表现形式

1.包装不足

包装不足主要指以下几个方面:

(1)包装强度不足。包装强度与包装堆码、装卸搬运有密切关系,强度不足,使物流中性能不足,造成被包装物在物流环节中破损。

(2)包装材料不能承担防护作用。物流包装材料的选择应遵循以下原则:

①包装材料应与包装物相适应,在满足功能的基础上尽量降低材料费。

②包装器材与包装类别相协调,物流包装注重包装防护及物流环节的方便性,常用的器材有托盘、集装箱、木箱等。

③包装器材与流通条件相适宜。

(3)包装容器的层次及容积不足。

(4)包装成本过低,不能有效地包装。

2. 物流包装过剩

物流包装过剩主要是指:包装强度设计过高;包装材料过高;包装技术过高;包装层次过高,体积过大;包装成本过高。

(三)合理商品包装

对合理商品包装,可以从不同角度来分析,但是商品包装合理与否,都围绕一个问题——商品包装的使用价值而展开的。

从商品包装的目的来看,由于商品包装要适应社会商品再生产,保证商品从生产到消费的转移,这样可以认为合理商品包装是能适应和克服流通和销售过程中的各种障碍,是在极限成本范围内的最好的包装。

从商品包装的社会经济效益来看,合理商品包装应能适应商品经济发展而不断优化,从而取得最优的社会经济效益的包装。从商品包装的功能来看,合理商品包装应是能依靠科学技术的发展,充分发挥包装实体的有用功能,尽量缩小和消除包装实体无用功能的包装。

合理商品包装是相对的,它随商品流通销售环境变化和包装科学技术进步而不断改进和发展,在这一时间断层的合理包装,在下一个时间断层可能就不是合理的包装。

(四)对合理商品包装的具体要求

从多个角度来考察,合理商品包装应满足多方面的要求,它们应包括以下 7 个方面。

(1)包装应妥善保护其内装的商品,使其质量不受损伤。这就要制定相应的适宜标准,使包装物的强度恰到好处地保护商品质量免受损伤。除了要在运输装卸时经得住冲击、振动之外,还要具有防潮、防燥、防水、防霉、防锈等功能。

(2)包装材料和包装容器应当安全无害。包装材料要避免有害物质,包装容器的造型要避免对人体造成伤害。

(3)包装的容量要适当,以便于零售单位销售。包装的容量一方面要适应商品的消费,使得商品在消费中不致造成不必要的损失;另一方面,同一类商品的包装容量不应千差万别,以致造成顾客难以判断商品的贵贱。

(4)包装容器的内装物要有贴切的标志或说明。商品包装物上关于商品质量的规格等标志说明,一定要便于顾客识别和选择,要能贴切地表示内装物的性状,不得言过其实,欺骗顾客,妨碍企业间的正常竞争。

(5)包装内商品空闲空间不应过大。为了保护内装商品,不可避免会使内装商品的外围产生某种程度的空闲容积,但合理包装应要求空闲容积减少到最低限度,使顾客产生包装商品容量很大的错觉的"过大包装"是不允许的。

(6)包装费用要与内装商品相适应。包装费用应包括包装本身的费用和包装作业的费用。包装费用必须与内装商品相适应,但不同商品对包装要求不同。为满足人们心理要求的馈赠商品和满足日常需要的日用商品,就要采用不同包装方式。所以,包装费用的比率是不相同的,且很难提出一个统一的具体要求。一般来说,对于普通商品,包装费应低于商品售价的 15%,这只是一个平均指标,不是说高了就一定不合理,低了就一定合理。例如,有些包装(如金属罐)作用大,实际已成为商品的一部分,包装费用的比率超过 15% 也应是合理的,又如手纸的包装,起作用小,包装费用比率不超过 15%,仍然有不合理的可能。

(7)包装要便于废弃物的治理。包装应设法减少其废弃物数量,在制造和销售商品时,注意包装容器成为废弃物后要便于进行处理。近年来广泛采用一次性使用的包装和轻型塑料包装材料,消费者用过之后就随手扔掉,从方便生活和节约人力角度来看,是现代包装的发展方向,但又产生大量难以处理的垃圾,带来了环境污染问题。

货物打包实训

【实训目标】

1. 掌握商品包装标志的种类与含义;

2. 掌握商品手动及半自动打包机的使用。

【实训任务】

(1)了解打包的各种工具;

(2)掌握手动打包与自动打包要领。

【实训道具】

1. 半自动打包机、手动打包机的包装袋;

2. 一定数量待打包货物。

【实训步骤】

第一步:介绍各种打包工具。让学生了解每种打包工具,掌握其使用方法、每种工具的特点及使用时的注意事项。

第二步:观看教师演示工具使用(以手动打包机为例)。让学生观察每种工具的使用,及使用步骤和方法。

(1)首先将带对折,双手顺势夹紧滑后,保持回折两条索带平行,再将带竖起,保持平行,左右手交换推进,即可将带穿过小孔。注意带要竖起,否则容易上下偏,推进带时注意左右手交换推进,保持两条索带平行,否则容易左右偏。

(2)右手推紧黑色连杆,松动夹紧位,左手掌握紧索带,食指限定索带位置,模拟削鱼方法,由前至后拉入夹紧位。注意左手操作,采用正确方法可提高效率。

(3)左手模拟第二步方法,将索带拉入刀缝,右手将“十”字位调较好,方便左手穿带。注意左手操作。

(4)轻轻拉紧索带,调整好索带的整齐,反向左手将索带压在收紧缝中,右手收紧索带,保持双向索带平行。注意反向左手压住索带。收紧带子后,将带子压在收紧机后部。

(5)将钢扣斜穿入双带中,注意从侧面入扣,将扣压紧。如果上下带子未能完全重叠,则可用钢扣调整好。

(6)张开钢钳,倾斜钢钳套入钢扣,保持钢扣处于钢钳中央。

(7)收紧钢钳一半幅度后,可斜拉钢钳到身边,方便用力收紧。注意要钢钳收到一半后才可以斜拉到身边,否则会打坏钢扣。打紧钢扣后,倾斜钢钳退出钢扣。

(8)退出钢钳后,左手拉住索带,右手慢速向下压拉杆,尽量分两个步骤,下压拉杆,如果大力急速向下压拉杆,会造成索带裂开。

(9)下压拉杆后,顺势向右边上方提出收紧机,一气呵成完成打包。

【实训考核】

实训考核表见表4-11。

实训考核表 表4-11

<table>
<tr><td>考核人</td><td></td><td>被考核人</td><td></td></tr>
<tr><td>考核地点</td><td colspan="3"></td></tr>
<tr><td>考核内容</td><td colspan="3">货物打包</td></tr>
<tr><td rowspan="3">考核标准</td><td>具体内容</td><td>分值(分)</td><td>实际得分</td></tr>
<tr><td>操作质量得分:规范准确操作满分50分,裁判员根据扣分点对每个操作环节失误及不规范的内容进行扣分(操作质量得分=50-扣分数)</td><td>60</td><td></td></tr>
<tr><td>操作速度得分:3分-比赛用时分钟数,3分钟内未完成打包作业的团队此项不得分</td><td>40</td><td></td></tr>
<tr><td colspan="2">合计</td><td>100</td><td></td></tr>
</table>

模块五　配 送 作 业

模块概述

江西交通职业技术学院物流配送中心接到客户订单,针对客户订单对货物的品种、时间等要求进行设计送货路线、拟定配送作业计划,出货,配装配载等环节,最终设计成本最优配送方案。

知识目标

1. 掌握配送的概念;
2. 了解配送的基本要素及配送的分类;
3. 掌握送货路线优化及车辆配载设计的基本方法;
4. 掌握送货车辆调度的基本原则、方法及工作流程;
5. 掌握送货作业计划编制方法及实施过程中的调度方法。

技能目标

1. 能够识别不同的配送类型,认识配送工作的基本环节;
2. 能够根据实际情况规划出最优的送货路线;
3. 能够根据客户要求、车辆及货物的具体特征设计车辆的配载方案;
4. 能够编制送货作业计划,能够在计划的实施过程中进行调度安排。

模块图解

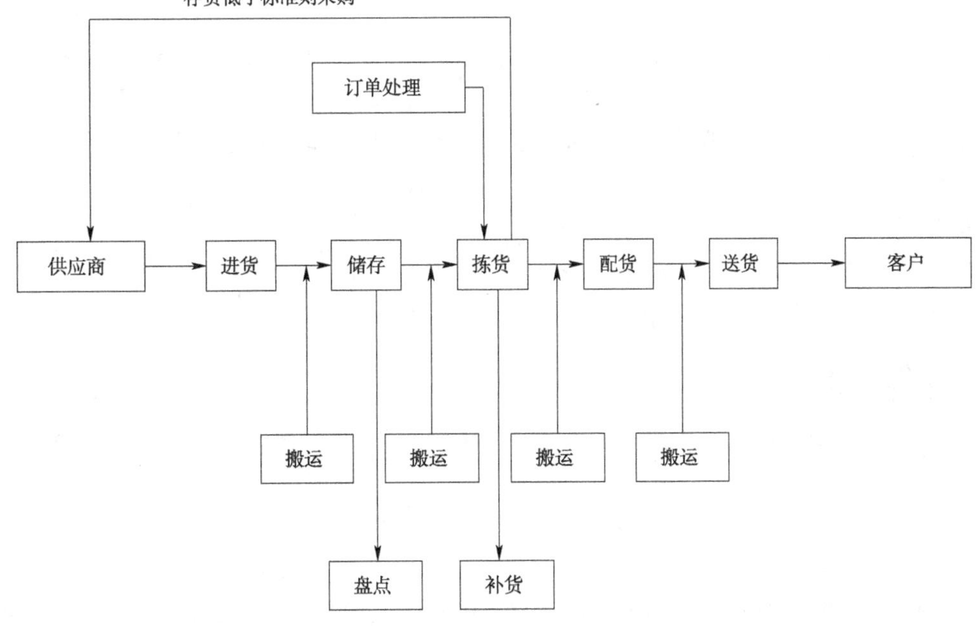

任务一　配送作业认知

任务概述

【应知应会】

通过本工作任务的学习与具体实施，学生应学会下列知识：

1. 掌握配送概念；

2. 掌握配送的类型及分类。

应该掌握下列技能：

1. 能识别不同配送类型的相关内容；

2. 能说出配送的基本作业流程。

【学习要求】

1. 学生在上课前，应到本课程网站或借助于互联网预习本工作任务相关的教学内容；

2. 本课程采用理实一体化的模式组织教学，学生在学习过程中，要善于动手，不怕脏不怕累；

3. 每个工作任务学习结束过程后，学生能独立完成任务工作单的填写。

案例引入

配送认知

在广东中山某开发区内聚集着30余家小家电生产企业，每个企业在原材料采购和产品销售过程中都遇到了同样的问题。在采购时，由于某一种材料采购量不足，往往要花费高昂的费用。在销售时，因为一个客户需要的产品数量少，多个客户需要的时间和数量不断变化，销售费用居高不下。企业之间也曾坐下来商谈合作采购和销售的事，但没能成功。近日，广东福远物流公司派人到这些企业调研，说是要在这个区域建一个与小家电相关的配送企业，为这些企业提供采购和销售方面的服务。小李和小丽是福远物流新入职员工，他们并不了解配送企业的业务。带着好奇，他们向经理请教了心中的困惑：到底配送是干什么的呢？配送企业又是如何组织与管理的呢？

某一天，几个企业的经理集中在一起讨论关于配送的事，同时请了一位物流教授给大家进行了讲解。

案例思考

1. 教授在这么短的时间内能讲些什么呢？

2. 配送企业主要是做什么的？

相关知识

一、认识配送

（一）配送概念、作用及配送活动

1. 配送的概念

“配送”一词来源于英文的“delivery”，其意译是运送、输送和交货。日本工业标准（JIS）

中对配送所下的定义是：把货物从物流基地送到收货者手里的活动。我国标准《物流术语》(GB/T 18354—2006)中对配送所下的定义是："在经济合理区域范围内，根据用户要求对物品进行拣选、加工、包装、分割、组配等作业，并按时送达指定地点的物流活动。"

配送是拣选、包装、加工、组配、送货等各种物流活动的有机组合，配送处于"二次运输"、"末端输送"的地位。配送与运输的比较如表5-1所示。

配送与运输的比较 表5-1

内　容	配　送	运　输
运输性质	支线运输、区域内运输、末端运输	干线运输
货物性质	小批量多品种	少品种大批量
运输工具	小型货车或简单工具	大型货车、火车、船舶、飞机、管道等
管理重点	服务优先	效率优先
附属功能	装卸、保管、包装、分拣、流通加工、订单处理等	装卸、捆包

案例 5-1

桶装水配送举例

广州市天河区车陂街道有25个小区，约3万户人家。因为很多人家都饮用桶装水，因此需要送水。陈先生在与多家桶装水生产厂家沟通后，对该小区的整体情况作了概要调查，结果是该街道每周需要桶装水16 000桶左右，用水的品牌不是很稳定。同时由于桶装水整体的质量问题，部分以前饮用桶装水的人家停止购买。这个街道还没有桶装水的配送点，所需桶装水都由远处的一家大公司提供配送服务。陈先生认为应该在合适的位置开设一家配送中心配送桶装水。于是，他注册了车陂社区桶装水配送中心，设置在街道靠近中间位置、车辆进出比较方便的一个街面房内，暂时的唯一业务就是送水，水的品牌包括农夫山泉、乐百氏、怡宝、鼎湖山泉等。

2.配送的作用

配送本质上是运输，有人将配送比喻为"最后一公里的运输"，创造空间效用自然是它的主要功能。但配送不同于运输，它是运输在功能上的延伸。相对运输而言，配送除创造空间效用这一主要功能之外，其延伸功能可归纳为以下几个方面。

1)完善运输系统

现代大载重量的运输工具固然可以提高效率，降低运输成本，但只适于干线运输，因为干线运输才可能是长距离、大批量运输，而且才有可能呈现高效率、低成本的运输。支线运输一般是小批量，如果使用载重量大的运输工具则是一种浪费。支线小批量运输频次高、服务性强，要求比干线运输具有更高的灵活性和适应性，而配送通过其他的物流环节的配合，可实现定制化服务，能满足这种要求。因此，只有配送与运输的密切结合，使干线运输与支线运输有机统一起来，才能实现运输系统的合理化。

2)消除交叉输送

交叉输送模式如图5-1所示。在没有配送中心的情况下，由生产企业直接运送货物到用户，交叉运输输送路线长，规模效益差，运输成本高。如果在生产企业与客户之间设置配送中心，采取配送中心模式，如图5-2所示，则可消除交叉运输。因为设置配送中心以后，将原来直接由各生产企业送至各客户的零散货物通过配送中心进行整合再实施配送，缓解了交叉输送,从而使输送距离缩短,成本降低。

3)提高末端物流的经济效益

配送方式,通过配货和集中送货,或者与其他企业协商实施共同配送,可以提高物流系统的经济效益。

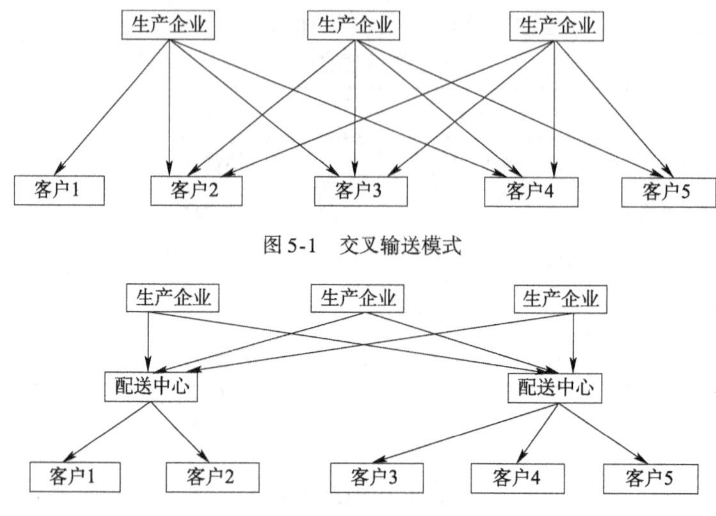

图5-1 交叉输送模式

图5-2 配送中心模式

4)实现低库存或零库存

配送通过集中库存,在同样的服务水平上,可使系统总库存水平降低,既降低了存储成本,也节约了运力和其他物流费用。尤其是采用准时制(JIT)配送方式后,生产企业可以依靠配送中心准时送货而无须保持自己的库存,或者只需要保持少量的安全库存,就可以实现生产企业的"零库存"或低库存,从而减少资金占用,改善企业的财务状况。

5)简化手续,方便用户

由于配送可提供全方位的物流服务,采用配送方式后,用户只需要向配送供应商进行一次委托,就可以得到全过程、多功能的物流服务,从而简化了委托手续和工作量,也节省了开支。

6)提高供应保证程度

采用配送方式,配送中心比任何单独供货企业有更强的物流能力,可使用户减少缺货风险。例如,巴塞罗那大众物流中心承担着大众、奥迪、斯柯达、菲亚特等四个品牌的汽车零部件的配送任务。四个品牌的汽车在整车下线前两个星期,有关这些车辆的88 000种零配件在这里可以全部采购到。假如用户新买的车坏了,只要在欧洲范围内,24h内就会有专门的配送公司把用户所需要的零部件送到手中。

3. 配送活动

配送实际上是一个物品集散过程,这一过程包括集中、分类和散发三个步骤。这三个步骤由一系列配送作业环节组成,通过这些环节的运作,配送的功能得以实现。

配送活动主要包括集货、拣选、配货、配装、配送运输、送达服务和配送加工等。

1)集货

集货是配送的首要环节,是将分散的、需要配送的物品集中起来,以便进行拣选和配货。为了满足特定用户的配送要求,有时需要把用户从几家甚至数十家供应商处预定的物品集中到一处。集货示意图如图5-3所示。

集货是配送的准备工作。配送的优势之一,就是通过集货形成规模效益。例如,深圳中海物流公司为 IBM 公司配送时,先将 IBM 公司遍布世界各地的 160 多个供应商提供的料件集中到香港中转站,然后通关运到深圳福田保税区配送中心,这是一个很复杂的集货过程。

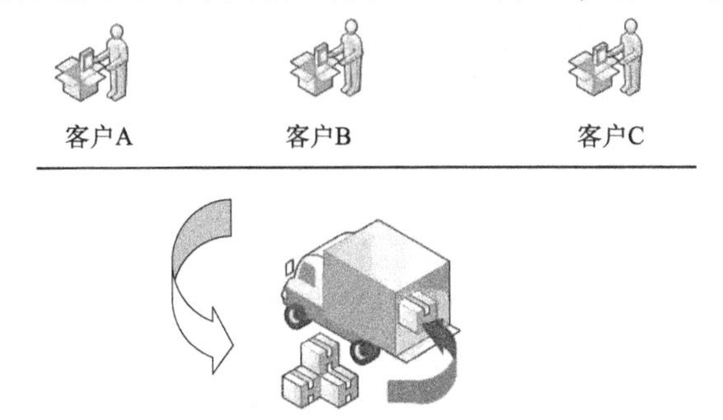

图 5-3　集货示意图

2)拣选

拣选指将需要配送的物品从储位上拣取出来,配备齐全,并按配装和送货要求进行分类,送入指定发货地点堆放的作业。拣货过程示意图如图 5-4 所示。拣选是保证配送质量的一项基础工作,它是完善集货、支持送货的准备性工作。成功的拣选,能大大减少差错,提高配送的服务质量。

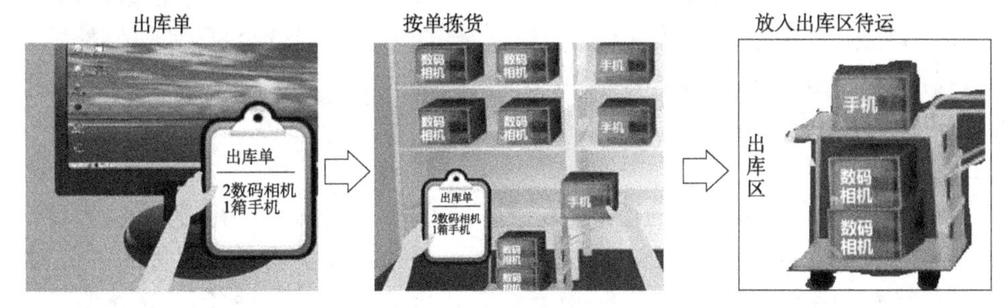

图 5-4　拣货过程示意图

3)配货

配货是将拣取分类完成的货品经过配货检查,装入容器并做好标记,再送到发货准备区,待装车后发送。配货示意图如图 5-5 所示。

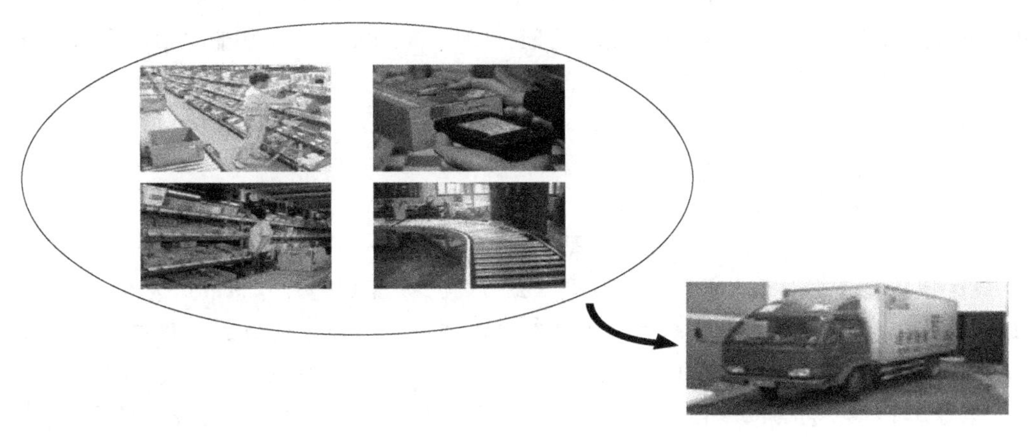

图 5-5　配货示意图

4)配装

配装也称为配载,指充分利用运输工具(如货车、轮船等)的载重量和容积,采用先进的装载方法,合理安排货物的装载。在配送中心的作业流程中安排配载,把多个用户的货物或同一个用户的多种货物合理地装载于同一辆车上,不但能降低送货成本,提高企业的经济效益,还可以减少交通流量,改善交通拥挤状况。

配装是配送系统中具有现代特点的功能要素,也是配送不同于一般送货的重要区别之一。

案例 5-2

配装活动的问题

某配送中心的出货区有如下货物:水果 200 箱,箱尺寸是 50cm×50cm×50cm;方便面 200 箱,箱尺寸是 50cm×60cm×50cm;食用油 200 箱,箱尺寸是 30cm×30cm×30cm。已知配送车辆的尺寸为 2m×4m×1.5m,两个客户需要的货物分别为以上货物的一半。如果现在需要将这些货物送到一条配送路线上的两个客户处,需要如何装载配送车辆?

5)配送运输

配送运输属于末端运输、支线运输。它和一般的运输形态的主要区别在于:配送运输是较短距离、较小规模、较高频度的运输形式,一般使用汽车作为运输工具。与干线运输的另一个区别是,配送运输的路线选择问题是一般干线运输所没有的。干线运输的干线是唯一的运输路线,不可选择,而配送运输由于配送客户多、地点分散,一般集中在城市内或城郊,交通路线较为复杂,存在空间和时间上的峰谷交替,如何组合最佳路线,如何使配装和路线选择有效搭配成为配送运输的工作难点,也是配送运输的特点。对于较为复杂的配送运输,需要数学模型规划整合来取得较好的运输效果。

6)送达服务

将配送好的货物运输到客户处还不算配送工作的结束,这是因为送达货物和客户接收货物往往还会出现不协调,使配送前功尽弃。因此,要圆满地实现送到之货的移交,并且有效、方便地处理相关手续并完成结算,还应当讲究卸货地点、卸货方式等。送达服务也是配送独具的特色。

7)配送加工

配送加工是流通加工的一种,是按照客户的要求所进行的流通加工。在配送活动中,有时根据用户的要求或配送对象,为便于流通和消费,改进商品质量,促进商品销售,需要对商品进行套裁、简单组装、分装、贴标、包装等加工活动。配送加工这一功能要素在配送中不具有普遍性,但往往具有重要的意义。通过配送加工,可以大大提高客户的满意程度。配送加工一般取决于客户的要求,加工目的比较单一。

案例 5-3

物流公司的配送加工服务

风速物流公司是一家从事配送的公司。公司的业务主要是为客户配送货物,随着业务的逐步展开,客户的要求也越来越多。很多客户希望将一些简单的流通过程中的加工工作交给公司来做。从开始的代客户拴标签、刷标志灯的工作,逐渐发展成为接受包装、分割、计量、组装等工作。公司为此专门开辟了一个工作区作为加工区。通过这些业务的开展,公司的盈利明显增加。

配送活动基本流程如图 5-6 所示。

不同类型、不同功能的配送中心或物流结点,其配送流程不完全一致,而且,不同商品由于其特性、用途及需求状况的不同，配送的流程也会有所不同。

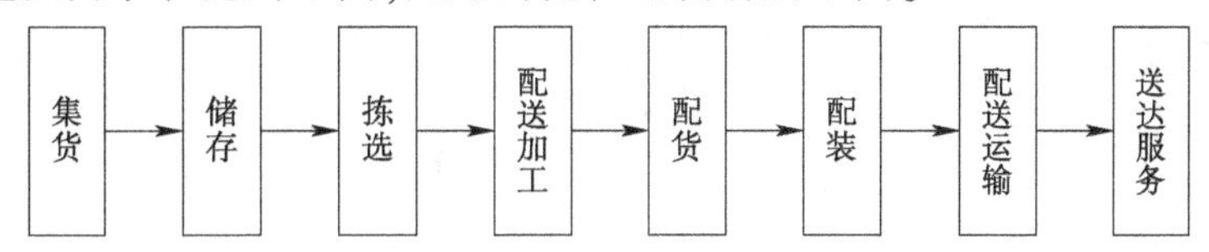

图 5-6　配送活动基本流程

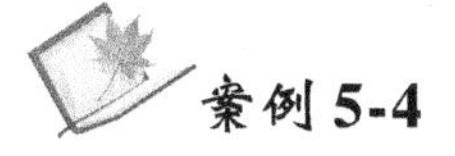

案例 5-4

不同类别的食品配送活动流程

食品由于种类繁多，形状特性各异，保质保鲜要求也不一样，通常有不同的流程，如图 5-7 所示。

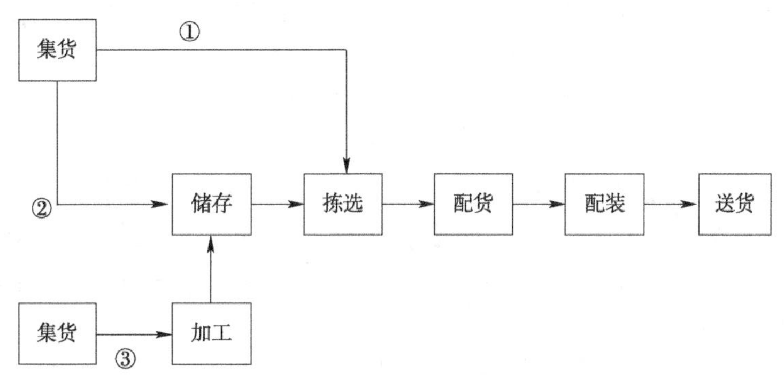

图 5-7　食品的三种配送流程

对于第①类货物，保质期较短和保鲜要求较高，如海鲜、鱼、肉类制品等，集货后不经过储存立即拣选、配货、配装后送达客户。

对于第②类货物，保质期较长，如矿泉水、方便食品等，可以在集货后经过储存保管，再按客户的要求组织配送。

对于第③类货物，需按客户的要求及商品特性经过配送加工后再组织配送，如速冻食品、大包装进货的食品等。

（二）配送的类别

1. 按配送货物种类和数量分类

按配送货物种类和数量分类，分为少品种大批量配送和多品种少批量配送两种。

（1）少品种大批量配送：适用于需要数量较大的商品，单独一种或少数品种就可以达到较大运输量，可实行整车运输，如煤炭等，如图 5-8 所示。

（2）多品种少批量配送：按用户要求，将所需的各种商品（每种商品需要量不大）配备齐全，凑成整车后由配送中心送达用户手中。日用商品的配送多采用这种方式，如图 5-9 所示。

图 5-8　少品种大批量

图 5-9　多品种少批量

2. 按配送时间及数量分类

按配送时间及数量分类，分为定时配送、定量配送、定时定量配送、即时配送和快递等几种不同的组织形式。

1）定时配送

定时配送是按照与用户商定的时间或时间间隔进行的配送。每次配送的品种和数量既可以预先在协议中约定，配送时按计划执行，也可由用户在送货之前以商定的联络方式（如电话、传真、电子邮件等）通知配送中心，配送中心根据通知中的品种和数量安排配送。

案例 5-5

万家定时配送

万家配送是一家为制造业提供材料配送的公司，因为企业的运行要求精密，货物必须在规定的时间送到，迟延意味着生产中断。因此，公司采用日配的方式为制造业提供服务，要求上午的配送订货，下午送达；下午的配送订货，第二天早上送达。这样就可以使用户获得在实际需要的前半天得到送货服务的保障，保证了客户生产的平稳，使客户满意度处于比较高的水平。

定时配送在时间上是固定的，对用户而言，便于按照自己的经营情况，在最理想的时间进货，也易于安排接货的人员和设备。对配送中心来说，有利于安排工作计划，有利于实施共同配送，以降低成本。但定时配送也有不足之处，主要是当用户选定的时间比较集中时，配送中心的任务安排不均衡。

定时配送的典型形式是日配式和准时—看板式。

（1）日配式。日配式是定时配送中使用较为广泛的一种形式，尤其是在城市内的配送活动中，日配占绝大部分。一般日配的时间要求大体是，上午的配送订货下午送达，下午的配送订货第二天上午送达，即实现在订货发出后 24h 之内将货物送到客户手中。

广泛而稳定地开展日配方式，可使客户基本上无须保持库存，做到以配送日配方式代替传统的库存来实现生产的准时和销售经营的连续性（无缺货）。

（2）准时—看板式。准时—看板式是实现配送供货与生产企业保持同步的一种配送方式。与日配方式和一般定时配送方式相比，这种方式更为精确和准确，配送组织过程也更加严密。其配送要与企业生产节奏同步，每天至少一次，甚至几次，以保证企业生产的不间断。这种配送方式的目的是实现供货时间恰好是用户生产之时，从而保证货物不需要在用户的仓库中停留，可直接运送至生产现场，这样与日配形式比较，连“暂存”这种过程也可取消，可以绝对地实现零库存。

准时—看板式要求依靠高水平的配送系统来实现。由于要求迅速反应，因而对多用户进行周密的共同配送计划是不可能的。这种形式较适合于装配型、重复生产的用户，其所需配送的货物是重复的、大量的，因而往往是一对一的配送。

2）定量配送

定量配送是指按照规定的数量（批量），在一个指定的时间范围内（对配送时间不严格限定）进行配送。这种配送方式配送货物的数量固定，备货比较方便、简单，可以依据托盘、集装箱及车辆的装载能力来测定配送的数量，也能够有效利用托盘、集装箱等集装方式，可做到整车配送，配送的效率较高。另外，由于对配送的时间要求不严格限定，因此在时间上能够将不同客户所需的货物配装成一辆整车后进行配送运输，这样能提高运力的利用率。而对于客户来讲，由于每次送达的货物数量是固定的，所以接货工作也易于组织，客户的生产和销售计划也易于与配送活动保持同步进行。不足之处在于,由于每次配送的数量保持不变,因此不够机动灵活,有时会增加客户的库存,造成库存过高或销售积压。

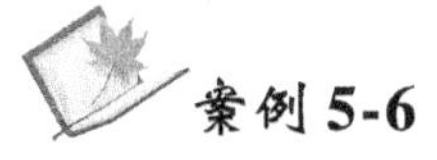

案例 5-6

速达公司的定量配送

速达配送公司是一家综合性配送公司,为周边的制造业、商业客户提供配送服务。因为有部分客户对送货时间的要求不是很严格,因此公司决定针对这部分客户采取定量配送的方式。这样操作使得送货数量固定,备货工作较为简单,可以根据托盘、集装箱及车辆的装载能力规定配送的定量,能够有效利用托盘、集装箱等集装方式,也可做到整车配送,配送效率较高。对于用户来讲,每次接货都处理同等数量的货物,有利于人力、物力的准备工作。如此,既满足了客户的需求,又保持了较高的服务水平。

3)定时定量配送

定时定量配送是按照所规定的配送时间和配送的数量来组织配送。这种形式兼有定时配送和定量配送两种形式的优点,但是对配送组织要求较高,计划难度大,不太容易做到既与客户的生产节奏保持合拍,同时又保持较高的配送效率,实际操作较困难。一般适合于配送专业化程度高的厂商(如汽车、家用电器、机电产品制造业等配送中心)配送。

案例 5-7

晨光公司的定时定量配送

晨光配送公司是一家为汽车、家电及机电产品制造商提供材料配送的物流服务商。随着服务的开展,客户提出要求定时定量配送的越来越多,但是因为定时定量配送兼有定时配送和定量配送两种方式的特点,对配送企业的要求比较严格,管理和作业的难度较大,公司对该方式的使用一直比较谨慎。经过调研和自身能力的评估,公司认为自身的客户特点适合开展这种配送方式,因此积极地与客户协商签订了协议,依据协议,采用看板方式来确定配送的时间和数量,取得了良好的效果。

4)即时配送

即时配送是指完全按照客户提出的送货时间和送货数量,随时进行的配送组织形式。这是一种灵活性和机动性很强的应急配送方式。采用这种配送方式,对客户而言,可以用即时配送来代替保险储备。但对配送的组织者来说,很难做到充分利用运力,配送成本较高。同时,由于这种配送形式完全按照客户的要求来进行,因而配送的计划性较差,对配送组织过程要求高,对配送企业的应变能力和快速反应能力要求也比较高。其优点是满足客户要求的能力强,对提高配送企业的管理水平和作业效率有利。当然,这种服务方式成本较高,不是经常采用的一种方式。

案例 5-8

精准配送公司的即时配送

精准配送公司是一家从事电子产品配送的物流服务商,为手机店提供手机等电子产品配送是其主要的业务。因为这类产品的价格变化较快,客户往往只留很少的库存或者采取零库存策略,因此,配送的时间和数量要求非常不确定。公司经常因为客户的临时插单而影响正常的工作程序。为了解决这一问题,公司开发了一套实用的软件来处理订单,安排配送工作过程。经过努力,公司目前已经能够应对这种预先不确定时间、数量及送货路线的订单,成为配送的先进企业。

5)快递

快递是一种快速的、向社会广泛提供服务的配送方式。一般而言,这种方式覆盖范围较广,服务承诺的时限随着地域的变化而变化。所以,这种配送方式很少用作生产企业“零库存”的配送。

正因为快递配送的对象是广大企业和个人客户,配送的物品主要是小件物品,而且以快速、便利为特色,所以颇受青睐,发展很快。日本的“宅急便”、美国的“联邦快递”,我国邮政系统的“特快专递”等都是运作的异常成功的快递式配送企业。

3. 按配送的组织形式分类

1)集中配送

集中配送就是由专门从事配送业务的配送中心对多个用户开展配送业务。

集中配送的品种多、数量大,一次可同时对同一线路中的几家用户进行配送,其配送的经济效益明显,是配送的主要形式。

2)共同配送

共同配送是指几个配送中心联合起来,共同制订计划,共同对某一地区用户进行配送,具体执行时共同使用配送车辆。

3)分散配送

分散配送是由商业零售网点对小量、零星商品或临时需要的商品进行的配送业务。这种配送适合于近距离、多品种、少批量的商品的配送。

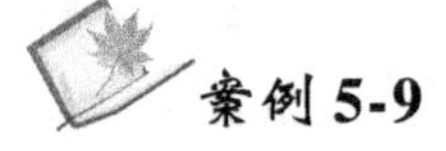

案例 5-9

旭日公司的分散配送

旭日配送公司坐落在一个服装零售网点附近,市场中的很多商户经常会临时要求送几件货物到附近的一些地方,因为距离比较近,商品数量也比较少,公司安排起来并不十分困难。因此,公司专门为这类要求配备了两个员工,同时配备了两辆电动车,及时地为客户提供服务。因为服务周到,这些客户将其他大宗业务也放到该公司来做,促进了公司的发展。

4)加工配送

加工配送是指在仓库或配送中心对货物进行必要的加工。这种方式将流通加工和配送一体化,使加工更有计划性,配送服务更趋完善。如图5-10所示是某公司的啤酒装瓶加工配送示意图。

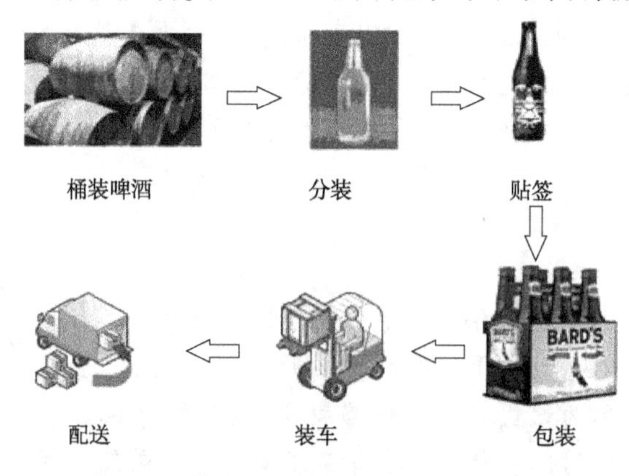

图5-10 某公司的啤酒装瓶加工配送示意图

4. 按配送的职能分类

1) 销售配送

销售配送是指销售企业作为销售战略一环所进行的促销型配送。批发企业建立的配送中心多开展这项业务。批发企业通过配送中心把商品批发给各零售商店的同时,也可与生产企业联合,生产企业可委托配送中心储存商品,按厂家指定的时间、地点进行配送。

2) 供应配送

供应配送是指为了自己的供应需求所采取的配送形式,是大型企业集团或连锁店中心为自己的零售店所开展的配送业务。它们通过自己的配送中心或与消费品配送中心联合进行配送,使零售店与供方变为同一所有者的公司各部门内部的业务,从而减少了许多手续,缓和了许多业务矛盾,各零售店在订货、退货、增加经营品种上也得到了更多的便利。

二、配送的基本作业程序

1. 配送作业的基本环节

配送作业是按照用户的要求,把货物分拣出来,按时按量发送到指定地点的过程。从总体上讲,配送是由备货、理货和送货三个基本环节组成的。其中每个环节又包含若干项具体的、枝节性的活动。

1) 备货

备货指准备货物的系列活动,它是配送的基础环节。严格来说,备货包括两项具体活动:筹集货物和存储货物。

2) 理货

理货是配送的一项重要内容,也是配送区别于一般送货的重要标志。理货包括货物分拣、配货和包装等经济活动,其中分拣是指采用适当的方式和手段,从储存的货物中选出用户所需货物的活动。分拣货物一般采取两种方式来操作:其一是摘取式;其二是播种式。

3) 送货

送货是配送活动的核心,也是备货和理货工序的延伸。在物流活动中,送货实际上就是货物的运输。在送货过程中,常常进行三种选择,即运输方式、运输路线和运输工具。

2. 配送作业的一般流程

配送作业是配送企业或部门运作的核心内容,因而配送作业流程的合理性以及配送作业效率的高低都会直接影响整个物流系统的正常运行。配送作业的一般流程如图 5-11 所示。

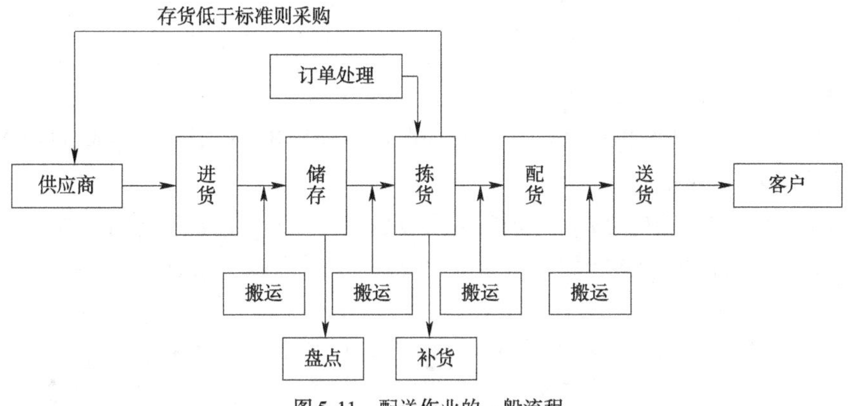

图 5-11　配送作业的一般流程

当收到用户订单后，首先将订单按其性质进行“订单处理”，之后根据处理后的订单信息，进行从仓库中取出用户所需货品的“拣货”作业。拣货完成，一旦发现拣货区所剩余的存货量过低时，则必须由储存区进行“补货”作业。如果储存区的存货量低于规定标准时，便向供应商采购订货。从仓库拣选出的货品经过整理之后即可准备“发货”，等到一切发货准备就绪，司机便可将货品装在配送车上，向用户进行“送货”作业。另外，在所有作业进行中，可发现只要涉及物的流动作业，其间的过程就一定有“搬运”作业。

3. 进货作业和订单处理

1)进货作业

(1)进货作业基本流程。

进货作业包括接货、卸货、验收入库，然后将有关信息书面化等一系列工作。进货作业的基本流程如图5-12所示。在其流程安排中，应注意以下事项：

①应多利用配送车司机卸货，以减少公司作业人员和避免卸货作业的拖延。

②尽可能将多样活动集中在同一工作站，以节省必要的空间。

③尽量避开进货高峰期，并依据相关性安排活动，以达到距离最小化。

④详细记录进货资料，以备后续存取核查。

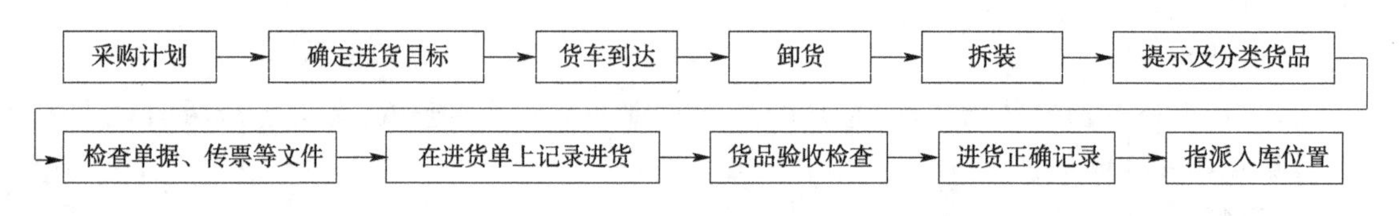

图5-12 进货作业流程

(2)货物编码。

进货作业是配送作业的首要环节。为了让后续作业准确而快速地进行，并使货物品质及作业水准得到妥善维持，在进货阶段对货物进行有效的编码是一项十分重要的内容。编码结构应尽量简单，长度尽量短，一方面便于记忆，另一方面也可以节省机器存储空间，减少代码处理中的差错，提高信息处理效率。常用的编码方法有以下几种：

①顺序码。

②数字分段码。

③分组编码。

④实际意义编码。

⑤后数位编码。

⑥暗示编码。

(3)货物分类。

货物分类是将多品种货物按其性质或其他条件逐次区别，分别归入不同的货物类别，并进行有系统的排列，以提高作业效率。

在实际操作中，对品项较多的分类储存，可分为两个阶段、上下两层同时进行输送。

①由条码读取机读取箱子上的物流条码，依照品项做出第一次分类，再决定归属上层或下层的存储输送线。

②上、下层的条码读取机再次读取条码，并将箱子按各个不同的品项，分门别类到各个储存线上。

③在每条储存线的切离端,箱子堆满一只托盘后,一长串货物即被分离出来;当箱子组合装满一层托盘时,就被送入中心部(利用推杆,使其排列整齐),之后,箱子在托盘上一层层地堆叠,堆到预先设定的层数后完成分类。

④操作员用叉式堆高机将分好类的货物依类运送到储存场所。

(4)货物验收检查。

货物验收是对产品的质量和数量进行检查的工作。其验收标准及内容如下:

①货物验收的标准。

a. 采购合同或订单所规定的具体要求和条件。

b. 采购合约中的规格或图解。

c. 议价时的合格样品。

d. 各类产品的国家品质标准或国际标准。

②货物验收的内容。

a. 质量验收。

b. 包装验收。

c. 数量验收。

(5)货物入库信息的处理。

到达配送中心的商品,经验收确认后,必须填写"验收单",并将有关入库信息及时准确地登入库存商品信息管理系统,以便及时更新库存商品的有关数据。货物信息登录的目的在于为后续作业环节提供管理和控制的依据。此外,对于作业辅助信息也要进行搜集与处理。

2)订单处理

(1)订单处理的含义。

从接到客户订单开始到着手准备拣货之间的作业阶段,称为订单处理。通常包括订单资料确认、存货查询、单据处理等内容。

(2)订单处理的基本内容及步骤。

订单处理分人工和计算机两种形式。人工处理具有较大弹性,但只适合少量的订单处理。计算机处理则速度快、效率高、成本低,适合大量的订单处理,因此目前主要采取后一种形式。订单处理的基本内容及步骤如图5-13所示。

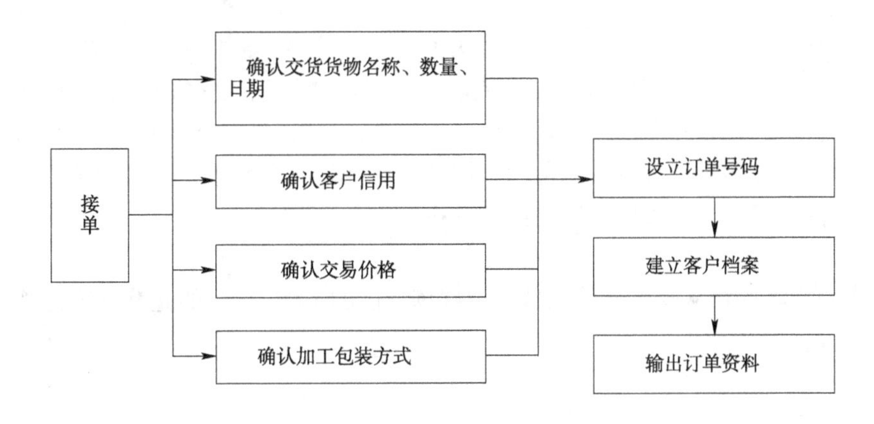

图5-13　订单处理的基本内容及步骤

(3)订单的确认。

接单之后,必须对相关事项进行确认。主要包括以下几方面:

①货物数量及日期的确认。即检查品名、数量、送货日期等是否有遗漏、笔误或不符合公司要求的情形。尤其当送货时间有问题或出货时间已延迟时,更需与客户再次确认订单内容或更正运送时间。

②客户信用的确认。不论订单是由何种方式传至公司,配送系统都要核查客户的财务状况,以确定其是否有能力支付该订单的账款。通常的做法是检查客户的应收账款是否已超过其信用额度。

③订单形态确认。主要分一般交易订单、间接交易订单、现销式交易订单等。

④订单价格确认。对于不同的客户(批发商、零售商)、不同的订购批量,可能对应不同的售价,因而输入价格时系统应加以检核。若输入的价格不符(输入错误或业务员降价接受订单等),系统应加以锁定,以便主管审核。

⑤加工包装确认。客户订购的商品是否有特殊的包装、分装或贴标等要求,或是有关赠品的包装等资料,系统都需加以专门的确认记录。

4. 拣货作业和补货作业

1)拣货作业

拣货作业是配送作业的中心环节。所谓拣货,是依据顾客的订货要求或配送中心的作业计划,尽可能迅速、准确地将商品从其储位或其他区域拣取出来的作业过程。拣货作业系统的重要组成元素包括拣货单位、拣货方式、拣货策略、拣货信息、拣货设备等。

(1)拣货作业流程。

拣货作业在配送作业环节中不仅工作量大,工艺复杂,而且要求作业时间短,准确度高,服务质量好。拣货作业流程如下:制作拣货作业单据→安排拣货路径→分派拣货人员拣货。

整个拣货作业所消耗的时间主要包括以下四大部分:

①订单或送货单经过信息处理,形成拣货指示的时间。

②行走或搬运货物的时间。

③准确找到货物的储位并确认所拣货物及数量的时间。

④拣取完毕,将货物分类集中的时间。

(2)拣货方式。

拣货作业最简单的划分方式,是将其分为按订单拣取、批量拣取与复合拣取三种方式。按订单拣取是分别按每份订单拣货;批量拣取是多张订单累积成一批,汇总后形成拣货单,然后根据拣货单的指示一次拣取商品,再根据订单进行分类;复合拣取是将以上两种方式组合起来的拣货方式,即根据订单的品种、数量及出库频率,确定哪些订单适合按订单拣取,哪些适合批量拣取,然后分别采取不同的拣货方式。

2)补货作业

补货作业是将货物从仓库保管区域搬运到拣货区的工作,其目的是确保商品能保质、保量、按时送到指定的拣货区。

(1)补货方式。

①整箱补货。

②托盘补货。

③货架上层—货架下层的补货方式。

(2)补货时机。

①批组补货。每天由计算机计算所需货物的总拣取量和查询动管区存货量后得出补货数量,从而在拣货之前一次性补足,以满足全天拣货量。这种一次补足的补货原则,较适合一日内作业量变化不大、紧急插单不多或是每批次拣取量大的情况。

②定时补货。把每天划分为几个时点,补货人员在时段内检查动管拣货区货架上的货品存量,若不足则及时补货。这种方式适合分批拣货时间固定且紧急处理较多的配送中心。

③随机补货。指定专门的补货人员,随时巡视动管拣货区的货品存量,发现不足则随时补货。这种方式较适合每批次拣取量不大、紧急插单多以至于一日内作业量不易事先掌握的情况。

5. 配货作业和送货作业

1)配货作业

配货作业是指把拣取分类完成的货品经过配货检查过程后,装入容器并做好标示,再运到配货准备区,待装车后发送。配货作业既可采用人工作业方式,也可采用人机作业方式,还可采用自动化作业方式,但组织方式有一定区别。配货作业流程如图5-14所示。

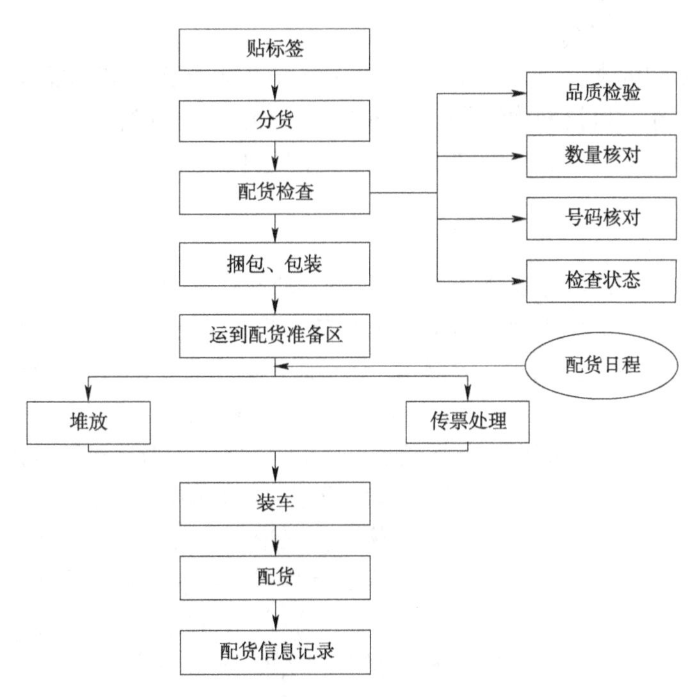

图5-14 配货作业流程

2)送货作业

送货作业是利用配送车辆把用户订购的物品从制造厂、生产基地、批发商、经销商或配送中心,送到用户手中的过程。送货通常是一种短距离、小批量、高频率的运输形式,它以服务为目标,以尽可能满足客户需求为宗旨。

送货作业的一般业务流程如图5-15所示。在各阶段的操作过程中,需要注意的要点有:明确订单内容、掌握货物的性质、明确具体配送地点、适当选择配送车辆、选择最优的配送线路及充分考虑各作业点装卸货时间。

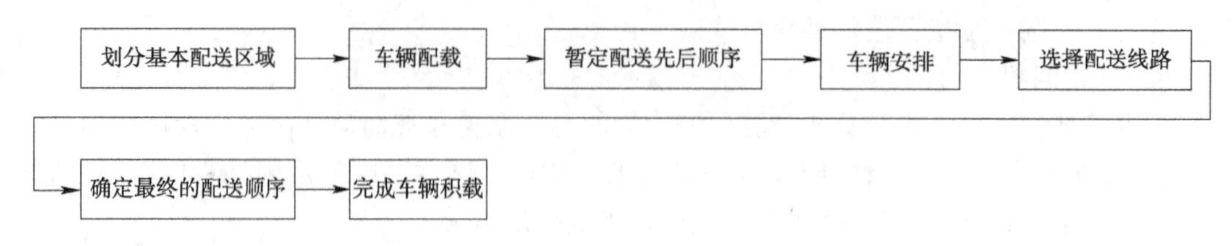

图 5-15 送货作业流程

(1)划分基本配送区域。

为使整个配送有一个可循的基本依据,应首先将客户所在地的具体位置做一系统统计,并将其作业区域进行整体划分,将每一客户囊括在不同的基本配送区域之中,以作为下一步决策的基本参考。如按行政区域或依交通条件划分不同的配送区域,在这一区域划分的基础上再作弹性调整来安排配送。

(2)车辆配载。

由于配送货物品种、特性各异,为提高配送效率,确保货物质量,在接到订单后,首先必须将货物依特性进行分类,然后分别选取不同的配送方式和运输工具,如按冷冻食品、速食品、散装货物、箱装货物等分类配载;其次,配送货物也有轻重缓急之分,必须按照先急后缓的原则,合理组织运输配送。

(3)暂定配送先后顺序。

在考虑其他影响因素,作出确定的配送方案前,应先根据客户订单要求的送货时间将配送的先后作业次序作一概括的预订,为后面车辆积载做好准备工作。计划工作的目的,是为了保证达到既定的目标,所以,预先确定基本配送顺序既可以有效地保证送货时间,又可以尽可能提高运作效率。

(4)车辆安排。

车辆安排要解决的问题是安排什么类型、吨位的配送车辆进行最后的送货。一般企业拥有的车辆有限,车辆数量亦有限,当本公司车辆无法满足要求时,可使用外雇车辆。在保证配送运输质量的前提下,是组建自营车队,还是以外雇车为主,则须视经营成本而定,具体如图 5-16 所示。曲线 1 表示外雇车辆的运送费用随运输量的变化情况;曲线 2 表示自有车辆的运送费用随运量的变化情况。当运量小于 A 时,外雇车辆费用小于自由车辆费用,所以应选用外雇车辆;当运输量大于 A 时外雇车辆费用大于自由车辆费用,所以应选用自由车辆。但无论自由车辆还是外雇车辆,都必须事先掌握有哪些车辆可以供调派并符合要求,即这些车辆的容量和额定载重是否满足要求;其次,安排车辆之前,还必须分析订单上货物的信息,如体积、重量、数量等对于装卸的特别要求等,综合考虑各方面因素的影响,作出最合适的车辆安排。

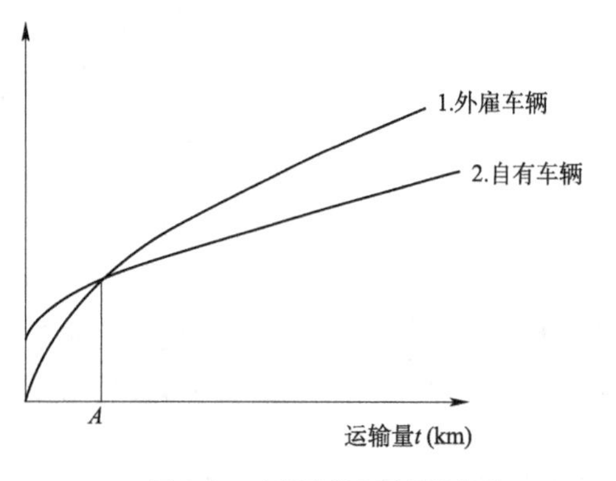

图 5-16 车辆安排和运量的关系

(5)选择配送线路。

知道了每辆车负责配送的具体客户后,如何以最快的速度完成对这些货物的配送,即如何选择配送距离短、配送时间短、配送成本低的线路,需根据客户的具体位置、沿途的交通情况等作出优先选择和判断。除此之外,还必须考虑有些客户或其所在地的交通环境对送货时间、车型等方面的特殊要求,如有些客户不在中午或晚上收货,有些道路在高峰期实行特别的交通管制等。

(6)确定最终的配送顺序。

做好车辆安排及选择最好的配送线路后,依据各车负责配送的具体客户的先后,即可将客户的最终派送顺序加以明确的确定。

(7)完成车辆积载。

明确了客户的配送顺序后,接下来就是如何将货物装车,以什么次序装车的问题,即车辆的积载问题。原则上,知道了客户的配送顺序先后,只要将货物依"后送先装"的顺序装车即可。但有时为了有效利用空间,可能还要根据货物的性质(怕震、怕压、怕撞、怕湿)、形状、体积及重量等作出弹性调整。此外,对于货物的装卸方法也必须依照货物的性质、形状、重量、体积等来做具体决定。

6. 退调作业和信息处理

1)退调作业

退调作业涉及退货商品的接收和退货商品的处理。而退货商品的处理,还包含着退货商品的分类、整理(部分商品可重新入库)、退供货商或报废销毁以及账务处理。

2)信息处理

在配送中心的运营中,信息系统起着中枢神经的作用,其对外与生产商、批发商、连锁商场及其他客户等联网,对内向各子系统传递信息,把收货、储存、拣选、流通加工、分拣、配送等物流活动整合起来,协调一致,指挥、控制各种物流设备和设施高效率运转。在配送中心的运营中包含着三种"流",即物流、资金流和信息流。

任务实训

配送认知实训

【实训目标】

1. 掌握配送的相关概念;
2. 掌握配送的作业流程;
3. 熟悉不同的配送类型。

【实训任务】

有一销售企业,主要对自己的销售点和大客户进行配送,配送方法为销售点和大客户有需求就立即组织装车送货,结果经常造成送货车辆空载率过高,同时往往出现所有车都派出去而其他客户需求满足不了的情况。所以销售经理一再要求增加送货车辆,由于资金原因一直没有购车。

要求完成以下任务:

(1)如果你是公司决策人,你会买车来解决送货效率低的问题吗?为什么?

(2)请用配送的含义分析该案例,并提出解决办法。

【实训道具】

1. 书本;
2. 可以上网的电脑。

【实训考核】

实训考核表见表5-2。

实训考核表 表5-2

考核人		被考核人	
考核地点			
考核内容	配送作业认知		
考核标准	具体内容	分值(分)	实际得分
	配送的相关概念掌握程度	30	
	配送方式的选择	20	
	配送流程的优化程度	20	
	实训报告完成认真按时提交	10	
	配送单格式正确	10	
	团队分工合作	10	
合计		100	

任务二　配送路线设计与优化

【应知应会】

通过本工作任务的学习与具体实施,学生应学会下列知识:

1. 熟悉配送路线的设计原则;
2. 掌握配送路线设计与优化的方法;
3. 熟悉节约法相关原理。

应该掌握下列技能:

1. 会正确地使用节约法设计和优化配送路线;
2. 会正确地绘制最短路线图。

【学习要求】

1. 学生在上课前,应到本课程网站或借助于互联网本工作任务相关的教学内容进行预习;
2. 本课程采用理实一体化的模式组织教学,学生在学习过程中,要善于动手,不怕脏不怕累;
3. 每个工作任务学习过程结束后,学生能独立完成任务工作单的填写。

百胜物流线设计与优化

对于连锁餐饮业(OSR)来说,由于原材料价格相差不大,物流成本始终是企业成本竞争的焦点。对于锱铢必较的行业来说,靠物流手段节省成本不容易。然而,作为肯德基、必胜客等业内巨头的指定物流供应商,百胜物流公司抓住物流环节大做文章,通过合理地运输安排,有效地实现了物流成本的“缩水”。

运输排程的意义在于,尽量使车辆满载,只要货量许可,就应该做相应的调整,以减少总行驶里程。由于连锁餐饮业餐厅的进货时间是事先约好的,这就需要配送中心就餐厅的需要,制定一个类似列车时刻表的主班表,此表是针对连锁餐饮餐厅的进货时间和路线详细规划制定的。

众所周知,餐厅的销售存在着季节性波动,因此主班表至少有旺季、淡季两套方案。有必要的话,应该在每次营业季节转换时重新审核运输排程表。安排主班表的基本思路是:首先计算每家餐厅的平均订货量,设计出若干条送货路线,覆盖所有的连锁餐厅,最终达到总行驶里程、所需要驾驶员人数和车辆数最少的目的。

规划主班表远不只人们想象的那样简单。首先,需要了解最短路线的点数。从几个到成百甚至上千个点,路径的数量也相应增多到成千上万。其次,每个点都有一定数量的货物流需要配送或提取,因此要寻找的不是一条串联所有点的最短路线,而是每条串联几个点的若干条路线的最优组合。另外,还需要考虑许多限制条件,如车辆的装载能力、车辆数目、每个点在相应的时间开放窗口等,问题的复杂度随着约束数目的增加呈几何级数增加。

在主班表确定以后,就要进入每日运输排程,也就是每天审视各条路线的实际货量,根据实际货量对配送路线进行调整,通过对所有路线逐一进行安排,可以去除几条送货路线,至少也能减少某些路线的行驶里程,最终达到增加车辆利用率、提高驾驶员工作效率和降低总形式里程的目的。

案例思考

配送在现代物流中发挥什么的作用?

相关知识

一、配送线路优化设计

配送路线设立与否对配送速度、成本、效益影响很大,配送路线的优化设计对合理快速的配送起到很关键的作用。

1. 配送路线确定的原则

无论采取哪种方法配送,都必须根据想要达到的明确目标及实现该目标的限制因素来确定配送路线的原则。根据配送的具体要求、配送企业的实力及客观条件来确定所要选择的目标。可供选择的目标主要有以下几个方面:

(1)效益最高。这种目标是指以企业的利润值尽可能大为目标。选择以效益为目标主要考虑的是当前效益,同时也要兼顾长远效益。由于效益是企业各项经济活动的综合反应,单纯与配送路线建立联系并不能真实地反应对效益的确切影响,因此一般很少采用这一目标。

(2)成本最低。配送路线与配送成本之间有密切的关系,计算配送路线的送货成本相对于效益目标而言要简化,具有可操作性,是比较实用且常用的选择目标。

(3)里程最短。

(4)吨公里最小。

(5)运力运用最合理。

(6)劳动消耗最低。

从以上几个目标来看,里程最短、吨公里最小、劳动消耗最低都直接与成本相关,而运力运用最合理这项也间接地与成本有联系,且由于成本的降低最终也影响到效益目标的实现,以成本为目标与以效益为目标事实上相辅相成,因此,成本控制在配送路线的选择与确定工作中,占有核心地位。

2. 配送路线的约束条件

无论选择哪个目标或是实现哪个目标,都是有一定的约束条件的,只有在满足这些约束条件的前提下才能实现这些目标。一般在进行配送路线的选择时,有以下几个约束条件:

(1)满足所有收货人对货物品种、规格以及数量的要求。

(2)满足收货人对货物发到时间范围的要求。

(3)在容许同行的时间内进行配送,各配送路线的货物量不得超过车辆容积和载重量的限制。

(4)在已有送货运力资源容许范围内。

3. 配送路线优化方法

配送路线优化的目标与送货作业的目标是一致的,都是让客户满意和成本尽可能降低。从路线的角度,让客户满意的体现就是在路上送货的时间尽可能短,以便尽快地交付客户手中。要想时间短,可以从两个方面实现,即送货速度快或送货路程短。速度快往往意味着费用高,成本控制方面压力大;而路程短则可以在同等的时间内,以相对较经济的速度满足客户的要求。路程短可以使各项送货成本均得到一定程度的降低,因此通常配送路线的优化选择都是以最短路程为原则进行的,下面介绍最短路线设计的主要方法。

根据送货作业的实际情况,配送业务中出现最多的是以下两种情况:从单个配送中心向单个客户往返及单个配送中心向多个客户循环送货后返回。这两种情况的配送路线最短设计可以归结为两类问题,即两点间最短路线问题和单起点多回路最短路线问题。

1)两点间最短路线问题

在配送路线设计中,当配送的起点和终点都只有一个,即由一个配送中心向一个特定的客户进行专门送货时,这种情况一般是针对优质的主要客户,客户的送货需求量大且对达到时间的准确性要求高,需专门派一辆或多辆车一次或多次送货。这样的配送重点在于节省时间、多装快跑,提高送货的时间准确性。另外,在构造一个配送中心的配送网络路线图时,需要计算配送中心与每个客户的最短距离路线,这些都可以归结为配送路线设计时,需求两点间的最短路径问题,现在我们以一个例子来说明如何解决此类问题。

如图5-17所示,某配送中心与一个客户之间的公路网络示意图,O起点为配送中心所在位置,P终点为客户所在地位置,其他A、B、C、D代表从O到P途中要经过的节点,节点与节点之间有路线连接,路线上表明了两个节点之间的距离,以运行时间表示。现在要在该图上找出一条从配送中心(O起点)到客户(P终点)之间的最短路线。最短路线计算表见表5-3。

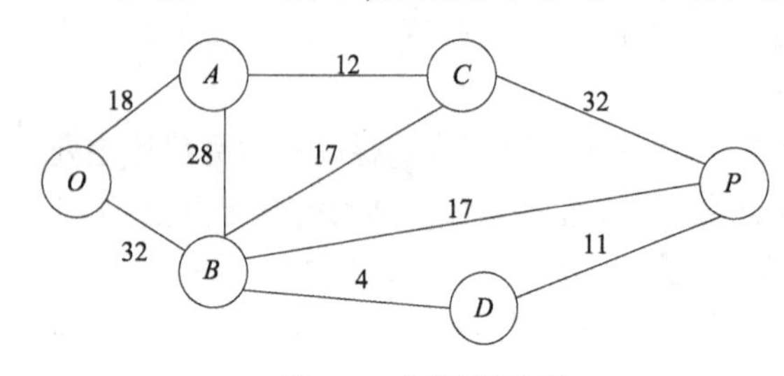

图5-17 公路网络实例

最短路线计算表 表5-3

步骤	已解节点	与该已解节点之间连接的未解节点	对应路线	对应总运行里程	最短路线距离	新增的已解节点	选中的路径
1							
2							
3							

表5-3中各空白栏的计算方法是，第一个节点就是起点 O，它是已解节点。与 O 点直接连接的未解节点有 A、B。第一步，我们可以看到 A 点是距 O 点最近的节点，记为 OA，由于 A 点是唯一的选择，所以它成为已解节点。

随后，找出距 O 点和 A 点最近的未解的节点，列出距各个已解的节点最近的连接点，我们有 $O—B$，$O—A—C$，$O—A—B$，记为第二步。注意从起点通过已解的节点到某一点所需要的时间应该等于到达这个已解节点的最短时间加上已解节点与未解节点之间的时间，也就是说，从 O 点经过 A 点达到 B 点的距离为 $OA + OB = 18 + 28 = 48$(min)，同样，从 O 点到达 C 点的时间为30min；而从 O 点直达 B 点的时间为32min；现在从 O 点到 C 点的距离最短，C 点也成为已解的节点。

重复上述过程直到达到终点 P，即第五步。最短的路线距离是47min，最短的路线是 $O—B—D—P$。计算后的图标如表5-4所示。

最短路线计算表(计算结果)　　表5-4

<table>
<tr><th>步骤</th><th>已解节点</th><th>与该已解节点之间连接的未解节点</th><th>对应路线</th><th>对应总运行里程(min)</th><th>最短路线距离(min)</th><th>新增的已解节点</th><th>选中的路径</th></tr>
<tr><td rowspan="2">1</td><td rowspan="2">O</td><td>A</td><td>OA</td><td>18</td><td rowspan="2">18</td><td rowspan="2">A</td><td rowspan="2">OA</td></tr>
<tr><td>B</td><td>OB</td><td>32</td></tr>
<tr><td rowspan="3">2</td><td>O</td><td>B</td><td>OB</td><td>32</td><td rowspan="3">30</td><td rowspan="3">C</td><td rowspan="3">OAC</td></tr>
<tr><td rowspan="2">A</td><td>C</td><td>OAC</td><td>30</td></tr>
<tr><td>B</td><td>OAB</td><td>46</td></tr>
<tr><td rowspan="4">3</td><td>O</td><td>B</td><td>OB</td><td>32</td><td rowspan="4">32</td><td rowspan="4">B</td><td rowspan="4">OB</td></tr>
<tr><td>A</td><td>B</td><td>OAB</td><td>46</td></tr>
<tr><td rowspan="2">C</td><td>P</td><td>OACP</td><td>62</td></tr>
<tr><td>B</td><td>OACB</td><td>47</td></tr>
<tr><td rowspan="5">4</td><td>O</td><td>无</td><td>无</td><td>无</td><td rowspan="5">36</td><td rowspan="5">D</td><td rowspan="5">OBD</td></tr>
<tr><td>A</td><td>无</td><td>无</td><td>无</td></tr>
<tr><td>C</td><td>P</td><td>OACP</td><td>62</td></tr>
<tr><td rowspan="2">B</td><td>D</td><td>OBD</td><td>36</td></tr>
<tr><td>P</td><td>OBP</td><td>49</td></tr>
<tr><td rowspan="5">5</td><td>O</td><td>无</td><td>无</td><td>无</td><td rowspan="5">47</td><td rowspan="5">P</td><td rowspan="5">OBDP</td></tr>
<tr><td>A</td><td>无</td><td>无</td><td>无</td></tr>
<tr><td>C</td><td>P</td><td>OACP</td><td>62</td></tr>
<tr><td>B</td><td>P</td><td>OBP</td><td>49</td></tr>
<tr><td>D</td><td>P</td><td>OBDP</td><td>47</td></tr>
</table>

总结两点间最短路计算方法是：始发点作为已解点，计算从始发点开始。

(1)第 n 次迭代的目标。寻找第 n 次最近始发点的节点，重复 $n = 1$、2…直到最近的节点是终点为止。

(2)第 n 次迭代的输入值。$(n-1)$个最近始发点的节点是由以前的迭代根据离始发点最短路线和距离计算而得的。这些节点以及始发点称为已解的节点，其余的节点是尚未解的节点。

(3)第 n 次最近节点的候选点。每个已解的节点由线路分支通向一个或多个尚未解的节点，这些未解的节点中有一个以最短路线分支连接的是候选点。

(4)第 n 个最近的节点的计算。将每个已解的节点及其候选点之间的距离和从始发点到该已解节点之间的距离加起来，总距离最短的候选点即第 n 个最近的节点，也就是始发点达到该点最短距离的路径。

2)单起点多回路最短路线问题

单起点多回路最短路线是指一个配送中心向多个客户进行循环送货,送货车辆送完后再发回配送中心。由于受送货时间及送货路线里程的制约,通常不可能用一条路线为所有客户送货,而是设计数条送货路线,每条线路为某几个客户送货。同一条路线上由一辆配载着这条线路上所有的客户需求货物的车,按照预先设计好的最佳路线依次将货物送达该路线上每一个客户并最终返回配送中心。其基本条件是同一条线路上所有客户的需求量总和不大于一辆车的额定载重量,送货时,由这一辆车装着所有客户的货物,沿着一条精心挑选的最佳路线依次将货物送到各个客户手中,这样既保证按时按量将用户需要的货物及时送到,又节约了车辆,节省了费用,缓解了交通紧张的压力,并减少了运输对环境造成的污染。解决单起点多回路最短路线问题最常用的方法是“节约里程法”,它是形成人工和计算机计算单起点多回路最短路线的基础。

二、节约法的基本规定

1. 节约法的基本原理

利用里程节约法确定配送路线的主要出发点是,根据配送方的运输能力及其到客户之间的距离和各客户之间的相对距离来制订使配送车辆总的周转量达到或接近最小的配送方案。

假设条件:

(1)配送的是同一种或相类似的货物;

(2)各用户的位置及需求量已知;

(3)配送方有足够的运输能力。

设状态参数为 t_{ij}、t_{ij}是这样定义的:

$t_{ij}=\{1$,表示客户 i、j 在同一送货路线上;0,表示客户 i、j 不在同一送货线路上$\}$

$t_{0j}=2$,表示由送货点 p_0 向客户 j 单独派车送货

且所有状态参数应满足下式:

$$\sum_{i=1}^{j-1} t_{ij} + \sum_{i=j+1}^{N} t_{ij} = 2(j = 1、2、\cdots、N) \tag{5-1}$$

式中:N——客户数。

利用节约法制定出的配送方案除了使总的周转量最小外,还应满足:

(1)方案能满足所有客户的到货时间要求;

(2)不使车辆超载;

(3)每辆车每天的总运行时间及里程满足规定的要求。

2. 节约法的基本思想

如图5-18所示,设 P_0 为配送中心,分别向用户 P_i 和 P_j 送货。P_0 到 P_i 和 P_j 的距离分别为 d_{0i} 和 d_{0j},两个用户 P_i 和 P_j 之间的距离为 d_{ij},送货方案只有两种即配送中心 P_0 向用户 P_i,P_j 分别送货和配送中心 P_0 向用户 P_i,P_j 同时送货,如图5-18a)和b)所示。比较两种配送方案:

方案a)的配送路线为 $P_0 \to P_i \to P_0 \to P_j \to P_0$,配送距离为 $d_a = d_{0i} + d_{0j}$。

方案b)配送路线为 $P_0 \to P_i \to P_j \to P_0$,配送距离为 $d_b = d_{0i} + d_{0j} + d_{ij}$。

显然,d_a 不等于 d_b,我们用 s_{ij} 表示里程节约量,即方案b)比方案a)节约的配送里程:

$$s_{ij} = d_{0i} + d_{0j} - d_{ij} \tag{5-2}$$

根据节约法的基本思想，如果一个配送中心 P_0 分别向 N 个客户 $P_j(j=1、2、\cdots、n)$ 配送货物，在汽车载重能力允许的前提下，每辆汽车的配送线路上经过的客户个数越多，里程节约量越大，配送线路越合理。

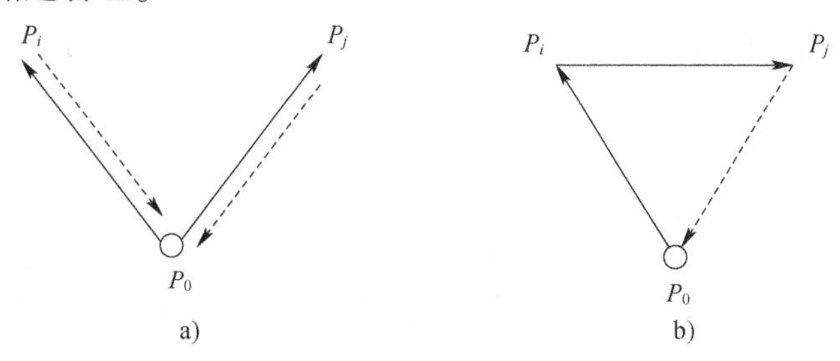

图 5-18　配送路线

下面举例说明里程节约法的求解过程。

【例 5-1】　设配送中心 P_0 向 10 个客户 $P_j(j=1、2、\cdots、6)$ 配送货物。各个客户的需求量为 q_j 从配送中心到客户的距离为 $d_{0j}(j=1、2、\cdots、6)$，各客户之间的距离为 $d_{ij}(i=1\sim6,j=1\sim6)$，具体数值见表 5-5 和图 5-19。配送中心有 4t、5t 和 6t 三种车辆可供调配。试制定最优的配送方案。

相 关 参 数 表　　表 5-5

P_j	1	2	3	4	5	6	7	8	9	10	11	12
$Q_j(t)$	1.2	1.7	1.5	1.4	1.7	1.4	1.2	1.9	1.8	1.6	1.7	1.1
D_{ij}	9	14	21	23	22	25	32	36	38	42	50	52

P_1											
5	P_2										
12	7	P_3									
22	17	10	P_4								
21	16	21	19	P_5							
24	23	30	28	9	P_6						
31	26	27	25	10	7	P_7					
35	30	37	33	16	11	10	P_8				
37	36	43	41	22	13	16	6	P_9			
41	36	31	29	20	17	10	6	12	P_{10}		
49	44	37	31	28	25	18	14	12	8	P_{11}	
51	46	39	29	30	27	20	16	20	10	10	P_{12}

图 5-19　各客户之间距离

解：第一步：选择初始配送方案。

(1)初始配送方案是由配送中心分别派专车向每个客户送货，如图 5-20 所示，由于 q_j 小于 4t，，因此所需车辆改为 12 台 4t 车，详见表 5-6。

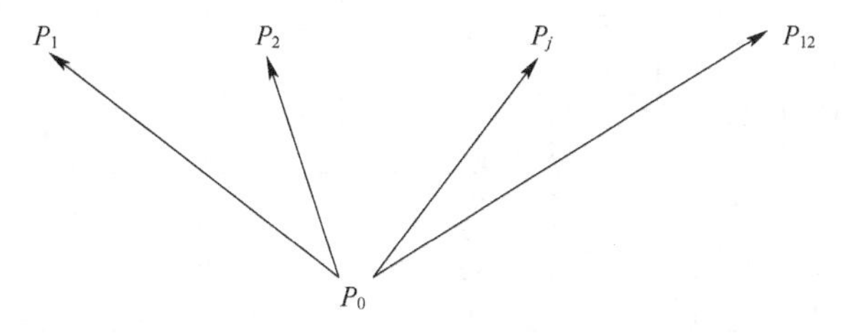

图 5-20　原始调配方案

车 辆 调 配 方 案 表5-6

方案 \ 车数(辆) \ 车重	4t	5t	6t
初始方案	12	0	0
修正方案1	11	0	0
修正方案2	9	1	
…	…	…	…
最终方案	1		3

(2)初始方案确定后,计算所有的里程节约量 s_{ij},结果见图5-21中每个数字格中左上角的数字,例如:$s_{11,12}=d_{0,11}+d_{0,12}-d_{11,12}=50+52-10=92$。

第二步:修正初始方案。

(1)在表5-6中选择满足下列条件的 s_{ij} 的最大值,该最大值表明由 P_0 向 P_i 和 P_j 单独送货改为 P_i 和 P_j 同时送货可最大限度地节约配送距离。

①该最大值对应的两个用户 P_i、P_j 的状态参数均大于零;

②状态参数 t_{ij} 必须等于零;

③两个用户 P_i 和 P_j 的需求量之和应小于可用车辆的额定载重量。

在表5-6中符合上述条件的 $\max S_{ij}=S_{11,12}=92$。

(2)修正方案1:将原始方案中用2辆4t车分别向 P_{11}、P_{12} 单独送货改为仅用一辆4t向 P_{11} 和 P_{12} 同时送货,这样配送线路由原有的12条减少到11条,所需车辆数如图5-22所示。

(3)计算相关系数值:对于修正案1,由于 P_{11}、P_{12} 在同一配送线路上,因此有 $t_{11,12}=1$,相应把该线路由式(5-1)可知,相关的状态参数发生了变化:$t_{0,11}=1$,$t_{0,12}=1$。

修正后,将修正方案1的有关数值填入图5-21,即将初始方案对应的图5-21加以调整,得图5-22,配送距离 $S_1=S_0-92=636$。

q_j	P_0												
1.2	(2) 9	P_1											
1.7	(2) 14	18 5	P_2										
1.5	(2) 21	18 12	28 7	P_3									
1.4	(2) 23	10 22	20 17	34 10	P_4								
1.7	(2) 22	10 21	20 16	22 21	26 19	P_5							
1.4	(2) 25	10 24	16 23	16 30	20 28	38 9	P_6						
1.2	(2) 32 9	10 31	20 26	26 27	30 25	44 1	50 7	P_7					
1.9	(2) 36	10 35	20 30	20 37	24 35	42 16	50 11	58 10	P_8				
1.8	(2) 38	10 37	16 36	16 43	20 41	38 22	50 13	54 16	68 6	P_9			
1.6	(2) 42	10 41	20 36	32 31	36 29	44 20	50 17	64 10	72 6	68 12	P_{10}		
1.7	(2) 50	10 49	20 44	34 37	42 31	44 28	50 25	64 18	72 14	70 12	84 8	P_{11}	
1.1	(2) 52	10 51	20 46	34 39	46 24	44 30	50 27	64 20	72 16	70 20	84 10	92 10	P_{12}

图5-21 初始计算方案

q_j	P_0												
1.2	(2) 9	P_1											
1.7	(2) 14	18 5	P_2										
1.5	(2) 21	18 12	28 7	P_3									
1.4	(2) 23	10 22	20 17	34 10	P_4								
1.7	(2) 22	10 21	20 16	22 21	26 19	P_5							
1.4	(2) 25	10 24	16 23	16 30	20 28	38 9	P_6						
1.2	(2) 32 9	10 31	20 26	26 27	30 25	44 1	50 7	P_7					
1.9	(2) 36	10 35	20 30	20 37	24 35	42 16	50 11	58 10	P_8				
1.8	(2) 38	10 37	16 36	16 43	20 41	38 22	50 13	54 16	68 6	P_9			
1.6	(2) 42	10 41	20 36	32 31	36 29	44 20	50 17	64 10	72 6	68 12	P_{10}		
1.7	(1) 50	10 49	20 44	34 37	42 31	44 28	50 25	64 18	72 14	70 12	84 8	P_{11}	
1.1	(1) 52	10 51	20 46	34 39	46 24	44 30	50 27	64 20	72 16	70 20	84 10	92 10	P_{12}

图 5-22　修正后配送距离

第三步：进一步修正方案，以图 5-22 为基础对修正方案 1 进行调整。

(1)在图 5-21 中寻找符合条件的 max S_{ij} 得：max $S_{ij}=S_{10,12}=84$。

(2)修正方案 2：将修正方案 1 用 2 台 4t 车分别向 P_{10}、P_{12} 单独送货改为仅用一辆 4t 向 P_{10} 和 P_{12} 同时送货，这样配送线路由原有的 11 条减少到 10 条。

(3)计算相关数值：

对修正方案 2，显然有 $t_{10,12}=1$。

由式(5-1)知，$t_{0,12}=0$，$t_{0,10}=1$。在此，由于 $t_{0,12}=0$，令 $q_{12}=0$。

由于此时 P_{10}、P_{11}、P_{12} 在同一配送线路上，由于 $q_{10}=q_{10}=2.8+1.6=4.4$，因此该线路应派一辆 5t 送货。

配送距离 $s_2=s_1-84=552$。

第四步：按照上述方法对方案进行修正，直到找不到满足条件的 max S_{ij} 为止，最终的配送方案是：共存在 4 条配送线路，使用的配送车辆为 1 辆 4t 车和 3 辆 6t 车，配送总距离为 290，这 4 条配送线路分别如下。

第一条配送线路：$P_0 \to P_1 \to P_2 \to P_3 \to P_4 \to P_5 \to P_0$，使用一辆 6t 车。

第二条配送线路：$P_0 \to P_5 \to P_0$，使用一辆 4t 车。

第三条配送线路：$P_0 \to P_{10} \to P_{11} \to P_{12} \to P_7 \to P_0$，使用两辆 6t 车。

第四条配送线路：$P_0 \to P_6 \to P_8 \to P_9 \to P_0$，使用一辆 6t 车。

通过上述例题的求解过程不难发现配送方案的修正过程非常复杂而且工作量庞大，实际应用时需辅以计算机计算,使其简单易行。

【例 5-2】 某一配送中心 P_0 向 10 个客户 $P_j(j=1,2,\cdots,10)$ 配送货物,其配送网络如图 5-23 所示。图中括号内的数字表示客户的需求量(T),线路上的数字表示两节点之间的距离。配送中心有 2t 和 4t 两种车辆可供使用,试制订最优的配送方案。

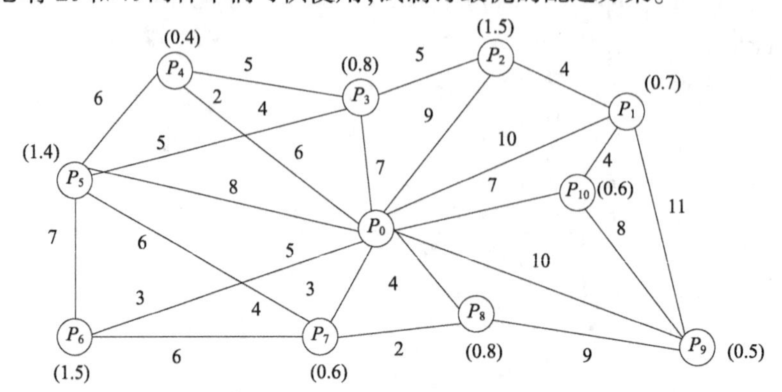

图 5-23 配送网络图

解:第一步:计算最短距离。根据配送网络中的已知条件,计算配送中心与客户及客户之间的最短距离,结果见图 5-24。

P_0										
10	P_1									
9	4	P_2								
7	9	5	P_3							
8	14	10	5	P_4						
8	18	14	9	6	P_5					
8	18	17	15	13	7	P_6				
3	13	12	10	11	10	6	P_7			
4	14	13	11	12	12	8	2	P_8		
10	11	15	17	18	18	17	11	9	P_9	
7	4	8	13	15	15	15	10	11	8	P_{10}

图 5-24 各线路的最短距离

第二步:计算节约里程 s_{ij},结果见图 5-25。

P_1									
15	P_2								
8	11	P_3							
4	7	10	P_4						
0	3	6	10	P_5					
0	0	0	3	9	P_6				
0	0	0	0	1	5	P_7			
0	0	0	0	0	4	5	P_8		
9	4	0	0	0	1	2	5	P_9	
13	8	1	0	0	0	0	0	9	P10

图 5-25 节约里程距离

第三步:将节约里程 s_{ij} 进行分类,按从大到小的顺序排列,得表 5-7。

节约里程项目分类表 表5-7

序号	路线	节约里程	序号	路线	节约里程
1	P_1P_2	15	13	P_6P_7	5
2	P_1P_{10}	13	14	P_7P_8	5
3	P_2P_3	11	15	P_8P_9	5
4	P_3P_4	10	16	P_1P_4	4
5	P_4P_5	10	17	P_2P_9	4
6	P_1P_9	9	18	P_6P_8	4
7	P_5P_6	9	19	P_2P_5	3
8	P_9P_{10}	9	20	P_4P_6	3
9	P_1P_3	8	21	P_7P_9	2
10	P_2P_{10}	8	22	P_3P_{10}	1
11	P_2P_4	7	23	P_5P_7	1
12	P_3P_6	6	24	P_6P_9	1

第四步:确定配送线路。从分类表中,按节约里程大小顺序,组成线路图。

(1)初始方案:对每一客户分别单独派车送货,结果如图5-26所示。

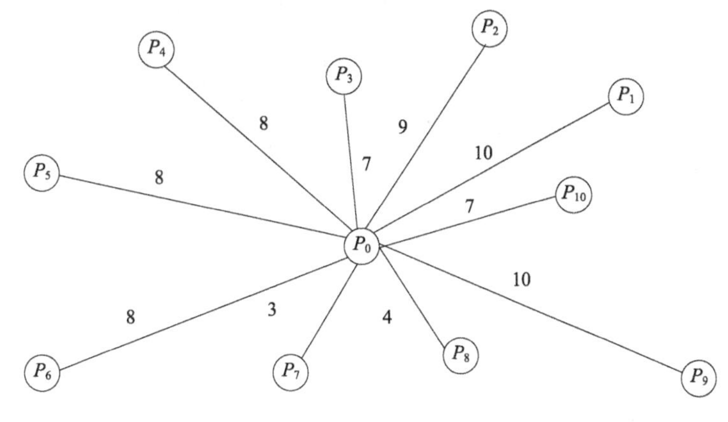

图5-26 初始方案

初始方案如下。

配送线路:10条。

配送距离:$S_0 = 148\text{km}$。

配送车辆:$2\text{t} \times 10$。

(2)修正方案1:按节约里程S_{ij}由达到小的顺序,连接P_1和P_2、P_1和P_{10}、P_2和P_3,得修正方案1,如图5-27所示。

修正方案1如下。

配送线路:10条。

配送距离:$S_1 = 109\text{km}$。

配送车辆:$2\text{t} \times 6 + 4\text{t} \times 1$。

(3)修正方案2:在剩余的S_{ij}中,最大的是$S_{3,4}$和$S_{4,5}$,此时P_4和P_5都有可能并入线路A中,但考虑到车辆的载重量及线路均衡问题,连接P_4和P_5形成一个新的线路B,得修正方案2,如图5-28所示。

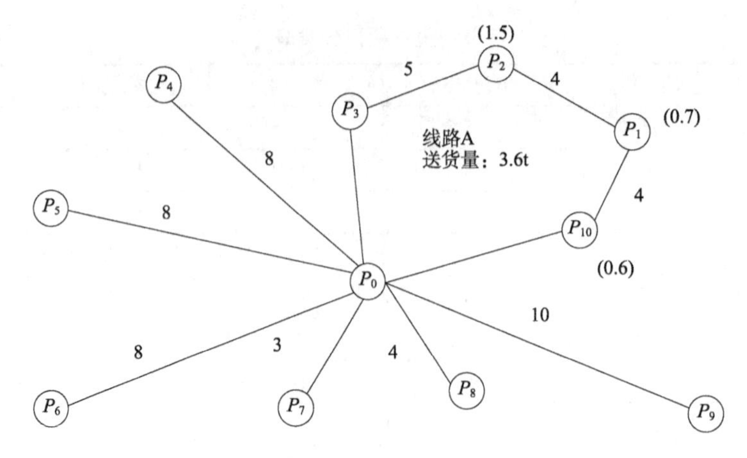

图 5-27　修正方案 1

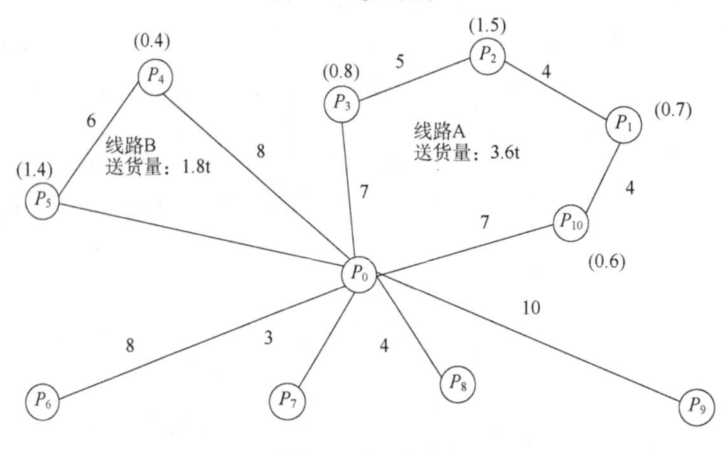

图 5-28　修正方案 2

修正方案 2 如下。

配送线路:6 条。

配送距离:$S_2 = 99\text{km}$。

配送车辆:$2\text{t} \times 5 + 4\text{t} \times 1$。

(4)修正方案 3:接下来最大的 S_{ij} 是 $S_{1,9}$ 和 $S_{5,6}$,由于此时 P_1 已属于线路 A,若将 P_9 并入线路 A,车辆会超载,故只将 P_6 点并入线路 B,得修正方案 3,如图 5-29 所示。

修正方案 3 如下。

配送线路:5 条。

配送距离:$S_3 = 90\text{km}$。

配送车辆:$2\text{t} \times 3 + 4\text{t} \times 2$。

(5)修正方案 4:再继续按 S_{ij} 由大到小排出 $S_{9,10}$、$S_{1,3}$、$S_{2,10}$、$S_{2,4}$、$S_{3,6}$,由于与其相应的用户均已包含在已完成的线路里,故不予考虑。把 $S_{6,7}$ 对应 P_7 点并入线路 B 中,得修正方案 4,如图 5-30 所示。

修正方案 4 如下。

配送线路:4 条。

配送距离:$S_4 = 85\text{km}$。

配送车辆:$2\text{t} \times 2 + 4\text{t} \times 2$。

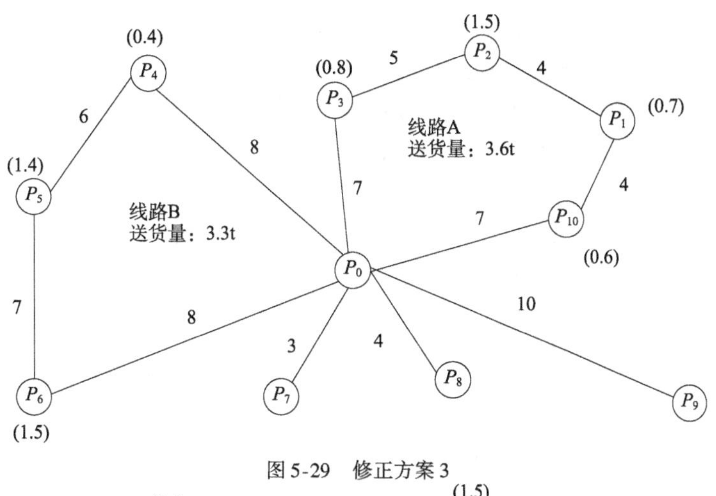

图 5-29　修正方案 3

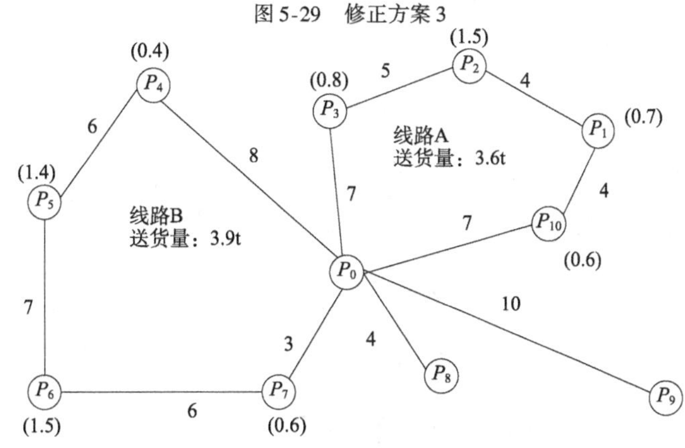

图 5-30　修正方案 4

(6)最终方案：剩下的是 $S_{7,8}$，考虑到配送距离的平衡和载重量的限制，不将 P_8 点并入到线路 B 中，而是连接 P_8 和 P_9，组成新的线路 C，得到最终方案。这样配送方案已确定：共存在 3 条配送线路，总的配送距离为 80km，需要的配送车辆为 2t 车一辆、4t 车 3 辆。3 条配送线路分别如下。

第一条配送线路 A：$P_0 \to P_3 \to P_2 \to P_1 \to P_{10} \to P_0$ 使用一辆 4t 车。

第二条配送线路 B：$P_0 \to P_4 \to P_5 \to P_6 \to P_7 \to P_0$，使用一辆 4t 车。

第三条配送线路 C：$P_0 \to P_8 \to P_9 \to P_0$，使用一辆 2t 车。

最终方案如下。

配送线路：3 条。

配送距离：$S_4 = 80\text{km}$

配送车辆：$2\text{t} \times 1 + 4\text{t} \times 2$。

任务实训

配送路线节约法实训

【实训目标】

1. 熟悉配送路线的设计原则；
2. 掌握配送路线设计与优化的方法；
3. 熟悉节约法相关原理。

【实训任务】

江西交通职业技术学院配送中心 P_0 向十个客户 $P_j(j=1,2,3\cdots)$ 配送货物，其配送网络如图 5-31 所示。图中括号内的数字表示客户的需求量(T)，线路上的数字表示两节点之间的距离。配送中心有 2t 和 4t 两种车辆可供使用，试制订最优的配送方案。

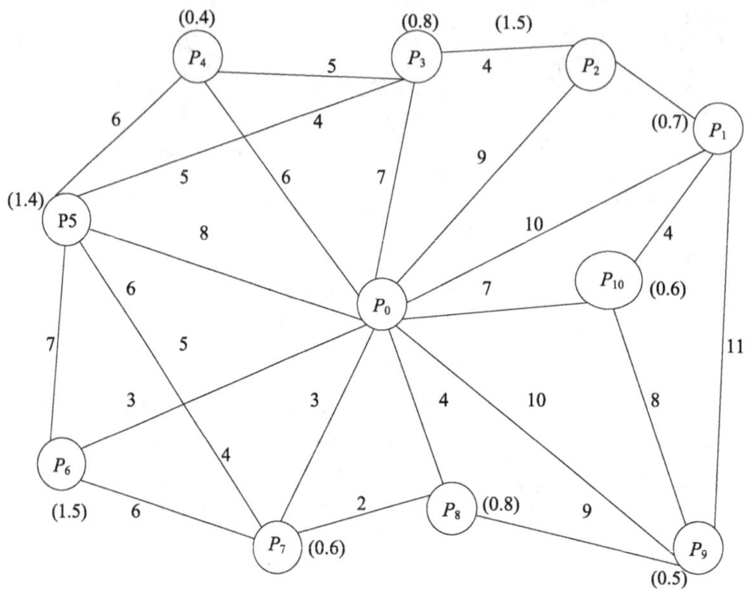

图 5-31　配送网络图

【实训步骤】

第一步：利用最短路径法，求出各网络节点之间的最短距离。

第二步：计算各用户之间的节约里程。

第三步：对节约里程按大小顺序进行排序。

第四步：根据节约里程排序表和配送车辆载重量的约束条件，逐步求出最优配送路线。

【实训考核】

实训考核表见表 5-8。

实训考核表　　表 5-8

考核人		被考核人	
考核地点			
考核内容	仓储合同和仓单实训		
考核标准	具体内容	分值(分)	实际得分
	配送路线的设计	30	
	配送路线的优化程度	20	
	节约法的掌握程度	20	
	处理突发事件的能力	10	
	学习态度	10	
	团队分工合作	10	
合计		100	

任务三　货物配装配载

【应知应会】

通过本工作任务的学习与具体实施，学生应学会下列知识：

1. 掌握配载的原则及配载时应注意的事项；
2. 掌握货物配载技术；
3. 熟悉货物配载的基本计算方法；

应该掌握下列技能：

1. 会根据配载原则进行车辆配载；
2. 根据货物的外包装尺寸设计最优的配载方案。

【学习要求】

1. 学生在上课前，应到本课程网站或借助于互联网本工作任务相关的教学内容进行预习。
2. 本课程采用理实一体化的模式组织教学，学生在学习过程中，要善于动手，不怕脏不怕累。
3. 每个工作任务学习过程结束后，学生能独立完成任务工作单的填写。

案例引入

车辆装载计算

江西交通职业技术学院物流配送中心的出货区有如下货物：水果10箱，箱尺寸是400mm×400mm×400mm；方便面100箱，箱尺寸是500mm×600mm×500mm；食用油100箱，箱尺寸是300mm×300mm×300mm，如果现在需要将这些货物送到一条配送路线上的两个客户处，已知配送车辆尺寸是2m×4m×1.5m，两个客户需要的货物分别是以上货物的一半。

案例思考

如何对车辆进行装载？

相关知识

一、车辆配载

通过上一节的内容，我们可以将送货的路线确定下来，线路的确定意味着送货次序的确定。一般情况下，知道了客户的送货次序后，只要将货物依“后送先装”的顺序装车即可，但实际情况并不是如此简单。由于配送的货物属于不同性质、不同种类，对装卸、受力、防震等有不同要求，而且其比重、体积及包装形式各异。因此，在装车时，需要合理安排，科学装车，既要考虑车辆的载重量，又要考虑车辆的容积，使车辆的载重量和容积都能得到有效的利用，同时又便于装卸，不会损坏货物。车辆配载就是要充分保证货物质量和数量完好的前提下，以充分发挥运能、节省运力、降低配送费用。

1. 配载的原则

车辆配载要解决的是如何将货物装车，按什么次序装车的问题。为了有效利用车辆的容积和载重量，还要考虑货物的性质、形状、重量和体积等因素进行具体安排，一般应遵循以下原则：

(1)尽可能多地装入货物,充分利用车辆的有效容积和载重量,如图5-32所示。

(2)装入货物的总体积不得超过车辆的有效容积。

(3)装入货物的总重量不得超过车辆额定载重量,如图5-33所示。

图5-32 配载的原则(一)

图5-33 配载的原则(三)

(4)重不压轻,大不压小。轻货应放在重货的上面,包装强度差的应放在包装强度好的上面。如图5-34所示。

(5)货物堆放要前后、左右、上下中心平衡,以免发生翻车事件。如图5-35所示。

图5-34 配载原则(四)

图5-35 配载的原则(五)

(6)尽量做到"先送后装",即同一车中有目的地不同的货物时,要把先到站的货物放在易于装卸的外面和上面,后到站的货物放在里面和下面。

图5-36 配载的原则(七)

(7)货物的标签朝外,以方便装卸。如图5-36所示。

(8)装货完毕,应在门端处采取适当的稳固措施,以防开门卸货时,货物倾倒造成货损或人身伤害。

2. 配载时应注意的事项

(1)货与货之间,货与车辆之间应留有空隙并适当衬垫,防止货损。

(2)包装不同的货物应分开装载。

(3)重不压轻,大不压小。

(4)具有尖角或其他突出物应和其他货物分开装载或用木板隔离,以免损伤其他货物。

(5)为了减少或避免差错,尽量把外观相近、容易混淆的货物分开装载。

(6)不将散发臭味的货物与具有吸臭性的货物混装。

(7)尽量不将散发粉尘的货物与清洁货物混装。

(8)切勿将渗水货物与易受潮货物一同存放。

(9)尽量做到"后选先装"。

(10)在装载易滚动的卷状、库桶状货物时,要垂直摆放。

(11)装货完毕,应在门端处采取适当的稳固措施。

二、配载的计算

根据配送作业本身的特点,配送作业一般采用汽车送货。由于货物的重量、体积和包装形式各异,所以具体车辆的配载要根据客户要求结合货物及车辆的具体情况综合考虑。多数情况下主要是依据经验或简单的计算来设计配载方案。

车辆的配载计算在一定的前提假设条件下进行,假设如下:

(1)车辆容积和载重量的额定限制;

(2)每一个客户都有确定的送货点,有相应的驾驶时间用以到此送货点或从此送货点到下一个客户的送货点;

(3)每一份订单都包括货物的特定数量,每种货物的包装都可以测出长、宽、高;

(4)每种包装的货物不超过公路运输包装件的尺寸界限;

(5)货物的包装材料相同,且遵循配装的原则。

配载过程中由于货物特征千变万化,车辆及客户要求也各不相同,因此装货人员常常根据以往积累的装货经验来进行配载。采用经验法配载时,也要用简单的数学计算模型来验证装载的货物是否满足车辆在载重及容积方面的限制。数学计算模型如下:

$$\max\sum_{i=1}^{n}x_i \tag{5-3}$$

$$\text{s}\cdot\text{t}\begin{cases}\sum_{i=1}^{n}v_ix_i\leqslant v_{车} & (5\text{-}4)\\ \sum_{i=1}^{n}w_ix_i\leqslant w_{车} & (5\text{-}5)\\ x_i\in(0,1),i=1,2,3\cdots & (5\text{-}6)\end{cases}$$

式中:v_i——第 i 个客户货品的总体积;

$v_{车}$——配送车辆的有效容积;

w_i——第 i 个客户的货品总重量;

$w_{车}$——配载车辆的额定载重量;

n——需要送货客户的点个数。

式(5-3)中表示配载的目标函数,即装入尽可能多的客户个数的货物,x_i代表客户的个数;式(5-4)中表示装入货品的总体积不超过车辆的有效容积;式(5-5)中表示装入货物的总重量不超过车辆额定载重量;式(5-6)中表示是0~1变量,即当 $x_i=1$ 时,表示第 i 个客户的货品装载入车,否则不装载。

知识链接

配载计算模型只能初步验证是否满足载重量车辆容积的要求，由于货物具体外形特征多种多样，必须通过实物测量及模拟装载后才能确定配载方案。

除经验法外，在货物种类较少、货物特征明显及客户要求相对简单的情况下，可以尝试用容重配装简单计算法来进行车辆配载。

在车辆装载时，一般容重大（密度大）的货物（如五金类货物）往往装载到车辆最大载重量时，车辆的容积空间剩余还较多；容重小（密度小）的货物（如服装、箱包等）装满车厢时，车辆的最大载重量还没达到；这两种情况都会造成运力的浪费。因此，采用容重配装简单计算法将两者进行装配是一种常用的配载装车方法。

假设有两种需要送货的货物，A货物容重为R_A，单件体积为V_A；B货物的容重为R_B，单件体积为V_B；车载额定载重量为G，车辆最大容积为V。考虑到A、B两种货物尺寸的组合不能正好填满车辆内部空间及装车后可能存在无法利用的空间，故设定车辆的有效容积是$90\% V$，现在计算配载方案。

在既满载又满容的前提下，设货物A装入数为x，货物B装入数为y，则可得方程组为：

$$\left.\begin{aligned} xV_A + yV_B &= 90\% V \\ xR_AV_A + YR_BV_B &= G \end{aligned}\right\}$$

求解这个方程组，得到x、y的数值即为A、B两种货物各自装车的数量。

这个方程组只适用于两种货物的配载，如果配载货物种类较多、车辆种类也较多，可以先从所有待配载的货物中选出体积（或重量）最大和体积（或重量）最小的两种货物进行配载；然后根据剩余车辆载重和空间，在其他待装货物中再选出体积（或重量）最大和体积（或重量）最小的两种货物进行配载。以此类推，直至车辆满载或满容。

在实际工作中常常不可能每次都能得到最优配载方案，只能先将问题简单化，节约计算时间，简化配载要求，然后逐步优化找到接近于最优方案的可行方案。这样可以加快配载装车速度，通过提高配载的效率来弥补可行方案与最优方案之间的成本差异，体现综合优化的思想。

以上是经验法结合简单计算进行的配载方案设计的方法。解决车辆配载问题，在数据量小的情况下可以用手工计算出来，但当考虑到不同客户的具体送货要求、货物的多种特征及送货车辆的限制时，计算的数量极为庞大，依靠手工计算几乎不可能。需要用数学的方法总结出数学模型后，使用开发出的车辆配载软件，将数学模型中的相关参数输入计算机，由软件自动计算出配载方案，并可进行图形化模拟。

三、车辆配载的常用方法

1. 车辆运输生产率

$$\text{吨位利用率} = \frac{\text{实际完成周转量}}{\text{载运行程载质量}} \times 100\%$$

2. 车辆配载的方法

（1）容重配装法

车厢容积为V，车辆载重量为W，装载质量体积为R_a、R_b的两种货物：

$$W_a = V - W \times \frac{R_b}{R_a - R_b}$$

$$W_b = V - W \times \frac{R_a}{R_b - R_a}$$

(2)经验配装法

3.配送车辆亏载的原因

(1)货物特性(如轻泡货,由于车厢容积的限制而无法装足吨位)。

(2)货物包装情况(如车厢尺寸与货物包装容器的尺寸不成整倍数关系)。

(3)不能拼装运输(应尽量选派核定吨位与所配送的货物数量接近的车辆进行运输,或按有关规定减载运行)。

(4)装载技术的原因,造成不能装足吨位。

4.提高运输车辆吨位利用率的具体办法

(1)研究各类车厢的装载标准、不同货物和不同包装体积的合理装载顺序,努力提高装载技术和操作水平,力求装足车辆核定吨位。

(2)根据客户所需的货物品种和数量,调派适宜的车型承运,这就要求配送中心保持合适的车型结构。

(3)凡是可以拼装运输的,尽可能拼装运输,但要注意防止差错。

任务实训

车辆配载实训

【实训目标】

1.掌握车辆配载的基本原则;

2.掌握车辆配载时注意事项;

3.会进行车辆配载的计算;

4.掌握车辆配载的常用方法。

【实训任务】

江西交通职业技术学院配送中心接到3个门店的送货请求后,已将货物分拣完毕,现在货物都在出货月台上等待装车送货。目前配送中心其他车辆都已外出送货,未分配送货任务的只剩下一辆普通箱式火车,其有效尺寸为2100mm×850mm×1000mm,现在,送货人员要根据门店送货的要求安排一个合理的配载方案,待送货物基本情况见表5-9。

送货清单 表5-9

客户名称	送货顺序	货物名称	箱数	单件重量(kg)	单件体积(m^3)	尺寸(mm)
沃尔玛	1	九阳豆浆机	8	300	0.6	450×130×300
家乐福	2	红牛	9	150	0.9	600×300×200
洪客隆	3	显示器	22	30	1.1	526×388×172

注:此处“单件体积”主要是指一个托盘的体积。

【实训步骤】

第一步:学生3~5人分为一组,各组根据不同的配载要求设计配载方案。

第二步:各组使用实训动画或货物及车辆的实务模型对配载方案进行验证。

第三步:各组使用数学模型对货物的重量及体积是否超出装载车辆的限制进行计算验证。

第四步:模拟验证及模型计算验证都通过则方案可行;如涉及了多个方案,可逐个进行验证,车辆载重及容积利用率最高的为最优方案。

第五步:各小组相互交流最优方案,根据交流结果改进各自方案。

注意事项:

(1)涉及配载方案时一定要满足各步骤中客户要求的条件。

(2)要理解清楚货物及车辆的装载限制条件。

(3)实训过程中教师要注意关注学生的实训进程,防止学生没有配载方案而随意进行配载模拟。

【实训考核】

实训考核表见表5-10。

实训考核表 表5-10

考核人		被考核人	
考核地点			
考核内容	货物配装配载		
考核标准	具体内容	分值(分)	实际得分
	配载车辆的选择	30	
	配载的计算程度	20	
	车辆的装载	20	
	实训报告完成认真按时提交	10	
	工作态度	10	
	团队分工合作	10	
合计		100	

任务四　送货作业与调度

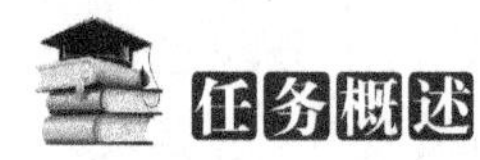

【应知应会】

通过本工作任务的学习与具体实施,学生应学会下列知识:

1.熟悉制定送货作业的依据;

2.掌握送货作业的主要内容;

3.掌握送货作业的运行调度内容;

4.掌握调度的主要方法。

应该掌握下列技能:

1.能根据客户配送货物信息制订送货计划;

2.能及时处理在调度过程中出现的各类问题。

【学习要求】

1.学生在上课前,应到本课程网站或借助于互联网本工作任务相关的教学内容进行预习。

2.本课程采用理实一体化的模式组织教学,学生在学习过程中,要善于动手,不怕脏不怕累。

3.每个工作任务学习过程结束后,学生能独立完成任务工作单的填写。

百胜物流车辆调度

百胜物流是肯德基、必胜客等国际连锁餐饮企业的物流配送提供商,对于连锁餐饮配送来说,由于原材料及客户要求基本稳定,因此配送成本始终是企业降低成本的焦点。据百胜物流统计,在连锁餐饮企业的配送业务中,配送运输成本占到总体配送成本的60%左右,而在这60%中,有55%左右是可以通过各种手段控制的。因此,该公司把降低成本的核心锁定在配送运输这个环节中。该公司采取的策略是:合理安排配送货物路线;减少不必要的配送作业;提高车辆利用率;尝试歇业时间配送。合理安排配送运输路程包括尽量使车辆满载,设计合理的配送路线使配送总里程最短或所需要人员数、车辆班次最少;减少不必要的送货作业是指与客户保持良好沟通联络,降低送货频率,提高送货效率;提高车辆利用率是从尽可能使用大型车辆、合理安排作业班次和增加每周运行天数等方面着手。

案例思考

1. 调度的作用是什么?

2. 案例中百胜物流配送作业管理采取了哪些措施?

送货作业的进行需要与企业自身拥有的资源、运作能力相匹配。由于企业自身的能力和资源有一定的限制,客户的需求存在多变性、多样性和复杂性,因此,制订合理的配送作业计划并调度安排实施送货作业是送货管理人员的主要内容。

一、制订送货作业计划

送货作业部门需要预先对送货任务进行估计并实施调度,对运送的货物种类、数量、去向、运货路线、车辆种类及载重、车辆趟次、送货人员做出合理安排。

(一)制定送货作业的主要依据

1. 客户订单

一般客户订单对配送商品的品种、规格、送货时间、送达地点、收货方式等都有要求。因此,客户订单是拟订运送计划的最基本依据。

2. 客户分布、运输路线、距离

客户分布是指客户的地理位置分布。客户位置离配送据点的距离远近、配送据点达到客户收货地点的路径选择直接影响到输送成本。

3. 配送货物的体积、形状、重量、性能、运输要求

配送货物的体积、形状、重量、性能、运输要求是决定运输方式、车辆种类、载重、容积、装卸设备的制约因素。

4. 运输、装卸条件

运输道路交通状况、运达地点及其作业地理环境、装卸货时间、天气等对运输作业的效率也起相当大的制约作用。

(二)送货作业的主要内容

送货作业是利用配送车辆把用户订购的物品从制造厂、生产基地、批发商、经销商或配

送中心，送到用户手中的过程。送货通常是一种短距离、小批量、高频率的运输形式，它以服务为目标，以尽可能满足客户需求为宗旨。

送货作业的一般业务流程如图5-37所示。在各阶段的操作过程中，需要注意的要点有：明确订单内容、掌握货物的性质、明确具体配送地点、适当选择配送车辆、选择最优的配送线路及充分考虑各作业点装卸货时间。

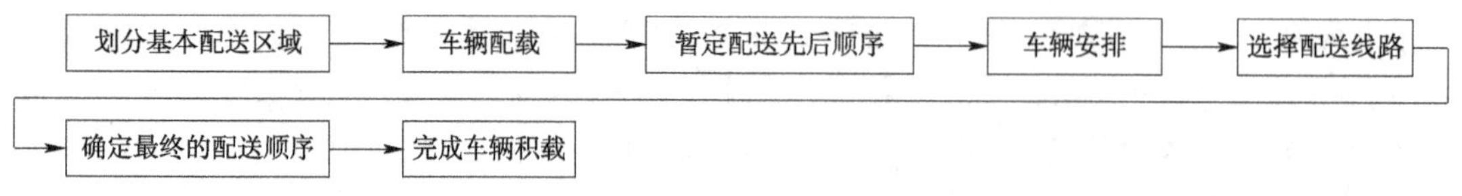

图5-37　送货作业流程

1. 划分基本配送区域

为使整个配送有一个可循的基本依据，应首先将客户所在地的具体位置做一系统统计，并将其作业区域进行整体划分，将每一客户囊括在不同的基本配送区域之中，以作为下一步决策的基本参考。如，按行政区域或依交通条件划分不同的配送区域，在这一区域划分的基础上再作弹性调整来安排配送。

2. 车辆配载

由于配送货物品种、特性各异，为提高配送效率，确保货物质量，在接到订单后，首先必须将货物依特性进行分类，然后分别选取不同的配送方式和运输工具，如按冷冻食品、速食品、散装货物、箱装货物等分类配载；其次，配送货物也有轻重缓急之分，必须按照先急后缓的原则，合理组织运输配送。

3. 暂定配送先后顺序

在考虑其他影响因素，做出确定的配送方案前，应先根据客户订单要求的送货时间将配送的先后作业次序作一概括的预订，为后面车辆积载做好准备工作。计划工作的目的，是为了保证达到既定的目标，所以，预先确定基本配送顺序既可以有效地保证送货时间，又可以尽可能提高运作效率。

4. 车辆安排

车辆安排要解决的问题是安排什么类型、吨位的配送车辆进行最后的送货。一般企业拥有的车辆有限，车辆数量也有限，当本公司车辆无法满足要求时，可使用外雇车辆。在保证配送运输质量的前提下，是组建自营车队，还是以外雇车为主，则须视经营成本而定。

5. 选择配送线路

知道了每辆车负责配送的具体客户后，如何以最快的速度完成对这些货物的配送，即如何选择配送距离短、配送时间短、配送成本低的线路，需根据客户的具体位置、沿途的交通情况等作出优先选择和判断。除此之外，还必须考虑有些客户或其所在地的交通环境对送货时间、车型等方面的特殊要求，如有些客户不在中午或晚上收货，有些道路在高峰期实行特别的交通管制等。

6. 确定最终的配送顺序

做好车辆安排及选择最好的配送线路后，依据各车负责配送的具体客户的先后，即可将客户的最终派送顺序加以明确的确定。

7. 完成车辆积载

明确了客户的配送顺序后，接下来就是如何将货物装车，以什么次序装车的问题，即车辆的积载问题。原则上，知道了客户的配送顺序先后，只要将货物依“后送先装”的顺序装车即可。但有时为了有效利用空间,可能还要考虑货物的性质(怕震、怕压、怕撞、怕湿)、形状、体积及重量等做出弹性调整。此外,对于货物的装卸方法也必须依照货物的性质、形状、重量、体积等来做具体决定。

根据以上内容,最终形成送货作业应包括两部分:一份一定时期内综合的送货作业表;依据综合送货作业制定的每一车次的单车作业计划表,该表交给送货驾驶员执行,执行完毕后交回,见表5-11。

送货计划表　　表5-11

<table>
<tr><th rowspan="2">产品名称</th><th rowspan="2">送货地点</th><th rowspan="2">要求送货时间</th><th colspan="2">实际送货时间</th><th rowspan="2">货至返厂时间</th><th rowspan="2">陪同</th></tr>
<tr><th>具体时间</th><th>延迟事由</th></tr>
<tr><td></td><td></td><td></td><td></td><td></td><td></td><td></td></tr>
<tr><td colspan="7">其他安排</td></tr>
<tr><td colspan="7"></td></tr>
</table>

(三)送货作业的调整

由于送货作业过程情况复杂,在送货作业执行过程中,难免发生偏离计划要求的情况,而且涉及面较广。因此,必须进行详尽分析与系统检查,才能分清缘由,采取有效措施消除干扰计划执行的不利因素,保证计划实施。一般干扰送货计划执行的影响因素主要包括下列各项:

(1)临时变更送货路线或交货地点;

(2)装卸工作如装卸机械故障、装卸停歇时间超过定额、办理业务手续意外拖延等;

(3)车辆运行或装卸效率提高、提前完成作业计划;

(4)车辆运行途中出现技术故障;

(5)行车人员工作无故缺勤、私自变更计划、不按规定时间收发车,以及违章驾驶造成技术故障和行车肇事;

(6)道路情况临时性桥断路阻、路桥施工、渡口停渡或待渡时间过长等;

(7)气候情况,突然降雨、雪、大雾、冰雹,河流涨水,冰冻等意外发生。

为防止上述因素对运行作业计划的影响,除需要积极加强进行预报预测外,还必须采取一定措施及时进行补救与调整。在送货作业过程中,驾驶员如遇到各种障碍,应及时上报,以便管理人员及时调整变更计划。一旦作业计划被打乱,不能按原计划完成,计划人员应迅速做出变更及调整,并协调相关部门或人员采取适当措施,保证计划的顺利实施。

二、车辆运行调度

(一)车辆运行调度工作的内容

车辆运行调度是配送运输管理的一项重要的职能,是指挥监控配送车辆正常运行、协调配送生产过程以实现车辆运行作业计划的重要手段。主要包括以下内容:

(1)编制配送车辆运行作业计划;

(2)现场调度;

(3)随时掌握车辆运行信息,进行有效监督;

(4)检查计划执行情况。

(二)车辆调度工作的原则

车辆运行计划在组织执行过程中常会遇到一些难以预料的问题(如客户需求发生变化、装卸机械发生故障、车辆运行途中发生技术障碍、临时性路桥阻塞等)需要调度部门要有针对性地加以分析和解决，随时掌握货物状况、车况、路况、气候变化、驾驶员状况、行车安全等，确保运行作业计划顺利进行。车辆调度工作要遵循以下原则：

(1)坚持从全局出发，局部服从全局的原则；

(2)安全第一、质量第一原则；

(3)计划性原则；

(4)合理性原则。

三、车辆调度方法

车辆调度的方法有多种，可根据客户所需货物、配送中心站点及交通线路的布局不同而选用不同的方法。简单的运输可采用定向专车运行调度法、循环调度法、交叉调度法等。如果配送运输任务量大，交通网络复杂时，为合理调度车辆的运行，可运用运筹学中线性规划的方法，如最短路法、表上作业法、图上作业法等。

(一)图上作业法

图上作业法是将配送业务量反映在交通图上，通过对交通图初始调运方案的调整，求出最优配送车辆运行调度方法。运用这种方法时，要求交通图上没有货物对流现象，以运行路线最短、运费最低或行程利用率最高为优化目标。其基本步骤为：

1. 绘制交通图

根据客户所需货物汇总情况、交通线路、配送点与客户点的布局，绘制出交通示意图。

【例 5-3】 设有 A_1、A_2、A_3 三个配送点分别有化肥 40t、30t、30t，需送往 4 个客户点 B_1、B_2、B_3、B_4，而且已知各配送点和客户点的地理位置及它们之间的道路通阻情况，可据此制出相应的交通图，如图 5-38 所示。

2. 将初始调运方案反映在交通图上

任何一张交通图上的线路分布形态无非为成圈与不成圈两类。对于不成圈的，A_1、B_2 的运输，可按“就近调运”的原则即可，很容易得出调运方案。其中$(A_1 \to B_4 70\text{km}) < (A_3 \to B_4 80\text{km})$，$(A_3 \to B_2 70\text{km}) < (A_2 \to B_2 110\text{km})$，先假定$(A_1 \to B_4)$、$(A_3 \to B_2)$运输。对于成圈的，$A_2$、$A_3$、$B_1$ 所组成的圈，可采用破圈法处理，即先假定某两点(A_2 与 B_4)不通(即破圈，如图 5-39 所示)，再对货物就近调运，即$(A_2 \to B_3)$、$(A_2 \to B_4)$，数量不够的再从第二点调运，即可得出初始调运方案。在绘制初始方案交通图时，凡是按顺时针方向调运的货物调运线路(如 A_3 至 B_1、B_1 至 B_4、A_2 至 B_3)，其调运箭头线都画在圈外，称为外圈；否则，其调运箭头线(A_3 至 B_3)都画在圈内，称为内圈，或者两种箭头相反方向标注也可。

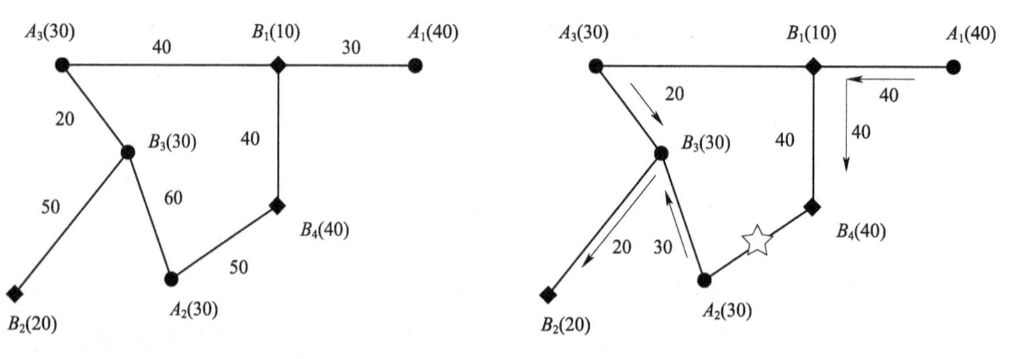

图 5-38　原始交通图

图 5-39　A_2-B_4 破圈图

3. 检查与调整

面对交通图上的初始调运方案，首先分别计算线路的全圈长、内圈长和外圈长（圈长即指里程数），如果内圈长和外圈长都分别小于全圈长的一半，则该方案即为最优方案；否则，即为非最优方案，需要对其进行调整。如图 5-40 所示，全圈长（$A_2 \to A_3 \to B_1 \to B_2$）为 210km，外圈（$A_3 \to B$140 km、$B_1 \to B$440km、$A_2 \to B$360km）长为 140km，大于全圈长的一半，显然，需要缩短外圈长度。调整的方法是在外圈（若内圈对于全圈长的一半，则在内圈）上先假定运量最小的线路两端点（A_3 与 B_1）之间不通，再对货物就近调运，可得到调整方案如图 5-40 所示。然后，再检查调整方案的内圈长与外圈长是否都分别小于全圈长的一半。如此反复至得出最优调运方案为止。如图 5-40 所示，计算可得内圈长为 70km，外圈长为 100km，均小于全圈长的小半，可见，该方案已为最优方案。

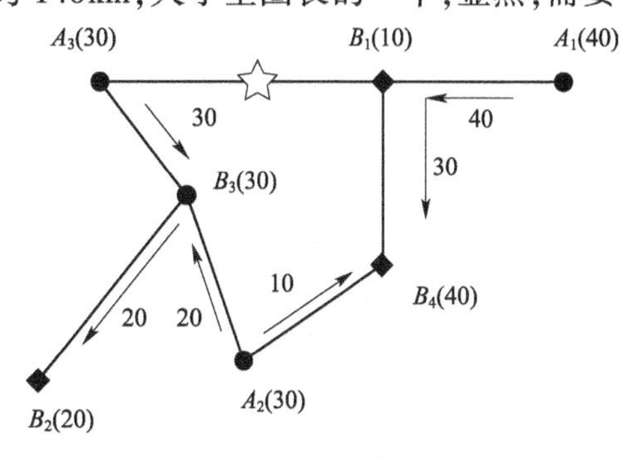

图 5-40　A_4-B_2 破圈图

（二）经验调度法和运输定额比法

在有多种车辆时，车辆使用的经验原则为尽可能使用能满载运输的车辆进行运输。如运输 5t 的货物，安排一辆 5t 载重量的车辆运输。在能够保证满载的情况下，优先使用大型车辆，且先载运大批量的货物。一般而言，大型车辆能够保证较高的运输效率和较低的运输成本。

【例 5-4】 设有 A_1、A_2、A_3 三个配送点分别有化肥 40t、30t、30t，需送往四个客户点 B_1、B_2、B_3、B_4，而且已知各配送点和客户点的地理位置及它们之间的道路通阻情况，可据此制出相应的交通图，如图 5-12 所示。

车辆运输定额表［单位：t（日・辆）］　　表 5-12

车辆种类	运送水泥	运送盘条	运送玻璃
大型车	20	17	14
中型车	18	15	12
小型车	16	13	10

根据经验派车法确定，车辆安排的顺序为大型车、中型车、小型车。货载安排的顺序为：水泥、盘条、玻璃。得出派车方案如表 5-13 所示，共完成货运量 1080t。

经验派车法［单位：t/（日・辆）］　　表 5-13

车辆种类	运送水泥	运送盘条	运送玻璃	车辆总数
大型车	20		14	20
中型车	10	10	12	20
小型车		20	10	30
货运量(t)	580	400		

对于以上车辆的运送能力可以按表 5-14 计算每种车运送不同的定额比。

车辆运输定额比　　表 5-14

车辆种类	运水泥：运盘条	运盘条：运玻璃	运水泥：运玻璃	……
大型车	1:18	1:21	1:43	……
中型车	1:2	1:25	1:5	……
小型车	1:23	1:3	1:6	……

其他种类的定额比都小于1,不予考虑。在表5-14中小型车运送水泥的定额比最高,因而要先安排小型车运送水泥;其次由中型车运送盘条;剩余的由大型车完成。得表5-15的派车方案,共完成运量1 106t。

定额比优化派车法[单位:t/(日·辆)]　　表5-15

车辆种类	运送水泥车辆数	运送盘条车辆数	运送玻璃车辆数	车辆总数
大型车	5	6	9	20
中型车		20		20
小型车	30			30
货运量(t)	580	400	126	

任务实训

调度方式实训

【实训目标】

1. 熟悉制定送货作业的依据;
2. 掌握送货作业的主要内容;
3. 掌握送货作业的运行调度内容;
4. 掌握调度的基本原则;
5. 掌握调度的主要方法。

【实训任务】

请分析AB车队组合方式的优劣。

A公司是北京市一家大型连锁超市运营商,实力雄厚,在北京郊县有自己的3处配送中心,该企业十分重视自己的配送服务质量,拉长成本控制。注意品牌宣传,该企业的车辆调度一般 。

B公司是一家很有名气的网上书店,经营几十万中图书,该企业为了节约成本,委托一家速递业务公司进行图书配送。

【实训考核】

实训考核表见表5-16。

实 训 考 核 表　　表5-16

考核人		被考核人	
考核地点			
考核内容	送货作业与调度		
考核标准	具 体 内 容	分值(分)	实 际 得 分
	送货计划的制定	30	
	调度的准确性	20	
	调度方式的选择	20	
	实训报告完成认真按时提交	10	
	工作态度	10	
	团队分工合作	10	
合计		100	

模块六　物流设施设备

模块概述

物流设施设备是现代物流系统正常运行的物质基础。物流设施与设备的合理配置与使用管理直接决定物流系统的效率和经济效益。通过模块的学习，学生应能掌握仓储设备、装卸搬运设备和包装设备的使用与维护。

知识目标

1. 了解使用物流设施设备的优势；
2. 掌握常见仓储储存设备的使用方法；
3. 掌握常见搬运设备及使用；
4. 掌握货物装卸设备的使用；
5. 掌握货物打包设备的使用。

技能目标

1. 能熟练地使用仓储设备、装卸搬运设备及包装设备；
2. 具有维护相关物流设备的能力。

模块图解

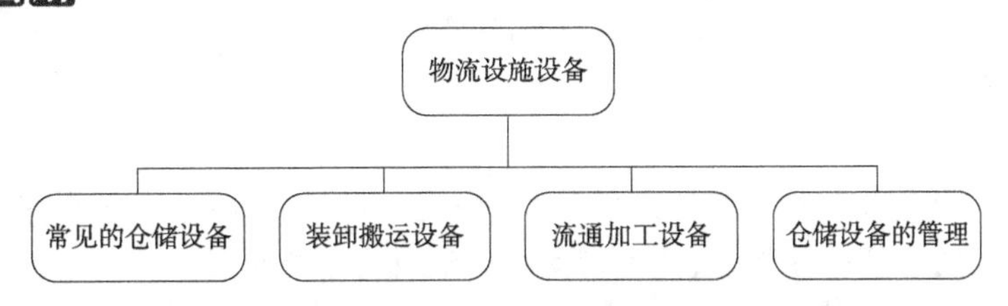

任务一　常见的仓储设备

任务概述

【应知应会】

通过本工作任务的学习与具体实施，学生应学会下列知识：

1. 掌握货架的作用及货架的种类；
2. 熟悉常用货架的规格及用途；
3. 了解常用托盘的尺寸及使用方法；
4. 掌握常见的托盘码货方法；
5. 掌握常见集装箱的类型及型号。

应该掌握下列技能：

1. 会根据不同的货物外包装尺寸进行组托；

2. 能正确地使用常见货架。

【学习要求】

1. 学生在上课前，应到本课程网站或借助于互联网本工作任务相关的教学内容进行预习；

2. 本课程采用理实一体化的模式组织教学，学生在学习过程中，要善于动手，不怕脏、不怕累；

3. 每个工作任务学习过程结束后，学生能独立完成任务工作单的填写。

正泰集团采用自动化立体仓库，提高物流速度

正泰集团是中国目前低压电器行业的最大销售企业，主要设计制造各种低压工业电器、部分中高压电器、电气成套设备、汽车电器、通信电器、仪器仪表等，其产品达150多个系列、5 000多个品种、20 000多种规格。“正泰”商标被国家认定为驰名商标。该公司2008年销售额达180亿元，集团综合实力被国家评定为全国民营企业500强第5位。在全国低压工业电器行业中，正泰首先在国内建立了3级分销网络体系，经销商达1 000多家。同时，建立了原材料、零部件供应网络体系，协作厂家达1 200多家。这对公司的物流系统提出了非常高的要求。考虑再三，正泰集团建设了自动化立体仓库，以解决越来越严峻的物流问题。

1. 立体仓库的功能

正泰集团自动化立体仓库是公司物流系统中的一个重要部分。它在计算机管理系统的高度指挥下，高效、合理地储存各种型号的低压电器成品。准确、实时、灵活地向各销售部门提供所需产成品，并为货物采购、生产调度、计划制订、产销衔接提供了准确信息。同时，它还具有节省用地、减轻劳动强度、提高物流效率、降低储运损耗、减少流动资金积压等功能。

2. 立体仓库的工作流程

正泰立体仓库占地面积达1 600m^2(入库小车通道不占用库房面积)，高度近18m，有3个巷道(6排货架)。作业方式为整盘入库，库外拣选。

3. 立体仓库主要设施

(1)托盘。所有货物均采用统一规格的钢制托盘，以提高互换性，降低备用量。此种托盘能满足堆垛机、叉车等设备装卸，又可满足在输送机上下衡运行。

(2)高层货架。采用特制的组合式货架，横梁结构。该货架结构美观大方，省料实用，易安装施工，是一种优化的设计结构。

(3)巷道式堆垛机。根据本仓库的特点，堆垛机采用下部支承、下部驱动、双方柱形式的结构。该机在高层货架的巷道内按X、Y、Z三个坐标方向运行，将位于各巷道口入库台的产品存入指定的货格，或将货格内产品运出送到巷道口出库台。该堆垛机动力设计与制造严格按照国家标准进行，并对结构强度和刚性进行精密的计算，以保证机构运行平稳、灵活、安全。堆垛机配备有安全运行机构，以杜绝偶发事故。其运行速度为4～80m/min(变频调速)，升降速度为3～16m/min(双速电机)，货叉速度为2～15m/min(变频调速)，通信方位为红外线，供电方式为滑触导线方式。

在此基础上，正泰集团实现了对库存货物的优良管理，降低了货物库存周期，提高了资金的周转速度，减少了物流成本和管理费用。自动化立体仓库作为现代化的物流设施，对提高该公司的仓储管理水平无疑具有重要的作用。

案例思考

现代化的物流设施对提高仓储管理水平具有怎样重要的作用?

相关知识

一、货架认知

提起货架可能大家都已很熟悉,从我国古老的中药店里的药柜到现代各式商场店铺里所用的各种货架,甚至每个家庭都有各式各样的货架,如存放衣服的柜子、摆放工艺品的工艺品架、摆放图书杂志的书架,甚至包括鞋柜、杂货柜等,只是,这些都是广义而言的货架。货架泛指存放货物的架子。

(一)货架概述

在仓储设备中,货架是指专门用于存放成件货品的保管设备。中华人民共和国国家标准《物流术语》(GB/T 18354—2006)对货架(Goods Shelf)的定义是:“用支架、隔板或托架组成的立体储存货物的设施。”

货架是一种低技术高制造的产品,种类特别多,在仓储物流中几乎无处不在。随着企业对物流重视程度的不断提高,物流量的大幅度增加,物流设备市场需求不断上升,带动了货架行业的发展。仓库功能的改善以及管理水平的提高,不仅要求数量众多、功能完善的货架,而且要求货架与机械化、自动化相适应,因而根据需求选择货架也是企业必须考虑的问题。

货架的作用主要表现在以下几个方面。

1. 利用仓库空间

货架是一种架式结构物,使用货架可以充分利用仓库空间,从而提高仓库容量的利用率,扩大仓库的储存能力,这是货架最基本的作用。

2. 减少货物损失

货架能够使存入货架中的货物相互之间不挤压,减少货物的损耗,可完整保证货物本身的功能,减少货物的损失。

3. 存取方便

货架中的货物存取十分方便,便于清点及计量,可做到先进先出。

4. 保证存储货物的质量

通常采取防潮、防尘、防盗、防破坏等措施,来提高货物存储的质量。

5. 有利于实现机械化及自动化管理

新型货架的结构及功能有利于实现仓库的机械化及自动化管理,从而为仓库的管理带来非常大的帮助。

(二)常用货架

1. 层架

(1)层架结构。

层架由立柱、横梁、层板构成,层间用于存放货物。层架的应用非常广泛,如果按层架存放货物的重量来分类,层架可以分为重型、中型和轻型,如图6-1a)、b)、c)所示;按其结构特点分类,层架有层格式、抽屉式等类型,如图6-1d)、e)所示。

a)重型层架

b)中型层架

c)轻型层架

d)层格式层架

e)抽屉式层架

图 6-1　层架分类

一般轻型层架主要适合人工存取作业,其规格尺寸及承载能力都与人工搬运能力相适应,高度通常在 2.4m 以下,厚度在 0.5m 以下;而中型和重型的货架尺寸则较大,高度可达 4.5m,厚度达 1.2m,宽 3m 以上。

(2)层架的作用。

使用货架为仓库动作带来的好处:

①可充分利用仓库空间,提高库容利用率和存储能力;

②物品存取方便,便于清点及计量,可做到先进先出;

③存放物品互不挤压、损耗小;

④高货架库房采取防潮、防尘、防盗等措施,提高存储质量;

⑤实现仓库的机械化及自动化管理。

2. 托盘货架

1)托盘货架结构

托盘货架专门用于存放堆码在托盘上的货物,其基本形态与层架类似。这也是目前仓库中常用的货架之一。目前托盘货架多采用杆件组合,不仅拆迁容易,层间距还可依码货高度调整。通常其总高度在 6m 以下,架底撑脚需要装叉车防撞装置,如图 6-2 所示。

托盘货架用材质多为钢材结构,也可用钢筋混凝土结构,可作单排型连接,也可作双排型连接。如图 6-3a)、b)所示。

2)托盘货架特点及用途

托盘货架结构简单,可调整组合,安装简易,费用经济;出入库不受先后顺序的限制,可做到先进先出;储物形态为托盘装载货物,实现机械化存取作业;仓容利用率高。

3. 阁楼式货架

1)阁楼式货架结构

阁楼式货架是将储存空间作上、下两层规划,利用钢架和楼板将空间间隙隔为两层,下层货架结构支撑上层楼板，在厂房地板面积有限的情形下，可作立体规划，充分有效地利用空间。如图6-4所示。

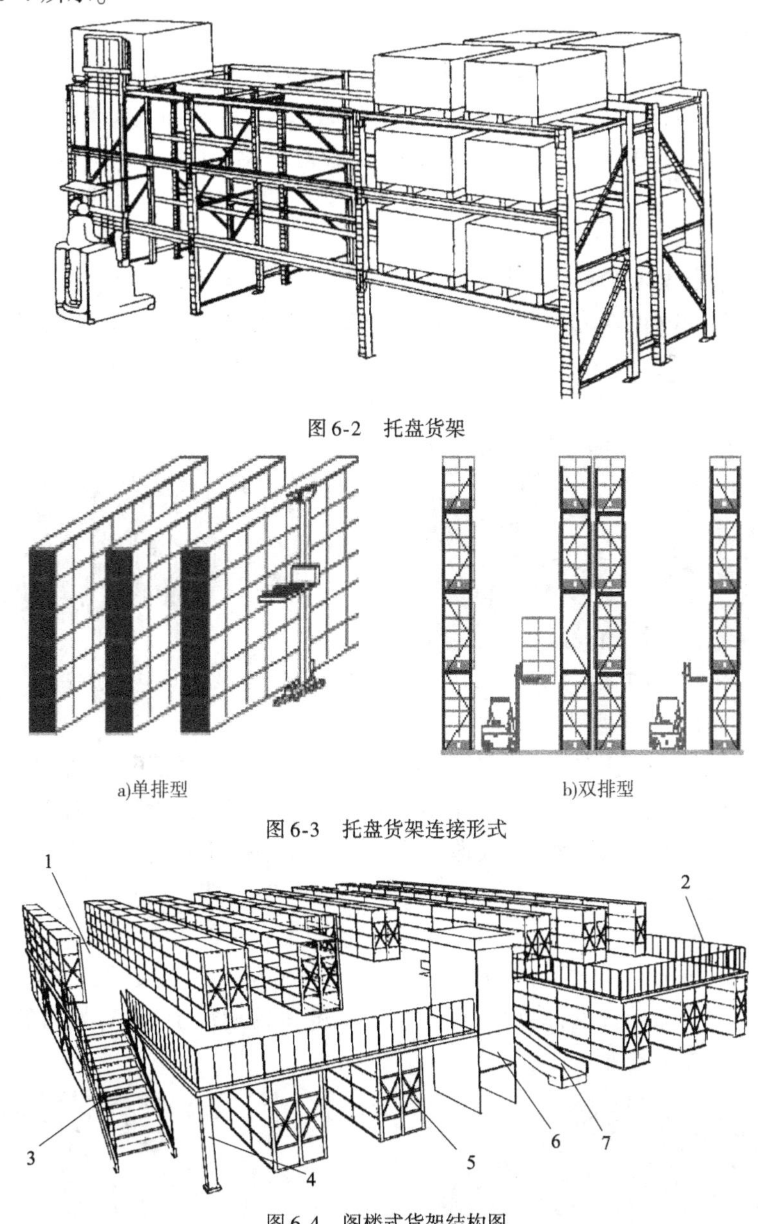

图6-2　托盘货架

a)单排型　　b)双排型

图6-3　托盘货架连接形式

图6-4　阁楼式货架结构图

1-楼板；2-扶手；3-楼梯；4-立柱；5-货架；6-提升机；7-滑梯

2）阁楼式货架的特点和用途

阁楼式货架能够提高仓储高度，有效增加空间利用率。上层货架适合储放轻量货品，因而不适合重型搬运设备行走。此类货架存取作业效率低，仅适用于仓库场地有限而存放货品品种很多的仓库，以存放储存期较长的中小件货物为宜，货物的形态最好是托盘、纸箱、包或散杂物等。

4. 悬臂式货架

1）悬臂式货架结构

悬臂式货架是在立柱上装设杆臂构成的，悬臂常用金属材料制造，其尺寸一般根据所存放物料尺寸的大小确定。为防止物料损伤，常在悬臂上加垫木质衬垫或橡胶带以起保护作用，如图 6-5 所示。

2）悬臂式货架的特点及用途

此类货架适用于长形物料和不规则物料的存放；适用于人力存取操作，不便于机械化作业的情况；一般需要配合叉距较宽的搬运设备，如叉距较大的侧面式叉车，由此，货架高度受限，一般在 6m 以下；这使得仓库的空间利用率低，仅能利用 30% ~50%。

5. 移动式货架

1）移动式货架结构

移动式货架底部装有滚轮，通过开启控制装置，滚轮可沿道轨滑动。货架结构可以设计成普通层架，也可以设计成托盘货架。控制装置附加有变频控制功能，用来控制驱动、停止时的速度，以维持货架的货物稳定，有时还设有确定位置的光电感测器及刹车电机，以提高启动或停止时的稳定度和精确度，如图 6-6 所示。

图 6-5　悬臂式货架

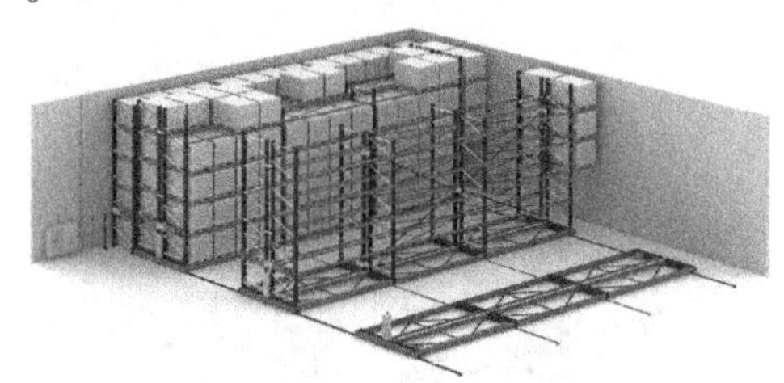

图 6-6　移动式货架

2）移动式货架的特点及用途

移动式货架减少了通道数，使地面使用率达 80%，且存取方便，可先进先出，使用高度可达 12m，单位面积储存量可提升至普通货架的两倍左右。但是移动式货架的机电装置多，建造成本高，维护困难，这使得移动式货架主要适用于仓库面积有限，但数量众多的货物的存储。

6. 重力式货架

1）重力式货架结构

重力式货架又称流动式货架，分为托盘重力货架和箱式重力货架，如图 6-7、图 6-8 所示。其原理是利用货品的自重，使货品在有一定高度差的通道上，从高处向低处运动，从而完成进货、储存、出库的作业。

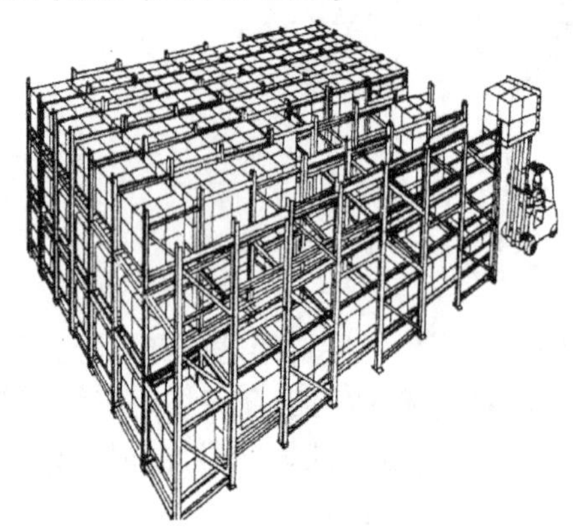

图 6-7　托盘重力货架

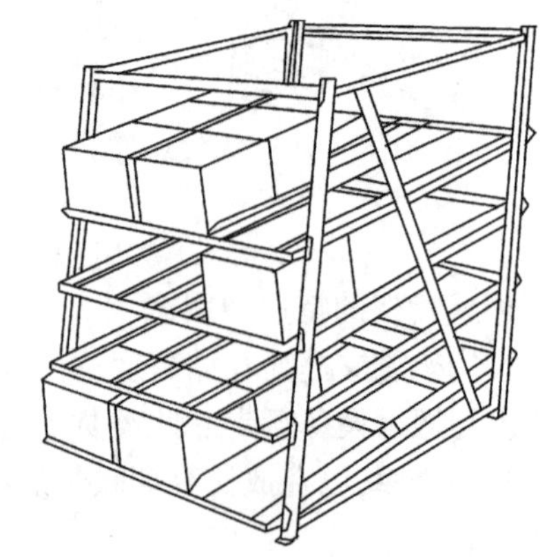

图 6-8　箱式重力货架

重力式货架和一般层架从正面看基本相似，但是，其深度比一般层架深得多，类似许多层架密集靠放。每一层隔板成前端（出货端）低、后端（进货端）高的一定坡度。有一定坡度的隔板可制成滑道形式，货品顺滑道从高端向低端滑动，也可制成滑轨、辊子或滚轮，以提高货品的运动性能，尽量将坡度做得小一些。

2)重力式货架的特点及用途

(1)单位库房面积存储量大。重力式货架是密集型货架的一种，能够大规模密集存放货物，由于密集程度很高，减少了通道数量，可有效节约仓库的面积。由普通货架改为重力货架后，仓库面积可节省近50%。

(2)固定了出入库位置，减少了出入库工具的运行距离。采用普通货架出、入库时，搬运工具如叉车、作业车需要在通道中穿行，易出差错，且搬运工具运行线路难以规划，运行距离也长，采用重力式货架后，叉车运行距离可缩短1/3。

(3)专业、高效、安全性高。重力式货架的拣货端与入货端分离，能提高作业效率和作业的安全性。

(4)保证货物先进先出。重力式货架能保证货物先进先出，并且方便拣货。作为分拣式货架，重力式货架普遍应用于配送中心作业中。

(5)主要用于大批量、少品种储存货物的存放或配送中心的拣选作业中。

7. 驶入式货架

驶入式货架是指托盘的存放由里向外逐一存放，叉车存、取同一托盘时使用相同的通道。

1)驶入式货架结构

驶入式货架结构如图6-9所示。这种货架采用钢质结构，钢柱上有向外伸出的水平突出构件或悬轨，叉车将托盘送入，由货架两边的悬轨托住托盘及货物。当架上没有放托盘货物时，货架正面便成了无横梁状态，这时就形成了若干通道，可方便叉车及人出入。该类货架储存密度高，但存取性差，不能做到先进先出。叉车在货架内行走时，驾驶员要小心作业，所以货架密度不能太高，以4层、3~5列为宜。

2)驶入式货架的特点及用途

驶入式货架的仓容利用率高，库容利用率可达90%，但是此类货架对托盘质量和规格要求较高，托盘长度需在1300mm以上，且不保证先进先出；因此，仅适合于大批量少品种、对先进先出要求不高或批量存取、不受保管时间限制的货物存储。

8. 驶入/驶出式货架

1)驶入/驶出式货架结构

驶入/驶出式货架如图6-10所示。其结构与驶入式货架相同，不同之处在于驶入/驶出式货架前后通道是通的，没有拉杆封闭，前后均可安排存取货，能够实现先进先出。

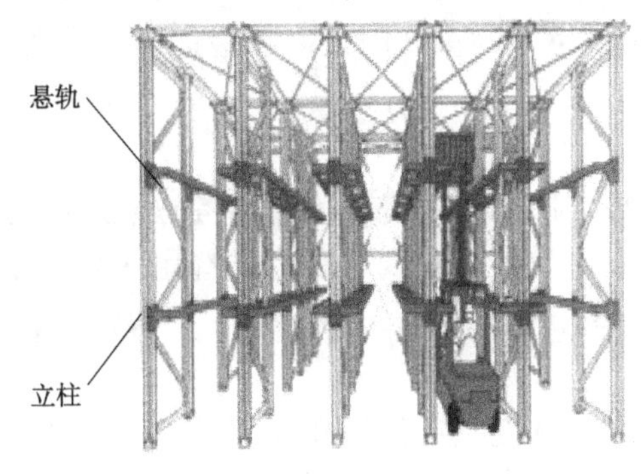

图6-9　驶入式货架结构

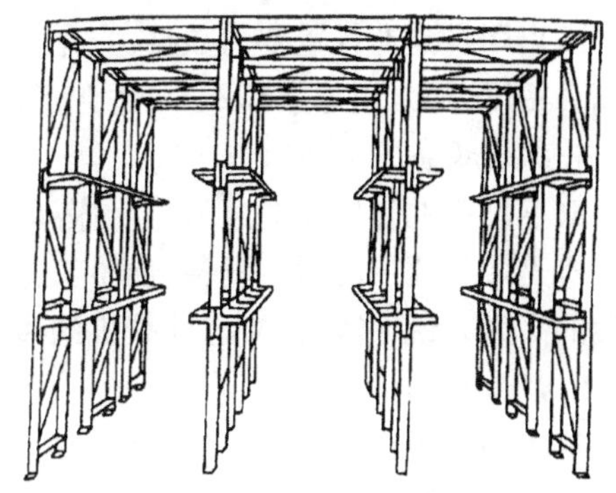
图6-10　驶入/驶出式货架

2)驶入/驶出式货架的特点及用途

此类货架仓容利用率高,高密度配置的情况下,高度可达10m,库容利用率可以高达90%以上,而且能够保证先进先出,只是对托盘质量和规格要求较高;此类货架适用于大批量、少品种的配送中心使用,但不适合太长或太重货品。

9.旋转式货架

旋转式货架如图6-11所示,它是适应目前生产及生活资料由少品种大批量向多品种小批量发展趋势而发展起来的一类现代化保管储存货架。其货架移动快速,速度可达30m/h,存取货品的效率很高,又能依需求自动存取货品,且受高度限制少,可采用多层,故能有效利用空间。

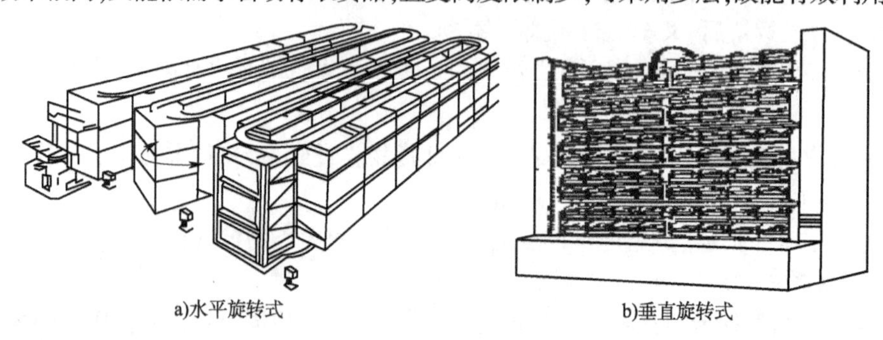

图6-11 旋转式货架

(三)货架的选择

货架的种类很多,要综合考虑货品特性、存取性、入出库量、搬运设备、厂房结构等多种因素来选择合适的货架,同时还应考虑货架安全等因素。

1.货品特性

储存货品的外形、尺寸,直接关系到货架规格的选定,储存货品的重量则直接影响到选用哪种强度的货架。另外,还要预估总储位数的数量,必须考虑到企业未来两年的成长需求。

2.存取性

一般存取性与储存密度是一对矛盾体。也就是说,为了得到较高的储存密度,则可能牺牲货品的存取性。虽然有些种类的货架可得到较好的储存密度,但储位管理较为复杂,也常无法做到先进先出。虽然立体自动仓库可往上发展,存取性与储存密度俱佳,但投资成本较高,一般企业很难承受。因此选用何种形式的储存设备,可说是各种因素的折中,也是一种策略的应用。

3.入出库量

入出库量是非常重要的数据,它是货架选择需要考虑的重要因素。某些货架虽有很好的储存密度,但入出库量却不高,适合于低频率的作业。

4.搬运设备

储存设备的存取作业通常是由搬运设备来完成。因此选用货架也需要考虑搬运设备。堆高机是最为通用的搬运设备,而货架通道的宽度,会直接影响到堆高机的选用。另外,从货架的高度来说,还需要考虑堆高机的举升高度及举升重量。

5.厂房结构

货架的选用还须考虑厂房结构。厂房的梁下有效高度决定货架高度,而梁柱位置则会影响货架的配置。地板承受的强度、地面平整度也与货架的设计及安装有关。另外还须考虑防火设施和照明设施的安装位置。

具体选择时可参考表6-1。

部分通用货架的种类及各自适用范围 表6-1

货架种类		主要适用范围
层架式货架	层格式	适用于存放规格复杂多样、容易搞混的、需相互隔离的货品
	抽屉式	适用于比较贵重或怕尘土、怕湿的小件货品
托盘货架		适用于存放整托盘货物
阁楼式货架		适用于各种类型货品的存放,上层放轻量货物,可有效利用空间
悬臂式货架		适用于长条状或长卷状货品
移动式货架		适用于各种类型货品的存放,能充分利用通道空间
驶入、驶出式货架		适用于量多样少货品;不适合太长或太重货物

二、托盘的作用及其码货

(一)托盘认知

1. 托盘的概念

中华人民共和国国家标准《物流术语》(GB/T 18354—2006)对托盘(Pallet)的定义是:"用于集装、堆放、搬运和运输的放置作为单元负荷的货物和制品的水平平台装置。"

托盘是为了使货物有效地装卸、运输、保管,将其按一定数量组合放置于一定形状的台面上,这种台面有供叉车从下部插入并将台面托起的插入口。在实际操作中,凡是满足上述基本结构的平台和在这种基本结构的基础上所形成的各种形式的集装器具均可称为托盘。

托盘是一种重要的集装器具,是物流领域中适应装卸机械化而发展起来的一种常用器具,托盘的发展总是与叉车同步,叉车与托盘的共同使用,形成的有效装卸系统大大地促进了装卸活动的发展,使装卸机械化水平大幅度提高,使长期以来在运输过程中的装卸瓶颈得以改善。它区别于普通的集合包装的特点,随时处于"备战"状态,使静态的货物转变为动态的货物。将托盘与货物固定搭配,形成了托盘包装。托盘包装是以托盘为承载物,将包装件或产品堆码在托盘上,通过捆扎、裹包或胶粘等方法加以固定,形成一个搬运单元,以便用机械设备搬运。

托盘既具有搬运器具的作用,又具有集装容器的功能。托盘的出现还促进了集装箱和其他集装方式的形成和发展。托盘作为物流系统化的重要工具,对物流系统的建立和形成都具有重要作用。托盘已成为和集装箱一样重要的集装方式,形成了集装系统的两大支柱。

2. 托盘的优缺点

1)托盘的优点

(1)自重量小。托盘装卸负荷相对比集装箱小。托盘运输所消耗的劳动强度较小,无效运输及装卸负荷相对也比集装箱小。

(2)返空容易。返空时占用运力较少。由于托盘造价不高,又很容易互相代用,互相以对方托盘抵补,所以无须像集装箱那样必须有固定归属者,也无须像集装箱那样返空。即使返运,也比集装箱容易操作。

(3)装盘容易。不需像集装箱那样深入到箱体内部,装盘后可采用捆扎、裹包或胶粘等技术处理,操作简便。

(4)装载量适宜,组合量较大。

(5)节省包装材料,降低包装成本。

2)托盘的缺点

(1)在保护产品性能方面不如集装箱。

(2)露天存放困难,需要有仓库等设施。

(3)托盘本身的回运需要一定的运力消耗和成本支出。

3. 托盘的作用

托盘是最基本的物流器具,有人称其为“活动的平台”“可移动的地面”。它是静态货物转变成动态货物的载体,是装卸搬运、仓储保管以及运输过程中均可利用的工具,与叉车配合利用,可以大幅度提高装卸搬运效率;用托盘堆码货物,可以大幅度增加仓库利用率;托盘一贯化运输,可以大幅度降低成本。

托盘的利用最初始于装卸搬运领域,现在,托盘单元化包装、托盘单元化保管、托盘单元化装卸搬运、托盘单元化运输处处可见。

4. 托盘的种类

托盘按其基本形态分类如图6-12所示。

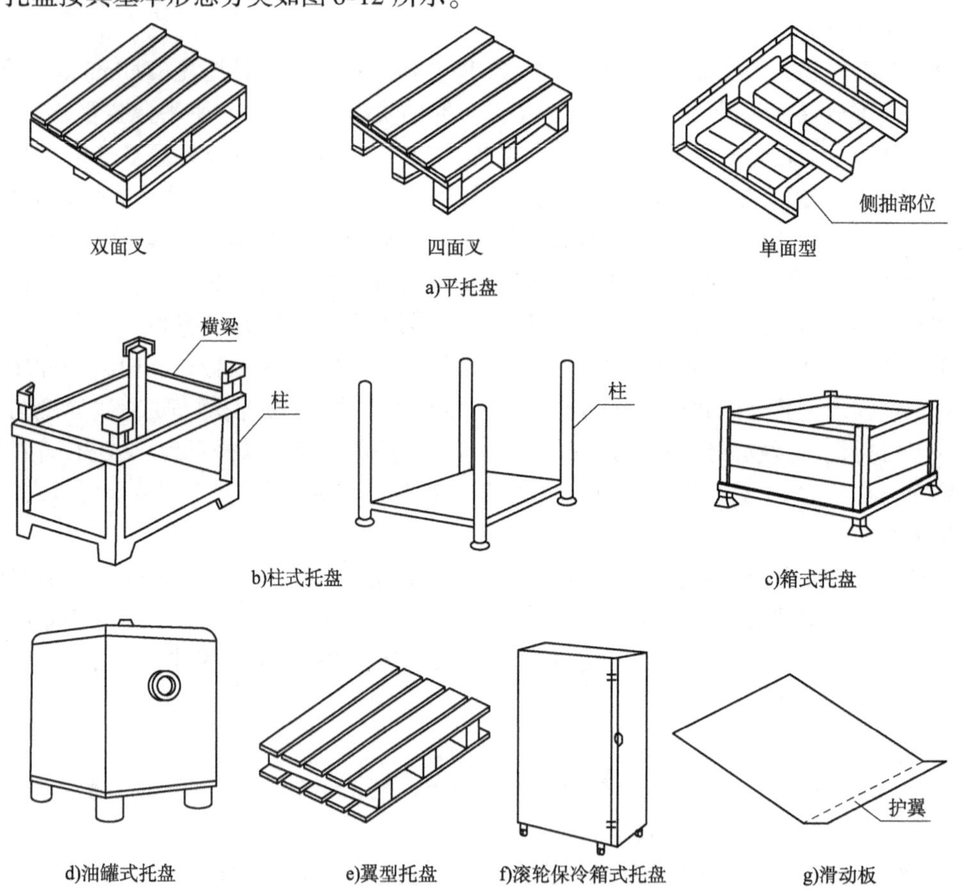

图6-12　托盘的种类

托盘按它的功能与作用可分为用叉车、手推平板车装卸的平托盘、柱式托盘、箱式托盘;在下部安装滚轮的,可用人力推动的滚轮箱式托盘、滚轮保冷箱式托盘;采用板状托盘,用设有推换附件的特殊叉车进行装卸作业的滑动板或装有滚轮的在托盘货车中使货物移动的从动托盘;其他还有装运桶、罐等专用托盘之类的与货物形状吻合的特殊构造托盘。

通常,按托盘的适用性可分为通用托盘和专用托盘两大类;按托盘的结构可以分为平托盘、箱开托盘、柱式托盘三种。按材料不同可分为木制、塑制、钢制、竹制、塑木复合等。

常用的托盘主要有以下几种。

(1)平托盘

平托盘按形状不同分有多种,如图6-12a)所示。平托盘也是托盘中使用最广泛的一种,一般所说的托盘主要指平托盘。平托盘还可以进一步进行分类。

①按承载货物台面,平托盘可以分为单面型、单面使用型、双面使用型、单面四向型、单面使用四面性、双面使用双蝶型、单面单翼型、单面使用单翼型、双面使用四面型九种。

②按叉车插入方式分。可以分为单向插入型、双向插入型、四向插入型三种。其中,单向插入型只能从一个方向插入,因而该叉车操作时较为困难。四向插入型可以从四个方向进行插入,因而操作较为灵活。

③按制造材料分,可以分为木制、钢制、塑料制以及高密度合成板制四类。

(2)柱式托盘

柱式托盘是在平托盘的四个角装上立柱构成的,其形态如图6-13b)所示,其目的是在多层堆码保管时,保护最下层托盘货物。柱式托盘的主要作用有两个,一是防止托盘上所置货物在运输、装卸等过程中发生塌垛;二是利用柱子支撑承重,可以将托盘货载堆高叠放,而不用担心压坏下部托盘上的货物。

(3)滑动板

滑动板是瓦楞纸、板纸或塑料制的板状托盘,也叫薄板托盘,如图6-13g)所示。和木质平托盘比较,滑动板有质量轻(每个约1.5kg)、充分利用保管空间(厚度在5mm以下)、价格低等优点。但是,为装卸这种托盘,需要带有特殊属具的叉车。

(4)特种专用托盘

由于托盘制作简单,造价低,所以某些较大数量运输的货物,都可制出装载效率高、装运方便、适于有特殊要求的某种物品的专用托盘,这类托盘在实际应用中种类不计其数,这里不再一一介绍。

5. 托盘的规格

托盘规格的标准化是实现托盘联运的前提,也是实现物流机械和设施标准化的基础及产品包装标准化的依据。

国际标准化组织规定的规格主要有:1 200mm×1 000mm、1 200mm×800mm(欧洲标准),1 140mm×1 140mm(澳大利亚标准),48in×40in(1 219×1 016美国标准),1 100mm×1 100mm(日本标准),此外还有1 200mm×1 600mm、1 200mm×1 800mm的大型托盘。

我国国家标准《联运通用平托盘主要尺寸及公差》(GB/T 2934—2007)规定的联运通用平托盘外部规格系列为1 200mm×1 000mm、1 200mm×1 100mm两种。以上尺寸均为平面尺寸,公差为±3mm。

托盘集合包装所集装的货物单元体积一般为1m^{3}以上,高度为1 100mm或2 200mm,载质量为500~2 000kg。

(二)托盘的码货

1. 四种装盘码垛方式

在托盘上放装同一形状的立体形包装货物时,可以采取各种交错组合的办法码垛,以保证足够的稳定性,甚至不需要再用其他方法紧固。码放的方式有:重叠式、纵横交错式、正反交错式和旋转交错式四种，如图 6-13 所示。

a)重叠式堆码　b)交错式堆码　c)俯仰相间式堆码

d)压缝式堆码　e)衬垫式堆码　f)栽柱式堆码

图 6-13　常见的堆码方式

(1)重叠式。即各层码放方式相同，上下对应。其优点是工人操作速度快、包装物四个角和边重叠垂直，承载力大。缺点是各层之间缺少咬合作用，稳定性差，容易发生塌垛。在货品底面积较大的情况下，采用这种方式可有足够的稳定性。一般情况下，重叠式码放再配以各种紧固方式，则不但能保持稳固，而且保留了装卸操作省力的优点。

(2)纵横交错式。相邻两层货物的摆放旋转 90°，一层成横向放置，另一层成纵向放置。这种方式装完一层之后，利用转向器旋转 90°，层间有一定的咬合效果，但咬合强度不高。重叠式和纵横交错式适合自动装盘操作。

(3)正反交错式。同一层中，不同列的货物以 90°垂直码放，相邻两层的货物码放形式是另一层旋转 180°的形式。这种方式类似于房建筑砖的砌筑方式，不同层间咬合强度较高、相邻层之间不重缝，因而码放后稳定性很高，但操作较为麻烦，且包装体之间不是垂直面互相承受荷载，所以下部货品易被压坏。

(4)旋转交错式。第一层相邻的两个包装体都互成 90°，两层间的码放又相差 180°，这样相邻两层之间咬合交叉，托盘货品稳定性较高，不易塌垛。其缺点是码放难度较大，而且中间容易形成空穴，会降低托盘载装能力。

2. 托盘的紧固方法

托盘货品的紧固是保证货品稳固性、防止塌垛的重要手段。托盘货品的紧固方法有以下八种。

(1)捆扎。用绳索、打包带等对托盘货品进行捆扎以保证货品的稳固。其方式有水平、垂直和对角等捆扎方式(图 6-14)。捆扎打结的方法有结扎、黏合、热融、加卡箍等。还有把柔性钢丝、天线、软管用线架或卷轴等成卷的货物与托盘集合包装捆扎的情况。顶部加柜式盖板，宽度方向捆两道，长度方向捆三道，都是铅垂方向。捆扎可用于多种货物的托盘集合包装。

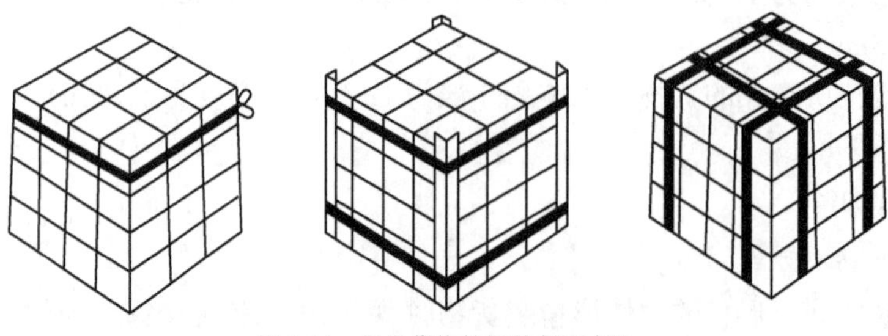

图 6-14　托盘货物的捆扎紧固方法

(2)网罩紧固(图6-15)。加网罩紧固,主要用于装有同类货物托盘的紧固。多见于航空运输,将航空专用托盘与网罩结合起来,就可以达到紧固的目的。将网罩套在托盘货物上,再将网罩端的金属配件挂在托盘周围的固定金属片上(或将绳网下部缚牢在托盘的边沿上),以防形状不整齐的货物发生倒塌。为了防水,可在网罩之下用防水层加以覆盖。网罩用棉绳、布绢和其他纤维绳等材料制成。绳的粗细依托盘货物的重量而定。

(3)框架紧固(图6-16)。框架紧固是将框架加在托盘货物相对的两面或四面以至顶部,用以增加托盘货物刚性。框架的材料以木板、胶合板、瓦楞纸板、金属板等为主。安装方法有固定式和组装式两种。采用组装式需要打包带紧固,使托盘和货物结合为一体。

(4)中间夹摩擦材料紧固(图6-17)。将具有防滑性的纸板、纸片或软性塑料片夹在各层容器之间,以增加摩擦力,防止水平移动(滑动),或防止冲击时托盘货物各层之间的移位。防滑片除纸板外,还有软性聚氨酯泡沫塑料等片状物。此外,在包装容器表面涂布二氧化硅溶液防滑剂,也有较好的防滑效果。

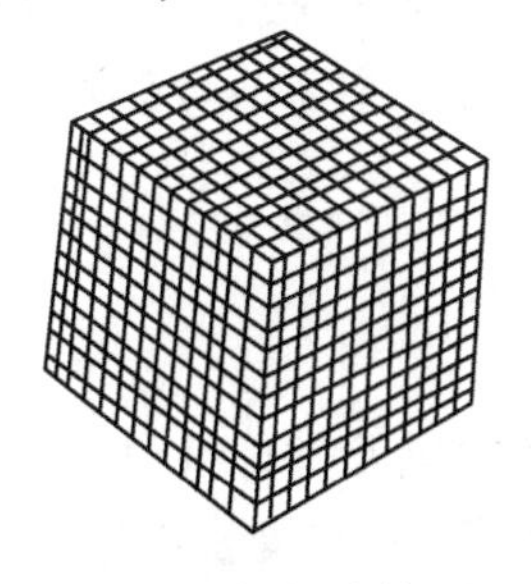

图6-15　托盘网罩紧固

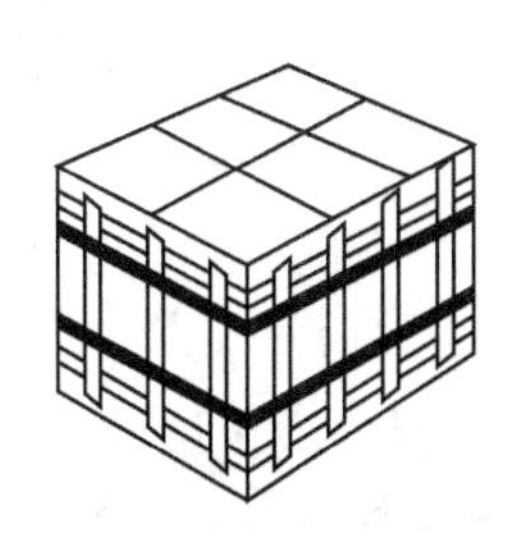

图6-16　框架紧固

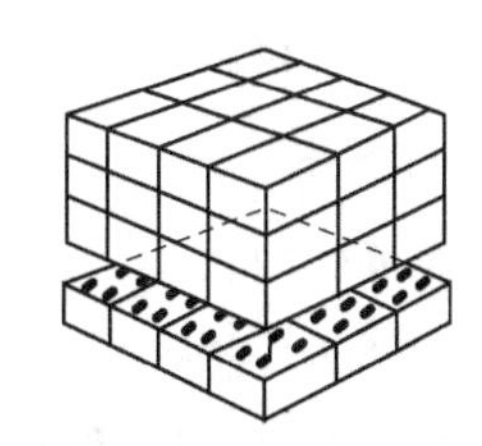

图6-17　中间夹摩擦材料紧固

(5)专用金属卡具固定(图6-18)。对某些托盘货物,最上部加可伸入金属夹卡,则可用专用夹卡将相邻的包装物卡住,以便每层货物通过金属卡具成一整体,防止个别分离滑落。

(6)黏合紧固(图6-19)。黏合有两种方式:一种是在下一层货箱上涂上胶水使上下货箱黏合,涂胶量根据货箱的大小和轻重而定;另一种是在每层之间贴上双面胶条,可将两层通过胶条黏合在一起,这样便可防止在物流中托盘上货物从层间滑落。

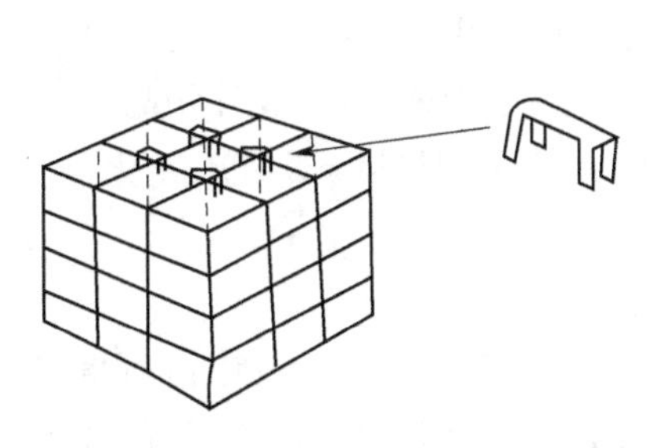

图6-18　专用金属卡具固定

a)涂胶黏合

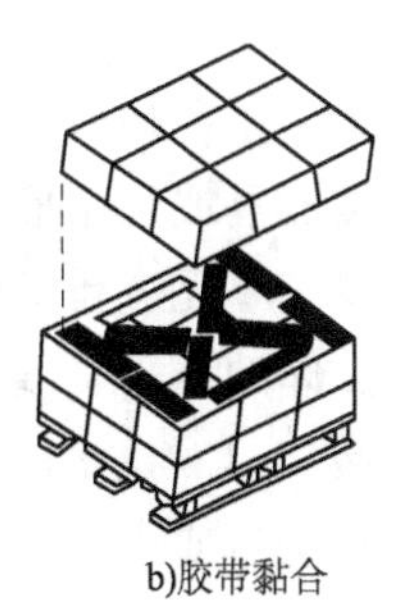

b)胶带黏合

图6-19　黏合紧固

(7)胶带粘扎(图6-20)。托盘货物采用单面不干胶包装带粘捆,即使是胶带部分损坏,由于全部贴于货物表面,也不会散捆,而绳索、包装带捆扎,一旦一处断裂,全部捆扎便失去效用。

(8)平托盘周边垫高(图6-21)。将平托盘周边稍稍垫高,托盘上置之货物会向中心互相依靠,在物流中发生摇摆、振动时,可防止层间滑动错位,防止货垛外倾,因而也会起到稳固作用。

图 6-20　胶带粘扎

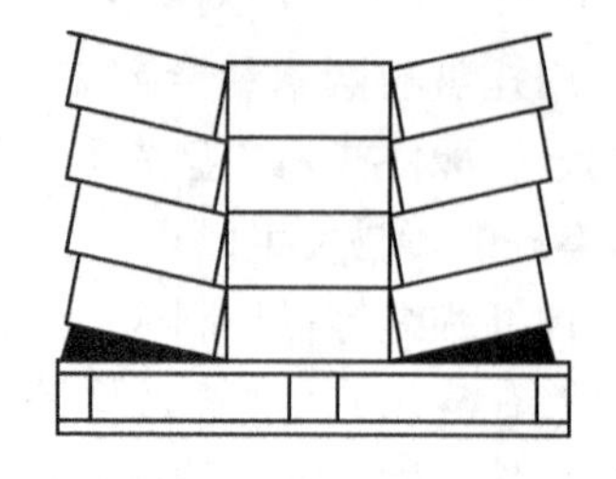

图 6-21　平托盘周边垫高

三、集装单元装卸搬运技术与装备

集装单元化是物流现代化的标志。随着科学技术的发展，生产技术得到了发展，各种交通工具和交通设施以及交通网络也得到了不断发展，同时由于市场扩大了，为大量生产提供了良好的环境，而大量生产的产品要输送到各地，因此，大批量、长距离输送显得越来越重要。要实现大批量、长距离的输送，必须依靠集装单元化技术，目前世界各国大都采用了集装单元化技术进行物流活动。

（一）概述

1. 集装化的定义

集装化是用集装器具或采用捆扎方法，把物品组成标准规格的单元货件，以加快装卸、搬运、储存、运输等物流活动。集装化是实现高效物流作业的基本条件，在集装化过程中，所组成的标准规格的单元货件称为集装单元，被集装单元化的货物称为单元货物。用于集装货物的工具称为集装单元器具。集装单元器具必须具备两个基本条件：一是能够使货物方便地集装成一个完整的、统一的重量或体积单元；二是具有便于装卸搬运的附属结构，如托盘带有叉孔，集装箱带有角件、吊扣等，这是它与普通货箱和容器的主要区别。集装单元器具是一种物料的载体，把各式各样的物料集装成一个便于储运的单元，是物流机械化、自动化作业的基础。标准化的集装单元器具是物流系统设计的基础，是实现高效联运的必要条件。

2. 集装单元器具的结构类型

货物运输正在朝着集装运输方向发展，各国也在努力发展各种集装单元器具、集装运输是使用集装器具或利用捆扎方法，把裸装物品、散装物品、体积较小的成件物品，组合成为一定规格的集装单元进行运输。根据在物流系统中的具体表现形式，集装单元化器具可分为以下几种具体的结构类型。

1）集装箱（Container）

集装箱是目前集装单元化发展的最高阶段，集装箱运输在物流系统中占有重要地位，在国际物流中，集装箱联运是国际物流运输的主要方式之一。经济全球化的趋势决定了集装箱运输已经涉及企业的核心利益，乃至国家的经济命脉，开展集装箱运输有着深远的战略意义。

2）托盘（Pallet）

托盘是用于集装、堆放、搬运和运输，放置单元负荷物品的水平平台装置。托盘运输是将货物以一定数量组合码放在托盘上，连盘带货一起装入运输工具运送物品的运输方式。托盘作为一种机械化和单元化储运工具，从 19 世纪下半叶在欧美地区推行开始，距今已有百余年历史。托盘的出现也促进了集装箱和其他集装方式的形成和发展。现在，托盘和集装箱一样已成为一种重要的集装方式。

3)捆扎型集装单元

这是指用绳索、钢丝或打包带等把小件货物扎成一捆或一叠,形成简单集装单元,如成捆的型钢、木材、成扎的铝锭等。捆扎型集装单元化方式在冶金、木材加工等行业应用广泛。

4)其他集装容器

其他集装单元容器包括集装袋、集装网和罐式集装箱等,主要适用于散装货物、石油、天然气等物料的运输。其中,集装袋(Flexible Freight Bags)又称柔性集装单元器具,配以启动机或叉车,就可以实现集装单元化运输。

(二)集装箱

1. 集装箱的定义

关于集装箱的定义,历年来,国内外专家学者存在一定分歧。现以国际标准化组织(ISO)对集装箱的定义作以下介绍,国际标准化组织(ISO)对集装箱下的定义为:

集装箱是一种运输设备,应满足以下要求:

(1)具有耐久性,其坚固强度足以反复使用;

(2)便于商品运送而专门设计的,有一种运输方式或采用多种运输方式运输时无须中途换装;

(3)设有便于装卸和搬运的装置,特别是便于从一种运输方式转移到另一种运输方式;

(4)设计时应注意到便于货物装满或卸空;

(5)内容积为 $1m^3$ 或 $1m^3$ 以上。

目前,中国、日本、美国、法国等国家,都全面地引进了国际标准化组织的定义。除了ISO的定义外,还有《集装箱海关公约》(CCC)、《国际集装箱公约》(CSC)、英国国家标准和北美太平洋班轮公会等对集装箱下的定义,其内容基本上大同小异。我国国家标准《集装箱术语》(GB/T 1992—2006)中,引用了上述定义。

2. 集装箱标准

1)国际标准集装箱

国际标准集装箱是根据国际化组织(ISO)第104技术委员会制定的国际标准来建造和使用的国际通用的标准集装箱。现行的国际标准共13种规格,其宽度均统一(2 438mm)、长度四种(12 192mm、9 125mm、6 258mm、2 911mm)、高度四种(2 896mm、2 591mm、2 438mm、2 438mm)。各箱型尺寸和质量见表6-2。

第一系列集装箱尺寸和质量 表6-2

规格(ft)	箱型	长		宽		高		最大总质量	
		公制(mm)	英制(ft,in)	公制(mm)	英制(ft,in)	公制(mm)	英制(ft,in)	kg	LB
40	1AAAA 1AA 1A 1AX	12 192	40′	2 438	8′	2 896 2 591 2 438 <2 438	9′6″ 8′6″ 8′ <8′	30 480	67 200
30	1BBB 1BB 1B 1BX	9 125	29′11″	2 438	8′	2 896 2 591 2 438 <2 438	9′6″ 8′6″ 8′ <8′	25 400	56 000
20	1CC 1C 1CX	6 058	19′10″	2 438	8′	2 591 2 438 <2 438	8′6″ 8′ <8′	24 000	52 900
10	1D 1DX	2 991	9′9″	2 438	8′	2 438 <2 438	8′ <8′	10 160 22 400	

2)国家标准集装箱

根据我国规定,集装箱质量系列采用 5t、10t、20t 和 30t 四种,相应的型号为 5D、10D、1CC 及 1AA 型。5t 和 10t 集装箱主要用于国内运输;20t 和 30t 集装箱主要用于国际运输。集装箱外部尺寸、公差和总载质量见表 6-3、表 6-4。

我国现行的集装箱外部尺寸、极限偏差及额定质量 表 6-3

型　号	外部尺寸(mm)						总载质量(kg)
	高		宽		长		
	尺寸	公差	尺寸	公差	尺寸	公差	
1AA	2 591	-5~0	2 438	-5~0	12 192	-16~0	30 480
1CC	2 591	-5~0	2 438	-5~0	6 058	-16~0	20 320
10D	2 438	-5~0	2 438	-5~0	4 012	-5~0	10 000
5D	2 438	-5~0	2 438	-5~0	1 968	-6~0	5 000

注:1. 尺寸以温度 20℃时测量的数值为准,在其他温度下测得的尺寸应作相应修正。

2. 专用集装箱的宽度和长度应符合上表规定,其高度可以根据货物比容来决定,但最高不得超过 2 591mm。

通用集装箱的最小内部尺寸 表 6-4

型　号	最小内部尺寸(mm)			最小内部容积(mm^3)
	高	宽	长	
1AA	2 350	2 330	11 998	65.7
1CC	2 350	2 330	5 867	32.1
10D	2 197	2 330	3 823	19.6
5D	2 197	2 330	1 780	9.1

注:1. 角件伸入集装箱内的部分不作为减少集装箱的内部尺寸。

2. 集装箱的内部高度是从顶梁下表面至底板面的最小尺寸;内部宽度是侧壁板里表面之间或侧柱里表面之间的最小尺寸;内部长度是从箱门的里表面至端壁板里表面或端柱内侧面的最小尺寸。如有内衬板时,内部尺寸以衬板内侧面之间的尺寸为准。

3. 最小内部容积是根据最小内部尺寸计算的参考值。

3)地区标准集装箱

此类集装箱标准,是由地区组织根据该地区的特殊情况制定的,此类集装箱仅适用于该地区。如根据欧洲国际铁路联盟(VIC)所制定的集装箱标准而建造的集装箱。

4)公司标准集装箱

某些大型集装箱船公司,根据本公司的具体情况和条件而制定的集装箱船公司标准,这类集装箱主要在该公司运输范围内使用。如美国海陆公司的 35ft 集装箱。

此外,目前世界还有不少非标准集装箱。如非标准长度集装箱有美国海陆公司的 35ft 集装箱、总统轮船公司的 45ft 及 48kt 集装箱;非标准高度集装箱,主要有 9ft 和 9.5ft 两种高度集装箱;非标准宽度集装箱有 8.2ft 宽度集装箱等。由于经济效益的驱动,目前世界上 20ft 集装箱总重达 24kt 的越来越多,而且普遍受到欢迎。

3. 集装箱的种类

随着集装箱运输的发展,为适应装载不同种类货物的需要,因而出现了不同种类的集装箱。这些集装箱不仅外观不同,而且结构、强度、尺寸等也不相同。根据集装箱的用途不同,可分为以下几种类型。

1）通用集装箱

通用集装箱也称杂货集装箱，用以装载除液体货物、需要调节温度货物及特种货物以外的一般件杂货。这种集装箱使用范围极广，常用的有 20ft 和 40ft 两种，其结构特点是常为封闭式，一般在一端或侧面设有箱门。

2）开顶集装箱

开顶集装箱也称敞顶集装箱，这是一种没有刚性箱顶的集装箱，但有可折式顶梁支撑的帆布、塑料布或涂塑布制成的顶篷，其他构件与干货集装箱类似。开顶集装箱适于装载较高的大型货物和需吊装的重货。

3）台架式及平台式集装箱

台架式集装箱是没有箱顶和侧壁，甚至有的连端壁也去掉而只有底板和四个角柱的集装箱。

台架式集装箱有很多类型。它们的主要特点是：为了保持其纵向强度、箱底较厚。其箱底的强度比普通集装箱大，而其内部高度则比一般集装箱低。在下侧梁和角柱上设有系环，可把装载的货物系紧。台架集装箱没有水密性，怕水湿的货物不能装运，适合装载形状不一的货物。

台架式集装箱可分为：敞侧台架式、全骨架台架式、有完整固定端壁的台架式、无端仅有固定角柱和底板的台架式集装箱等。

平台式集装箱是仅有底板而无上部结构的一种集装箱。该集装箱装卸作业方便，适于装载长、重大件。

4）通风集装箱

通风集装箱一般在侧壁或端壁上设有通风孔，适于装载不需要冷冻而需通风、防止潮湿的货物，如水果、蔬菜等。如将通风孔关闭，可作为杂货集装箱使用。

5）冷藏集装箱

这是专为运输要求保持一定温度的冷冻货或低温货而设计的集装箱。它分为带有冷冻机的内藏式机械冷藏集装箱和设有冷冻机的外置式机械冷藏集装箱。适用于装载肉类、水果等货物。冷藏集装箱造价较高，营运费用也较高，使用中应注意冷冻装置的技术状态及箱内货物所需的温度。

6）散料集装箱

散料集装箱除了有箱门外，在箱顶部还设有 2 ~ 3 个装货口。适用于装载粉状或粒状货物。使用时要注意保持箱内清洁干净，两侧保持光滑，便于货物从箱门卸货。

7）动物集装箱

这是一种专供装运牲畜的集装箱。为了实现良好的通风，箱壁用金属丝网制造，侧壁下方设有清扫口和排水口，并设有喂食装置。

8）罐式集装箱

这是一种专供装运液体货而设置的集装箱，如酒类、油类及液状化工品等货物。它由罐体和箱体框架两部分组成，装货时货物由罐顶部装货孔进入，卸货时，则由排货孔流出或从顶部装货孔吸出。

9）汽车集装箱

这是专为装运小型轿车而设计制造的集装箱。其结构特点是无侧壁，仅设有框架和箱底，可装载一层或两层小轿车。

由于集装箱在运输途中常受各种力的作用和环境的影响，因此集装箱的制造材料要有足够的刚度和强度，应尽量采用质量轻、强度高、耐用、维修保养费用低的材料，并且材料既要价格低廉,又要便于取得。

货物堆码实训

【实训目标】

1. 掌握常见的托盘种类;

2. 掌握比较常见的货物堆码方法;

3. 按照堆码要求,将散置堆放的货物科学、合理地码放在托盘上。

【实训任务】

江西交通职业技术学院配送中心所订的货已到1号仓库,并已经过验收,现在需要进行入库作业,其入库货物品种规格、数量见表6-5。

入库货物信息　　表6-5

序号	名称	单位	单价(元)	数量	纸箱规格(mm)
1	美的电风扇	箱	450	20	350×245×350
2	九阳豆浆机	箱	102	32	450×130×300
3	统一老坛酸菜方便面	箱	15	32	480×330×380
4	色拉油	箱	75	32	600×200×300
5	显示器	箱	1200	18	526×388×172

请根据以上货物情况,合理组织托盘,并画出组图示意图。

【实训考核】

实训考核表见表6-6。

实训考核表　　表6-6

考核人		被考核人	
考核地点			
考核内容	常见的仓储设备		
考核标准	具体内容	分值(分)	实际得分
	货架的认识程度	30	
	托盘的认知程度	20	
	堆码方式的掌握程度	20	
	实训报告完成认真,按时提交	10	
	工作态度	10	
	团队分工合作	10	
合计		100	

任务二　装卸搬运设备

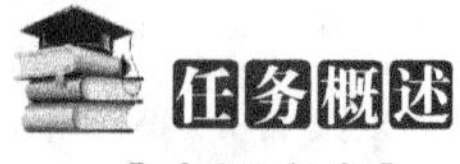

【应知应会】

通过本工作任务的学习与具体实施,学生应学会下列知识:

1. 掌握装卸搬运设备的概念、特点、基本的作业流程;

2. 掌握常见装卸搬运设备的结构类型和用途;
3. 掌握叉车、自动导引车的工作原理和主要技术参数。
应掌握下列技能:
1. 会分析现有物流系统中装卸搬运设备配置的合理性;
2. 能从系统的观点,结合实际需要,提出装卸搬运设备的合理配置方案;
3. 能对叉车进行常规维修。

【学习要求】

1. 学生在上课前,应到本课程网站或借助于互联网本工作任务相关的教学内容进行预习;
2. 本课程采用理实一体化的模式组织教学,学生在学习过程中,要善于动手,不怕脏、不怕累;
3. 每个工作任务学习过程结束后,学生能独立完成任务工作单的填写。

装卸搬运作业流程构建

某公司是一个以市场为核心、现代医药科技为先导、金融支持为框架的新型公司,是经营药品品种较多、较全的医药专业公司。虽然该公司已形成规模化的产品生产方式和网络化的市场销售渠道,但其流通过程中物流管理严重滞后,造成物流成本居高不下,不能形成价格优势,这严重阻碍了公司业务的开拓和发展,成为公司业务发展的“瓶颈”。分析其主要原因是装卸搬运环节的管理不到位,在生产经营过程中频繁地进行装卸搬运作业。装卸搬运作业是衔接物流各环节活动正常进行的关键,而该公司恰好忽视了这一点,由于装卸搬运设备的现代化程度低,只有几个小型货架和推车,大多数作业仍处于以人工为主的原始状态,工作效率低,且易损坏物品。另外,仓储设计得不合理,造成长距离的搬运次数多,损坏了商品,也浪费了时间。因此,物料搬运系统的合理与否,将直接影响生产率和企业的经济效益。合理配置装卸搬运设备,改善装卸搬运工艺,提高装卸搬运效率,降低装卸搬运成本是企业物流管理的重要内容。

案例思考

1. 你认为影响该公司业务拓展的原因是什么?你对公司的发展有什么建议?
2. 什么是装卸搬运设备?装卸搬运设计有哪些结构类型?装卸搬运设备的合理与否对企业发展有什么影响?

一、装卸搬运概述

1. 装卸搬运的概念

装卸(Loading and Unloading)指货物在指定地点以人力或机械装入运输设备或卸下。搬运(Handling/Carrying)指在同一场所内,对货物进行的以水平移动为主的物流作业。装卸搬运是指在一定的区域内,以改变货物存放状态和位置为主要内容的活动。它是伴随输送和保管而产生的物流活动,是对运输、保管、包装、流通加工、配送等物流活动进行衔接的中间环节。

2. 装卸搬运设备在物流系统中的作用

装卸搬运设备是机械化和自动化生产的主要组成部分,是实现装卸搬运作业机械化、自动化的物质技术基础,也是实现装卸搬运合理化、效率化、省力化的重要技术手段。装卸搬运设备的有效利用对于加快现代物流的发展具有十分重要的意义。具体来讲,装卸搬运设备在物流系统中具有以下作用。

(1)提高装卸搬运作业效率,节约劳动力,减轻装卸工人的劳动强度,改善劳动条件。

(2)缩短装卸搬运作业时间,加速运输工具周转。

(3)提高装卸搬运作业质量,保证货物完好。

(4)降低装卸搬运作业成本。装卸搬运设备应用后必然会要求提高装卸搬运作业效率,而效率提高了会使每吨货物分摊的作业费用相应减少,从而使作业成本降低。

(5)提高货位利用率,加速货位周转。采用机械化作业,堆码高度可以提高,装卸搬运速度大大提高,因此,货位利用率也相应得到提高。

随着物流现代化的不断发展,装卸搬运设备将会得到更为广泛的应用。因此,科学地选好、用好、管好装卸搬运设备,充分发挥装卸搬运设备的潜能,实现装卸搬运的机械化、自动化和智能化是提高装卸搬运效率的重要技术手段。

二、几种常见的装卸搬运设备

1.叉车认知

中华人民共和国国家标准《物流术语》(GB/T 18354—2006)对叉车(Forklift Truck)的定义是"具有各种叉具,能够对货物进行升降和移动以及装卸作业的搬运车辆"。叉车又称为铲车,是物流领域中应用最广泛的装卸搬运设备。它以货叉作为主要的取货装置。叉车的前部装置装有标准货叉,可以自由地插入托盘取货和放货,依靠液压、发动机等装置升降货物,由滚轴、轮胎等行驶系统实现货物的水平搬运。叉车除了使用货叉以外,通过配备其他装置(即叉车属具)后,还能用于散货和多种规格品种货物的装卸作业,如图6-22所示。

图6-22 常见叉车

2.叉车的作用

叉车与其他搬运机械一样,能够减轻装卸工人繁重的体力劳动。除了能提高装卸效率,缩短车辆停留时间,降低装卸成本以外,它还具有以下特点和作用。

(1)通用性。叉车在物流的各个领域都有所应用,如仓库、车站、码头和港口都要应用叉车进行作业。如果叉车和托盘配合,它的应用范围更广,同时,可以提高作业的效率。

(2)机械化程度高。使用各种自动取物装置或在货叉与货板配合的情况下,可以实现装卸工作的完全机械化,不需要工人的辅助体力劳动。它将装卸和搬运两种作业合二为一,使作业的效率提高。

(3)机动灵活性好。叉车外形尺寸相对较小,重量轻,能在作业区域内任意调动,适应货物数量及货流方向的改变,可机动地与其他起重运输机械配合工作,可提高机械的使用率。

(4)可以“一机多用”。在配备和使用各种取货装置,如货叉、铲斗、臂架、吊杆、货夹、抓取器等的条件下,可以适应各种品种、形状和大小货物的装卸作业。

此外,使用叉车能提高仓库容积的利用率,有利于开展托盘成组运输和集装箱运输,并且叉车成本低,投资少,能取得较好的经济效果。

3. 叉车的种类

为了更加清楚地认识叉车,按照不同的分类标准,可将叉车分为多种不同的类别。

按举升高度,叉车可分为低举升叉车和高举升叉车。低举升叉车的举升高度为100~150mm,由操作者站立操作,手动低举升叉车由人力做水平及垂直的移动,而电动低举升叉车以电瓶提供动力做举升及搬运动作。手动操作速度慢、费力且易造成作业人员受伤。因此,尽管电动叉车的成本较高,但应用越趋普遍。高举升叉车的举升高度可达12m,操作者的操作有步行、站立和坐式三种。步行、站立举升高度为2.7~4m。

1)低举升托盘叉车

低举升托盘叉车的行走速度通常限制在5km/h以下,单向搬运距离在100m以内。如果搬运距离太长,次数频繁,作业人员容易疲劳,将降低作业效率。低举升托盘叉车通常可以分为手动液压托盘叉车(Pallet Trucks)和电动托盘叉车(Support Arm Stacker)两种。

(1)手动液压托盘叉车(图6-23)。俗称“地牛”,由于其不产生火花和电磁场,因而特别适用于汽车装卸及车间、仓库、码头、车站、货场等地的易燃、易爆和禁火物品的装卸运输。该产品具有升降平衡、转动灵活、操作方便等特点。

图6-23 手动液压托盘叉车

(2)电动托盘叉车。又分为电动液压托盘叉车和全电动托盘叉车。前者为“电动行走,液压起升”,后者为“电动行车,电动起升”,两种叉车均适用于中等重量的短距离运输,具有加长型货叉的电动叉车可同时搬运两个或四个托盘。

2)平衡重式叉车

平衡重式叉车(Electric Counter Balance Truck)是使用范围最广的叉车。其货叉位于前轮中心线以外,尾部安装平衡重,是为了克服货物产生的倾覆力矩。这种叉车适用于在露天货场作业,一般采用充气轮胎,运行速度较快,爬坡能力较好。其门架可前后移动,前移时便于货叉插入,方便取货或卸货,取货后,门架后倾以便在运行中保持货物的稳定。

根据车轮的数量可分为三轮与四轮,根据驱动轮的位置可分为后轮驱动与前轮驱动,还可以根据动力分为内燃机式(图6-24)、蓄电池式(图6-25)、柴油/汽油式等。

图6-24　内燃机式叉车

图6-25　蓄电池式叉车

3)前移式叉车

该叉车结合了有支撑臂的电动堆垛机与无支撑臂的平衡重叉车的优点,当门架(欧洲设计多为门架前伸,美国设计多为货叉前伸)前伸至顶端,荷载重心落在支点外侧,此时相当于平衡重叉车当门架完全收回后,荷载重心落在支点内侧,此时即相当于电动堆垛机。这两种性能的结合,使得在保证操作灵活性及高荷载性能的同时,体积与自重不会增加很多,最大限度地节省了作业空间。

任务实训

设施设备实训

【实训目标】

1. 掌握装卸搬运设备的相关含义;
2. 能熟练使用常见的搬运设备;
3. 熟悉自动分拣设备的相关内容;
4. 能熟练使用自动分拣设备。

【实训任务】

根据实训中心设置的路线,拖曳液压堆高车绕桩一周。

【实训道具】

1. 液压堆高车;
2. 叉车;
3. 托盘
4. 实训用纸箱若干。

【实训步骤】

地牛绕桩操作步骤如下:

第一步:操作流程。

在规定的区域内,地牛托着托盘绕桩一周。方位图如图6-26所示。

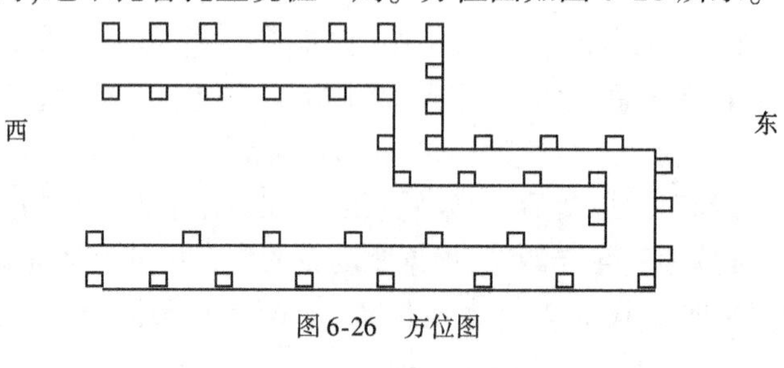

图6-26　方位图

第二步:计分原则。

基准时间是1min。1min内完成得100分(另外,碰撞一次扣2分,倒桩一次扣5分),即

$$基准时间内完成分数 = 100 - 次数 \times 扣分$$

基准时间外每多一秒,分数相应减少0.5分(另外,碰撞一次扣2分,倒桩一次扣5分)。即

$$基准时间外分数 = 100 - 多出时间 \times 0.5 - 次数 \times 扣分$$

【实训考核】

实训考核表见表6-7。

实训考核表 表6-7

考核人		被考核人	
考核地点			
考核内容	装卸搬运设备实训		
考核标准	具体内容	分值(分)	实际得分
	地牛结构认知	30	
	地牛的使用程度	20	
	堆垛的使用程度	20	
	实训报告完成认真,按时提交	10	
	工作态度	10	
	团队分工合作	10	
合计		100	

任务三 流通加工设备

任务概述

【应知应会】

通过本工作任务的学习与具体实施,学生应学会下列知识:

1. 流通加工设备的主要类型及工作原理;
2. 掌握包装分拣技术;
3. 了解流通加工设备的使用、保养和维护技巧与方法。

应掌握下列技能:

1. 能根据实际情况合理选择流通加工设备;
2. 能处理流通加工机械使用管理中常见的技术经济问题。

【学习要求】

1. 学生在上课前,应到本课程网站或借助于互联网本工作任务相关的教学内容进行预习;
2. 课程采用理实一体化的模式组织教学,学生在学习过程中,要善于动手,不怕脏、不怕累;
3. 工作任务学习过程结束后,学生能独立完成任务工作单的填写。

案例引入

上海友谊集团物流有限公司流通加工流程再造

上海友谊集团物流有限公司自20世纪90年代初开始为国际上最大的日用消费品公司——联合利华有限公司提供专业的物流服务,并与其建立了良好的物流合作伙伴关系。

上海友谊集团物流有限公司根据市场需要和购销企业的要求，对储存报关的一些商品进行再加工包装，提高商品的附加值。为此友谊物流购进一批贴标机、裹包机、封装机、捆扎设备、计量机、填充机等流通加工设备，并专门设置了1 000m^2 的加工场地为联合利华进行诸如贴标签、热塑封包机、促销赠品搭配等再加工工作。

这样的流通加工作业在物流企业内进行，能把需要加工的商品最大限度地集中起来，统一做加工处理，以达到从运输包装改为销售包装、礼品包装或促销包装的要求，从而使商品出库能在超市、各商店直接上柜，可为供应商、制造商、商店、超市各门店节省相当可观的人力和时间成本。

案例思考

1. 流通加工作业有哪些主要的作业内容？典型的流通加式设备有哪些类型？

2. 如何根据实际情况科学地选择、使用和管理流通加工设备？

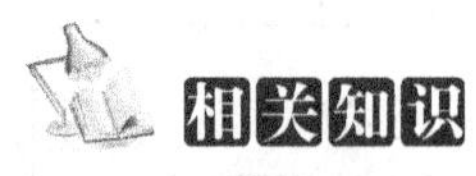

一、流通加工相关知识

1. 流通加工的概念

《现代物流实用词典》指出，流通加工是指物品在从生产地到使用的过程中，根据需要施加包装、分割、计量、分拣、刷标志、贴标准、组装等简单作业的总称。流通加工是为了提高物流速度和物品的利用率，在物品进入流通领域后，按客户的要求进行的加工活动，即在物品从生产者向消费者流动的过程中，为了促进销售、维护商品质量和提高物流效率，对物品进行一定程度的加工。流通加工通过改变或完善流通对象的形态来实现“桥梁和纽带”的作用，因此流通加工是流通中的一种特殊形式。随着经济的增长、国民收入的增加、消费者的需求出现多样化，促使在流通领域开展流通加工。目前，在世界许多国家和地区的物流中心或仓库经营中都大量存在流通加工业务，在日本、美国等物流发达国家则更为普遍。

2. 流通加工的作用

1)提高原材料利用率

通过流通加工进行集中下料，将生产厂商直接运来的简单规格产品，按用户的要求进行下料。例如，将钢板进行剪板、切裁，将木材加工成各种长度及大小的板、方等。集中下料可以优材优用、小材大用、合理套裁，明显地提高原材料的利用率，有很好的技术经济效果。

2)方便用户

用量小或满足临时需要的用户，不具备进行高效率初级加工的能力，通过流通加工可以使用户省去进行初级加工的投资、设备、人力，方便了用户。目前发展较快的初级加工有：将水泥加工成生混凝土，将原木或板、方材加工成门窗，钢板预处理、整形等加工。

3)加工效率及设备利用率

在分散加工的情况下，加工设备由于生产周期和生产节奏的限制，设备利用时松时紧，使得加工过程不均衡，设备加工能力不能得到充分发挥。而流通加工面向全社会，加工数量大，加工范围广，加工任务多。

这样可以通过建立集中加工点，采用一些效率高、技术先进、加工量大的专门机具和设备，一方面提高了加工效率和加工质量，另一方面还提高了设备利用率。

3. 流通加工在物流中的地位

主要表现在以下几个方面：

1)有效地完善了流通

流通加工在实现时间效用和场所效用这两个重要功能方面，确实不能与运输和保管相比，因而，流通加工不是物流的主要功能要素。另外，流通加工的普遍性也不能与运输、保管相比，流通加工不是对所有物流活动都是必需的。但这绝不是说流通加工不重要，实际上它也是不可轻视的，它具有补充、完善、提高与增强的作用，能起到运输、保管等其他功能要素无法起到的作用。所以，流通加工的地位可以描述为：提高物流水平，促进流通向现代化发展。

2)流通加工是物流的重要利润来源

流通加工是一种低投入、高产出的加工方式，往往以简单加工解决大问题。实践中，有的流通加工通过改变商品包装，使商品档次升级而充分实现其价值；有的流通加工可将产品利用率大幅提高30%，甚至更多。这些都是采取一般方法以期提高生产率所难以做到的。实践证明，流通加工提供的利润并不亚于从运输和保管中挖掘的利润，因此我们说流通加工是物流业的重要利润来源。

3)流通加工是重要的加工形式

流通加工在整个国民经济的组织和运行方面是一种重要的加工形式，对推动国民经济的发展、完善国民经济的产业结构具有一定的意义。

二、包装设备

包装(Package/Packaging)是指在流通过程中保护产品、方便储运、促进销售，按一定技术方法而采用的容器、材料及辅助物等的总体名称。也指为了达到上述目的而采用容器、材料和辅助物的过程中施加一定技术方法等的操作活动。

1. 典型的包装设备

包装设备种类很多，主要有以下几种：

(1)充填机。充填机是将精确数量的包装品装入各种容器内的包装机，如图6-27所示。其主要种类有：容积式充填机(包括量杯式、插管式、柱塞式、料位式、螺杆式、定时式充填机)；称重式充填机(包括间歇称重式、连续称重式、称重—离心等分式充填机)；计数式充填机(包括单件计数式、多件计数式充填机)。

(2)封口机。封口机是将充填有包装物的容器进行封口的机械，如图6-28所示，其主要种类有：无封口材料封口机(包括热压式、冷压式、熔焊式、插合式、折叠式等封口机)；有封口材料封口机(包括旋合式、滚纹式、卷边式、压合式等封口机)；有辅助封口材料封口机(包括胶带式、粘接式、钉合式、结扎式、缝合式等封口机)。

图6-27　充填机

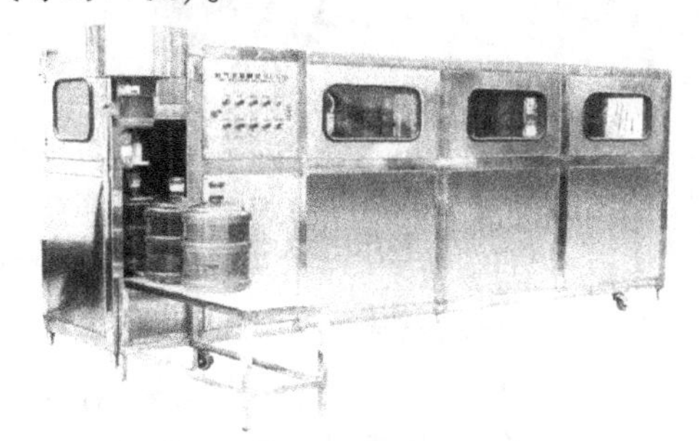

图6-28　封口机

(3)裹包机。裹包机是用柔性的包装材料，全部或部分地将包装物裹包起来的包装机，如图6-29所示。其主要种类有：全裹式裹包机（包括扭结式、覆盖式、贴体式、接缝式等裹包机）；半裹式裹包机（包括折叠式、收缩式、拉伸式、缠绕式等裹包机）。

(4)多功能包装机。多功能包装机具有两种或两种以上的功能，如图6-30所示。其主要种类有：充填封口机（具有充填、封口两种功能）；成型充填封口机（具有成型、充填、封口三种功能），成型的种类有袋成型、瓶成型、箱盒成型、泡罩成型、熔融成型等；定型充填封口机（具有定型、充填、封口功能）；双面封箱机（能同时封上盖和下底两个面），封箱时，箱子可侧放或立放。

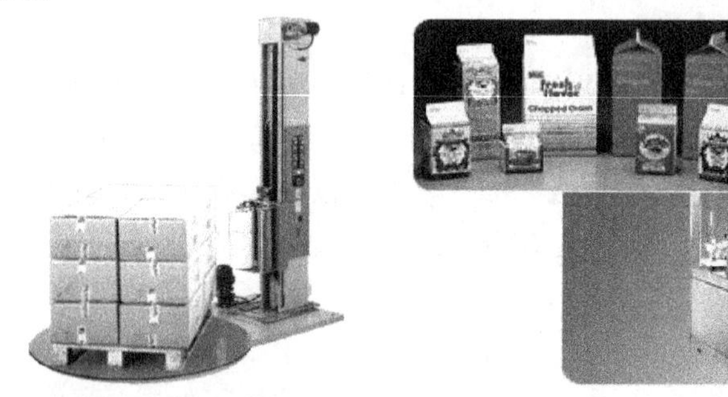

图6-29　裹包机　　　　图6-30　多功能包装机

2. 分拣设备

分拣（Sorting）是将货物按品种、出入库先后顺序进行分门别类堆放的作业。分拣作业是把货物按品种、出入库先后顺序或按货物的流向进行分类，再分别将货物放到规定的作业位置。分拣从物流作业的角度来看，可以认为包含两种作业，即分选作业（Sort）和拣选作业（Pick）。

按分拣的手段不同，可分为人工分拣、机械分拣和自动分拣三大类。

(1)人工分拣。人工分拣基本上是靠人力搬运，把所需的货物分门别类地送到指定的地点，或利用最简单的器具和手推车等。这种分拣方式劳动强度大，分拣效率最低。人工分拣的拣选方式一般属于“人到货处”的作业方式，即作业人员走到拣选货架前，进行手工拣选。

(2)机械分拣。机械分拣是以机械为主要输送工具，还要靠人工进行拣选，这种分拣方式用得最多的是输送机，有板条式输送机、传送带、辊道输送机等。机械分拣也叫“输送机分拣”。机械分拣的拣选方式一般属于“货到人处”的作业方式。

图6-31　自动分拣系统

(3)自动分拣。自动分拣是从货物进入分拣系统直到送往指定的分配位置为止，都是按照人们的指令靠自动装置来完成的。这种装置是由接收分拣指示信息的控制装置、计算机网络、搬运装置（负责把到达分选位置的货物搬运送到别处的装置）、分支装置（负责在分选位置把货物进行分送的装置）、缓冲站（在分拣位置临时存放货物的储存装置）等构成。如图6-31所示为自动分拣系统。

自动分拣系统一般由控制装置、分类装置、输送装置及分拣道口组成。其主要特点是：连续、大批量地分拣货物；分拣误差率极低；分拣作业基本实现无人化。

任务实训

分拣包装实训

【实训目标】

1. 掌握封口机的使用；
2. 掌握各种分拣设备的使用方法；
3. 能根据客户的要求对货品进行加工及封装；
4. 熟悉流通加工的相关知识。

【实训任务】

根据江西交通职业技术学院配送中心的现有实训条件，按照客户订单进行拣货、封装等工作。拣选单如表6-8～表6-10所示。

拣 选 单 一　　表6-8

货物名称	拣选货位编码	总拣选量	各客户分配量		
			沃尔玛	家乐福	洪客隆
九阳豆浆机	B0306001	8	5	3	
红牛	A0407001	11		5	4(配3箱，缺货1箱)
显示器	B0203002	20		16	4
统一老方便面	A0306001	8		8	

拣 选 单 二　　表6-9

货物名称	拣选货位编码	总拣选量	各客户分配量		
			沃尔玛	家乐福	洪客隆
茉莉清茶	G0002004	4	1		3
农夫山泉	G0002001	2	2		

拣 选 单 三　　表6-10

货物名称	拣选货位编码	总拣选量	各客户分配量		
			沃尔玛	家乐福	洪客隆
五月花	A0200303	4	4		
冰露	A0200202	3	3		

【实训道具】

1. 电子拣货标签；
2. 自动封装机等设备。

【实训考核】

实训考核表见表6-11。

实训考核表　　表6-11

考核人		被考核人	
考核地点			
考核内容	分拣包装实训		
考核标准	具体内容	分值(分)	实际得分
	拣货设备使用的正确性	30	
	包装设备的使用	20	
	软件使用的正确性	20	
	实训报告完成认真按时提交	10	
	工作态度	10	
	团队分工合作	10	
合计		100	

任务四　仓储设备的管理

【应知应会】

通过本工作任务的学习与具体实施,学生应学会下列知识:

1. 掌握仓储设备管理的含义与意义;
2. 掌握仓储设备管理的任务;
3. 熟悉仓储设备的使用、保养及维修管理。

应掌握下列技能:

1. 会对仓储设备进行正确的保养;
2. 能根据实际需要,采用科学的方法提出合理的物流设施设备配备方案。

【学习要求】

1. 学生在上课前,应到本课程网站或借助于互联网本工作任务相关的教学内容进行预习;
2. 本课程采用理实一体化的模式组织教学,学生在学习过程中,要善于动手,不怕脏不怕累;
3. 每个工作任务学习过程结束后,学生能独立完成任务工作单的填写。

天津港自动化仓储设备的运用

天津港是中国北方最大的国际性港口,物流业务量逐年增加。随着天津保税区物流业务的不断增加,在保税区内投资兴建了以自动化立体仓库为主的现代化物流园区。

物流园区占地面积33 789m^2,其中自动化立体仓库占地面积15 066m^2。储存区建筑高度近24m,库内设有货架28排×64列×13层,可存放托盘23 296个。其中A区共9 984个货位,用于存放电子元器件;B区共13 312个货位,用于存放汽车配件。整个仓库配备了14台有轨巷道堆垛机,运行速度为4～120m/min,升降速度为3～18m/min,货叉速度为5～25m/min,升降高度为21m。仓库还配备了自动分拣系统,解决了出入库货物的水平输送问题。库前有近万平方米的堆场,可供临时停车或存放集装箱用;设有泊车区,作为出入库车辆的泊车装卸用地。共设有10个下沉式出入库系统和4个直通大门,出入库能力每天可达到100个标准箱,整个自动化仓库全部实现了计算机全程监控和管理。

案例思考

如何针对实际需要提出一个合理的物流设施设备配置方案?方案实施后应如何科学地使用和管理这些设施设备?

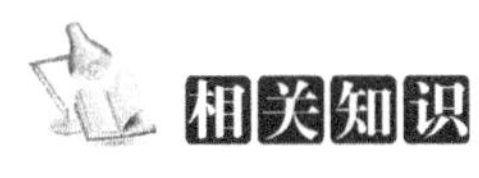

一、仓储设备管理的含义及意义

1.仓储设备管理的含义

仓储设备管理是指对在仓储过程中所使用的一切设备进行合理有效的管理,并保证仓储活动能够正常运行的一种综合性活动。它主要包括对仓储设备的合理采购,对仓储设备资产的有效管理,对仓储设备的保养及维护和对仓储设备损坏的处理。

2.仓储设备管理的意义

(1)仓储设备是企业的有形固定资产之一,是企业活动中必需的物质基础,合理有效的仓储设备管理可减少企业在这方面的投入。

(2)合理有效的仓储设备管理可使有限的仓储设备发挥最大的效用,保证存储货物在物流过程中能够顺利流转。

(3)仓储设备管理可保证存储货物的安全和品质,使货物在存储期间能够保证其本身固有的特性,直到实现其使用价值。

(4)合理有效的仓储设备管理可延长仓储设备的使用寿命,减少因设备维修或报废所带来的费用支出。

二、仓储设备管理的任务

1.仓储设备管理的任务

仓储设备管理的任务是:保证为仓储的物流活动提供最优的技术装备,使仓储的物流作业活动建立在最佳的物质技术基础上,以获得设备寿命周期费用最经济、设备综合效率最大。

2.仓储设备管理的具体要求

1)正确选购仓储设备

在选购仓储设备的时候,要正确认识自身对仓储设备的实际需求,做到有针对性的选购。既要保证购买的仓储设备能够满足实际的需要,又要使购买的仓储设备不至于闲置浪费;既要尽量减少选购仓储设备的费用支出,又要有规划性地选购符合发展需求的仓储设备,使现有的仓储设备不至于过早地被淘汰。

2)制订仓储设备综合管理规划

整合现有的仓储设备,统筹规划使用,使各使用单位在需要仓储设备的时候,既不出现使用紧张的情况,也不出现过多的闲置浪费现象。在仓储设备使用淡季的时候,可抓紧时间对仓储设备进行养护和维修,以保证使用旺季的需求;如闲置时间过长,也可以有计划地对外租用,保证设备的正常使用,还可以带来一定的收益。

3)对现有的仓储设备进行挖掘、改造和更新

仓储设备的通用性比较强,但针对不同的企业或不同的使用部门,其使用的主要方面有时不一样,根据每个企业或使用部门的实际需求,可对现有的仓储设备进行挖掘、改造和更

新,使其更符合使用的实际需求。

4)保证国内外引进的仓储设备正常运转

有些仓储设备价格比较昂贵,并且是仓储活动进行的主要设备,如冷库、各种大型的起重机等,一旦发生故障,将严重影响仓储活动的顺利进行,势必给企业带来损失。

5)追求仓储设备寿命周期费用最优化

仓储设备都有一定的使用寿命,在使用寿命周期内,减少因人为或管理问题所导致的损耗,减少因维修带来的费用支出;另外,在使用寿命周期内,也要使仓储设备得到充分有效的使用,发挥它的经济价值,使其不至于出现闲置浪费。

6)应用科学管理手段

对设备的管理,其实就是对人的管理,只有应用科学的、先进的、人性化的管理手段,才能使仓储设备管理上到一个新台阶。如对仓储设备的使用及维修人员进行相关的培训,可更好地保证仓储设备良性运转,减少设备的故障发生率,减少设备的维修及养护费用。

三、仓储设备的使用、保养及维修管理

1. 仓储设备的合理使用

仓储设备使用寿命的长短、使用效率的高低,固然取决于设备本身的设计结构特性、制造水平和各种参数,但也在很大程度上受制于设备的使用是否合理、正确。正确使用仓储设备,可以在节省费用的条件下减轻设备的磨损,保持其良好的性能及应用的精度,延长仓储设备的使用寿命,充分提高设备的效率效益。

仓储设备的正确使用,是设备管理过程中的一个重要环节。具体应抓好以下几个方面的工作:

1)做好仓储设备的安装和调试工作

有些仓储设备在正式投入使用前,应该严格按照质量标准和技术说明安装和调试设备,安装调试后要经过试验运转验收合格后才能投入使用。它是正确使用仓储设备的前提和基础。

2)合理安排使用计划

使用仓储设备时,必须根据工作对象的特点和设备的结构、性能特点来合理安排使用计划,防止和消除设备无效运转。使用时,既严禁设备超负荷工作,也要避免"大马拉小车"的现象,造成设备和能源的浪费。

3)切实做好机械操作人员的技术培训工作

操作人员在上机操作之前,需经过岗前培训,认真学习仓储设备的性能、结构和维护保养等知识,掌握操作技能和安全技术规程等知识,经过考核合格后,方可上岗。严禁无证操作(或驾驶)现象的发生。

4)建立健全一套科学的管理制度

要针对仓储设备的不同特点和要求,建立各项管理制度、规章制度和责任制度等。如持证上岗制、安全操作规程、操作人员岗位责任制、定人定机制、定期检查维护制度、交接班制度及设备档案制度等。

5)创造使仓储设备良好运转的工作条件和环境

保持仓储设备作业条件和环境的整齐、清洁,并根据设备本身的结构和性能等特点,安装必要的防护、防潮、防尘、防腐、防冻、防锈等装置。有条件的还应该配备必要的测量、检验、控制、分析及保险用的仪器、仪表、安全保护装置。这对精密、复杂、贵重的仓储设备尤为重要。

2. 仓储设备的保养及维护

仓储设备在使用过程中,会产生技术状态的不断变化,不可避免地出现干摩擦、零件松动、声音异常等不正常现象。这些都是仓储设备的故障隐患,如果不及时处理和解决,就会造成仓储设备的过早磨损,甚至酿成严重事故。因此,只有做好仓储设备的保养和维护工作,及时处理好技术状态变化引起的事故隐患,随时改善仓储设备的使用情况,才能保证仓储设备的正常运转,延长其使用寿命。

仓储设备的保养和维护遵循其自身运动的客观要求。其主要内容包括:清洁、润滑、紧固、调整、防腐等。目前,实行的比较普遍的是“三级保养制”。“三级保养制”指日常保养、一级保养和二级保养。

1)日常保养

日常保养是由操作人员每天对仓储设备进行物理性保养。主要内容有:班前班后检查、擦拭、润滑设备的各个部位,使仓储设备经常保持清洁润滑;操作过程中认真检查设备的运转情况,及时排除细小故障,并认真做好交接班记录。

2)一级保养

一级保养是以操作人员为主、维修人员为辅,对仓储设备进行局部和重点拆卸、检查、清洗有关部位,调整各部位配合间隙,紧固各部位等。

3)二级保养

二级保养是以维修人员为主、操作人员参加,对仓储设备进行部分解体检查和修理,更换或修复磨损件,对润滑系统进行清洗、换油,对电气系统进行检查和修理,局部恢复精度,满足仓储作业要求。

此外,在实施仓储设备保养制度过程中,对那些已经运转到规定期限的重点和关键设备,不管其技术状态好坏、使用情况缓急,都必须按照保养作业范围和要求进行检查和保养,以确保这类仓储设备运转正常完好和具有足够的精确度、稳定性。

3. 仓储设备的检查维修

仓储设备的检查维修是指修复由于各种原因而造成损坏的仓储设备,使其使用效能得到恢复。

1)仓储设备的检查

仓储设备的检查是指对仓储设备的运行情况、技术状态和工作稳定性等进行检查和校验,它是仓储设备维修中的一个重要环节。通过对仓储设备的检查,可以全面掌握仓储设备技术状态的变化情况,及时发现并消除仓储设备的缺陷和隐患,找出仓储设备管理中的存在的问题,提出改进仓储设备维护工作和管理工作的措施,便于有目的、有针对性地做好仓储设备维修前的各项准备工作,以提高仓储设备的维修质量、缩短维修时间,保证仓储设备长期安全运转;并对仓储设备是否需要进行技术改造或更新提供可靠的技术资料和数据,为仓储设备技术改造和更新的可行性研究奠定良好的基础。

仓储设备的检查方法很多,具体分类如下:

(1)按检查方式可分为人工检查和状态检查。

人工检查是指用目视、耳听、嗅味、触摸等感官检查和用简单工具检查;状态检查是指在仓储设备的特定部位安装仪器仪表,对运转情况自动监测或诊断,以便能全面、正确地把握住设备的磨损、老化、劣化程度和其他情况。在此基础上进行早期预报和跟踪,有利于把定期维修制度改为有针对性的、比较经济的预防维修制度。它可以避免因不了解仓储设备磨损情况而盲目拆卸带来的损伤和过剩维修，而且可以减少仓储设备停机检查而造成的经济损失。对于大型、复杂、精密、贵重的仓储设备尤为重要。

(2)按检查时间可分为日常检查、定期检查和维修前检查。

日常检查是由操作人员或维修人员每天执行的例行维护工作，检查中发现的简单问题随时自行解决，疑难复杂问题应及时报告并进行维修处理。日常检查是预防维修的基础工作之一，贵在坚持；定期检查是指主要由专业维修人员负责、操作人员参与检查。按规定的时间间隔，对仓储设备的性能及磨损情况进行全面的检查，以便合理确定维修时间和维修种类；维修前检查是对仓储设备在临维修前进行的检查。

(3)按检查内容可分为功能检查和精度检查。

功能检查是指对仓储设备各项功能进行检查与测定，以便确定仓储设备的各种功能是否符合要求，如检查漏油、漏气等情况；精度检查是指对仓储设备的加工精度进行检查和测定，以便确定仓储设备精度低劣化的情况，为仓储设备的验收、维修和更新提供较为科学的依据。

2)仓储设备的维修

仓储设备在运转和使用的过程中，往往由于磨损、断裂、老化或腐蚀，使仓储设备的某一部位或某些零件损坏。仓储设备的维修就是修复或更换损坏的部位或零件，使仓储设备的效能得到恢复。仓储设备的维修工作十分重要，尤其到了仓储设备寿命周期的后期阶段尤为重要。

按照仓储设备维修对设备性能恢复的程度和维修的范围大小、维修间隔时间的长短及维修费用的多少等，一般可分为大、中、小维修三类。

(1)小修是指工作量最小的局部维修，它通常只需在仓储设备所在地点修复或更换少量的磨损零件，或调整设备、排除故障，以保证仓储设备能够正常运转。小修费用直接计入企业当期支出费用内。

(2)中修是指更换和维修仓储设备的重要零件和数量较多的各种磨损零件，并校正设备的基准，以恢复和达到规定的精度、功率和其他的技术要求。中修需对设备进行部分解体，通常由专职维修人员在仓储设备作业现场或机修车间内完成。中修费用也是直接计入企业当期支出费用内。

(3)大修是指通过更换、修复重要部件，以消除有形磨损，恢复仓储设备原有的精度、性能和效率而进行的全面解体修复。仓储设备大修后，质检部门和设备管理部门应组织有关单位和人员共同检查验收，合格后办理交接手续。大修一般是由专职机检修人员进行。因为大修的工作量大、维修的时间长、维修费用较高，所以进行大修之前要精心计划好。大修发生的费用，由企业大修基金支出。

4. 仓储设备维修管理的评价指标

为评价和促进仓储设备的经济效益和综合管理水平，企业必须建立健全仓储设备维修管理的考核指标体系。

1)反映仓储设备技术状态的指标

主要包括仓储设备完好率、仓储设备故障率、仓储设备待修率等。计算公式是：

$$仓储设备完好率=\frac{完好仓储设备总台数}{仓储设备总台数}$$

$$仓储设备故障率=\frac{故障停用时间}{运转总时间}$$

$$仓储设备待修率=\frac{待修仓储设备台数}{实有仓储设备台数}$$

2)反映仓储设备维修管理经济性的指标

主要包括维修费用效率、单位工作量维修费用等。计算公式是：

$$维修费用效率=\frac{仓储作业总工作量}{维修费用总额}$$

$$单位工作量维修费用=\frac{维修费用总额}{仓储作业总工作量}$$

商品堆码实训

【实训目标】

1. 物流设施设备维护管理的原则；

2. 掌握各种物流设施设备的维护与管理方式。

【实训任务】

1. 分别应用重叠式、纵横交错式、正反交错式码垛方式练习在1 200mm×1 000mm(或1 200mm×800mm)的木制(或塑料、钢制)托盘上码放若干个各种尺寸的纸箱。要求：大不压小、重不压轻、标签朝外、整齐美观。

2. 分别应用托盘网罩、框架、绑扎带、摩擦材料、专用金属卡具、胶带、收缩薄膜等材料紧固已码放完成的托盘。

3. 要求学生熟悉各种常用叉车，根据订单要求，选取某一批需要入库货品，给定相应的储位或货架，要求利用人力叉车、电动叉车或内燃机叉车把货物放至指定的地点。

【实训步骤】

第一步：托盘货物码垛时，两人或多人一组，限定时间，对四种码垛方式进行轮训。

第二步：托盘装载货物紧固作业时，两人或多人一组，限定时间，对不同紧固方式进行轮训。

第三步：熟悉各种叉车并能说出指定叉车的名称和作用；利用人力叉车将货品存放至储位或货架；利用电动叉车或内燃机叉车把货物放至储位或货架；对上架货品进行信息处理。

【实训考核】

实训考核表见表6-12。

实 训 考 核 表 表6-12

考核人		被考核人	
考核地点			
考核内容	商品堆码实训		
考核标准	具 体 内 容	分值(分)	实 际 得 分
	堆码方式的掌握	30	
	货架的维护	20	
	软件使用的正确性	20	
	实训报告完成认真，按时提交	10	
	工作态度	10	
	团队分工合作	10	
合计		100	

模块七　库存控制技术

模块概述

本模块要求学生理解库存的意义，能根据企业不同实际情况，选用合适的库存方法，进行库存控制。要求学生掌握定期订货法和定量订货法控制库存方法的参数计算，掌握ABC分类管理的精髓:抓住重要的少数，并能根据仓库货物情况，进行ABC分类计算，根据分类结果进行重点管理。对相关需求货物的库存采用MRP方法，能根据MRP原理进行实际问题计算。

知识目标

1. 理解控制库存的意义和库存的弊端；
2. 熟悉ABC分类管理库存方法；
3. 掌握定期订货法和定量订货法原理及控制参数的计算；
4. 熟悉和掌握MRP含义、原理及其计算方法；
5. 理解各计算过程中每个公式的含义及由来。

技能目标

1. 能根据仓库货物需求不同类型选用相应的库存控制方法；
2. 能根据ABC分类管理法的基本原理，进行库存控制的ABC分析；
3. 能根据订货点技术原理，确定其参数，采用相应的库存控制方法；
4. 能根据MPR原理和计算方法，把MRP运用到实际库存控制中去；
5. 能结合案例和例题学习各种模型计算方法和使用。

模块图解

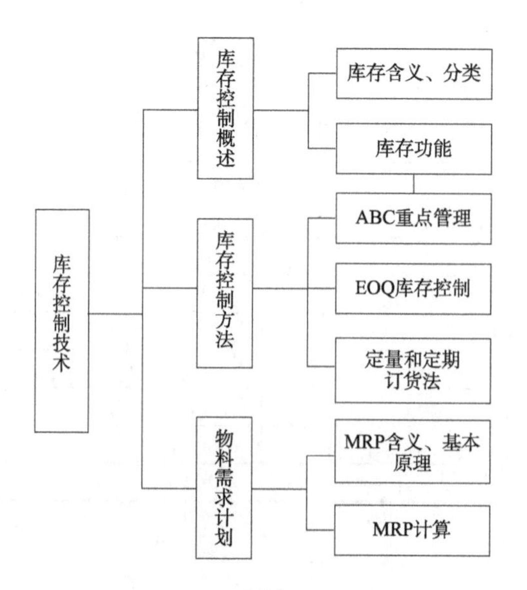

任务一　库存控制概述

【应知应会】

通过本工作任务的学习与具体实施,学生应学会下列知识:

1. 要求理解库存功能与弊端;
2. 要求掌握库存控制意义;
3. 掌握库存分类及每种库存存在意义;
4. 理解和掌握库存控制的途径。

【学习要求】

1. 要求学生提前做好上课内容预习;
2. 从企业管理角度来理解库存控制意义;
3. 理解零库存的意义。

海尔的零库存

一、背景说明

2008年爆发的全球金融危机,将竞争已十分激烈的家电市场带进了一个更严寒的环境。为此,海尔集团推出了“零库存下的即需即供”的商业模式。该模式以现代信息技术和先进经营理念为依托,取消仓库,真单直发,使市场开发、产品研发、产品供应链形成一个从用户需求到用户满足的完整过程,使企业适应了市场快速变化的需求。一位家电业内人士透露,6月以来的大旺季中,海尔空调经常出现阶段性断货,没有货源对销售量影响很大,导致其2009年在连锁渠道内份额下滑较多。不仅上海是这样,全国其他地方都有断货发生。但走渠道多元化的格力和美的货源相对充足。“2009年空调卖得很好,到了最后,就是比谁有存货,谁有货谁就卖的多。”上述家电业内人士说,“空调市场的火爆让业界人士都没有预料到。最初大家都在控制库存,经销商拿的货不多,六七月的火爆行情又导致了货源紧张甚至断货。”奥维市场咨询公司白电部门研究总监赵茂军告诉记者。据行业相关数据显示,6月份,家用空调内销为465万台,同比增长47%,创历年来6月销量新高。这其中,海尔空调的市场份额占比仅为8%。而两大龙头格力、美的份额分别为37.3%、29%,两家公司6月内销同比增长分别达到83%和80%,成为6月份空调内销的最大赢家。而受断货影响的海尔只比排名第四的志高多出几万台销量。“海尔空调的溃败最直接的原因就是他们目前推行的‘零库存’。”上述家电业内人士指出。海尔方面没有否认断货,海尔集团企业文化中心对外宣传部总监孙鲲鹏强调,“零库存下的即需即供”模式,让海尔相较于其他空调企业,没有高能耗空调库存的负累,轻装上阵。“零库存”是2009年海尔“去制造化”战略的一个重要方面,为此,海尔进行了“即需即供”的库存改造。以空调业务为例,原先海尔各地的销售分公司——海尔工贸的仓库已经取消,现在的主要功能就是接单,再将所有的订单反馈到生产线上。因此,海尔每台生产线上的机器都是有订单的。

二、问题提出

“零库存”是2009年海尔“去制造化”战略的一个重要方面，为此，海尔进行了“即需即供”的库存改造。以空调业务为例，原先海尔各地的销售分公司——海尔工贸的仓库已经取消，现在的主要功能就是接单，再将所有的订单反馈到生产线上。因此，海尔每台生产线上的机器都是有订单的。希望“像卖海鲜一样卖空调”的海尔，却由于强力推行“零库存”的市场策略，导致矫枉过正，在渠道、市场制度及市场策略上显得有失灵活性。零库存”的初衷是：减少原材料价格浮动带来的市场风险和产品库存压力，节省大笔流动资金，更确保在任何时候技术与产品的领先地位。海尔提出“去制造化”是为了成为品牌公司、管理性公司。在原材料价格不稳定的情况下，成本价格波动会影响企业利润。而“零库存”可以帮助减少成本，减小资金占用，从而提升营运目标。但海尔的“零库存”并非轻易可以达到。“零库存”并非零风险。追求“即需即供”的模式改革，让海尔空调在“高温救赎战”中因库存不足“很受伤”。根据海尔集团旗下两家上市公司发布的半年报显示，海尔空调业务下滑3成以上。你是怎么看待这种零库存模式的改革，有什么应对方案？

案例思考

1. 是否任何企业都适合采用零库存模式管理库存？

2. 简述仓库库存给企业带来的利弊。

相关知识

一、库存的含义和分类

1. 库存的含义

库存是指处于储存状态的商品。美国生产与库存管理协会（APICS）将库存定义为：“以支持生产、维护、操作和客户服务为目的而存储的各种物料，包括原材料和在制品、维修件和生产消耗品、成品和配件等。”

库存是仓储的最基本的功能，除了进行商品储存保管外，它还具有整合需求和供给，保持物流系统中各项活动顺畅进行的功能。

2. 库存分类

1）周转库存

周转库存也叫经常库存，是指为满足客户日常的需求而建立的库存。周转库存的目的是为了衔接供需，缓冲供需之间在时间上的矛盾，保障供需双方的经常活动都能顺利进行。这种库存的补充是按照一定的数量界限（批量订货）或时间间隔（订货周期）反复进行的。主要原因是为了获得规模经济性和享受数量折扣。

2）安全库存

安全库存也叫缓冲库存。是指为了防止由于不确定因素（如突发性大量订货，厂商交货期延期等）而准备的缓冲库存。

3）预期库存

由于需求的季节性或是采购的季节性特点，必须在淡季为旺季的销售，或是在收获季节为全年生产储备的库存称为预期库存。预期库存的设立除了季节性原因外，还出于为生产保持均衡的考虑。所以决定预期库存的因素，除了脱销的机会成本外，还应考虑生产不均衡时的额外成本（如生产设备和工人闲置时必须支出的固定成本，以及加班的额外支出费用等)。

二、库存的功能

(1)具有调节供需矛盾,消除生产与消费之间时间差的功能。

(2)具有创造商品的“时间效用”功能。

(3)具有降低物流成本的功能。

三、库存的问题

既然存货具有上述重要作用,为什么现代物流管理却把“零库存”作为追求的目标呢?问题在于上述作用常被传统管理不适当地夸大,掩盖其存在的以下严重问题。

(1)存货可能被用来掩盖经常性的产品或零部件的制造质量问题。当废品率和返修率很高时,一种很自然的做法就是加大生产批量和增加在制造或产成品库存。

(2)存货可能被用来掩盖工人的缺勤、技能训练差、劳动纪律松弛和现场管理混乱等问题。

(3)存货可能被用来掩盖供应商或外协厂家的原材料质量、外协件质量、交货不及时等问题。

(4)存货可能被用来掩盖或弥补作业计划安排不当、生产控制制度不健全、需求预测不准、产品成套性差等问题。

此外,如产品设计不当、工程改动、生产过程组织不适当等问题,多可以在存货这里找到安全的靠垫。总之,是物流过程管理不善,最终导致了库存水平居高不下。由此不难理解,为什么准时制生产方式(JIT)要以“零库存”为不断努力的目标。就是要通过不断降低库存水平,使上述种种管理不善的问题暴露出来,然后得到解决。只有解决了上述问题,排除了问题的根源,才能够不断地使库存水平降低。这就好比一条充满暗礁的河流,只有降低河水水位,才会使那些潜藏的暗礁暴露出来,而降低库存水平以暴露管理问题,恰似“水落石出”。如图7-1所示。

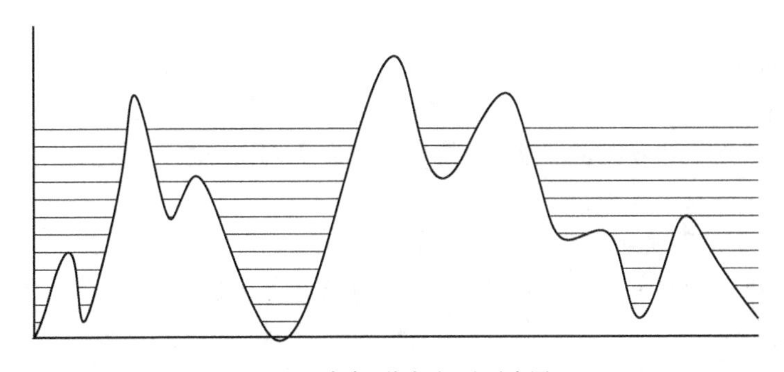

图7-1 库存“蓄水池”论示意图

四、库存控制

1.库存控制的概念

库存控制是库存管理的核心问题。所谓库存控制是指在保障供应的前提下,使库存物品的数量最合理时所采取的有效措施。

库存量不是越多越好,也不是越少越好。库存控制的内容包括确定产品的储存数量和储存结构,进货批量与进货周期等。

2. 库存控制的目标:

(1)库存成本最低;

(2)库存保证程度最高;

(3)不允许缺货;

(4)限定资金;

(5)快捷。

3. 库存控制系统

库存控制系统是以控制库存为共同目的的相关方法、手段、技术、管理及操作过程的集合。库存控制系统主要完成库存商品分级分类,订购数量和订购点的确定,库存跟踪管理及库存盘点等作业。一个有效的系统要达到以下几个目的:

(1)保证获得足够的货物和物料;

(2)鉴别出超储物品,畅销物品和滞销物品;

(3)向管理部门提供准确、简明和适时的报告;

(4)花最低的成本金额。

4. 库存控制系统的制约条件

(1)需求的不确定性;

(2)订货周期;

(3)运输;

(4)资金制约;

(5)管理水平的制约;

(6)价格和成本的制约等。

任务二　库存控制方法

任务概述

【应知应会】

通过本工作任务的学习与具体实施,学生应学会下列知识:

1. 要求掌握库存控制方法;

2. 理解 ABC 库存管理方法及如何控制库存;

3. 理解和掌握定期和定量订货法的原理、参数及计算方法。

【学习要求】

1. 要求学生提前做好上课内容预习;

2. 要求学生勤于动手,掌握定量订货法和定期订货法模型控制参数的计算。

案例引入

库存控制方法

詹姆(JAM)电子是一家生产诸如工业继电器等产品的韩国制造商企业。公司在远东地区的5个国家拥有5家制造工厂,公司总部在首尔。美国詹姆公司是詹姆电子的一个子公司，专门为美国国内提供配送和服务功能。公司在芝加哥设有一个中心仓库，为两类顾客提供服务，即分销商和原始设备制造商。分销商一般持有詹姆公司产品的库存，根据顾客需要供应产品。原始设备制造商使用詹姆公司的产品来生产各种类型的产品，如自动化车库的开门装置。詹姆电子大约生产2 500种不同的产品，所有这些产品都是在远东制造的，产成品储存在韩国的一个中心仓库，然后从这里运往不同的国家。在美国销售的产品是通过海运运到芝加哥仓库的。

近年来，美国詹姆公司已经感到竞争大大加剧了，并感受到来自于顾客要求提高服务水平和降低成本的巨大压力。不幸的是，正如库存经理艾尔所说："目前的服务水平处于历史最低水平，只有大约70%的订单能够准时交货。另外，很多没有需求的产品占用了大量库存。"在最近一次与美国詹姆公司总裁和总经理及韩国总部代表的会议中，艾尔指出了服务水平低下的几个原因：

(1)预测顾客需求存在很大的困难。

(2)供应链存在很长的提前期。美国仓库发出的订单一般要6~7周后才能交货。存在这么长的提前期主要因为：一是韩国的中央配送中心需要1周来处理订单；二是海上运输时间比较长。

(3)公司有大量的库存。如前所述，美国公司要向顾客配送2 500种不同的产品。

(4)总部给予美国子公司较低的优先权。美国的订单的提前期一般要比其他地方的订单早1周左右。

为了说明预测顾客需求的难度，艾尔向大家提供了某种产品的月需求量信息。

但是，总经理很不同意艾尔的观点。他指出，可以通过用空运的方式来缩短提前期。这样，运输成本肯定会提高，但是，怎么样进行成本节约呢？最终，公司决定建立一个特别小组解决这个问题。

案例思考

1. 詹姆公司如何针对这种变动较大的顾客需求进行预测？
2. 其如何平衡服务水平和库存水平之间的关系？
3. 对詹姆公司来讲，什么是有效的库存管理策略？

相关知识

一、ABC重点管理法

(一)ABC分析方法简述

1879年，意大利人帕累托提出：社会财富的80%是掌握在20%的人手中，而余下的80%的人只占有20%的财富。渐渐地，这种"关键的人数和次要的多数"的理论，被广为应用在社会学和经济学中，并被称为帕累托原则，即80/20原则。"关键的少数和一般的多数"是普遍存在的，可以说是比比皆是。在一个系统中，少数事物具有决定性的影响。相反，其余的绝大部分事物却不太有影响。很明显，如果将有限的力量主要用于解决具有决定性影响的少数事物上，和将有限力量平均分摊在全部事物上，这两者比较，当然是前者可以取得较好的成效，而后者成效较差。ABC分析便是在这一思想的指导下，通过分析，将"关键的少数"找出来，并确定与之适应的管理方法，这便形成了要进行重点管理的A类事物。

品种	分类	资金额
10%	A	70%
20%	B	20%
70%	C	10%

图 7-2　ABC 分类法

(二)ABC 分类的原则与方法

1. ABC 分类的基本原理

将库存物品按品种和占用资金的多少分为特别重要的库存(A)类、一般重要的库存(B 类)和不重要的库存(C 类),然后针对不同等级分别进行管理与控制。其核心是“抓住重点,分清主次”。

2. ABC 的分类方法

依据库存物资所占总库存资金的比例和所占总库存物资品种数目的比例。大致上按图 7-2 所示的标准进行分类。

3. ABC 分类的具体步骤

ABC 分类法计算步骤如图 7-3 所示。

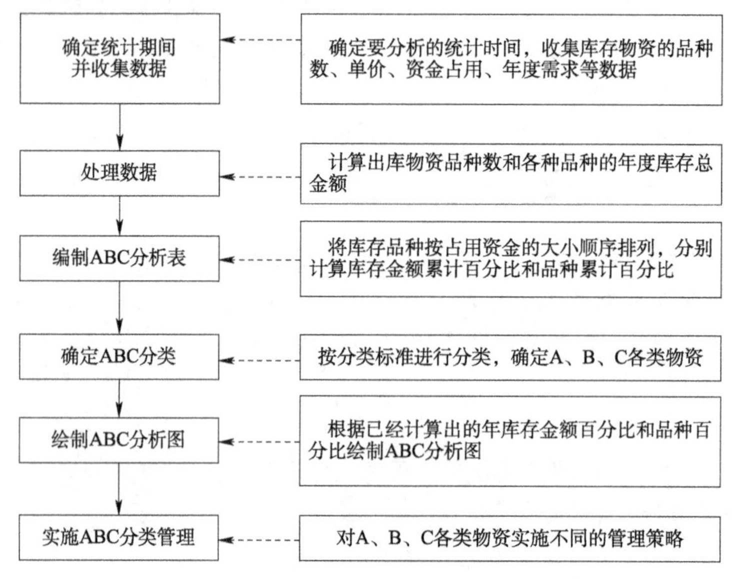

图 7-3　ABC 分类法计算步骤

(三)ABC 类管理的原则

1. A 类货物的管理

A 类货物品种少,但占用库存资金多,是所谓的“重要的少数”,要重点管理。应采取下列策略:

(1)每件商品皆作编号。

(2)尽可能正确地预测需求量。

(3)少量采购,尽可能在不影响需求的前提下减少库存量。

(4)请求供货单位配合,力求出货量平稳化,以降低需求变动,减少安全库存量。

(5)与供应商协调,尽可能缩短订货提前期。

(6)采用定期订货方式,对其存货必须作定期检查。

(7)必须严格执行盘点,每天或每周盘点一次,以提高库存精度。

(8)对交货期加强控制,在制品及发货也必须从严控制。

(9)货品放置于易于出库的位置。

（10）实施货物包装外形标准化，增加出入库的库位。

（11）A类货品的采购需经高层主管审核。

2. B类货物的管理

（1）正常的控制，采用比A类货物相对简单的管理办法。

（2）B类货物中销售额比较高的品种要采用定期订货方式或定期定量混合方式。

（3）每2~3周盘点1次。

（4）中量采购。

（5）采购需经中级主管审核。

3. C类货物的管理

C类货品种类多，但占库存资金少，是属于"不重要的大多数"，采取简单的管理策略。

（1）将一些货物不列入日常管理的范围；如对螺钉、螺母之类的数量大价值低的货物不作为日常盘点的货物，并可规定最少出库的批量，以减少处理次数。

（2）为防止库存缺货，安全库存要多些，或减少订货次数以降低费用。

（3）减少这类物资的盘点次数。

（4）可以很快订货的货物，可以不设置库存。

（5）采购仅需经基层主管审核。

（四）ABC分类管理举例

表7-1是某公司半年仓库出库数量统计表，请根据货物出库数量多少进行ABC分类管理。

某公司半年仓库统计货物出库量 表7-1

货品编码/条码	货 品 名 称	出库量（箱）	货品编码/条码	货 品 名 称	出库量（箱）
6901521103123	诚诚油炸花生仁	60	6932010061822	爱牧云南优质小粒咖啡	397
6902774003017	金多多婴儿营养米粉	0	6932010061839	绿箭口香糖	342
6903148042441	吉欧蒂亚干红葡萄酒	150	6932010061846	隆达葡萄籽油	100
6917878007441	娃哈哈矿泉水	975	6932010061853	乐纳可茄汁沙丁鱼罐头	30
6918010061360	脆香饼干	146	6932010061860	金谷精品杂粮营养粥	37
6918163010887	黄桃水果罐头	0	6932010061877	旺旺雪饼	98
6920855052068	利鑫达板栗	88	6932010061884	早苗栗子西点蛋糕	12
6920855784129	小师傅方便面	975	6932010061891	轩广章鱼小丸子	60
6920907800173	休闲黑瓜子	37	6932010061907	大嫂什锦水果罐头	13
6931528109163	玫瑰红酒	0	6932010061914	雅比沙拉酱	10

根据ABC分类计算步骤，首先，将出库量的大小顺序进行降序排列，分别计算出库量累计百分比和品种累计百分比，然后按照0~70%的为A类，70%~90%为B类，90%~100%的为C类。其计算结果见表7-2。

ABC分类计算结果 表7-2

货品编码/条码	货 品 名 称	出库量（箱）	比重（%）	累计比重（%）	分类结果
6917878007441	娃哈哈矿泉水	975	27.62	27.62	A类
6920855784129	小师傅方便面	975	27.62	55.24	
6932010061822	爱牧云南优质小粒咖啡	397	11.25	66.49	

续上表

货品编码/条码	货品名称	出库量(箱)	比重(%)	累计比重(%)	分类结果
6932010061839	绿箭口香糖	342	9.69	76.18	B类
6903148042441	吉欧蒂亚干红葡萄酒	150	4.25	80.42	
6918010061360	脆香饼干	146	4.14	84.56	
6932010061846	隆达葡萄籽油	100	2.83	87.39	
6932010061877	旺旺雪饼	98	2.78	90.17	
6920855052068	利鑫达板栗	88	2.49	92.66	C类
6901521103123	诚诚油炸花生仁	60	1.70	94.36	
6932010061891	轩广章鱼小丸子	60	1.70	96.06	
6920907800173	休闲黑瓜子	37	1.05	97.11	
6932010061860	金谷精品杂粮营养粥	37	1.05	98.16	
6932010061853	乐纳可茄汁沙丁鱼罐头	30	0.85	99.01	
6932010061907	大嫂什锦水果罐头	13	0.37	99.38	
6932010061884	早苗栗子西点蛋糕	12	0.34	99.72	
6932010061914	雅比沙拉酱	10	0.28	100.00	
6902774003017	金多多婴儿营养米粉	0	0.00	100.00	
6.91816E+12	黄桃水果罐头	0	0.00	100.00	
6931528109163	玫瑰红酒	0	0.00	100.00	

CVA 管理法

有些公司发现,ABC 分类并不令人满意,因为 C 类物资往往得不到应有的重视。例如,经销鞋的企业会把鞋带列入 C 类物资,但是如果鞋带短缺将会严重影响到鞋的销售。一家汽车制造厂商会把螺钉列如 C 类物资,但缺少一个螺钉往往会导致整个生产链的停工。因此有些企业采用关键因素分析法(Critical Value Analysis,简写为 CVA)。

CVA 的基本思想是把存货按照其关键性分为 3~5 类,见表 7-3。

CVA 管理法 表 7-3

序号	级别	管理方法
1	最高优先级	这是经营的关键性物资,不允许缺货
2	较高优先级	这是指经营活动小的基础物资,但允许偶尔缺货
3	中等优先级	这多属于比较重要的物资,允许合理范围内缺货
4	较低优先级	经营中需用这些物资,但可替代性高,允许缺货

总结:CVA 管理法比 ABC 分类法有着更强的目的性。

二、经济订货批量(EOQ)库存控制模型

经济订货批量法(EOQ)通过费用分析求得在库存总费用为最小时的订货批量,用以解决独立需求物品的库存控制问题。

EOQ 库存控制模型中的费用主要包括:①库存保管费用;②订货费;③缺货费。

EOQ 的控制原理就在于控制订货批量,使年度总库存成本量小。其中

年度总库存成本 = 年度采购成本 + 库存保管费 + 订货费

假设:商品需求量均衡、稳定,年需求量为固定常数,价格固定,年度采购成本(指所采购货物的价值 = 年需求量 × 价格)为固定常数,且与订购批量无关。则年度总库存成本与批量的关系如图 7-4 所示。

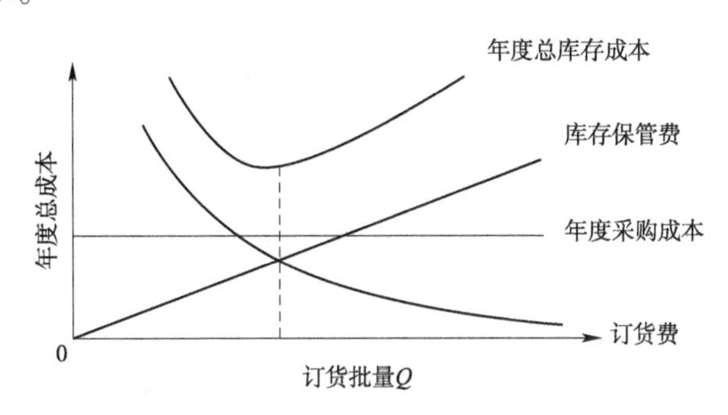

图 7-4 年度总成本与订货批量的关系图

从图 7-4 中可见,库存保管费随订购量增大而增大,订货费用随订购量增大而减少,而当两者费用相等时,总费用曲线处于最低点,这时的订货量为 EOQ。

1. 理想的经济订货批量

$$TC = DP + \frac{DC}{Q} + \frac{QK}{2} \tag{7-1}$$

式中:TC——年度库存总费用;

D——年需求两,件/年;

P——单位采购成本,元/件;

Q——每次订货批量,件;

C——单位订货费,元/次;

K——每次货物平均年库存保管费用,元/(件·年);

$Q/2$——年平均存储量。

理想的经济订货批量指不考虑缺货,也不考虑数量折扣以及其他问题的经济订货批量。在不允许缺货,也没有数量折扣等因素的情况下:

年度总库存成本 = 年度采购成本 + 库存保管费 + 订货费

要使 TC 最小,将式(7-1)对 Q 求导数,并令一阶导数为零,得到经济订购批量 EOQ 的计算公式为

$$\mathrm{EOQ} = \sqrt{\frac{2CD}{K}} = \sqrt{\frac{2CD}{PF}} \tag{7-2}$$

式中:EOQ——经济订货批量;

PF——每次货物平均年库存保管费用,元/(件·年);

F——单件货物保管费用与单件货物单位采购成本之比,即年保管费率。

【例 7-1】 某企业每年需要购买 8 000 套儿童服装,每套服装的价格是 100 元,其年储存成本是 3 元/件,每次订购成本为 30 元。问:最优订货数量,年订购次数和预期每次订货

时间间隔为多少(每年按360天计算)?

解:$D=8\ 000$ 件,$C=30$ 元/次,$K=3$ 元/(件·年),采用经济订货批量公式

$$\text{EOQ}=\sqrt{\frac{2CD}{K}}=\sqrt{\frac{2\times30\times80}{3}}=400(\text{件})$$

$$\text{年订购次数}=\frac{D}{\text{EOQ}}=\frac{8\ 000}{400}=20(\text{次})$$

$$\text{间隔}=\frac{360}{20}=18(\text{天})$$

$$\text{年度库存总费用}=8\ 000\times100+\frac{8\ 000}{400}+\frac{400\times3}{2}=801\ 200(\text{元})$$

即每次订购批量为400件时年库存总费用最小,最小费用为801 200元。

2. 允许缺货的经济订货批量

在实际生产活动中,订货到达时间或每日耗用量不可能稳定不变,因此有时不免会出现缺货。在允许缺货情况下,经济批量是指订货费、保管费和缺货费之和最小时的订货量,计算公式为

$$\text{EOQ}=\sqrt{\frac{2CD}{K}}\cdot\sqrt{\frac{K+C_0}{C_0}} \tag{7-3}$$

式中:C——每次订货费,元/次;

C_0——单位缺货费,元/(件·年);

K——单位货物平均年度库存保管费,元/(件·年);

D——年需求量。

【例7-2】 在上题中,允许缺货,且年缺货费损失费为6元/(件·年)。若其他条件不变,允许缺货的经济批量是多少?

解:$D=8\ 000$ 件,$C=30$ 元/件,$K=3$ 元/(件·年),$C_0=6$ 元/(件·年),根据上述公式

$$\text{EOQ}=\sqrt{\frac{2CD}{K}}\cdot\sqrt{\frac{K+C_0}{C_0}}=\sqrt{\frac{2\times30\times8\ 000}{3}}\cdot\sqrt{\frac{3+6}{6}}=490(\text{件})$$

3. 有数量折扣的经济批量

为了鼓励大批量购买,供应商往往在订购数量超过一定量时提供优惠的价格。在这种情况下,买方应进行计算和比较,以确定是否需要增加订货量去获得折扣。其判断的准测是:

若接受折扣所产生的年度总费用小于经济订购批量所产生的年度总费用,则应接受折扣;反之,应按不考虑数量折扣计算的经济订购批量EOQ购买。

【例7-3】 在上述公式中,供应商给出的数量折扣条件是:若一次订购量小于600件时,每件价格是100元;若一次订购量大于或等于600件时,每件价格是80元。若其他条件不变,问每次应采购多少?

解:根据供应商给出的条件,分析如下:

(1)计算按享受折扣价格时的批量即600件采购的年度总费用。

此时 $D=800$ 件,$C=30$ 元/件,$K=3$ 元/(件·年),$P=80$ 元/(件·年),$Q=600$ 件,根据公式

$$TC = DP + \frac{DC}{Q} + \frac{QK}{2}$$

$$= 8\ 000 \times 80 + \frac{8\ 000 \times 30}{600} + \frac{600 \times 3}{2} = 641\ 300(\text{元})$$

(2)按折扣价格计算经济订购批量 EOQ。

此时 $D = 8\ 000$ 件，$C = 30$ 元/件，$K = 3$ 元/(件·年)，$P = 80$ 元/件，根据公式

$$\text{EOQ} = \sqrt{\frac{2CD}{K}} = \sqrt{\frac{2 \times 30 \times 8\ 000}{3}} = 400(\text{件})$$

即价格为 80 元时，经济订购批量 EOQ 仍然为 400 件。

(3)分析判断：

根据(2)计算结果可知，按价格 80 元/件计算的经济订购批量是 400 件，它小于享受折扣条件规定的数量(一次不小于 600 件)，这表明每次订 400 元是不能享受折扣价格的，这时只能按价格 100 元/件计算年度总费用。根据例题(得数 = 801 200)计算结果可以知道，这种情况下的年度总费用是 801 200 元。再根据例题中(1)计算结果可以判断，若按享受折扣价格时的批量即 600 件采购，年度总费用为 641 300 元，小于按不享受折扣价格时的批量即 400 件采购的年度总费用 801 200 元。因此，采购策略应为每次订购 600 件。

三、定量订货法与定期订货法

(一)定量订货法

1. *定量订货法原理*

定量订货法是指当库存量下降到预定的最低库存量(订货点 R)时，按规定(数量一般以经济批量 EOQ 为标准)进行订货补充的一种库存控制方法。它主要靠控制订货点和订货批量两个参数来控制订货进货，达到既最好地满足库存需求，又能使总费用最低的目的。库存量变化见图 7-5。

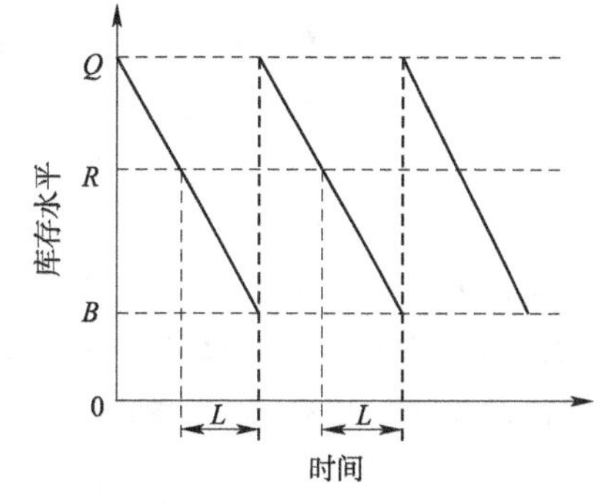

图 7-5　定量订货法原理示意图

L-提前期；R-订货点；Q-订货批量；B-安全库存量

2. *定量订货法控制参数的确定*

实施定量订货法需要确定两个控制参数：一个是订货点，即订货点库存量；另一个是订货数量，即经济批量 EOQ。以下重点介绍订货点的确定。

影响订货点的因素有三个：订货提前期、平均需求量和安全库存。根据这三个因素我们可以简单地确定订货点。计算公式为

$$\text{订货点} = \text{平均每天的需要两} \times \text{提前期} + \text{安全库存} \tag{7-4}$$

$$\text{安全库存} = (\text{预计每天最大耗用量} - \text{每天正常耗用量}) \times \text{提前期} \tag{7-5}$$

定量库存控制方法的简化形式为双堆法，也称为分存控制法。指将实行双堆法的商品从库存中分出，分存于两处，每处存放的商品数量，按库存量标准计算。当第一堆商品售完，开始使用第二堆商品时，就要对该种商品提出新的订购，第二堆商品的数量就是订购点。三堆法是将安全库存从订购点一堆中分出来。

知识链接

安全库存的计算

对于安全库存量的计算,可以根据顾客需求量变化、提前期固定;提前期变化、顾客需求量固定;或者两者同时变化三种情况分别计算。

(1)需求量变化,提前期固定。假设需求的变化服从正态分布,由于提前期是固定的数值,因而可以根据正态分布图,直接求出在提前期内的需求分布均值和标准差,或通过直接的期望预测,以过去提前期内的需求情况为依据,确定需求的期望均值。在这种情况下,安全库存量的计算公式为:

$$Q_s = Z \cdot \delta_R \cdot \sqrt{L} \tag{7-6}$$

式中:δ_R——提前期内的需求量的标准差;

L——提前期的时间;

Z——一定客户服务水平下需求量变化的安全系数,它可以根据预订的服务水平,由正态分布表查出。

【例7-4】 某超市的某种食用油平均日需求量为1 000瓶,并且食用油的需求情况服从标准差为20瓶/天的正态分布,如果提前期是固定常数5天,如客户服务水平不低于95%,那么可以计算出该食用油安全库存量约为74瓶,计算过程如下:

解:已知 $\delta_R = 20$ 瓶/天,$L = 5$ 天,$F(Z) = 95\%$,查表知 $Z = 1.65$,代入公式

$$Q_s = Z \cdot \delta_R \cdot \sqrt{L} = 1.65 \times 20 \times \sqrt{5} = 74(\text{瓶})$$

(2)需求量固定,提前期变化。当提前期内的客户需求情况固定不变,而提前期的长短随机变化时,安全库存量的计算公式如下:

$$Q_s = Z \cdot \delta_L \cdot R \tag{7-7}$$

式中:Z——定客户服务水平下需求量变化的安全系数;

δ_L——提前期的标准差;

R——提前期内的需求量。

【例7-5】 某超市的某种饮料的日需求量为1 000罐,提前期随机变化且服从均值为5天,标准差为1天的正态分布,如果客户服务水平要达到95%,那么该种饮料的安全库存量不能低于1 650瓶。计算过程如下:

解:已知 $\delta_L = 1$ 天,$R = 1\ 000$ 瓶,$F(Z) = 95\%$,查表知 $Z = 1.65$,代入公式

$$Q_s = Z \cdot \delta_L \cdot R = 1.65 \times 1\ 000 \times 1 = 1\ 650(\text{瓶})$$

(3)需求量和提前期都随机变化。假设需求量和提前期是相互独立的,那么安全库存计算公式如下:

$$Q_s = Z \cdot \sqrt{Q_R^2\ \overline{L} + Q_L^2\ \overline{R}^2} \tag{7-8}$$

式中:符号含义同上。

【例7-6】 如果上述案例中饮料的需求量和提前期都随机变化并服从正态分布,且需求量和提前期相互独立,日需求量为1 000瓶,标准差为20瓶/天,平均提前期为5天,标准差为1天,那么为了保证这种饮料在夏季的客户服务水平达到95%,其安全库存设置为多少?

解:已知 $Q_R = 20$ 瓶/天,$R = 1\ 000$ 瓶,$Q_L = 1$ 天,$L = 5$ 天,服务水平为95%,查表可知安全系数 $Z = 1.65$。

$$Q_s = Z \cdot \sqrt{Q_R^2 \bar{L} + Q_L^2 \bar{R}^2} = 1.65 \times \sqrt{20^2 \times 5 + 1^2 \times 1\ 000^2} = 1\ 625(\text{瓶})$$

3. 定量订货法计算实例

【例7-7】 某金属公司销售钢材,去年12周,每周销售的钢材分别是162、173、167、180、181、172、170、168、167、174、170和168t。如果它们服从正态分布,订货进货提前期为1周,一次订货费用200元,1t钢材保管1周需要保管费10元。要求库存满足率达到90%。如果实行定量订货法控制,应该怎样进行操作?

分析:为了计算订货点,先要对R和T_k进行处理。

解:

$$R\text{的平均值}:\bar{R} = \frac{\sum_{i=1}^{12} R_i}{12} = \frac{2\ 052}{12} = 171$$

$$R\text{的标准偏差}:\sigma_R = \sqrt{\frac{\sum_{i=1}^{12}\left(R_i - \bar{R}\right)^2}{12}} = \sqrt{\frac{328}{12}} = 27.33$$

R服从以171为平均值、27.33为标准偏差的正态分布:$R \sim N(171, 27.33)$。

订货提前期$L=1$,L的平均值$\bar{L}=1$,L的标准偏差$\sigma_L=0$,库存满足率$P=0.9$,查安全系数表得$\alpha=1.28$。

$$\text{订货点}:Q_k = \bar{R} \times \bar{L} + a \times \sqrt{\bar{L} \times \sigma_R^2 + \bar{R}^2 \times \sigma_L^2} = 1 \times 171 + 1.28 \times \sqrt{1} \times 27.33 = 205.98$$

$$\text{经济订货批量}:Q^* = \sqrt{\frac{2C\bar{R}}{k}} = \sqrt{\frac{2 \times 200 \times 171}{10}} = 82.7(\text{t})$$

4. 定量订货法的优缺点及适用范围

1)优点

(1)控制参数一经确定,则实际操作就变得非常简单了。实际中经常采用"双堆法"来处理。所谓双堆法,就是将某商品库存分为两堆,一堆为经常库存,另一堆为订货点库存,当消耗完就开始订货,平时用经常库存,不断重复操作。这样可减少经常盘点库存的次数,方便可靠。

(2)当订货量确定后,商品的验收、入库、保管和出库业务可以利用现有规格化器具和计算方式,可以有效地节约搬运、包装等方面的作业量。

(3)充分发挥了经济批量的作用,可降低库存成本,节约费用,提高经济效益。

2)缺点

(1)要随时掌握库存动态,严格控制安全库存和订货点库存,占用了一定的人力和物力。

(2)订货模式过于机械,不具有灵活性。

(3)订货时间不能预先确定,对于人员、资金、工作业务的计划安排不利。

(4)受单一订货的限制,对于实行多品种联合订货,采用此方法时还需要灵活掌握处理。

3)适用范围

定量订购库存控制法适用于品种数量少、平均占用资金大的、需重点管理的A类商品。

(二)定期订货法

1. 定期订货法的原理

定期订货法是按预先确定的订货时间间隔进行订货补充的库存管理方法。它是基于时间的订货控制方法,它设定订货周期和最高库存量,从而达到控制库存量的目的。只要订货间隔期和最高库存量控制合理,就可能实现既保障需求、合理存货,又可以节省库存费用的目标。

定期订货法的原理：预先确定一个订货周期和最高库存量 I_{max}，周期性地检查库存，根据最高库存量、实际库存、在途订货量和待出库商品数量，计算出每次订货批量，发出订货指令，组织订货。其库存变化如图 7-6 所示。

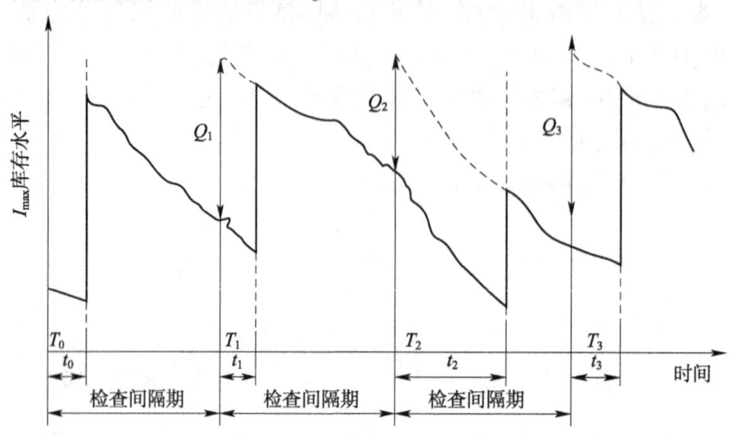

图 7-6 定期订货法原理示意图

2. 定期订货法的控制参数

1）订货周期 T 的确定

订货周期实际上就是定期订货的订货点，其间隔时间总是相等的。订货间隔期的长短直接决定最高库存量的大小，即库存水平的高低，进而也决定了库存成本的多少。所以，订货周期不能太长，否则会使库存成本上升；也不能太短，太短会增加订货次数，使得订货费用增加，进而增加库存总成本。从费用角度出发，如果要使总费用达到最低，我们可以采用经济订货周期的方法来确定订货周期 T，其公式为

$$T^* = \sqrt{\frac{2C}{KR}} \tag{7-9}$$

式中：T^*——经济订货周期；

C——每次订货成本；

K——单位货物单位时间保管费用；

R——单位时间内库存商品需求量（销售量）。

在实际操作中，经常结合供应商的生产周期来调整经济订货期，从而确定一个合理可行的订货周期。当然也可以结合人们比较习惯的时间单位，如周、月、季、年等来确定经济订货周期，从而与企业的生产计划、工作计划相吻合。

2）最高库存 I_{max}

最大库存量应该满足三个方面的要求，订货周期，交货期或订货提前期和安全库存。

计算公式如下：

$$I_{max} = R \cdot (T + L) + Q_s \tag{7-10}$$

3）订货量的确定

定期订货法的订货数量是不固定的，订货批量的多少都是由当时的实际库存量的大小决定的，考虑到订货点时的在途到货量和已发出出货指令尚未出货的待出货数量（称为订货余额），每次的订货量 Q 的计算公式为

$$I_{max} = Q + Q_{zaitu} + Q_{shiji} - Q_{daichu} \tag{7-11}$$

$$Q = I_{max} - Q_{zaitu} - Q_{shiji} + Q_{daichu}$$

【例 7-8】 某公司为实施定期订货法策略，对某个商品的销售量进行了分析研究。发现用户需求服从正态分布。过去九个月的销售量分别是：11、13、12、15、14、16、18、17、19（t/月），如果他们组织资源进货，则进货提前期为一个月，一次订货费为 30 元，1t 物资一个月的保管费为 1 元。如果要求库存满足率达到 90%，根据这些情况应当如何制定定期订货法策略？又在实施定期订货法策略后，第一次订货检验时，发现现有库存量为 21t，已订未到物资 5t，已经售出但尚未提货的物资 3t，问第一次订货时应订多少？

分析：由题目可知：$R \sim N\left(\overline{R}, \sigma_{\mathrm{R}}\right)$，$L=1$ 月，$C=30$ 元，$K=1$ 元/(t·月)，$p=0.9$。第一次检查结果：$Q_{\text{shiji}}=21\text{t}$、$Q_{\text{zaitu}}=5\text{t}$、$Q_{\text{daichu}}=3\text{t}$。

解：先求出需求速率的平均值和标准偏差：

$$\overline{R}=\frac{\sum R_i}{9}=15(\text{t/月})$$

$$\sigma_{\mathrm{R}}=\sqrt{\frac{\sum_i \left(R_i-\overline{R}\right)}{9}}=1.8$$

再求订货周期 T^*：

$$T^*=\sqrt{\frac{2C}{KR}}=2(\text{月})$$

由于 $p=0.9$ 时，$\alpha=1.28$，所以：

$$I_{\max}=\overline{R}\times\left(T+\overline{L}\right)+\alpha\times\sqrt{\left(T+\overline{L}\right)\sigma_{\mathrm{R}}^2+\overline{R^2}\times\sigma_{\mathrm{L}}^2}=49(\text{t})$$

所以第一次检查库存发出订单量为：

$$Q_i=I_{\max}-Q_{\text{shiji}}-Q_{\text{zaitu}}+Q_{\text{daichu}}=49-21-5+3=26(\text{t})$$

3. 定期订货法的优缺点及适用范围

1）优点

（1）可以合并出货，减少订货费。

（2）周期盘点比较彻底、精确，避免了定量订货法每天盘存的做法，减少了工作量，提高了工作效率。

（3）库存管理的计划性强，有利于工作计划的安排，实行计划管理。

2）缺点

（1）需要较大的安全库存量来保证库存需求。

（2）每次订货的批量不固定，无法制定出经济订货批量，因而运营成本较高，经济性较差。

（3）手续麻烦，每次订货都得检查储备量和订货合同，并要计算出订货量。

3）使用范围

一般适用于品种数量大，占用资金较少的 C 类库存和 B 类库存。

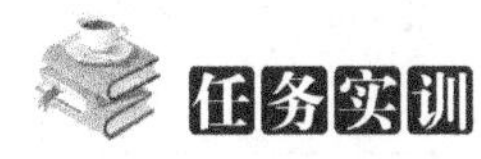

ABC 分类计算及应用

【实训目标】

1. 理解 ABC 分类的含义；

2. 掌握 ABC 分类法的计算步骤和方法。

【实训任务】

根据某仓库货物出入库资料，对货物进行 ABC 分类，并对根据不同分类采取不同管理方法。具体数据见表 7-4。

货物出入库资料　　表 7-4

货品编码/条码	货 品 名 称	出入库量(箱)
6910001002951	双飞燕键盘	150
6921317905045	康师傅雪碧	1 250
6910001502254	加多宝凉茶	50
6910001402454	统一方便面	458
6921168509256	农夫山泉饮用天然水	148
6902083881405	娃哈哈饮用纯净水	27
6902563688999	王老吉	0
6901424333948	茉莉清茶	217
6901347800053	柳树牌椰汁	74
6910001202123	旺旺饼干	45
6922100321100	康师傅饮用水	44
6925011022012	可口可乐	243
6922266437342	戴尔台式电脑	100
6922654700112	喜洋洋背包	65
6920226613033	双飞燕鼠标	100
6910001302782	润田矿泉水	12
6920380201108	创意记事本	17

【实训道具】

1. 计算器或计算机；

2. 纸和笔。

【实训步骤】

1. 将要入库货物按照出入库总量从大到小进行排序，见表 7-5。

货物以出库量大小排序结果　　表 7-5

货品编码/条码	货 品 名 称	出入库量(箱)
6921317905045	康师傅雪碧	1 250
6910001402454	统一方便面	458
6925011022012	可口可乐	243
6901424333948	茉莉清茶	217
6910001002951	双飞燕键盘	150
6921168509256	农夫山泉天然水	148
6922266437342	戴尔台式电脑	100
6920226613033	双飞燕鼠标	100
6901347800053	柳树牌椰汁	74
6922654700112	喜洋洋背包	65

续上表

货品编码/条码	货 品 名 称	出入库量(箱)
6910001502254	加多宝凉茶	50
6910001202123	旺旺饼干	45
6922100321100	康师傅饮用水	44
6902083881405	娃哈哈纯净水	27
6920380201108	创意记事本	17
6910001302782	润田矿泉水	12
6902563688999	王老吉	0

2. 计算每个货物所占比重及累计比重,见表7-6。

计 算 结 果 表7-6

货品编码/条码	货 品 名 称	出入库量(箱)	比重(%)	累计比重(%)
6921317905045	康师傅雪碧	1 250	41.667	41.667
6910001402454	统一方便面	458	15.267	56.933
6925011022012	可口可乐	243	8.100	65.033
6901424333948	茉莉清茶	217	7.233	72.267
6910001002951	双飞燕键盘	150	5.000	77.267
6921168509256	农夫山泉天然水	148	4.933	82.200
6922266437342	戴尔台式电脑	100	3.333	85.533
6920226613033	双飞燕鼠标	100	3.333	88.867
6901347800053	柳树牌椰汁	74	2.467	91.333
6922654700112	喜洋洋背包	65	2.167	93.500
6910001502254	凉茶	50	1.667	95.167
6910001202123	旺旺饼干	45	1.500	96.667
6922100321100	康师傅饮用水	44	1.467	98.133
6902083881405	娃哈哈纯净水	27	0.900	99.033
6920380201108	创意记事本	17	0.567	99.600
6910001302782	润田矿泉水	12	0.400	100.000
6902563688999	王老吉	0	0.000	100.000

3. 根据ABC分类标准,得出计算结果,见表7-7。

ABC 分 类 结 果 表7-7

货品编码/条码	货 品 名 称	出入库量(箱)	比重(%)	累计比重(%)	结果
6921317905045	康师傅雪碧	1 250	41.667	41.667	A类
6910001402454	统一方便面	458	15.267	56.933	
6925011022012	可口可乐	243	8.100	65.033	
6901424333948	茉莉清茶	217	7.233	72.267	B类
6910001002951	双飞燕键盘	150	5.000	77.267	
6921168509256	农夫山泉天然水	148	4.933	82.200	
6922266437342	戴尔台式电脑	100	3.333	85.533	
6920226613033	双飞燕鼠标	100	3.333	88.867	

续上表

货品编码/条码	货 品 名 称	出入库量(箱)	比重(%)	累计比重(%)	结果
6901347800053	柳树牌椰汁	74	2.467	91.333	C类
6922654700112	喜洋洋背包	65	2.167	93.500	
6910001502254	凉茶	50	1.667	95.167	
6910001202123	旺旺饼干	45	1.500	96.667	
6922100321100	康师傅饮用水	44	1.467	98.133	
6902083881405	娃哈哈纯净水	27	0.900	99.033	
6920380201108	创意记事本	17	0.567	99.600	
6910001302782	润田矿泉水	12	0.400	100.000	
6902563688999	王老吉	0	0.000	100.000	

【实训考核】

1. 独立完成,提交实训报告。
2. 利用电脑EXCEL进行ABC分类法的计算,步骤完整,过程清晰。
3. 针对分类后ABC物品,列出相应的管理方法。

实训考核表见表7-8。

实 训 考 核 表 表7-8

考核人		被考核人	
考核地点			
考核内容	ABC分类法使用		
考核标准	具 体 内 容	分值(分)	实 际 得 分
	利用电脑EXCEL进行ABC分类法的计算,步骤完整,过程清晰	50	
	针对分类后ABC物品,列出相应的管理方法	30	
	独立完成,提交实训报告	20	
合计		100	

任务三　物料需求计划MRP

任务概述

【应知应会】

通过本工作任务的学习与具体实施,学生应学会下列知识:

1. 要求学生掌握MRP的含义、基本原理、特点等知识;
2. 要求学生掌握MRP计算步骤及计算过程;
3. 要求学生能根据实际情况进行MRP的应用。

【学习要求】

1. 学生在上课前,预习MRP计算过程和MRP实例的内容;
2. 要求学生有一定的数学计算能力。

企业MRP和ERP的运用

京凯公司是一家生产电子产品的公司，产品特点是多品种、大批量。在没有应用计算机管理系统之前，管理工作十分繁杂，管理人员经常加班，仍不能满足企业的要求。

1. 使用前的情况

在没有使用计算机管理之前，PMC部每次下生产计划都要人工计算生产用料单，花费大量的时间清查现有库存，计算缺料等；材料品种多，进库、出库、调拨的频繁操作也使得仓库的管理工作量十分大，人工误差导致库存数量的不准确，也影响到生产发料；停工待料现象经常发生，因而也影响到生产交货不及时。供应商的交货信息、客户的发货情况不能及时反馈到财务部门。各个部门各自为政，信息流通滞后，严重影响经营决策，整个企业的管理比较杂乱。

2. 使用后的情况

公司于2002年年初开始实施软智ERP/MRP管理系统，实施后，PMC人员下一个生产计划由原来的2天变为十几秒钟，自动生成的生产发料单又快又准，材料仓的进货可在第一时间自动补充生产缺料也使得生产得以及时顺利进行，管理人员再不用为下生产计划而忙得团团转，生产状况得到极大的改善。

通过基础工程数据的实施，使整个公司原来各部门分别组织数据、部门各自为政、相互独立的情况得到了全面的改善，企业的数据统一组织和管理，不再受部门分工界限的限制，达到了企业信息管理的规范化和标准化，信息的高度集成使企业的管理面目焕然一新。

企业的销售，供应，生产计划，库存各个系统协同运行，通过对物料需求功能的实施，销售计划指导主生产计划，根据产品定额产生物料需求计划，对库存数据、采购合同进行平衡计算后，产生物资采购清单。有效地缩短了计划的编制周期，提高了物资采购的计划性、准确性，完全解决了生产缺料和库存物料积压过多这样两个方面的矛盾，也消除了生产线停工待料的现象。

3. 系统的经济效益

通过软智管理系统的实施，提高了生产计划的准确性和成本核算的可靠性，降低了物料储备和物料消耗，减少了在制品数量，缩短了生产周期。降低了储备资金、生产资金、成品资金及其他资金占用，节约了流动资金，降低了生产成本，加速了流动资金的周转，提高了单台产品的利税。

系统实施后，极大地提高了管理人员的工作效率。产品质量的提高赢得了客户的好评，大大提高了产品的市场占有率，取得了好的经济效益。

案例思考

1. 京凯公司实施软智ERP/MRP管理系统以后，给公司带来了哪些变化？
2. MRP工作原理是什么？什么情况适合使用？

相关知识

一、MRP概述

1. MRP含义

物资需求计划即(Material Requirement Planning，MRP)是指根据产品结构各层次物品的从属和数量关系，以每个物品为计划对象，以完工时期为时间基准倒排计划，按提前期长短区别各个物品下达计划时间的先后顺序,是一种工业制造企业内物资计划管理模式。MRP是根据市场需求预测和顾客订单制订产品的生产计划,然后基于产品生成进度计划,组成产品的材料结构表和库存状况,通过计算机计算所需物资的需求量和需求时间,从而确定材料的加工进度和订货日程的一种实用技术。

其主要内容包括客户需求管理、产品生产计划、原材料计划以及库存纪录。其中客户需求管理包括客户订单管理及销售预测,将实际的客户订单数与科学的客户需求预测相结合即能得出客户需要什么以及需求多少。

2. 物资需求计划的主要思想

MRP是由美国库存协会在20世纪60年代初提出的。之前,企业的资库存计划通常采用订货点法,当库存水平低于订货点时,就开始订货。这种管理办法在物资消耗量平稳的情况下适用,不适用于订单生产。由于计算机技术的发展,有可能将物资分为相关需求(非独立需求)和独立需求来进行管理。相关需求根据物料清单、库存情况和生产计划制定出物资的相关需求时间表,按所需物资提前采购,这样就可以大大降低库存。

其主要思想是:

(1)打破产品品种台套之间的界线,把企业生产过程中所涉及的所有产品、零部件、原材料、中间件等,在逻辑上视为相同的物料。

(2)把所有物料分成独立需求(Independent Demand)和相关需求(Dependent Demand)两种类型。在MRP系统中,“物料”是一个广义的概念,泛指原材料、在制品、外购件以及产品。所有物料分成独立需求和相关需求两类。

独立需求:若某种需求与对其他产品或零部件的需求无关,则称之为独立需求。它来自企业外部,其需求量和需求时间由企业外部的需求来决定,如客户订购的产品、售后用的备品备件等。其需求数据一般通过预测和订单来确定,可按订货点方法处理。

相关需求:对某些项目的需求若取决于对另一些项目的需求,则这种需求为相关需求。它发生在制造过程中,可以通过计算得到。对原材料、毛坯、零件、部件的需求,来自制造过程,是相关需求,MRP处理的正是这类相关需求。

例如:汽车与零部件的关系。汽车产品的零部件与物料就具备非独立性需求,因为任意时刻所需零部件与原材料的总量都是汽车生产量的函数。相反地,产成品汽车的需求则是独立性需求——汽车并非其他任何东西的组成元件。

(3)根据产品的需求时间和需求数量进行展开,按时间段确定不同时期各种物料的需求。

3. 物资需求计划的基本原理

MRP基本的原理是,由主生产进度计划(MPS)和主产品的层次结构逐层逐个地求出主产品所有零部件的出产时间、出产数量。把这个计划叫作物料需求计划。其中,如果零部件是靠企业内部生产的,则需要根据各自的生产时间长短来提前安排投产时间,形成零部件投产计划;如果零部件需要从企业外部采购,则要根据各自的订货提前期来确定提前发出各自订货的时间、采购的数量,形成采购计划。确实按照这些投产计划进行生产和按照采购计划进行采购,就可以实现所有零部件的出产计划,从而不仅能够保证产品的交货期,而且还能够降低原材料的库存,减少流动资金的占用。MRP的逻辑原理,如图7-7所示。物料需求计划MRP是根据主生产进度计划(MPS)、主产品的结构文件(BOM)和库存文件而形成的。

主产品就是企业用以供应市场需求的产成品。例如,汽车制造厂生产的汽车,电视机厂生产的电视机,都是各自企业的主产品。

主产品的结构文件 BOM(Bill of Materials)主要反映出主产品的层次结构、所有零部件的结构关系和数量组成。根据这个文件,可以确定主产品及其各个零部件的需要数量、需要时间和它们相互间的装配关系。

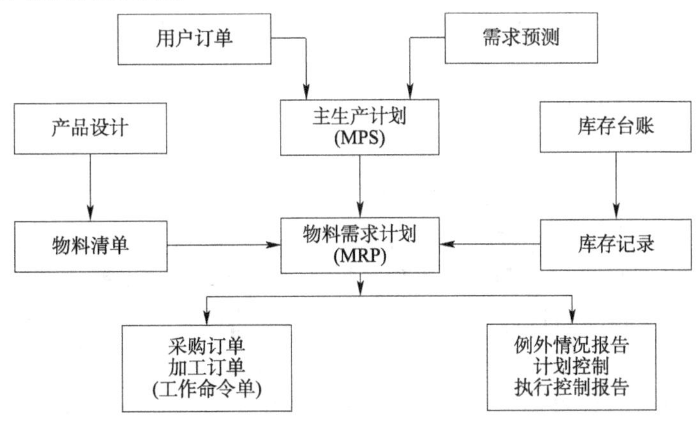

图 7-7　MRP 原理

主生产进度计划 MPS(Master Production Schedule),主要描述主产品及由其结构文件 BOM 决定的零部件的出产进度,表现为各时间段内的生产量,有出产时间、出产数量或装配时间、装配数量等。

产品库存文件,包括了主产品和其所有的零部件的库存量、已订未到量和已分配但还没有提走的数量。制订物料需求计划有一个指导思想,就是要尽可能减少库存。产品优先从库存物资中供应,仓库中有的,就不再安排生产和采购。仓库中有但数量不够的,只安排不够的那一部分数量投产或采购。由物料需求计划再产生产品投产计划和产品采购计划,根据产品投产计划和采购计划组织物资的生产和采购,生成制造任务单和采购订货单,交制造部门生产或交采购部门去采购。

4. 物资需求计划的特点

(1)需求的相关性:在流通企业中,各种需求往往是独立的。而在生产系统中,需求具有相关性。例如,根据订单确定了所需产品的数量之后,由新产品结构文件 BOM 即可推算出各种零部件和原材料的数量,这种根据逻辑关系推算出来的物料数量称为相关需求。不但品种数量有相关性,需求时间与生产工艺过程的决定也是相关的。

(2)需求的确定性:MRP 的需求都是根据主产进度计划、产品结构文件和库存文件精确计算出来的,品种、数量和需求时间都有严格要求,不可改变。

(3)计划的复杂性:MRP 计划要根据主产品的生产计划,产品结构文件,库存文件,生产时间和采购时间,把主产品的所有零部件需要数量、时间、先后关系等准确计算出来。当产品结构复杂,零部件数量特别多时,其计算工作量非常庞大,人力根本不能胜任,必须依靠计算机实施这项工程。

5. 基本数据

制订物料需求计划前就必须具备以下的基本数据:

第一项数据是主生产计划,它指明在某一计划时间段内应生产出的各种产品和备件,它是物料需求计划制订的一个最重要的数据来源。

第二项数据是物料清单(BOM),它指明了物料之间的结构关系,以及每种物料需求的数量,它是物料需求计划系统中最为基础的数据。

第三项数据是库存记录，它把每个物料品目的现有库存量和计划接受量的实际状态反映出来。

第四项数据是提前期，决定着每种物料何时开工、何时完工。应该说，这四项数据都是至关重要、缺一不可的。缺少其中任何一项或任何一项中的数据不完整，物料需求计划的制订都将是不准确的。因此，在制订物料需求计划之前，这四项数据都必须先完整地建立好，而且保证是绝对可靠的、可执行的数据。

6. 计算步骤

一般来说，物料需求计划的制订是遵照先通过主生产计划导出有关物料的需求量与需求时间，然后，再根据物料的提前期确定投产或订货时间的计算思路。其基本计算步骤如下：

(1)计算物料的毛需求量。即根据主生产计划、物料清单得到第一层级物料品目的毛需求量，再通过第一层级物料品目计算出下一层级物料品目的毛需求量，依次一直往下展开计算，直到最低层级原材料毛坯或采购件为止。

(2)净需求量计算。即根据毛需求量、可用库存量、已分配量等计算出每种物料的净需求量。

(3)批量计算。即由相关计划人员对物料生产作出批量策略决定，不管采用何种批量规则或不采用批量规则，净需求量计算后都应该表明有否批量要求。

(4)安全库存量、废品率和损耗率等的计算。即由相关计划人员来规划是否要对每个物料的净需求量作这三项计算。

(5)下达计划订单。即指通过以上计算后，根据提前期生成计划订单。物料需求计划所生成的计划订单，要通过能力资源平衡确认后，才能开始正式下达计划订单。

(6)再一次计算。物料需求计划的再次生成大致有两种方式，第一种方式会对库存信息重新计算，同时覆盖原来计算的数据，生成的是全新的物料需求计划；第二种方式则只是在制订、生成物料需求计划的条件发生变化时，才相应地更新物料需求计划有关部分的记录。这两种生成方式都有实际应用的案例，至于选择哪一种要看企业实际的条件和状况。

7. 实现目标

(1)及时取得生产所需的原材料及零部件，保证按时供应用户所需产品。

(2)保证尽可能低的库存水平。

(3)计划企业的生产活动与采购活动，使各部门生产的零部件、采购的外购件与装配的要求在时间和数量上精确衔接。

MRP 主要用于生产“组装”型产品的制造业。在实施 MRP 时，与市场需求相适应的销售计划是 MRP 成功的最基本的要素。但 MRP 也存在局限，即资源仅仅局限于企业内部和决策结构化的倾向明显。

8. 运行步骤

(1)根据市场预测和客户订单，正确编制可靠的生产计划和生产作业计划，在计划中规定生产的品种、规格、数量和交货日期，同时，生产计划必须是同现有生产能力相适应的计划。

(2)正确编制产品结构图和各种物料、零件的用料明细表。

(3)正确掌握各种物料和零件的实际库存量。

(4)正确规定各种物料和零件的采购交货日期，以及订货周期和订购批量。

(5)通过 MRP 逻辑运算确定各种物料和零件的总需要量以及实际需要量。

(6)向采购部门发出采购通知单或向本企业生产车间发出生产指令。

9. MRP的产生与发展

MRP的发展大体经历了从订货点法到库存订货计划（即最初级的物料需求计划MRP）、从MRP到作为一种生产与控制系统的闭环MRP、从闭环MRP到作为一种生产管理信息系统制造资源计划（MPRⅡ）等几次飞跃。

1）订货点法

传统的库存控制方法是订货点法，要根据物料的需求情况来确定订货点和订货批量。这类方法适合于需求比较稳定的物料。然而，在实际生产中，随着市场环境发生变化，需求常常是不稳定的、不均匀的，在这种情况下使用订货点法便暴露出一些明显的缺陷。订货点法的缺陷：

（1）盲目性。由于需求的不均匀以及对需求的情况不了解，企业不得不保持一个较大数量的安全库存来应付这种需求。这样盲目地维持一定量的库存会造成资金积压，造成浪费。

（2）高库存与低服务水平。传统的订货点方法使得低库存与高服务水平两者不可兼得。服务水平越高则库存越高，还常常造成零件积压与短缺共存的局面。订货点法之所以有这些缺陷，是因为它没有按照各种物料真正需用的时间来确定订货日期。于是，人们便思考：怎样才能在需要的时间，按需要的数量得到真正需用的物料？从而消除盲目性，实现低库存与高服务水平并存。

2）初级的料需求计划（MRP）

MRP是当时库存管理专家们为解决传统库存控制方法的不足，不断探索新的库存控制方法的过程中产生的。是依据市场需求预测和顾客订单制订产品生产计划，然后基于产品生产进度计划，组织产品的材料结构表和库存状况，通过计算机计算出所需材料的需求量和需求时间，从而确定材料的加工进度和订货日程的种实用技术。

MRP要解决的问题：

（1）要根据产品的需求来确定其组成物料的需求时间和计划库存量，必须知道下列数据：销售计划或客户订单情况；各种产品的组成结构；物料的现有库存；材料消耗定额；自制零部件的生产周期；外购件和原材料的采购周期等。

（2）必须缩短计划编制时间。只有缩短计划编制时间，才能及时调整计划，更好地适应市场的变化。20世纪60年代初发展起来的MRP仅是一种物料需求计算器，它根据对产品的需求、产品结构和物料库存数据来计算各种物料的需求，将产品出产计划变成零部件投入出产计划和外购件、原材料的需求计划，从而解决了生产过程中需要什么，何时需要，需要多少的问题。它是开环的，没有信息反馈，也谈不上控制。

3）闭环MRP

闭环MRP系统是在基本MRP系统基础上，把能力需求计划、执行及控制计划的功能也包括进来，形成一个环形回路。

4）制造资源计划（MRPⅡ）

闭环MRP系统的出现，使生产活动方面的各种子系统得到了统一。但这还不够，因为在企业的管理中，生产管理只是一个方面，它所涉及的仅仅是物流，而与物流密切相关的还有资金流。这在许多企业中是由财会人员另行管理的，这就造成了数据的重复录入与存储，甚至造成数据的不一致性。于是，在20世纪80年代，人们把生产、财务、销售、工程技术、采购等各个子系统集成为一个一体化的系统，并称为制造资源计划（Manufacturing Resource Planning）系统，英文缩写还是MRP，为了区别物料需求计划（也缩写为MRP）而记为MRPⅡ。

5)ERP(Enterprise Resource Planning)阶段

进入20世纪90年代,MRPⅡ得到了蓬勃发展,其应用也从离散型制造业向流程式制造业扩展,不仅应用于汽车、电子等行业,也能用于化工、食品等行业。随着信息技术的发展,MRPⅡ系统的功能也在不断地增强、完善与扩大,向企业资源计划(ERP)发展。

二、MRP计算实例

1.简单的MRP计算

【例7-9】 设零件i现有库存量为10单位,前置时间为2周,批量为25单位,各时段的总需求量如表7-9所示(每个时长为1周)。要求通过MRP系统计算表计算得出各时段的计划订货发出量(已知时段1和时段2的预计到达量$S(t)$为10和25单位)。

零件i各时段的总需求量 表7-9

时段序号	1	2	3	4	5	6	7	8
总需求量	10	15	25	25	30	45	20	30

解:计算结果可见表7-10。

计算结果 表7-10

时段t	0	1	2	3	4	5	6	7	8
总需求量$G(t)$		10	15	25	25	30	45	20	30
预计到达量$S(t)$		10	25						
预计现存量$H(t)$	10	10	20	20	20	15	0	5	0
净需求量$N(t)$			0	5	5	10	30	20	25
计划订货到达量$P(t)$				25	25	25	30	25	25
计划发出订货量$R(t)$		25	25	25	30	25	25		

【例7-10】 已知某产品的部分MRP计划表7-11。

某产品的MRP计划表 表7-11

时段t	0	1	2	3	4	5	6	7	8
总需求量$G(t)$		5	10	18	0	10	6	0	14
预计到达量$S(t)$			20						
预计现存量$H(t)$	20								

解:(1)已知前置时间为2周,采用逐批订货(即计划订货到达量等于净需求量)的方式,完成MRP计算,结果见表7-12。

采用逐批订货时MRP的计算结果 表7-12

时段t	0	1	2	3	4	5	6	7	8
总需求量$G(t)$	20	5	10	18	0	10	6	0	14
预计到达量$S(t)$			20						
预计现存量$H(t)$		15	25	7	7	0	0	0	0
净需求量$N(t)$						3	6		14
计划订货到达量$P(t)$						3	6		14
计划发出订货量$R(t)$				3	6		14		14

(2)若要求订货批量不小于15单位,根据例2数据完成MRP系统计算,结果见表7-13。

计算结果　　表 7-13

时段 t	0	1	2	3	4	5	6	7	8
总需求量 $G(t)$		5	10	18	0	10	6	0	14
预计到达量 $S(t)$			20						
预计现存量 $H(t)$	20	15	25	7	7	12	6	6	7
净需求量 $N(t)$						3			8
计划订货到达量 $P(t)$						15			15
计划发出订货量 $R(t)$				15			15		

2. 较为复杂的 MRP 计算

【例 7-11】 产品 K 的错口式物料清单及部分初始 MRP 计划计算表如表 7-14 ~ 表 7-16 所示。假设订货批量无限制(逐批订货),请完成产品 K 和零件 M 的 MRP 系统计算。

产品 K 的错口式物料清单　　表 7-14

零件代码层次		每一装配件需用的数量	前置时间(L)
0	1		
K			2
*	M	2	1
*	R	1	3

产品 K 的初始 MRP 计算表　　表 7-15

时段 t	0	1	2	3	4	5	6	7	8
总需求量 $G(t)$		25	15	120	0	60	0	15	0
预计到达量 $S(t)$									
预计现存量 $H(t)$	50								

零件 M 的计算表　　表 7-16

时段 t	0	1	2	3	4	5	6	7	8
总需求量 $G(t)$									
预计到达量 $S(t)$		30							
预计现存量 $H(t)$	225								

解:计算结果列于表 7-17 和表 7-18 中,其中零件 M 的总需求量是根据产品 K 的计划发出订货量得出的,因为每件产品 K 含 2 个零件 M,故将产品 K 各个时段的计划发出订货量乘以 2,就得到零件 M 相应的时段的总需求量。

产品 K 的计算结果　　表 7-17

时段 t	0	1	2	3	4	5	6	7	8
总需求量 $G(t)$		25	15	120	0	60	0	15	0
预计到达量 $S(t)$									
预计现存量 $H(t)$	50	25	10	0	0	0	0	0	0
净需求量 $N(t)$				110		60		15	
计划订货到达量 $P(t)$				110		60		15	
计划发出订货量 $R(t)$		110		60		15			

零件 M 的计算结果 表 7-18

时段 t	0	1	2	3	4	5	6	7	8
总需求量 $G(t)$		220		120		30			
预计到达量 $S(t)$	225	30	35						
预计现存量 $H(t)$		35		0	0	0	0	0	0
净需求量 $N(t)$				85		30			
计划订货到达量 $P(t)$				85		30			
计划发出订货量 $R(t)$					30				

任务实训

MRP 应用及计算

【实训目标】

1. 掌握物料需求计划含义、特征;
2. 掌握 MRP 原理及使用范围;
3. 掌握 MRP 计算过程及方法;
4. 能根据实际情况,利用 MRP 计算制订原材料订购计划。

【实训任务】

生产木制百叶窗和书架的某厂商收到 2 份百叶窗订单:一份要 100 个,另一份要 150 个。在当前时间进度安排中,100 单位的订单应于第四周开始时运送,150 单位订单则于第八周开始时运送。每个百叶窗包括 4 个木制板条部分和 2 个框架。木制部分是工厂自制的,制作过程 1 周。框架需要订购,生产提前期为 2 周,组装百叶窗需要 1 周。第 1 周(即初始时)的已在途的订货量是 70 个木制部分。为使送货满足如下条件,求解计划发出订货的订货规模和时间:

(1)配套订货批量(即订货量等于净需求);

(2)订货批量为 320 的单位框架与 70 单位木制部分的进货批量订货。

任务:完成 MRP 计算,结果采用表格形式,形式见表 7-19。

计 算 样 表 表 7-19

时段 t	0	1	2	3	4	5	6	7	8
总需求量 $G(t)$									
预计到达量 $S(t)$									
预计现存量 $H(t)$									
净需求量 $N(t)$									
计划订货到达量 $P(t)$									
计划发出订货量 $R(t)$									

【实训要求】

1. 撰写实训报告,记录学习的收获及心得体会;
2. 完成实训任务中 MRP 的计算。

【实训考核】

实训考核表见表 7-20。

实训考核表 表7-20

考核人		被考核人	
考核地点			
考核内容	MRP 实训		
考核标准	具体内容	分值(分)	实际得分
	完成 MRP 计算,过程完整,步骤清晰	60	
	独立完成,提交实训报告	40	
合计		100	

模块八　物流信息系统

模块概述

本模块教学主要是以中诺斯仓储软件为主的物流信息系统，重点介绍物流仓储软件、配送管理软件、自动化仓储软件等的使用，通过本项目教学，学生应能掌握这些软件在仓储实训中的应用。

知识目标

1. 熟悉仓储管理软件的使用方法；
2. 掌握货物配送管理软件的使用方法；
3. 掌握自动化仓储管理软件的使用方法。

技能目标

1. 能正确操作 WMS 软件；
2. 能正确使用 RF 系统；
3. 会使用自动化仓储管理软件；
4. 能理论结合实际，进行相关物流环节的信息系统操作。

模块图解

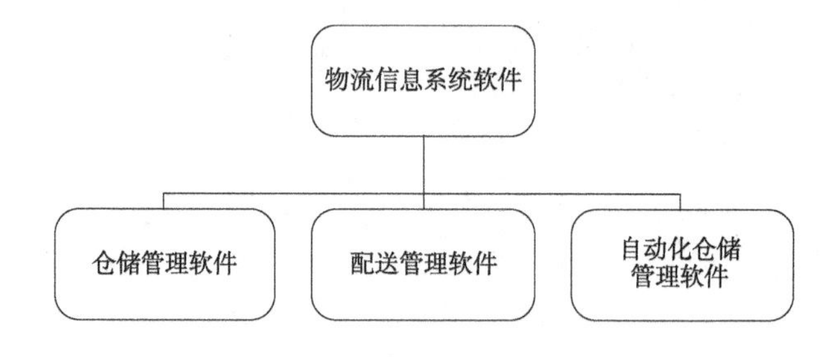

任务一　仓储管理软件

任务概述

【应知应会】

通过本工作任务的学习与具体实施，学生应学会下列知识：

1. 会进行基础数据的输入；
2. 会制作入库和出库计划；
3. 能熟悉掌握库位的分配。

应该掌握下列技能：

1. 能根据入库货物开展相应的入库基础数据的输入；

2. 能正确的使用 WMS 软件。

【学习要求】

1. 本课程采用理实一体化的模式组织教学，学生在学习过程中，要善于动手，不怕脏不怕累；

2. 每个工作任务学习过程结束后，学生能独立完成任务工作单的填写。

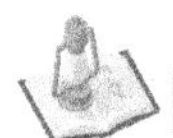

案例引入

江西交通职业技术学院配送中心接到供应商发来的一批货物，货物已通过验收，现在需要进行入库作业，其货物名称、规格、数量和包装尺寸见表 8-1。

入库计划表　　表 8-1

序号	货品条码	货品名称	单位	单价(元/箱)	数量(箱)	质量(kg)	外包装尺寸(mm)
1	6910001002	键盘	大箱	23.00	30	26	450×300×150
2	6910001502	凉茶	大箱	196.00	42	12	350×350×245
3	6910001202	饼干	大箱	72.00	11	20	600×300×200
4	6910001302	矿泉水	大箱	40.00	28	15	526×388×172
5	6910001402	方便面	大箱	84.00	27	18	480×380×220

请按照以上内容制作入库计划，并完成入库、上架等作业环节。

相关知识

一、系统概述

1. 功能概述

进入仓储软件：通过该步操作才可进入物流大赛软件进行业务操作。

2. 操作方法

(1)打开 IE 浏览器，输入物流技能大赛平台的访问地址：http://IP:915/login，其中 IP 为物流技能大赛平台的服务器的 IP 地址，如图 8-1 所示。

图 8-1　大赛界面

(2)输入用户名和密码，点击【登录】进入物流技能大赛平台选择操作软件页面。

二、基础数据

基础数据主要包括：仓库信息、仓位信息、托盘/周转箱信息及物料信息等仓储业务发生所必需的数据基础。

(一)仓库信息

1. 功能概述

设置仓储业务发生的仓库信息。

2. 操作方法

点击【基础数据/仓库信息】进入到仓库信息列表页面，如图8-2所示。

仓库信息

仓库编号/条码： 查 询

新 增 返 回

主 表

选择	仓库编号/条码	仓库名称	仓库类型	配置信息
○	M1	散货仓库	重型货架区	99
○	S1	电子标签拣货小车	电子标签拣货小车	192.168.10.54;1L5D
○	Z1	BtoC货架1	BtoC电子标签区	BtoC货架1
○	G1	阁楼货架1	阁楼货架	阁楼货架1
○	D1	电子标签1	电子标签拣选(瑞意博)	电子标签1
○	L1	立体库	立体库	立体库
○	H1	重型货架1	重型货架区	重型货架1

第1页，共1页 总记录7条

图8-2 仓库信息界面

(二)仓位信息

1. 功能概述

设置仓储业务发生的仓位信息。

2. 操作方法

(1)点击【基础数据/仓位信息】进入到仓位信息列表页面，如图8-3所示。

仓位信息

仓位编号/条码： 查 询

新 增 返 回

主 表

选择	仓位编号/条码	所属仓库	仓位规格型号	仓位类型
○	S1-01-02-02	电子标签拣货小车	1*1*1	1
○	S1-01-02-01	电子标签拣货小车	1*1*1	1
○	S1-01-01-03	电子标签拣货小车	1*1*1	1
○	S1-01-01-02	电子标签拣货小车	1*1*1	1
○	S1-01-01-01	电子标签拣货小车	1*1*1	1
○	H1-01-12-03	重型货架1	2*2*2	1
○	H1-01-12-02	重型货架1	2*2*2	1
○	H1-01-12-01	重型货架1	2*2*2	1
○	H1-01-11-03	重型货架1	2*2*2	1
○	H1-01-11-02	重型货架1	2*2*2	1

第2页，共42页 上一页 下一页 总记录411条

图8-3 仓位基本信息界面

(2)打开仓位信息列表。

(3)新增仓位：点击【新增】按钮，进入到新增页面，如图8-4所示。

仓位信息

保存 返回

仓位信息

仓位编号/条码：		所属仓库：	
仓位规格型号：		仓位类型：	
长：	m	宽：	m
高：	m		

图 8-4　新增仓位信息界面

(三)托盘/周转箱信息

1. 功能概述

设置仓储业务发生的托盘/周转箱信息。

2. 操作方法

点击【基础数据/托盘/周转箱信息】进入到托盘/周转箱信息列表页面,如图 8-5 所示。

托盘/周转箱信息

托盘(周转箱)编号/条码： 查询

新增 修改 删除 返回

主表

选择	托盘(周转箱)编号/条码	规格	描述
○	20000020	600*400	600*400
○	20000019	600*400	600*400
○	20000018	600*400	600*400
○	20000017	600*400	600*400
○	20000016	600*400	600*400
○	20000015	600*400	600*400
○	20000014	600*400	600*400
○	20000013	600*400	600*400
○	20000012	600*400	600*400
○	20000011	600*400	600*400

第1页,共31页 下一页 总记录310条

图 8-5　托盘/周转箱信息列表界面

(四)物料信息

1. 功能概述

设置仓储业务发生的物料信息。

2. 操作方法

(1)点击【基础数据/物料信息】进入到物料信息列表页面,如图 8-6 所示。

物料信息

查询 物料编号/条码： 查询

包装明细 新增 修改 删除 返回

主表

选择	物料编号/条码	物料名称	物料规格
○	69100015	凉茶	0.05*0.03*0.09
○	69100014	方便面	0.1*0.1*0.02
○	69100013	矿泉水	0.05*0.05*0.2
○	69100012	饼干	0.15*0.1*0.04
○	69100011	鼠标	0.05*0.02*0.03
○	69100010	键盘	0.4*0.11*0.02

第1页,共1页 总记录6条

图 8-6　物料信息列表界面

(2)选中物料点击【包装明细】查看物料信息及换算关系,如图8-7所示。

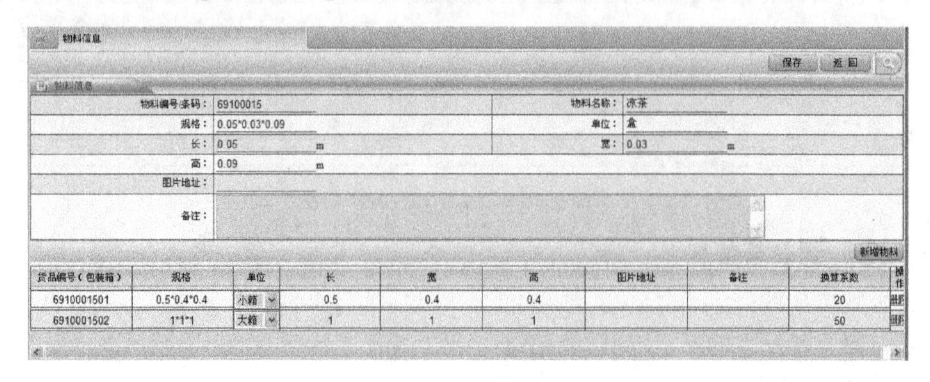

货品编号（包装箱）	规格	单位	长	宽	高	图片地址	备注	换算系数
6910001501	0.5*0.4*0.4	小箱	0.5	0.4	0.4			20
6910001502	1*1*1	大箱	1	1	1			50

图8-7　物料换算图界面

(五)客户管理

1. 功能概述

设置仓储业务发生的客户信息。

2. 操作方法

(1)点击【客户管理/客户信息】进入到客户信息列表页面。

(2)新增客户:点击【新增】按钮,进入到新增页面,如图8-8所示。

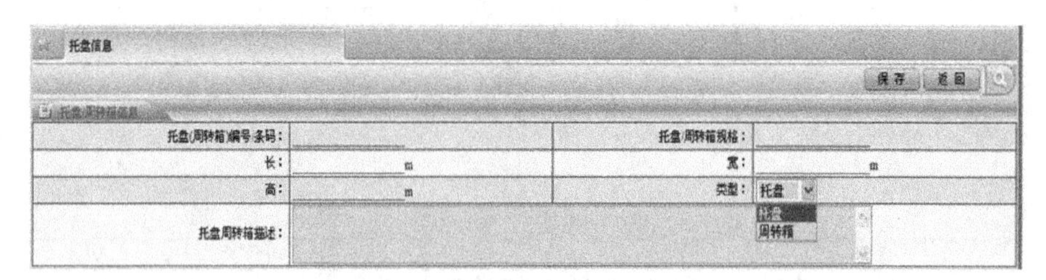

图8-8　新增客户界面

(3)完善客户信息。

(4)保存客户信息:点击【保存】按钮。

三、订单管理

(一)入库计划

1. 功能概述

根据制订的储配方案来制订相应的入库计划。

2. 操作方法

点击【订单管理/入库计划】进入入库计划页面,如图8-9所示。

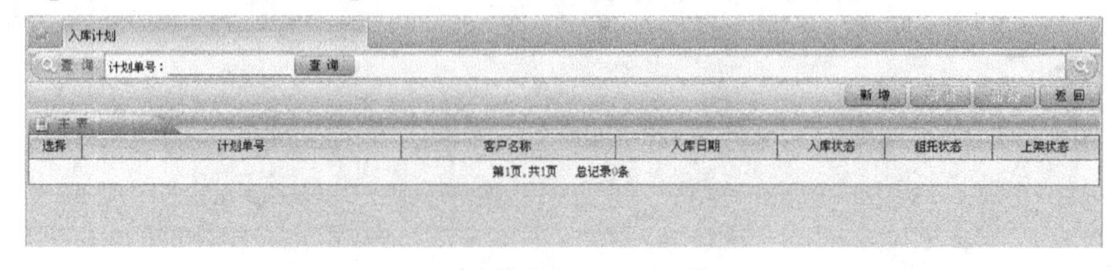

图8-9　入库计划界面

(二)客户订单

1. 功能概述

根据制订的储配方案来制定相应的客户订单。

2. 操作方法

点击【订单管理/客户订单】进入客户订单页面,如图 8-10 所示。

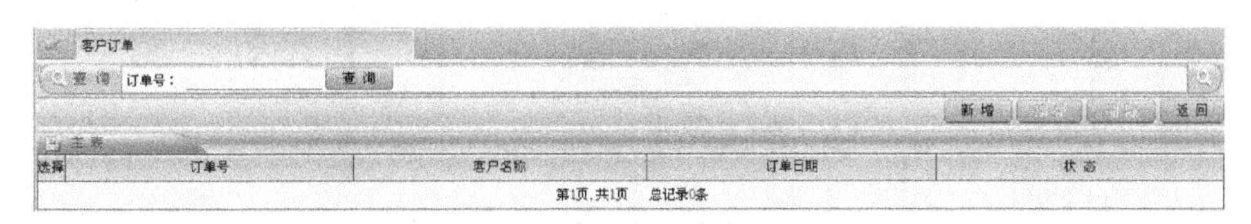

图 8-10 客户订单界面

(三)订单处理

1. 功能概述

订单处理就是将多个客户订单按货品进行合并,生成拣货作业单。

2. 操作方法

点击【订单管理/订单处理】进入订单处理页面,如图 8-11 所示。

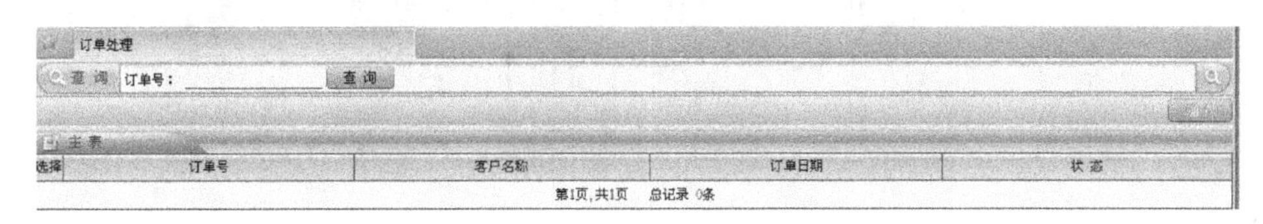

图 8-11 订单处理界面

(四)入库管理

入库管理包括:入库管理流程、入库作业、RF 组托、RF 上架、入库完成、入库单打印等。

1. 入库管理流程

入库管理流程启动界面如图 8-12 所示。

2. 入库作业

操作方法:

(1)点击【入库管理/入库作业】,进入到入库订单列表页面,如图 8-13 所示。

(2)打开入库订单列表。

(3)选择一个入库单:点击【确认】按钮,入库单状态由未确定变为已确定,并且组托状态变为待组托,上架状态变为待上架,如图 8-14 所示。

3. RF 组托

1)功能概述

RF 组托就是用 RF 手持终端对入库确认过的货品进行组托。

2)操作方法

需要用 RF 手持终端来操作,以下就是具体的操作步骤:

第一步:用登录物流大赛软件的账号登录 RF;登录 RF 的界面如图 8-15 所示。

第二步:在 NOS-WMS-RF 主界面页面,如图 8-16 所示,点击【入库作业】按钮,进入到 NOS-WMS-RF 入库作业页面。

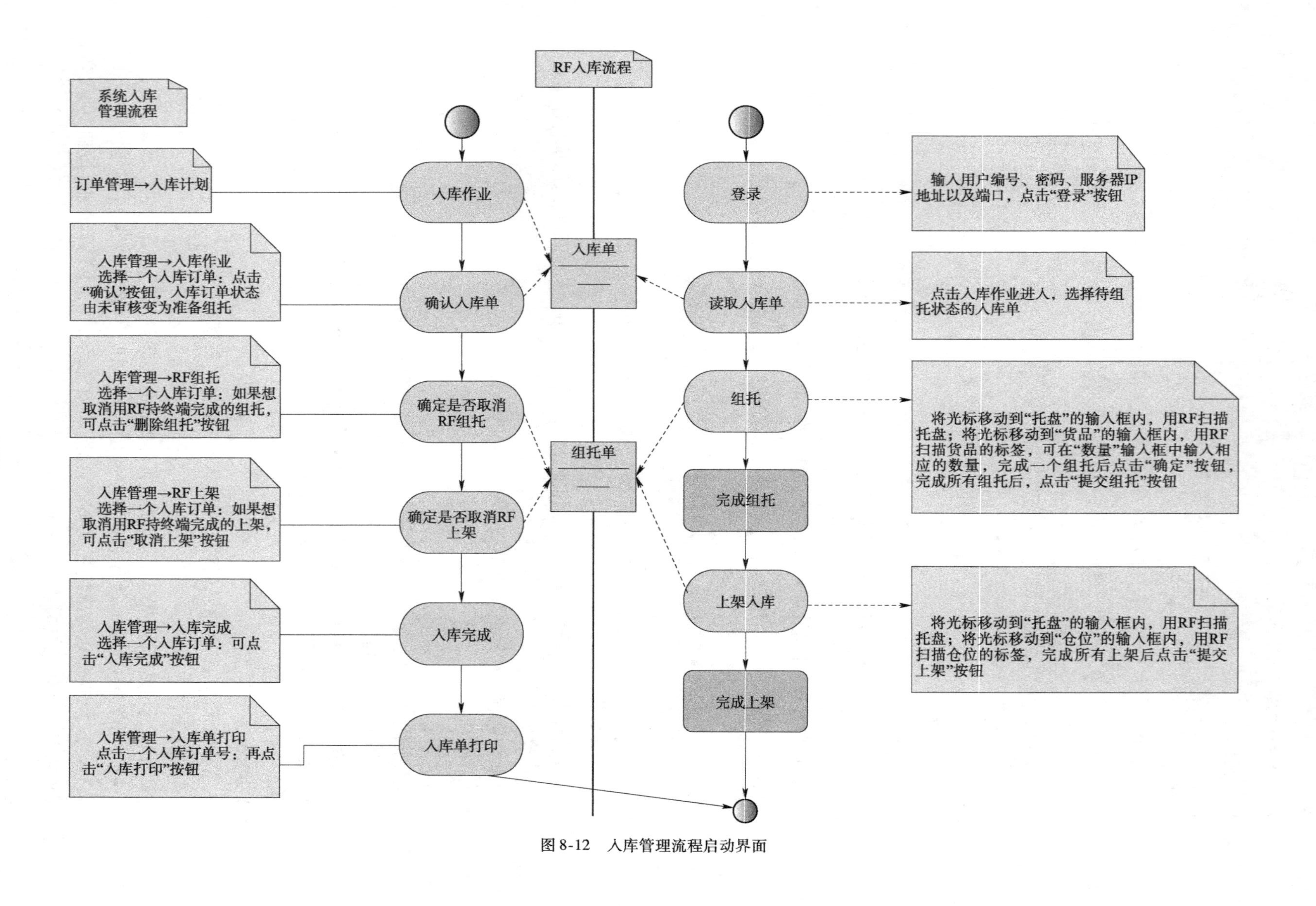

图 8-12　入库管理流程启动界面

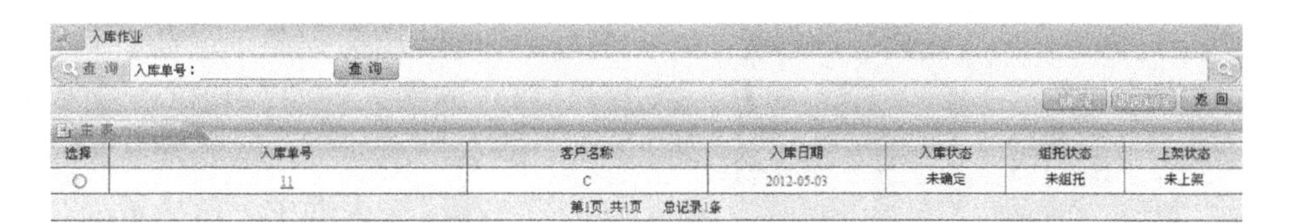

图 8-13　入库作业界面

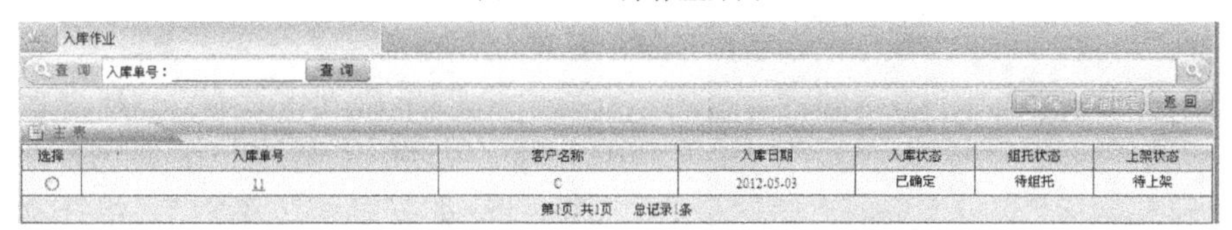

图 8-14　入库订单列表界面

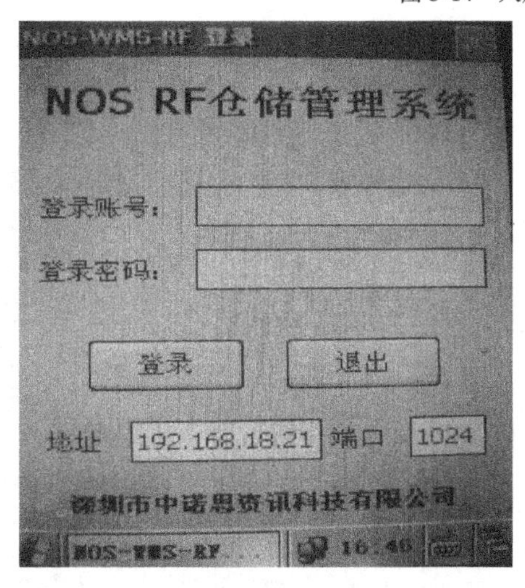

图 8-15　RF 界面

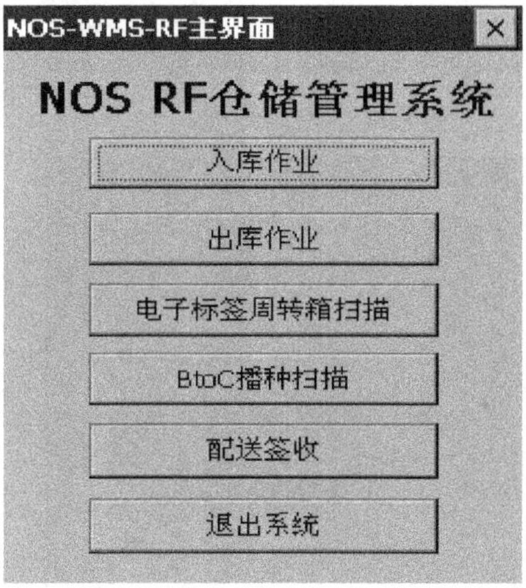

NOS-WMS-RF主界面

NOS RF仓储管理系统

入库作业

出库作业

电子标签周转箱扫描

BtoC播种扫描

配送签收

退出系统

图 8-16　RF 入库界面

第三步：在 NOS-WMS-RF 入库作业页面，如图 8-17 所示，选择一个入库单状态是待组托的入库单 ROD201004261001，点击【组托】按钮，进入到 NOS-WMS-RF 入库作业—组托页面。

第四步：在 NOS-WMS-RF 入库作业—组托页面，如图 8-18 所示，将光标移动到“托盘”的输入框内，用 RF 扫描托盘的标签 53500。

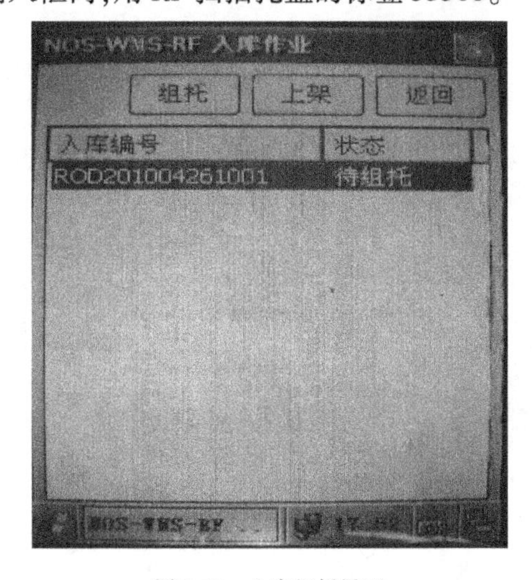

图 8-17　入库组托界面

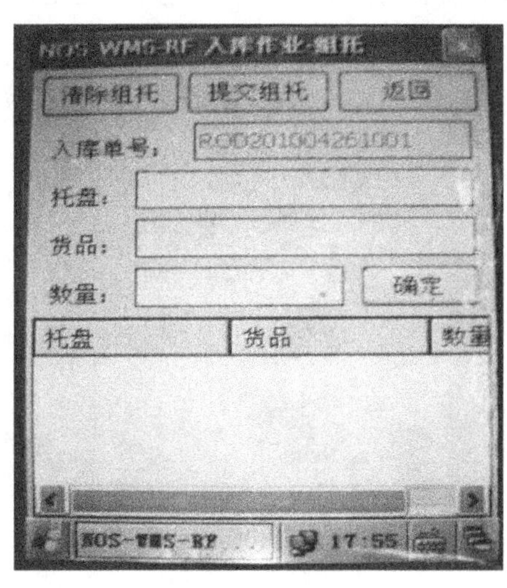

图 8-18　扫描界面

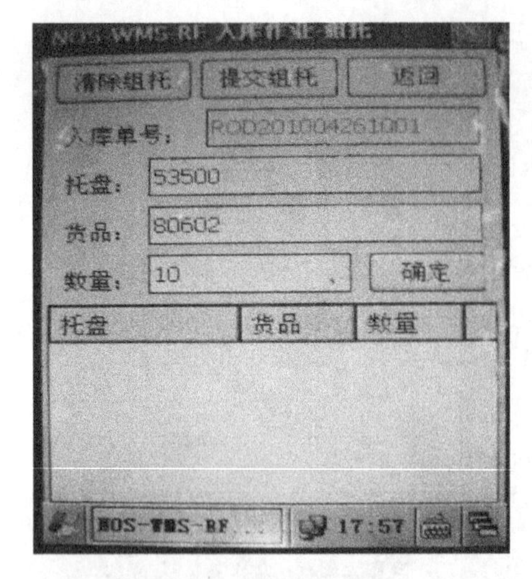

图 8-19　扫描完成界面

第五步：扫描托盘标签 53500 之后，将光标移动到“货品”的输入框内，用 RF 扫描货品的标签 80602，RF 会自动地将扫描的货品 80602 的数量，显示在“数量”输入框中。扫描货品 80602 之后，如果还有货品 80602 放到此托盘 53500 上，在“数量”输入框中输入相应的数量。

第六步：如果放到此托盘 53500 上所有货品 80602 扫描完成，点击【确定】按钮，如图 8-19 所示。

第七步：重复第四步第六步，组托本入库单 ROD201004261001 上其他的货品，本入库单 ROD201004261001 所有货品组托完毕，如图 8-20 所示，点击【提交组托】按钮。

第八步：提交组托成功的提示，如图 8-21 所示。

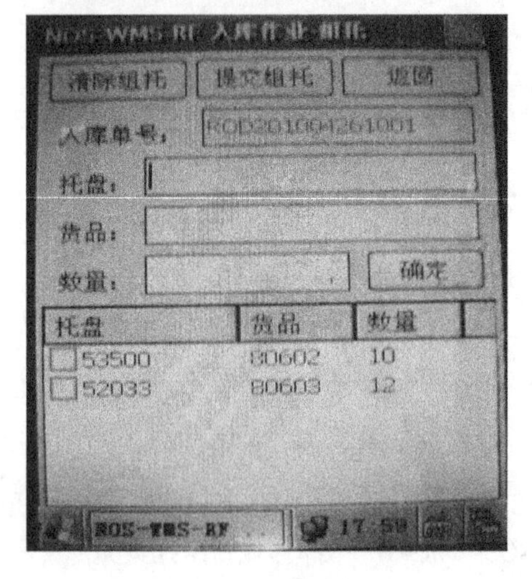

图 8-20　组托完成界面

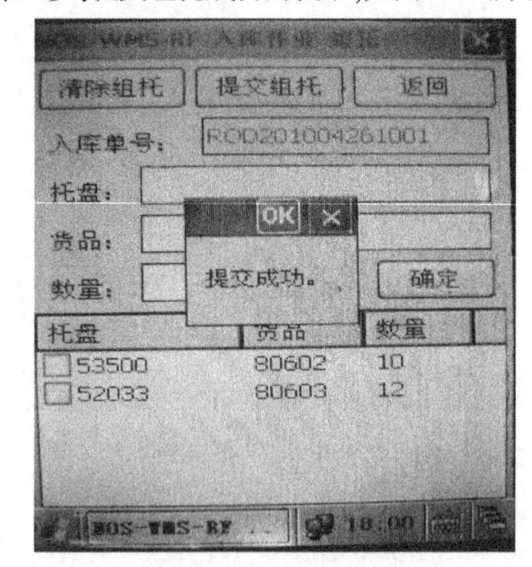

图 8-21　提交完成界面

如果想取消用 RF 手持终端完成提交的组托，方法如下：在本软件上，如图 8-22 所示，选择入库单，点击【取消组托】按钮即可。

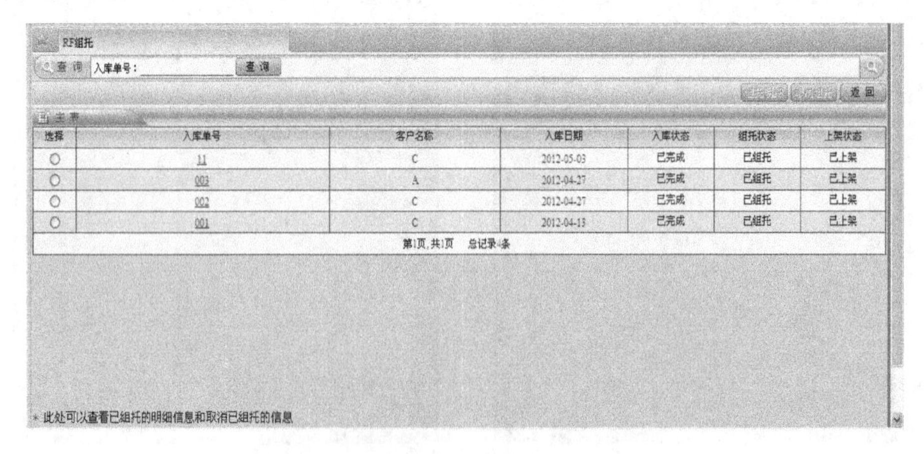

图 8-22　取消界面

4. RF 上架

1)功能概述

RF 上架就是用 RF 手持终端对组托后的托盘(货品)进行上架。

2)操作方法

需要用 RF 手持终端来操作,以下就是具体的操作步骤:

第一步:用登录物流大赛软件的账号登录 RF;登录 RF 的界面如图 8-23 所示。

第二步:在 NOS-WMS-RF 主界面页面,如图 8-16 所示,点击【入库作业】按钮,进入到 NOS-WMS-RF 入库作业页面。

第三步:在 NOS-WMS-RF 入库作业页面,如图 8-24 所示,选择一个入库单状态是已组托的入库单 ROD201004261001,点击【上架】按钮,进入到 NOS-WMS-RF 入库作业—上架页面。

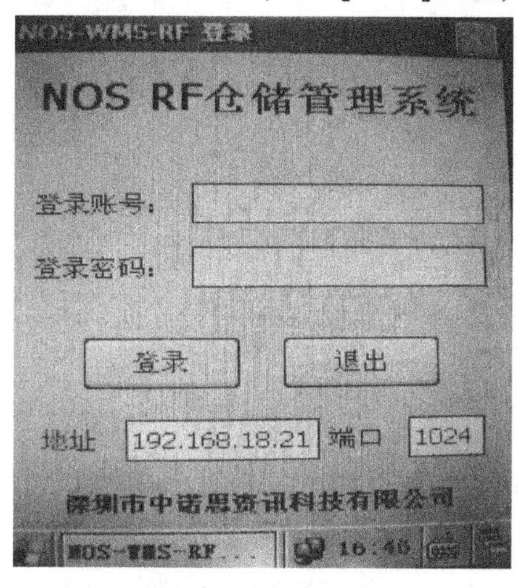

图 8-23 RF 登录界面

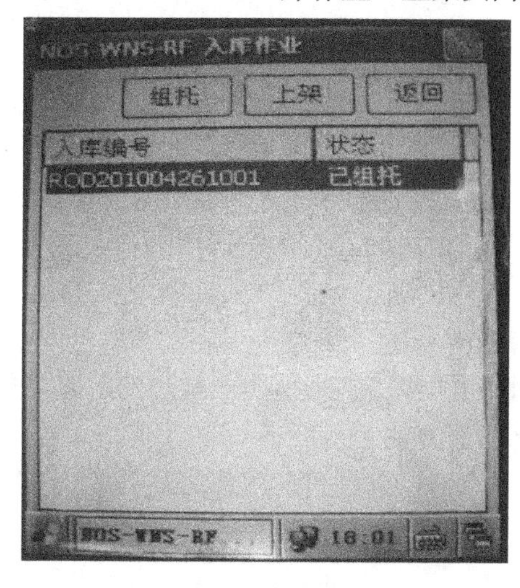

图 8-24 上架界面

第四步:在 NOS-WMS-RF 入库作业—上架页面,将光标移动到“托盘”的输入框内,用 RF 扫描托盘的标签 53500,如图 8-25 所示。

第五步:扫描托盘标签 53500 之后,将光标移动到“仓位”的输入框内,用 RF 扫描仓位的标签 51004,扫描结果如图 8-26 所示。

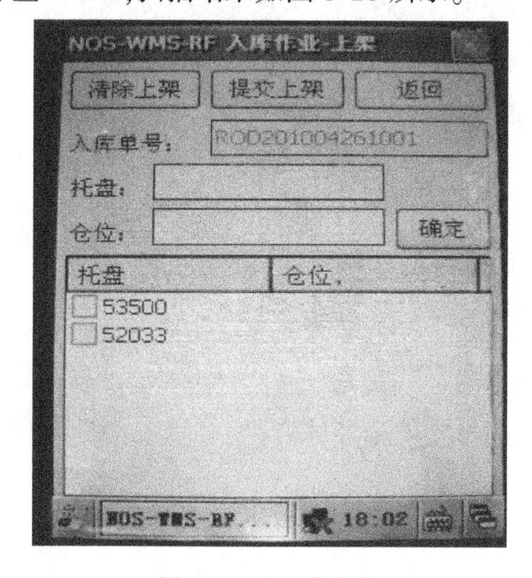

图 8-25 RF 上架界面

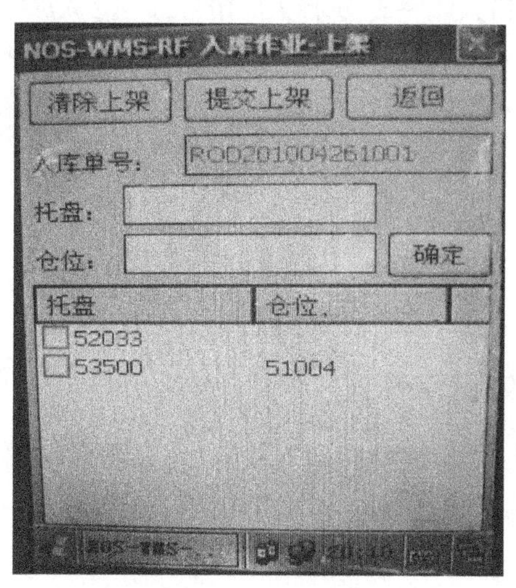

图 8-26 RF 扫描界面

第六步:重复第四步和第五步,上架本入库单 ROD201004261001 上其他的托盘,本入库单 ROD201004261001 所有托盘上架完毕,如图 8-27 所示,点击【提交上架】按钮。

第七步:提交上架成功的提示,如图 8-28 所示。

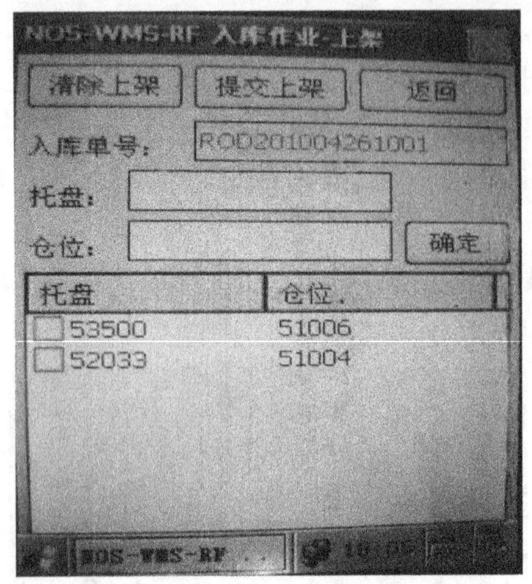

图 8-27 提交上架界面

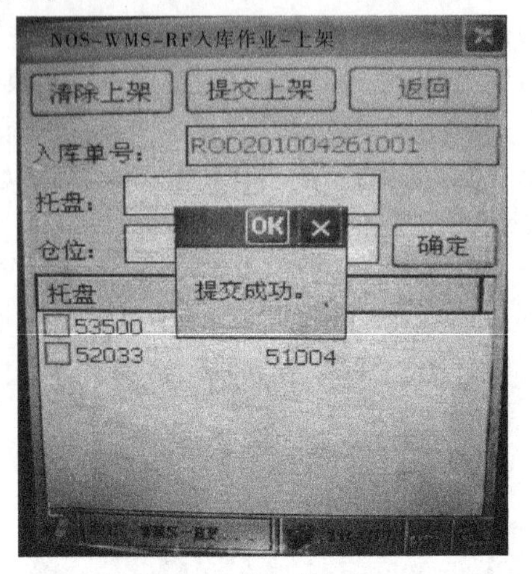

图 8-28 提交成功界面

5. 入库完成

1)功能概述

对用 RF 手持终端提交上架后的入库单进行入库完成操作。

2)操作方法

(1)点击【入库管理/入库完成】进入到入库单打印列表页面,如图 8-29 所示。

图 8-29 入库单列表

(2)入库完成:选择入库单号,点击【入库完成】按钮,系统提示"入库完成", 如图 8-30 所示。

图 8-30 入库完成界面

四、出库管理

出库管理包括:出库计划、重型货架拣货、立体与电子标签拣货、阁楼货架与 BtoC 货架、拣选确认、RF 拣货流程、RF 拣货、拣货单打印等。

(一)RF 拣货流程

RF 拣货流程如图 8-31 所示。

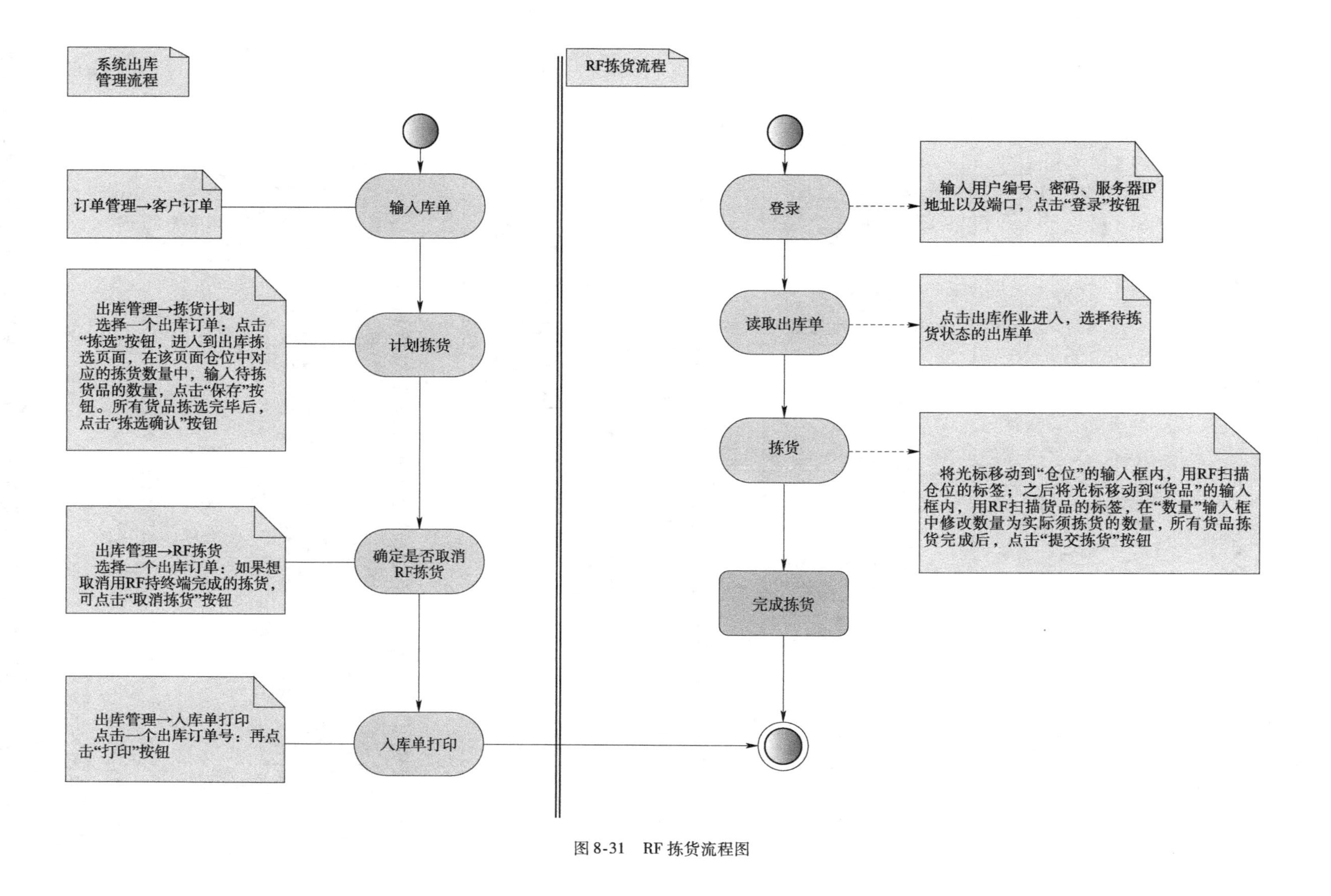

图 8-31　RF 拣货流程图

(二)出库计划

1. 功能概述

出库计划就是对计划出库的任务单进行出库任务分配,并选择出库货品包装类型。

2. 操作方法

(1)点击【出库管理出库计划】进入出库计划页面,如图 8-32 所示。

出库任务单

出库计划　返 回

主 表

选择	出库任务单号
◉	PLN-0VDPBFUS
○	PLN-1YFZ30VH
○	PLN-LE1O54QP

图 8-32　出库计划界面

(2)选中出库任务单点击【出库计划】按钮,进入出库任务单页面,如图 8-33 所示。

出库任务单

确定

货品编号	货品数量	货品单位	包装选择
69100014	500	瓶/袋	选择

图 8-33　出库任务单

(3)点击【选择】选择包装类型,如图 8-34 所示。

出库任务单

确定

货品编号	货品数量	货品单位	包装选择
69100014	500	瓶/袋	选择

包装编号	货品名称	包装单位	选择数量
69100014	方便面	瓶/袋	500
6910001401	方便面	小箱	0
6910001402	方便面	大箱	0

图 8-34　包装类型图

(4)包装完成后点击确定,进入仓位分配页面,如图 8-35 所示。

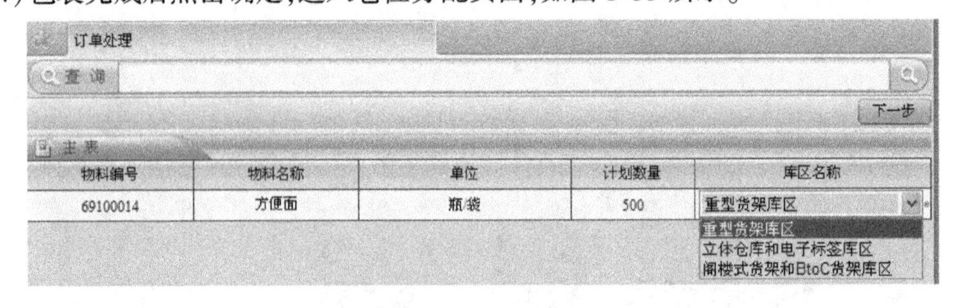

图 8-35　仓位分配页面

(5)分配完成后点击【下一步】,进入各种类型仓库出库,如图 8-36 所示。

(三)重型货架拣货

1. 功能概述

拣货计划就是根据重型货架拣货作业单拣选货品。其功能是根据订单处理后的拣货作业单,对出库货品进行拣选操作。

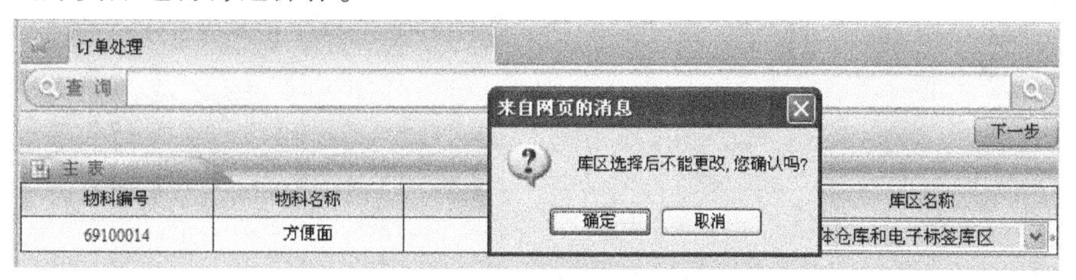

图 8-36 仓库出库界面

2. 操作方法

(1)点击【出库管理/重型货架拣货】,进入到拣货作业单列表页面,如图 8-37 所示。

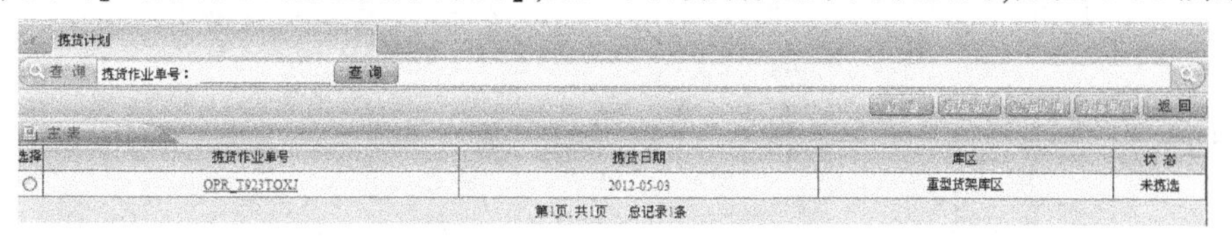

图 8-37 拣货作业单列表

(2)选择一个拣货作业单:点击【拣选】按钮,进入到拣货作业页面,如图 8-38 所示。

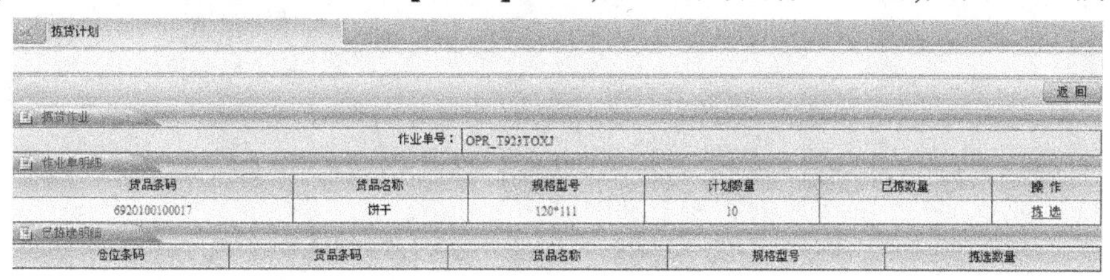

图 8-38 拣选页面

(四)重型货架(散货)播种

1. 功能概述

重型货架对小推车的播种的功能。

2. 操作方法

(1)点击【出库管理/重型货架(散货)播种】进入页面,如图 8-39 所示。

图 8-39 RF 拣货界面

(2)选择状态是“拣货完毕”的单据,点击【播种】,进入到重型货架播种到拣货小车页面,如图 8-40 所示。

(3)选择完仓库和播种柜号后,到电子标签小推车上操作。

(五)立体与电子标签拣货

1. 功能概述

拣货计划就是根据立体库与电子标签拣货作业单拣选货品。其功能是根据订单处理后的拣货作业单,对出库货品进行拣选操作。

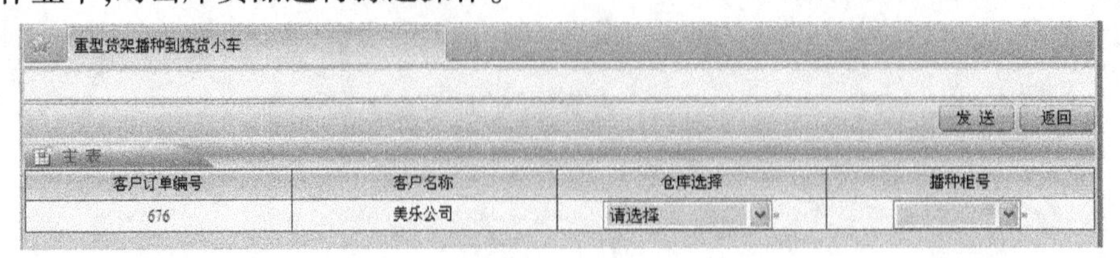

图 8-40　重型货架播种到拣货小车界面

2. 操作方法

(1)点击【出库管理/立体与电子标签拣货】,进入到拣货作业单列表页面,如图 8-41 所示。

拣货计划

查询　拣货作业单号：　查询

返回

主表

选择	拣货作业单号	拣货日期	库区	状态
○	OPR-KQAOHV83	2012-05-31	立体仓库和电子标签库区	未拣选
○	OPR-DBWYATM7	2012-05-31	立体仓库和电子标签库区	发送成功
○	OPR-UGW3608G	2012-05-31	立体仓库和电子标签库区	发送成功
○	OPR-B71OHVZD	2012-05-31	立体仓库和电子标签库区	发送成功
○	OPR-KFQ32R0V	2012-05-31	立体仓库和电子标签库区	发送成功
○	OPR-ILTW3OD5	2012-05-31	立体仓库和电子标签库区	发送成功
○	OPR-A546CMW3	2012-05-31	立体仓库和电子标签库区	发送成功
○	OPR-A713MLF0	2012-05-31	立体仓库和电子标签库区	发送成功
○	OPR-SL3863CH	2012-05-31	立体仓库和电子标签库区	发送成功
○	OPR-ISDB7U4L	2012-05-30	立体仓库和电子标签库区	发送成功

第1页,共2页　下一页　总记录13条

图 8-41　拣货作业单列表界面

(2)拣货完成后点击添加【周转箱】,如图 8-42 所示。

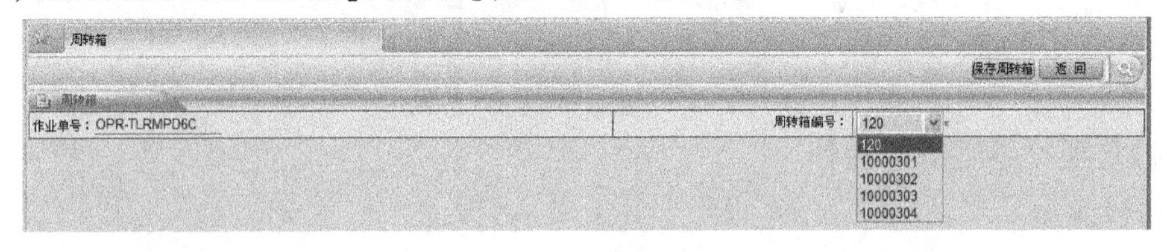

图 8-42　添加周转箱界面

(3)完成后点击【发送】按钮,将单据发送;如图 8-43 所示。

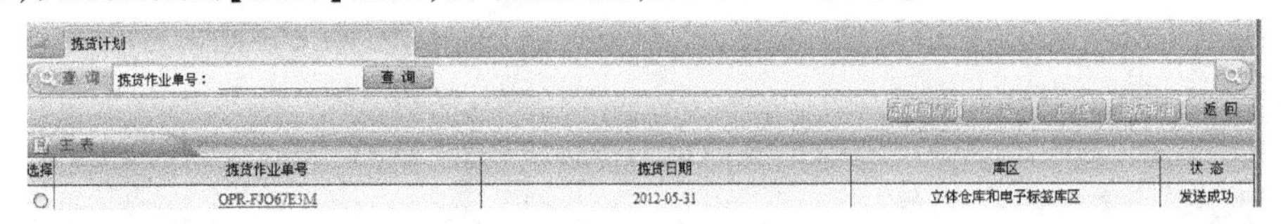

图 8-43　单据发送界面

(4)发送成功后到 RF 手持完成周转箱确认,如图 8-44 所示。

(5)输入周转箱号后点击确认将电子标签点亮,如图 8-45 所示。

(六)立体与电子标签接收

1. 功能概述

根据已发送的电子标签作业单进行入库接收确认。

2. 操作方法

(1)点击出库管理【立体/电子标签拣货接收】进入立体库电子标签拣货接收页面,如图 8-46 所示。

(2)选择拣货作业单点击【接收】,如图 8-47 所示。

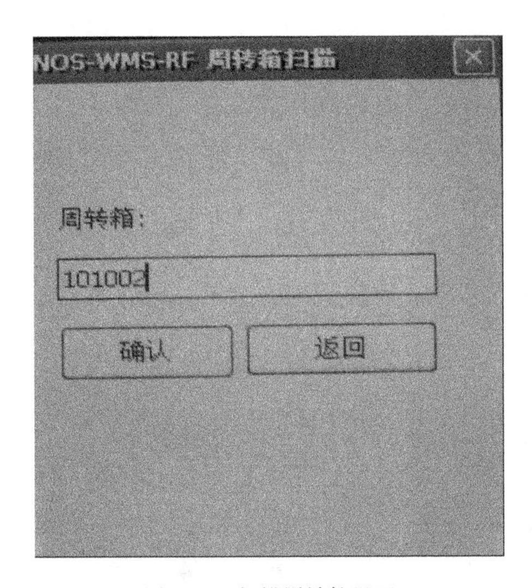

图 8-44　扫描周转箱界面

图 8-45　扫描完成界面

拣选确认

返回

主表

选择	拣货作业单号	拣货日期	状态
○	OPR-FJO67E3M	2012-05-31	发送成功
○	OPR-TLRMPD6C	2012-05-31	发送成功
○	OPR-CL4UO25L	2012-05-31	已出库
○	OPR-EJUU1ASZ	2012-05-31	已出库
○	OPR-2YXJOBFJ	2012-05-31	已出库
○	OPR-JV9QO7FF	2012-05-31	已出库
○	OPR-Z5CL2APH	2012-05-31	已出库
○	OPR-DBWYATM7	2012-05-31	发送成功
○	OPR-LT86X0WP	2012-05-31	已出库
○	OPR-UGW3608G	2012-05-31	发送成功

第1页,共2页 下一页 总记录20条

图 8-46　立库接收界面

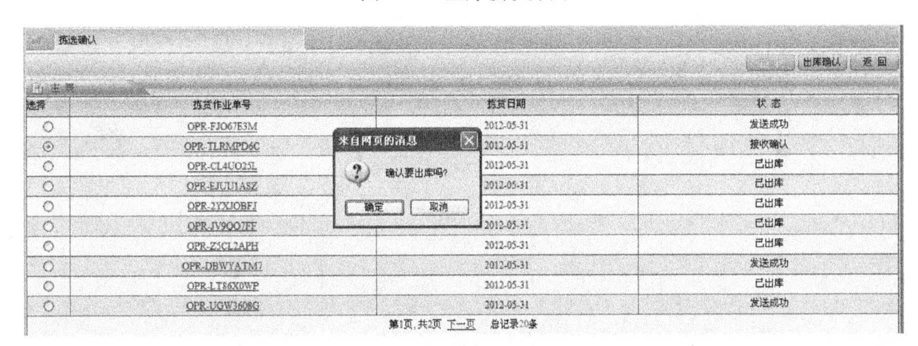
拣选确认

出库确认 返回

主表

选择	拣货作业单号	拣货日期	状态
○	OPR-FJO67E3M	2012-05-31	发送成功
⊙	OPR-TLRMPD6C	2012-05-31	接收确认
○	OPR-CL4UO25L	2012-05-31	已出库
○	OPR-EJUU1ASZ	2012-05-31	已出库
○	OPR-2YXJOBFJ	2012-05-31	已出库
○	OPR-JV9QO7FF	2012-05-31	已出库
○	OPR-Z5CL2APH	2012-05-31	已出库
○	OPR-DBWYATM7	2012-05-31	发送成功
○	OPR-LT86X0WP	2012-05-31	已出库
○	OPR-UGW3608G	2012-05-31	发送成功

第1页,共2页 下一页 总记录20条

来自网页的消息

确认要出库吗?

确定 取消

图 8-47　拣选确认界面

(3)接收完成后点击出库确认,已确认完成出库,如图 8-48 所示。

拣选确认

返回

主表

出库成功

选择	拣货作业单号	拣货日期	状态
○	OPR-FJO67E3M	2012-05-31	发送成功
○	OPR-TLRMPD6C	2012-05-31	已出库
○	OPR-CL4UO25L	2012-05-31	已出库
○	OPR-EJUU1ASZ	2012-05-31	已出库
○	OPR-2YXJOBFJ	2012-05-31	已出库
○	OPR-JV9QO7FF	2012-05-31	已出库
○	OPR-Z5CL2APH	2012-05-31	已出库
○	OPR-DBWYATM7	2012-05-31	发送成功
○	OPR-LT86X0WP	2012-05-31	已出库
○	OPR-UGW3608G	2012-05-31	发送成功

第1页,共2页 下一页 总记录20条

图 8-48　确认完成界面

（七）阁楼货架拣货

1. 功能概述

拣货计划就是根据阁楼式和 BtoC 货架货作业单拣选货品。其功能是根据订单处理后的拣货作业单，对阁楼式货架出库货品进行拣选操作。

2. 操作方法

点击【出库管理/阁楼货架拣货】，进入到拣货作业单列表页面，如图 8-49 所示。

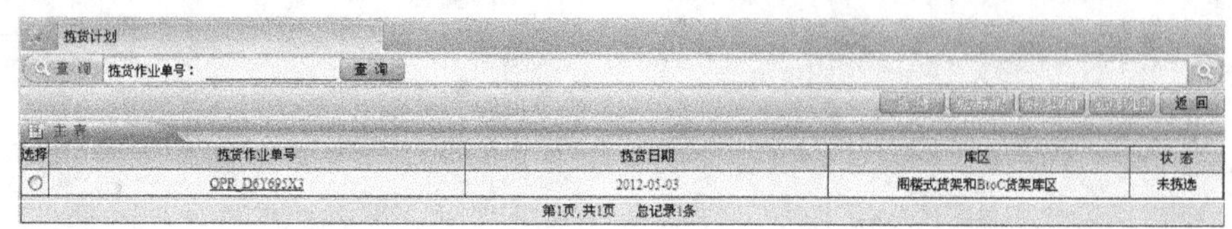

拣货计划

选择	拣货作业单号	拣货日期	库区	状态
○	OPR_D6Y695X3	2012-05-03	阁楼式货架和BtoC货架库区	未拣选

第1页，共1页　总记录1条

图 8-49　拣货作业单列表

（八）阁楼式对 BtoC 播种

（1）点击进入【出库管理/阁楼式对 BtoC 播种】页面，如图 8-50 所示。

补货入库

选择	拣货单号	拣货日期	仓库	状态
○	OPR-36PWJEBU	2012-05-31	BtoC电子标签区	发送成功
○	OPR-Y2SG7C7X	2012-05-31	BtoC电子标签区	发送成功
○	OPR-GVOJ9MJF	2012-05-31	BtoC电子标签区	发送成功
○	OPR-9QCRLGLH	2012-05-31	BtoC电子标签区	发送成功
○	OPR-GZN3FA1D	2012-05-31	BtoC电子标签区	发送成功
○	OPR-444EVGWC	2012-05-31	BtoC电子标签区	拣选确认
○	OPR-24MLT8AL	2012-05-30	BtoC电子标签区	未拣选

第1页，共1页　总记录7条

图 8-50　播种界面

（2）点击【播种】对拣货单据进行发送到 BtoC 货架，如图 8-51 所示。

图 8-51　信息发送界面

（3）点击【发送】按钮，进行发送，如图 8-52 所示。

补货入库

此单据已经发送

选择	拣货单号	拣货日期	仓库	状态
○	OPR-36PWJEBU	2012-05-31	BtoC电子标签区	发送成功
○	OPR-Y2SG7C7X	2012-05-31	BtoC电子标签区	发送成功
○	OPR-GVOJ9MJF	2012-05-31	BtoC电子标签区	发送成功
○	OPR-9QCRLGLH	2012-05-31	BtoC电子标签区	发送成功
○	OPR-GZN3FA1D	2012-05-31	BtoC电子标签区	发送成功
○	OPR-444EVGWC	2012-05-31	BtoC电子标签区	拣选确认
○	OPR-24MLT8AL	2012-05-30	BtoC电子标签区	未拣选

第1页，共1页　总记录7条

图 8-52　发送完成界面

(4)发送完成后使用 RF 手持进行出库操作,如图 8-53 所示。

(5)输入拣货单编号和货品编号,点击确认按钮,完成播种点亮电子标签,如图 8-54 所示。

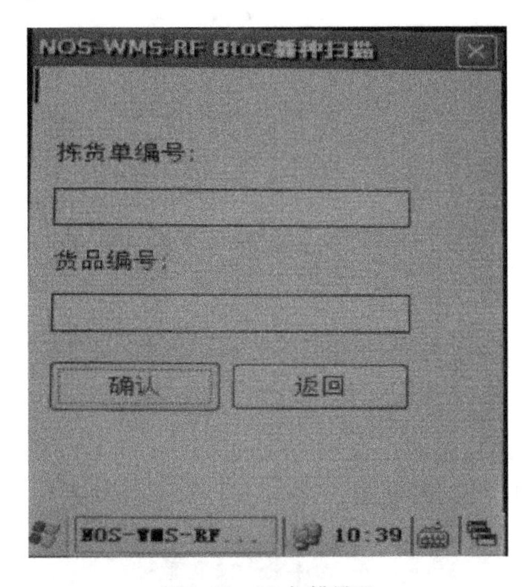

图 8-53　RF 扫描界面

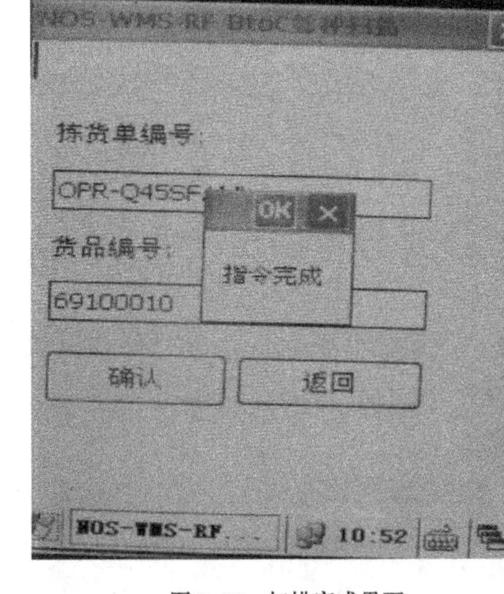

图 8-54　扫描完成界面

五、库存管理

(一)库存查询

1. 功能概述

对库存进行查询,库存报告打印等操作。

2. 操作方法

(1)点击【库存管理/库存查询】进入到库存信息页面,如图 8-55 所示。

库存查询

查询　仓位编号:　查询

打印

仓库名称	仓位编号	货品条码	货品名称	规格型号	托盘条码	库存数量
比赛重型货架	Z1010101	6920100100010	键盘	200*110	001	8
比赛重型货架	Z1010102	6920100100011	鼠标	200*110	001	100
比赛重型货架	Z1010103	6920100100012	联想电脑	220*145	002	52
比赛重型货架	Z1010104	6920100100013	方便面	220*110	003	44
比赛重型货架	Z1010105	6920100100014	绿茶	220*100	004	8
比赛重型货架	Z1010106	6920100100015	薯片	220*111	005	52
比赛重型货架	Z1010107	6920100100016	雀巢	120*120	006	9
比赛重型货架	Z1010108	6920100100017	饼干	120*111	007	46
比赛BtoC电子标签	B1503	6920100100013	方便面	220*110	003	3
比赛阁楼货架	G1010101	6920100100010	键盘	200*110	001	54

第1页,共11页 下一页　总记录 109条

图 8-55　库存信息界面

(2)打印库存报表:点击【打印】按钮,进入到库存报表页面,如图 8-56 所示。

(3)在图 8-56 中,点击【打印】按钮,完成打印。

(二)可视库存

1. 功能概述

图形化查看各类库存信息。

打印

库存报表

组别编号	仓位编号	货品条码	货品名称	规格型号	托盘条码	库存数量
2012	B007	6943333811018	记事本	60*95	10001	6000
2012	B006	6920380201108	水杯	12	10001	789
2012	B005	8412674102188	饼干	120*45	10005	4788
2012	B004	91010001	鼠标	12	10004	1899
2012	B003	9101002	电脑	12	10003	5000
2012	B002	91010003	红牛	32*89	10002	1256
2012	B001	91010004	矿泉水	100*123	10001	500
2012	G1060107	6943333811018	记事本	60*95	10001	6000
2012	G1060106	6920380201108	水杯	12	10001	789
2012	G1060105	8412674102188	饼干	120*45	10005	4788
2012	G1060104	91010001	鼠标	12	10004	1899
2012	G1060103	9101002	电脑	12	10003	5000
2012	G1060102	91010003	红牛	32*89	10002	1256
2012	G1060101	91010004	矿泉水	100*123	10001	500
2012	L1010207	6943333811018	记事本	60*95	10001	1
2012	L1010206	6920380201108	水杯	12	10001	1
2012	L1010205	8412674102188	饼干	120*45	10005	1
2012	L1010204	91010001	鼠标	12	10004	1
2012	L1010203	9101002	电脑	12	10003	1
2012	L1010202	91010003	红牛	32*89	10002	1

图 8-56　库存报表界面

2. 操作方法

(1)点击【库存管理/可视库存】进入页面,如图 8-57 所示。

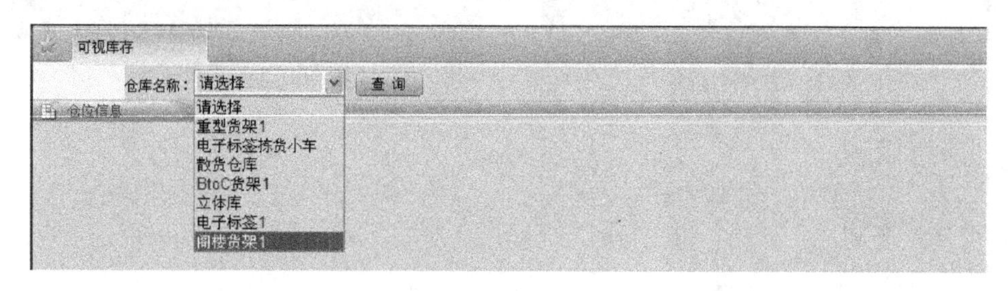

图 8-57　可视库存界面

(2)点击所需查找的仓库类型,点击【查询】按钮,如图 8-58 所示。

图 8-58　库存查询界面

仓储管理软件实训

【实训目标】

1. 熟悉仓储管理软件系统操作方式;
2. 掌握基础数据的编写;
3. 掌握订单的录入方法;
4. 掌握出库信息操作的基本方式;
5. 掌握入库信息操作的基本方式。

【实训任务】

请完成以下入库单信息录入,见表 8-2。

入库单信息　　表8-2

序号	货品名称	货品编码	规格(mm)	单位	单价(元)	应收数量(箱)	实际收取(箱)
1	康师傅经典奶茶纯滑味	6902012060714	460×265×205	箱	10	16	16
2	统一冰红茶	6902012060725	500×270×230	箱	10	9	9
3	惠普电脑主机	6902012060738	520×500×260	箱	1 000	24	24
入库单号:			验收人员:01		日期:2015/03/29		

【实训考核】

实训考核表见表8-3。

实训考核表　　表8-3

考核人		被考核人	
考核地点			
考核内容	仓储管理软件实训		
考核标准	具体内容	分值(分)	实际得分
	数据填写的完整性	35	
	入库出库单证制作与打印的正确性	25	
	流程操作的准确性	20	
	实训报告完成认真按时提交	10	
	工作态度	5	
	团队分工合作	5	
合计		100	

任务二　配送管理软件

任务概述

【应知应会】

通过本工作任务的学习与具体实施,学生应学会下列知识:

1. 熟悉配送软件中站点维护和线路维护的内容;
2. 会进行配送软件作业的设置。

应该掌握下列技能:

1. 能根据客户订单要求合理设置配送路线;
2. 根据实际情况进行配送软件的操作。

【学习要求】

1. 学生在上课前,应到本课程网站或借助于互联网本工作任务相关的教学内容进行预习;
2. 本课程采用理实一体化的模式组织教学,学生在学习过程中,要善于动手,不怕脏不怕累;
3. 每个工作任务学习过程结束后,学生能独立完成任务工作单的填写。

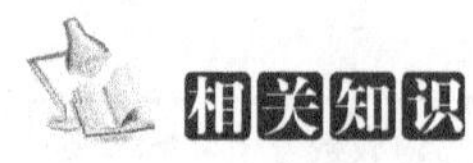

一、系统管理员操作说明

(一)管理员登录

1. 功能概述

管理员登录窗口:管理员通过该步操作才可进入系统进行系统操作。

2. 操作方法

(1)打开 IE 浏览器,输入配送优化大赛软件的访问地址:http://IP:915/login,进入之后如图 8-1 所示。

(2)输入用户名和密码,点击【登录】进入系统选择页面,如图 8-59 所示。

图 8-59　系统选择页面

(3)选择【配送优化大赛软件 V1.0】进入系统首页,如图 8-60 所示。

图 8-60　大赛软件界面

(二)站点维护

1. 功能概述

管理员对站点进行维护。

2. 操作方法

(1)系统管理员进入主系统,点击【站点维护】按钮进入【站点维护】页面。

(2)选定某个客户或支点进行拖动,可随意放置客户和支点的位置,并对支点进行删除(只能删除未保存的支点)。

(3)可对站点添加多个支点(添加支点是为了方便后续线路维护),如图 8-61 所示。

图 8-61　管理员站点维护界面

点击重置所有点,可将之前维护好的站点全部重置,如图 8-62 所示。

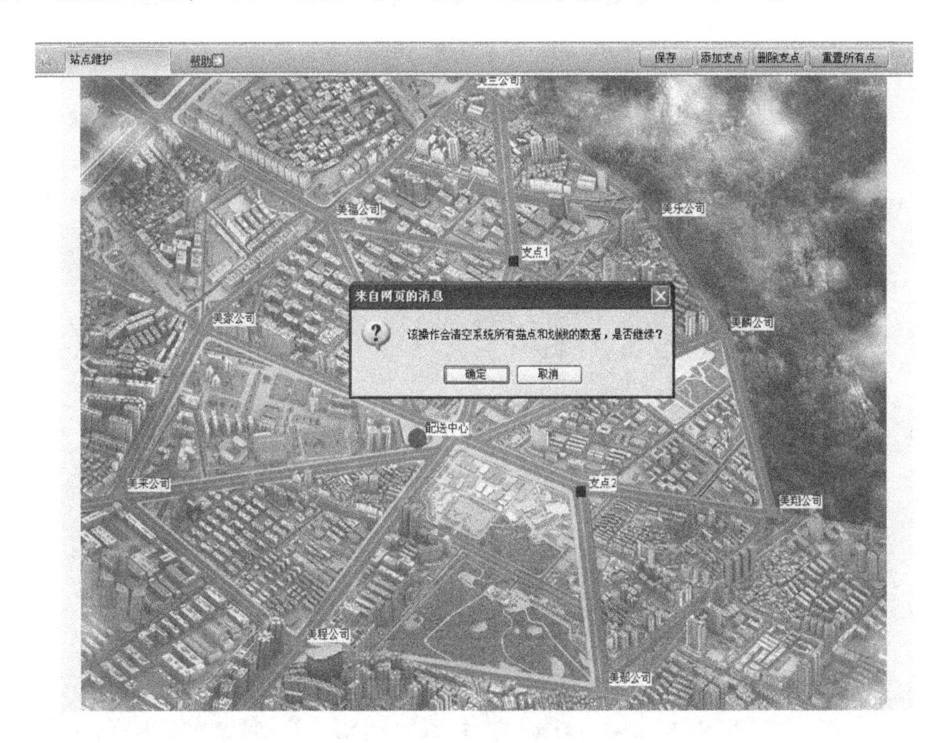

图 8-62　重置界面

(4)站点维护好之后点保存可直接跳转到线路维护页面。

【保存】:保存维护好的站点。

(三)线路维护

1. 功能概述

管理员进行线路维护。

2. 操作方法

(1)系统管理员进入主系统,点击【线路维护】按钮进入【线路维护】页面,如图 8-63 所示。

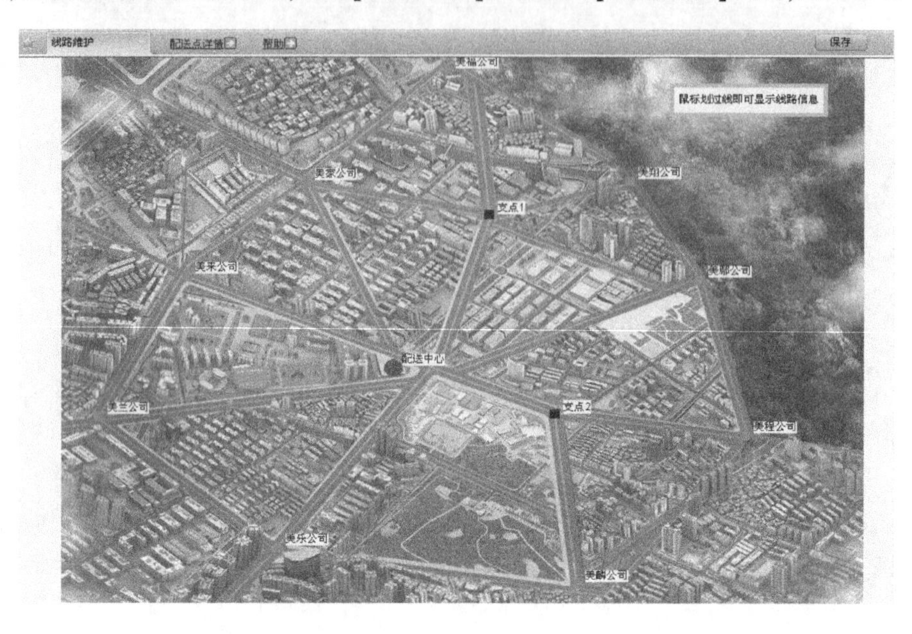

图 8-63　管理员线路维护界面

(2)选择相邻的两个站点,在弹出的线路信息框里面输入线路名称及长度,如图 8-64 所示。

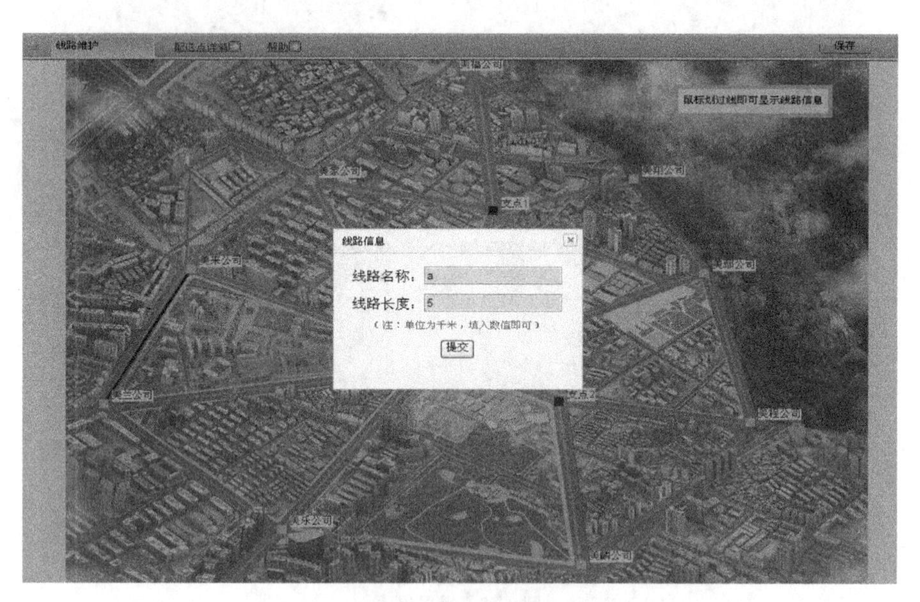

图 8-64　线路选择界面

(3)分别点击连接好线路的两个站点,可取消该线路,如图 8-65 所示。

(4)点击连接好的线路,可对线路信息重新编辑(只能编辑已经保存好的线路),如图 8-66所示。

之前线路 a 的长度为 5 千米,经过编辑之后变成了 6 千米,如图 8-67 所示。

(5)线路维护好之后点保存可直接跳转到设置随机路障页面。

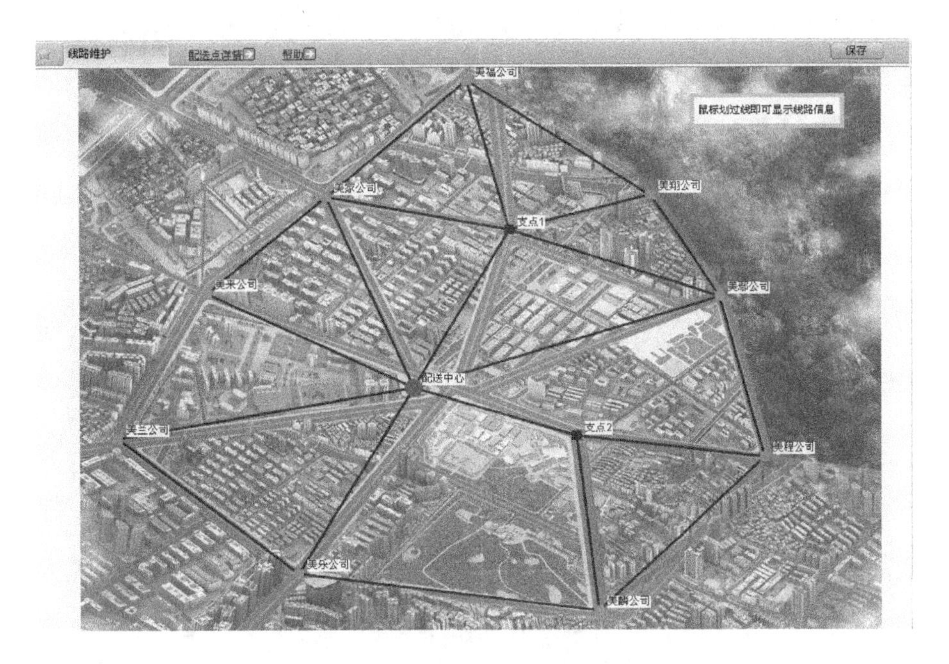

图 8-65　线路选择界面

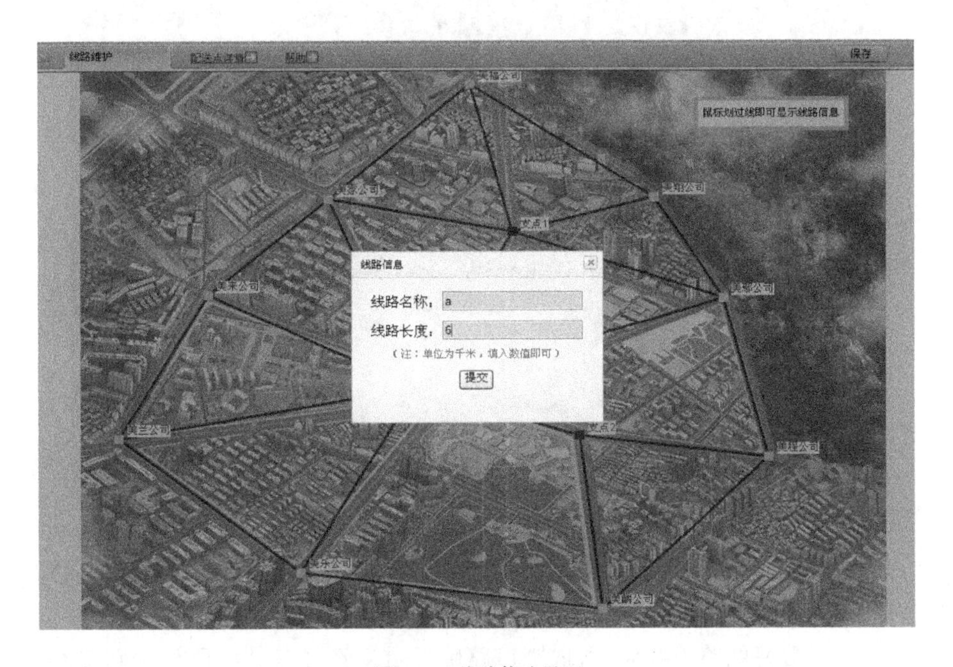

图 8-66　线路修改界面

(四)设置随机路障

1. 功能概述

管理员进行随机路障的设置。

2. 操作方法

(1)系统管理员进入主系统,点击【设置随机路障】按钮进入【设置随机路障】页面,如图 8-68 所示 。

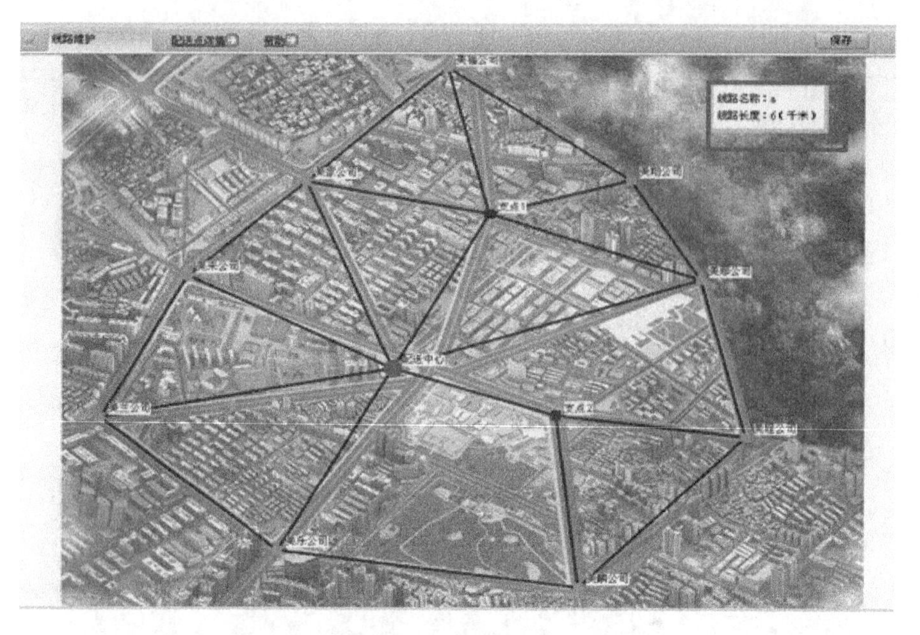

图 8-67　线路保存界面

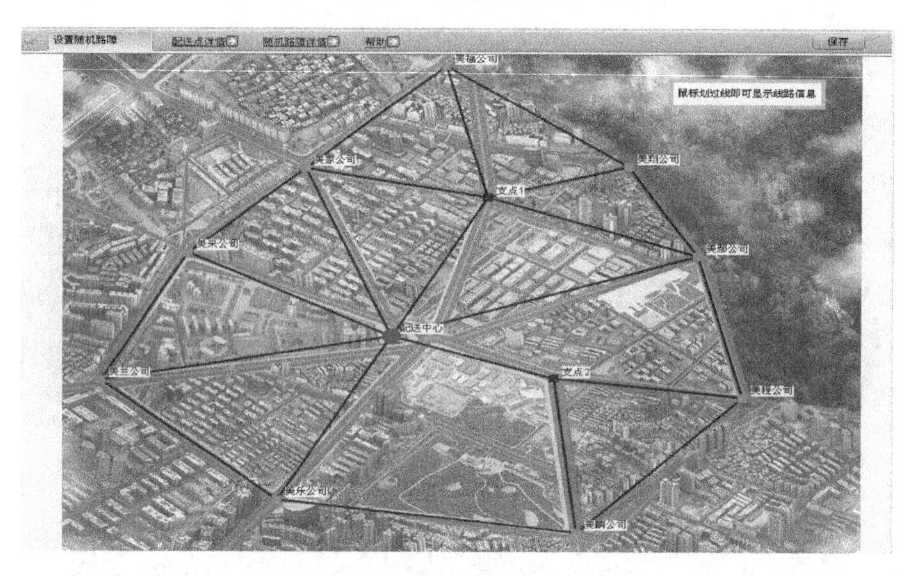

图 8-68　随机路障设置界面

(2)点击配送中心相关联的线路,在弹出的路障信息对话框中输入路障原因点保存即可将其设置为随机路障,如图 8-69 所示(黑色线为选定的随机路障)。

(3)点击已设置好的路障线路,可取消该路障并重新选择其他线路作为路障线路,如图 8-70 所示(删除已设置的路障之后,点保存。之前设置为路障的线路道路状况变成良好)。

(4)点保存,随机路障设置成功,如图 8-71 所示。

二、学生操作说明

(一)操作方法

(1)学生进入主系统,点击【配送作业】按钮进入【配送作业】页面。

(2)点击新增,选择之前从仓储里面出库的订单,如图 8-72 所示。

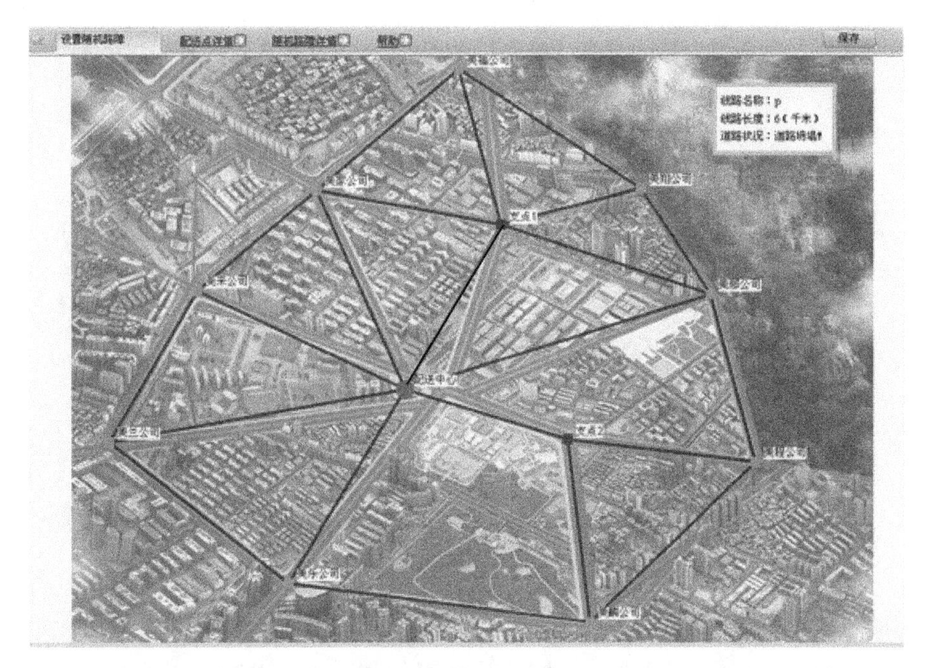

图 8-69　设置成功界面

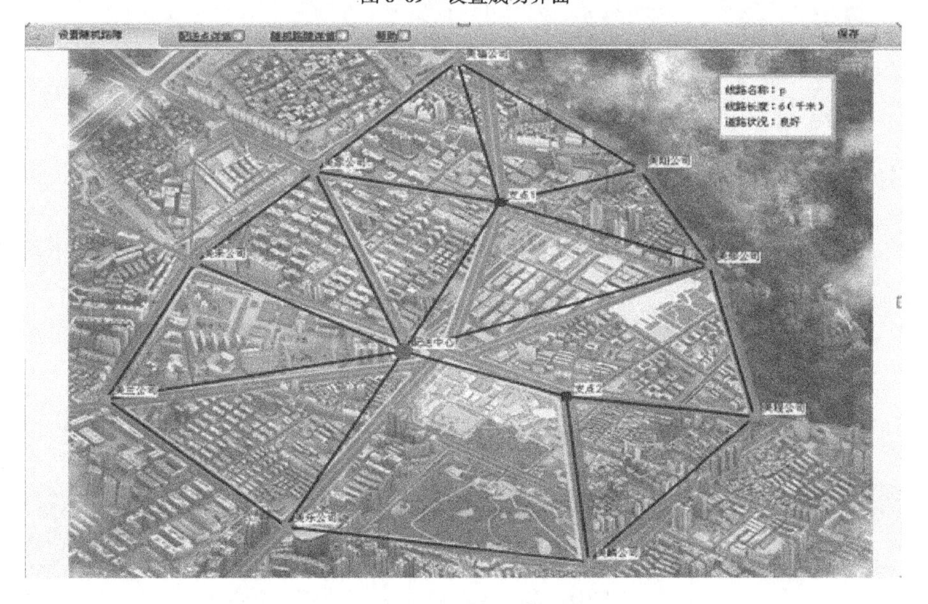

图 8-70　删除设置后的路障界面

(3)选择订单之后点击生成配送订单,如图 8-73 所示。

生成配送订单完成后如图 8-74 所示。

(二)模拟配送

1. 功能概述

学生为配送客户选择线路之后对其进行模拟配送操作,如图 8-75 所示。

2. 操作方法

(1)学生进入主系统,点击【模拟配送】按钮进入【模拟配送】页面。

(2)选择需要进行模拟配送的客户订单点击模拟配送。

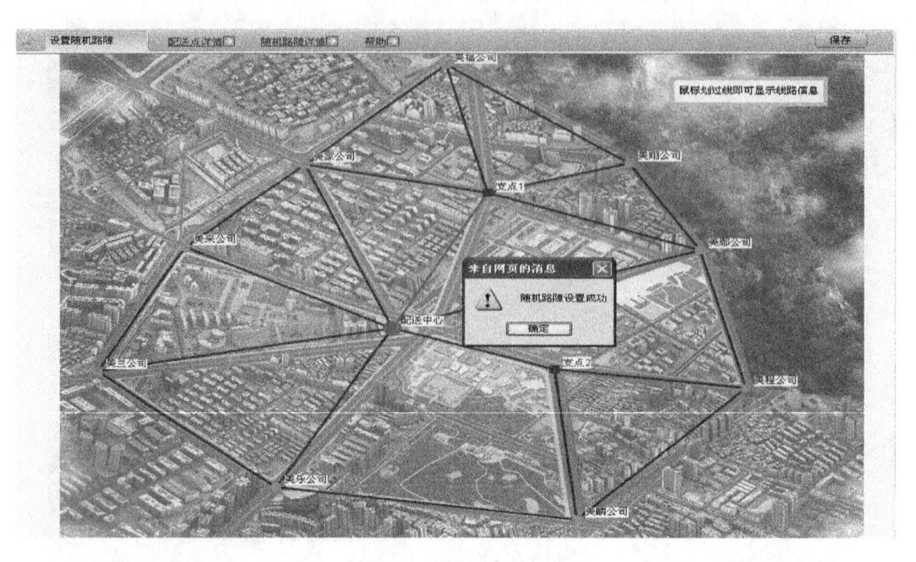

图 8-71　保存成功界面

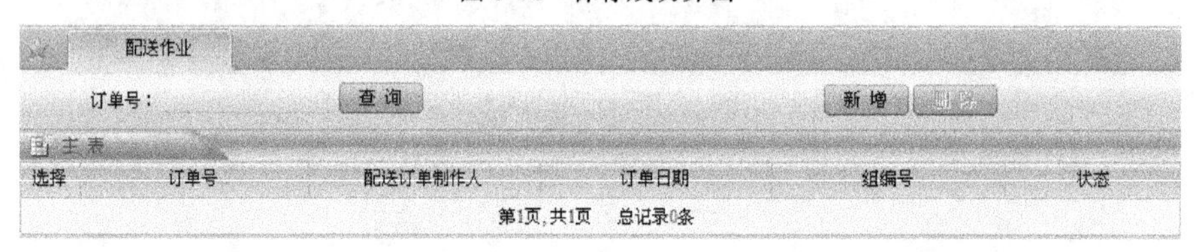

图 8-72　配送作业界面

图 8-73　配送订单完成界面

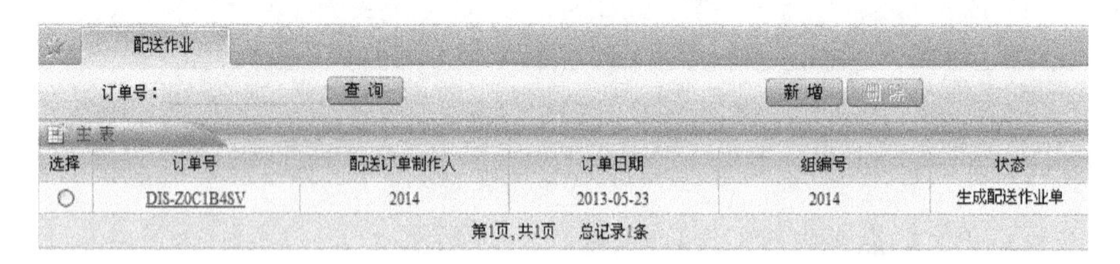

图 8-74　订单完成界面

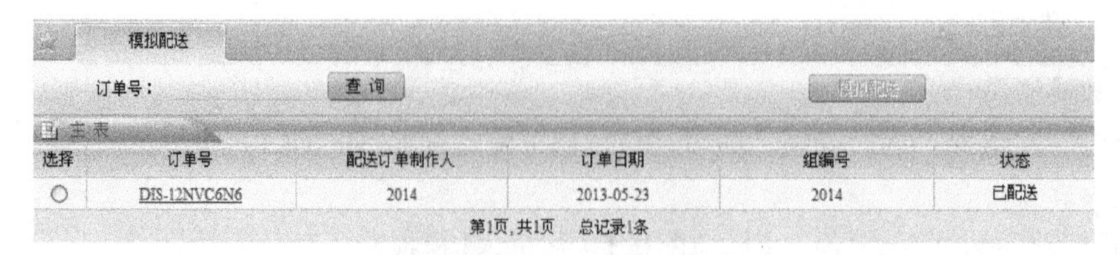

图 8-75　学生操作界面

(3)(此时页面跳转到配送线路选择页面)学生根据需配送的客户选择线路,如图 8-76 所示。

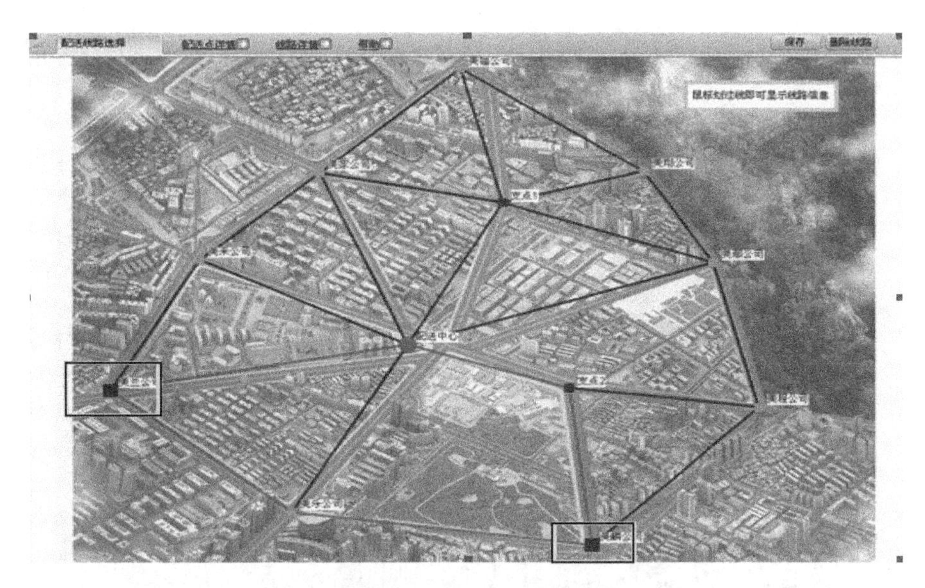

图 8-76　客户选择路线界面

注:必须从配送中心开始选择配送线路并且每次选择线路必须以上次线路的终点作为起点;线路必须从配送中心开始最终再回到配送中心;黑色图框内表示需要配送的客户。

(4)如果学生选择的已经是最优路线,点保存之后系统会提示选择的已经是最优路线。此时学生在配送订单打印页面中将不会产生费用,如图 8-77 所示。

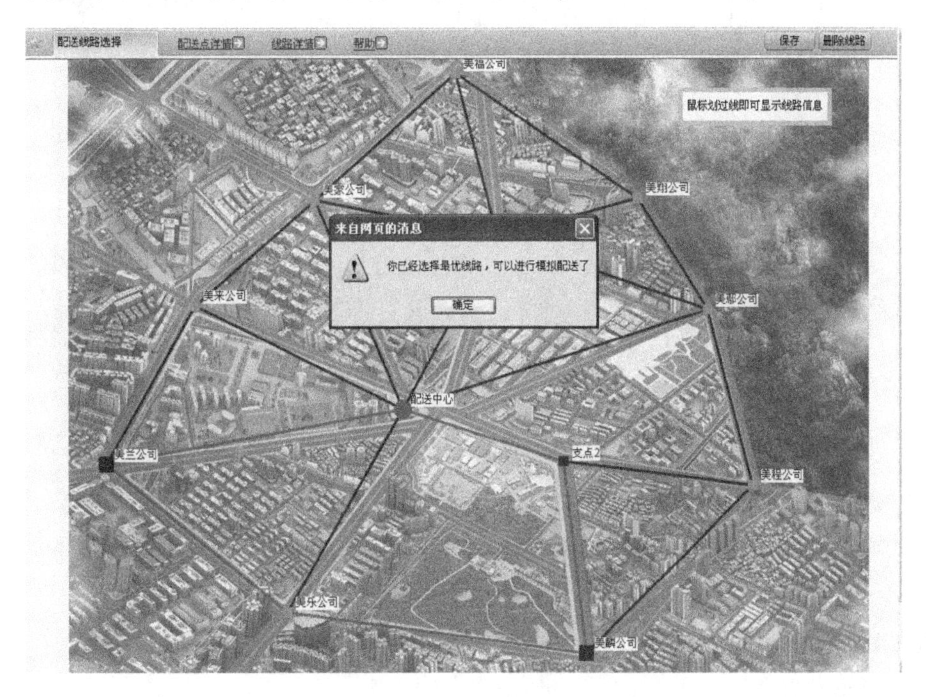

图 8-77　最优路线界面

(5)查看实时路况时,如果管理员未设置随机路障,系统将会弹出提示。反之,可查看实时路况,如图 8-78 所示。

(6)查看完实时路况之后即可对客户进行模拟配送。

(7)配送完成之后,可保存配送的线路,如图 8-79 所示。

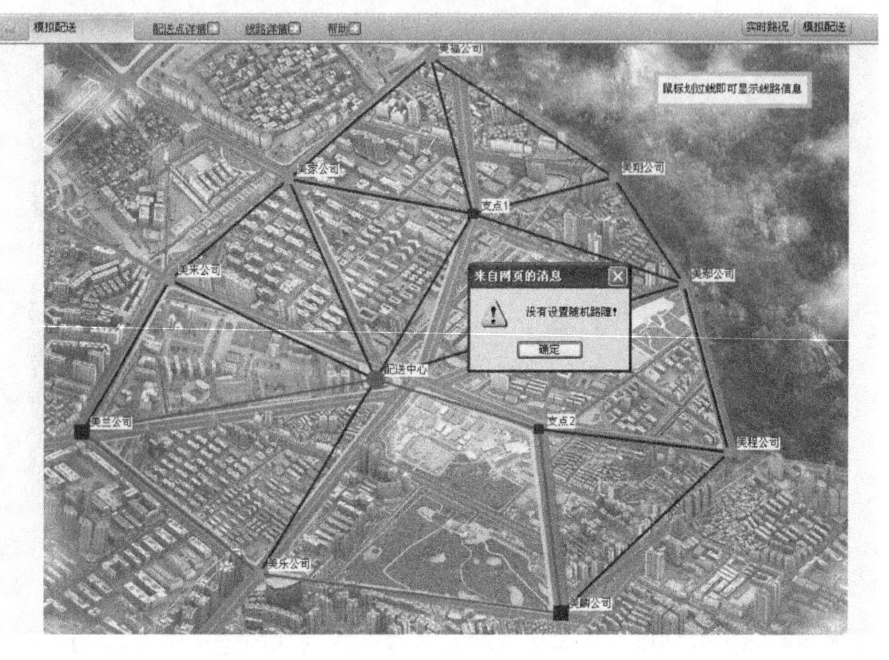

图 8-78　障碍界面

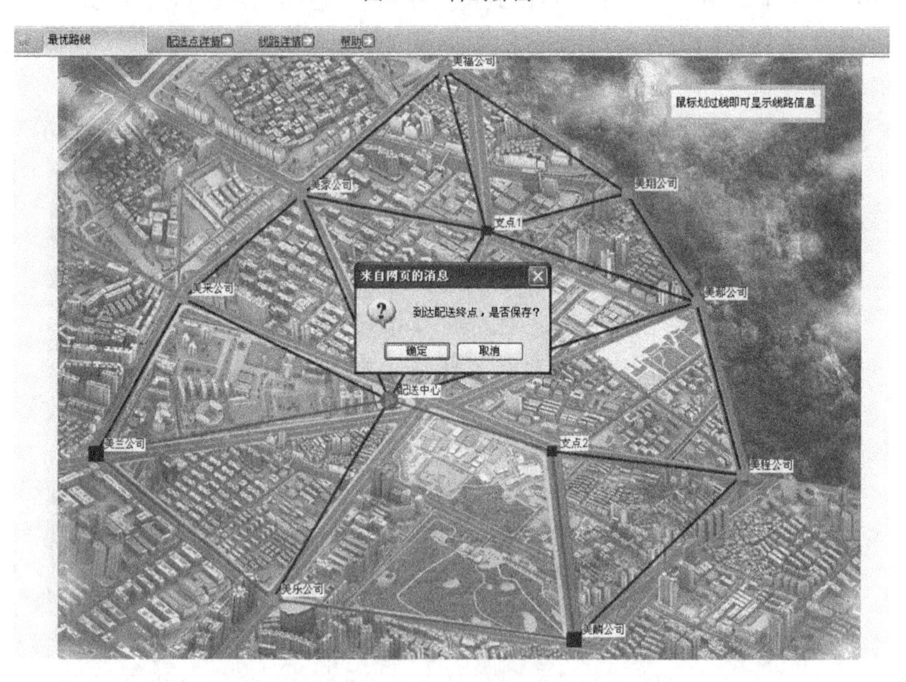

图 8-79　提示界面

点确定之后配送成功,如图 8-80 所示。

(三)配送单打印

1.功能概述

对配送作业单进行打印,如图 8-81 所示。

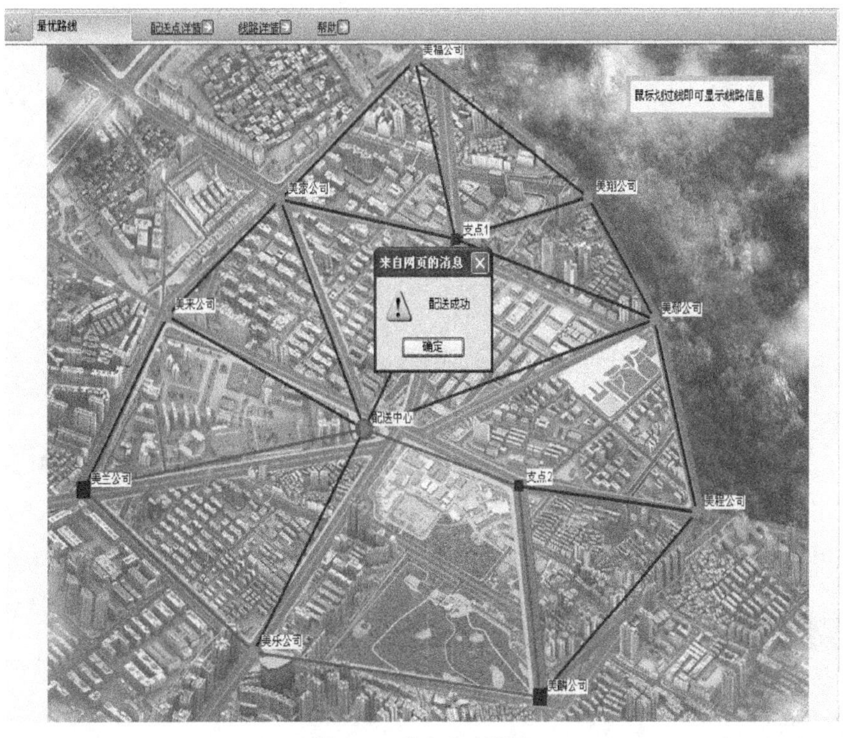

图 8-80　保存成功界面

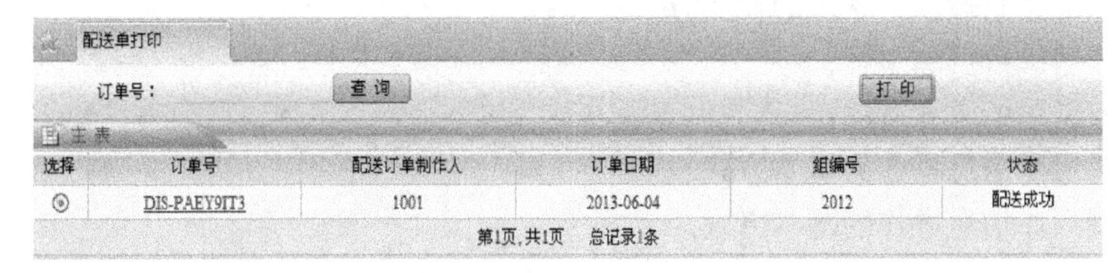

选择	订单号	配送订单制作人	订单日期	组编号	状态
◉	DIS-PAEY9IT3	1001	2013-06-04	2012	配送成功

第1页,共1页　总记录1条

图 8-81　打印界面

2. 操作方法

(1)学生进入主系统,点击【配送单打印】按钮进入【配送单打印】页面。

(2)选择某个订单,点击打印,可对该订单进行打印操作,如图 8-82、图 8-83 所示。

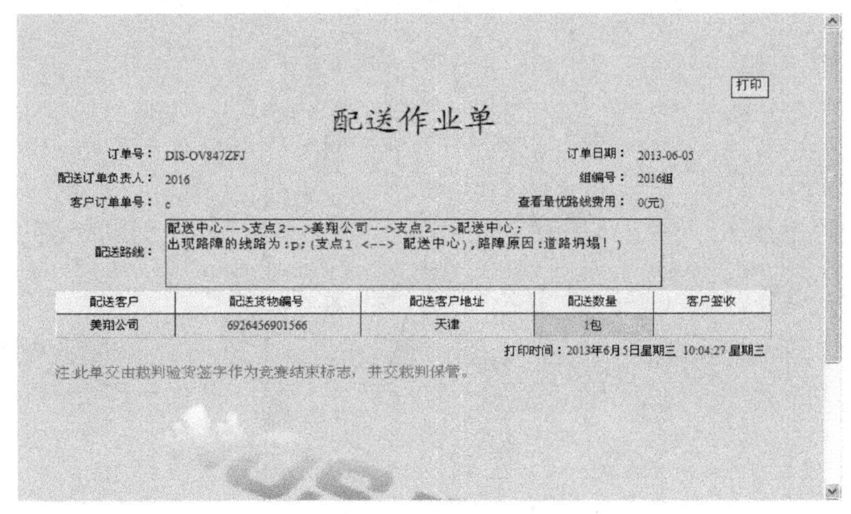

打印

配送作业单

订单号：DIS-OV847ZFJ　订单日期：2013-06-05

配送订单负责人：2016　组编号：2016组

客户订单单号：c　查看最优路线费用：0(元)

配送路线：配送中心-->支点2-->美翔公司-->支点2-->配送中心;
出现路障的线路为:p;(支点1 <--> 配送中心),路障原因:道路坍塌!)

配送客户	配送货物编号	配送客户地址	配送数量	客户签收
美翔公司	6926456901566	天津	1包	

打印时间：2013年6月5日星期三 10:04:27 星期三

注:此单交由裁判验货签字作为竞赛结束标志，并交裁判保管。

图 8-82　打印界面

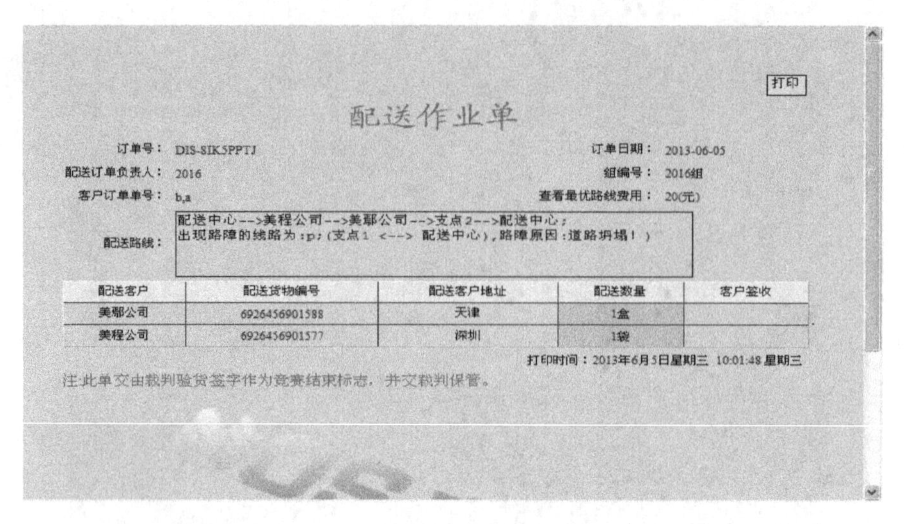

打印

配送作业单

订单号：DIS-SIK5PPTJ　　订单日期：2013-06-05

配送订单负责人：2016　　组编号：2016组

客户订单单号：b,a　　查看最优路线费用：20(元)

配送路线：配送中心-->美程公司-->美鄂公司-->支点2-->配送中心；
出现路障的线路为：p；(支点1 <--> 配送中心)，路障原因：道路坍塌！)

配送客户	配送货物编号	配送客户地址	配送数量	客户签收
美鄂公司	6926456901588	天津	1盒	
美程公司	6926456901577	深圳	1袋	

打印时间：2013年6月5日星期三 10:01:48 星期三

注:此单交由裁判验货签字作为竞赛结束标志，并交裁判保管。

图 8-83　打印界面

注:如果该订单并没有产生费用,则该订单打印页面中的配送作业单为黑色,反之为红色。

配送管理软件实训

【实训目标】

1. 熟悉配送管理软件系统的操作方式;
2. 掌握基础数据的编写;
3. 掌握订单的录入方法;
4. 掌握出库信息操作的基本方式;
5. 掌握入库信息操作的基本方式。

【实训任务】

配送中心 P 向家乐福(A)、沃尔玛(B)、麦德龙(C)、华润万家 (D)、乐买家(E)、美来(F)、洪客隆(G)、美翔(H)、美乐(I)等 9 家公司配送货物。图 8-84 中连线上的数字表示公路里程(km)。设送到时间均符合用户要求,请根据要求设计最优路线。

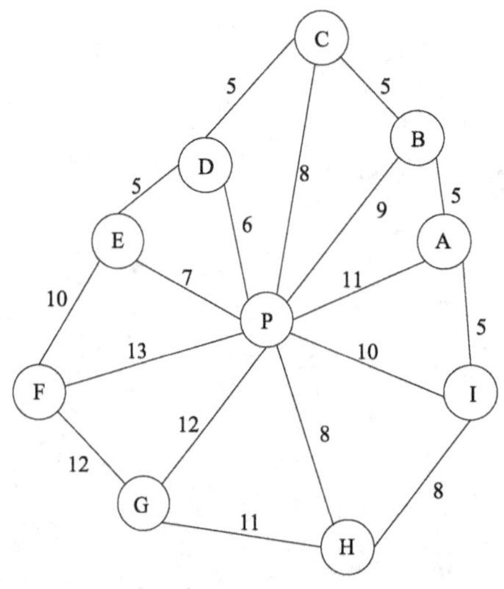

图 8-84　配送货物图

【实训考核】

实训考核表见表8-4。

实 训 考 核 表　　表8-4

考核人		被考核人	
考核地点			
考核内容	配送管理软件实训		
考核标准	具 体 内 容	分值(分)	实 际 得 分
	配送路线的设计	25	
	货物配载模式设定	20	
	配送单证的填写及打印	25	
	实训报告完成认真按时提交	15	
	工作态度	5	
	团队分工合作	10	
合计		100	

任务三　自动化仓储管理软件

任务概述

【应知应会】

通过本工作任务的学习与具体实施，学生应学会下列知识：

1. 熟悉出库操作相关功能键的作用；
2. 掌握订单处理相关功能键的作用；
3. 会正确制订出库计划。

应该掌握下列技能：

1. 能根据订单正确操作自动化仓储管理软件；
2. 能及时处理在操作过程中出现的各类问题。

【学习要求】

1. 学生在上课前，应到本课程网站或借助于互联网本工作任务相关的教学内容进行预习；
2. 本课程采用理实一体化的模式组织教学，学生在学习过程中，要善于动手，不怕脏不怕累；
3. 每个工作任务学习过程结束后，学生能独立完成任务工作单的填写。

相关知识

一、登录仓储大赛管理软件

1. 功能概述

进入大赛软件：通过该步操作才可进入物流大赛软件进行业务操作。

2. 操作方法

(1)打开IE浏览器，输入物流技能大赛平台的访问地址：http://IP:915/login，其中IP为物流技能大赛平台的服务器的IP地址，如图8-1所示。

(2)输入用户名和密码,点击【登录】进入物流技能大赛平台选择操作软件页面,如图8-85所示。

图 8-85　操作界面

二、出库操作

出库操作主要包括客户订单、订单处理和出库计划三个部分。

(一)客户订单

1. 功能概述

根据制订的方案来制订相应的客户订单。

2. 操作方法

(1)点击【订单管理/客户订单】进入到客户订单列表页面,如图 8-86 所示。

图 8-86　订单管理界面

(2)新增客户订单:点击【新增】按钮,进入到新增页面,如图 8-87 所示。

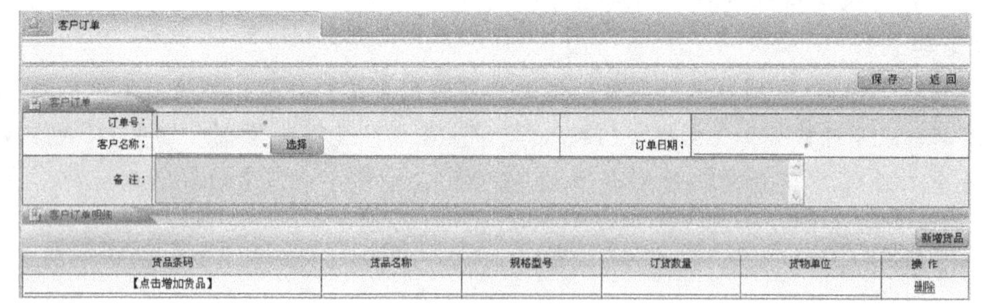

图 8-87　新增客户界面

(二)订单处理

1. 功能概述

订单处理就是生成拣货作业单。

2. 操作方法

点击【订单管理/订单处理】,进入到订单处理列表页面,如图 8-88 所示。

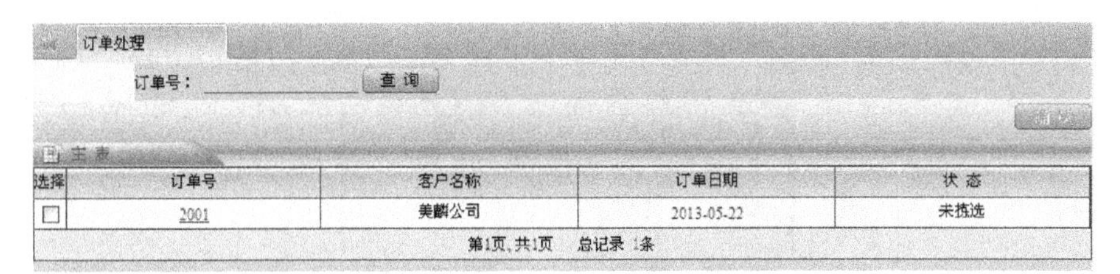

图 8-88 订单处理界面

选择一个或多个订单，点击【确定】按钮，生成如图 8-89 所示的出库计划。

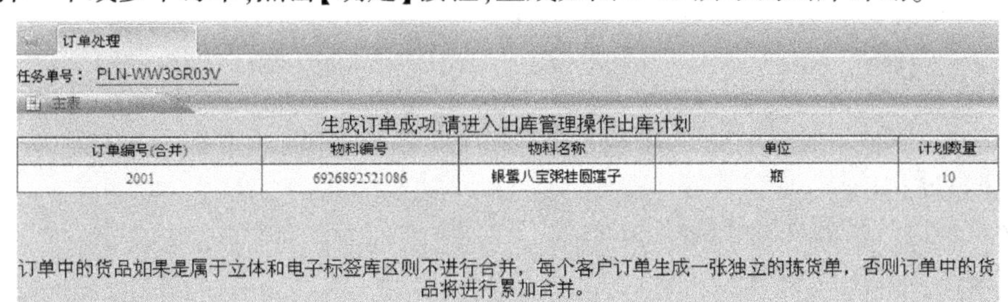

图 8-89 订单处理界面

(三)出库计划

1. 功能概述

出库计划就是根据出库任务单选择出库的仓库。

2. 操作方法

(1)点击【出库管理/出库计划】，进入到出库任务单列表页面，如图 8-90 所示。

图 8-90 出库管理界面

(2)选择一个出库任务单：点击【出库计划】按钮，进入到页面，如图 8-91 所示。

出库任务单

确定

订单编号(合并)	货品编号	货品名称	货品数量	货品单位	包装选择
2001	6926892521086	银鹭八宝粥桂圆莲子	10	瓶	选择

图 8-91 出库任务单界面

(3)进入如下页面，如图 8-92 所示。

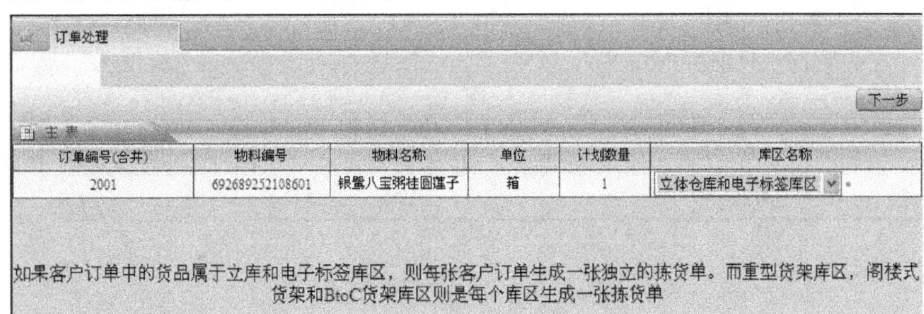

图 8-92 订单处理界面

(4)单击【下一步】按钮。出现如图8-93所示的提示，单击【确定】按钮即可。

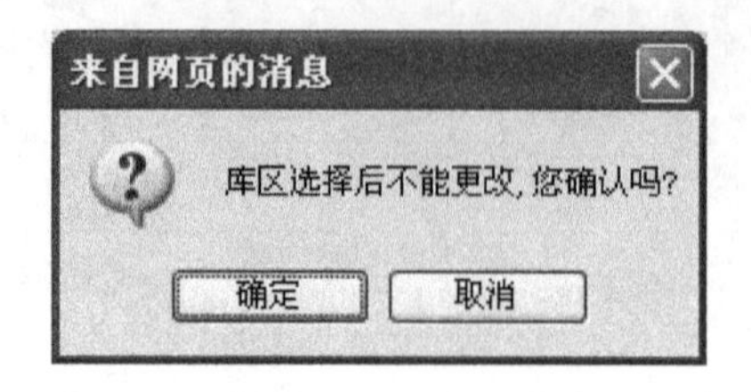

图8-93　提示界面

自动化仓储软件实训

【实训目标】

1. 熟悉仓储管理软件系统操作方式；
2. 掌握基础数据的编写；
3. 掌握订单的录入方法；
4. 掌握出库信息操作的基本方式；
5. 掌握入库信息操作的基本方式。

【实训任务】

请根据以下信息完成商品的出库，见表8-5。

自动仓库出库信息　　表8-5

商品名称	库位编码	拣货数量(箱)	库存余额(箱)
康师傅经典奶茶纯滑味	P01010101	2	0
统一冰红茶	P01010201	2	0

【实训考核】

实训考核表见表8-6。

实 训 考 核 表　　表8-6

考核人		被考核人	
考核地点			
考核内容	自动化仓储软件实训		
考核标准	具 体 内 容	分值(分)	实 际 得 分
	仓储软件的运行及关闭	35	
	仓储数据的填写完整性	20	
	实训操作的正确性	20	
	实训报告完成认真按时提交	5	
	工作态度	10	
	团队分工合作	10	
合计		100	

模块九　储配方案优化设计与实施

模块概述

以2013年全国职业院校技能大赛背景材料为基础，通过方案设计与实施，锻炼学生在组织管理、专业团队协作、现场问题的分析与处理、工作效率、质量与成本控制、安全及文明生产等方面的职业素养。

知识目标

1. 熟悉EXCEL常见功能按钮的使用；
2. 掌握货物入库验收方法及验收内容；
3. 掌握方案设计的步骤；
4. 掌握客户优先级别划分的依据。

技能目标

1. 要求学生有一定的实际动手能力，进行实物验收和组托作业；
2. 能根据货物入库流程，实际完成货物入库作业；
3. 会使用必要货物入库过程中所用到的物流设施设备，如地牛、堆高车等；
4. 能理论结合实际，处理货物入库过程中出现的各类问题；
5. 会制作和填写相应的单证。

模块图解

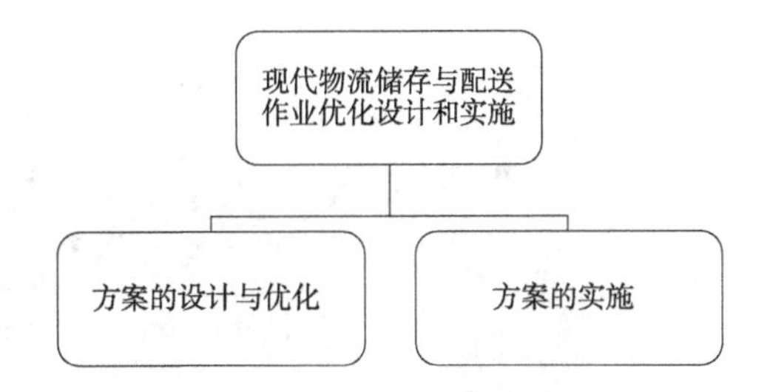

任务　赣商物流公司配送中心储存与配送作业优化设计和实施

一、情境资料

为了扩大业务，赣商物流公司在当地建立了新的配送中心，继续为新老客户服务。新配送中心的1号仓库平面如图9-1所示。

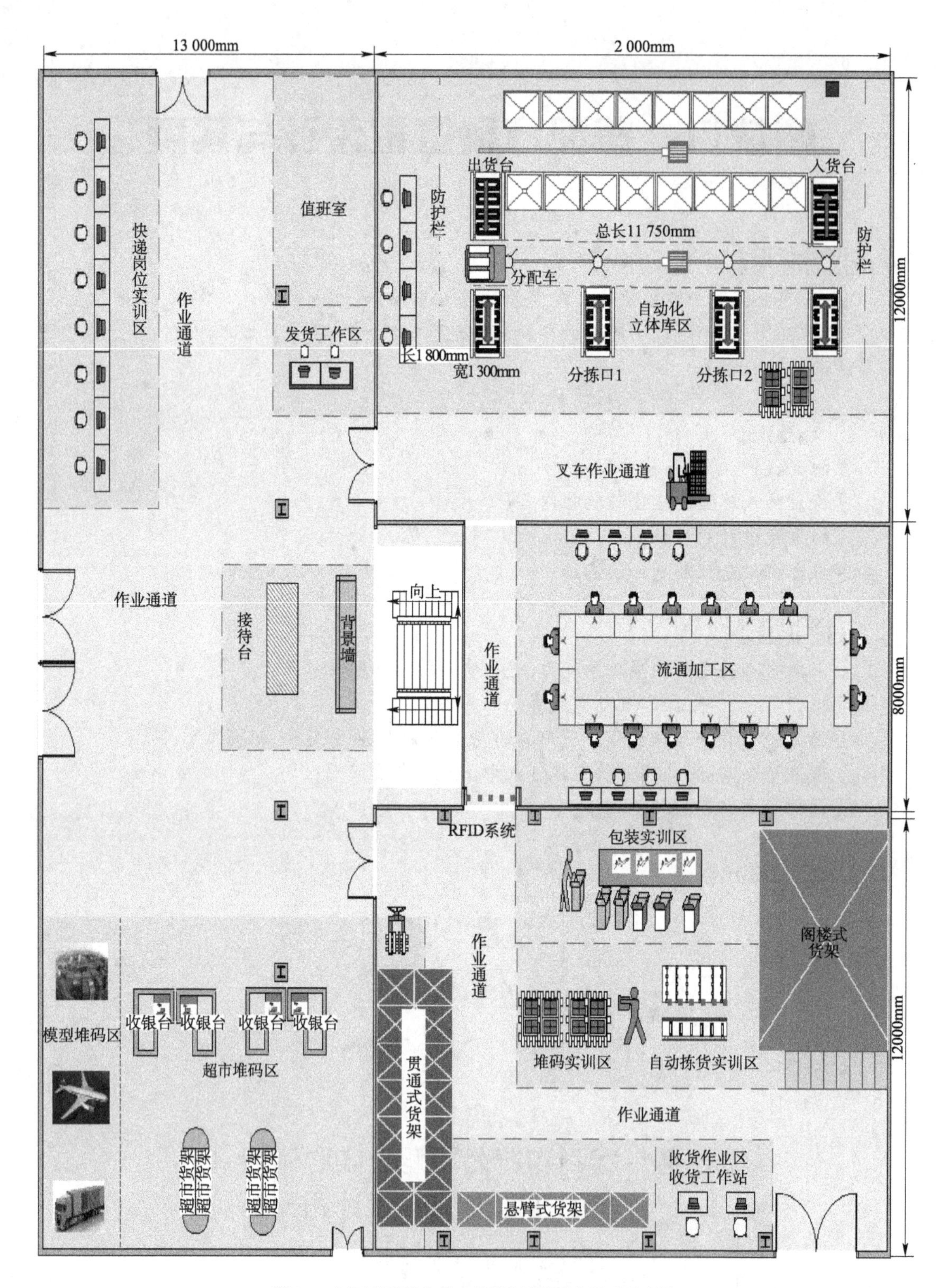

图9-1　江西交通职业技术学院物流实训室平面示意图

(1)配送中心所订的货已到1号仓库,并已经过验收,现在需要进行入库作业,其入库货物品种规格、数量见表9-1。

入库商品信息　　表9-1

序号	名　称	单位	单价(元)	数量	纸箱规格(mm)	生产日期
1	美的电风扇	箱	450	20	350×245×350	其中20箱为2012年3月12日第一批生产,16箱为2012年3月12日第二批生产
2	九阳豆浆机	箱	102	32	450×130×300	2012年3月12日
3	统一老坛酸菜方便面	箱	15	32	480×330×380	其中24箱为2012年3月12日第一批生产,8箱为2012年3月12日第二批生产
4	色拉油	箱	75	32	600×200×300	2012年3月15日
5	显示器	箱	1 200	18	526×388×172	2012年4月12日

(2)2012年5月31日8:00左右,该配送中心接到了七家客户的订货通知单。订单内容分别见表9-2～表9-8。

家乐福订单　　表9-2

订单编号:02010415A01　　业务单号:F2012050608－10　　日期:2012年05月31日

订货方编号			Custom 1	订货单位	家乐福超市	
订货单位联系人			张三	电话	××××××××	
序号	名　称	纸箱规格(mm)	单位	单价(元)	数量(箱)	金额(元)
1	九阳豆浆机	450×130×300	箱	102	3	306
2	红牛	480×320×200	箱	30	1	30
3	显示器	526×388×172	箱	1 200	1	1 200
4	统一老坛酸菜方便面	480×220×380	箱	15	3	45
5	绿茶		瓶	4	4	16
6	冰红茶		瓶	3	3	9
7	雪碧		瓶	3	3	9
8	康佳水		瓶	1	2	2
9	五月花		卷	2	2	4
10	达利园		瓶	2	2	4
11	冰露		瓶	2	2	4
12	牵手饮用水		瓶	2	2	4
13	香飘飘奶茶		箱	70	1	70
合计金额:贰仟贰佰陆拾贰元整						
经办人				部门主管(签字)		

沃尔玛订单 表9-3

订单编号:02010415A02　　业务单号:F2012050608－11　　日期:2012年05月31日

订货方编号			Custom 2	订货单位	沃尔玛超市	
订货单位联系人			李四	电话	××××××××	
序号	名　称	纸箱规格(mm)	单位	单价(元)	数量(箱)	金额(元)
1	九阳豆浆机	450×130×300	箱	102	1	102
2	统一老坛酸菜方便面	480×220×380	箱	15	2	30
3	色拉油	600×200×300	箱	75	2	150
4	显示器	526×388×172	箱	1 100	2	2 200
5	茉莉清茶		瓶	3	3	9
6	和其正		瓶	3	3	9
7	雪碧		瓶	3	1	3
8	清风(绿)		卷	1	3	3
合计金额:壹仟柒佰肆拾贰元整						
经办人				部门主管(签字)		

洪客隆订单 表9-4

订单编号:02010415A03　　业务单号:F2012050608－13　　日期:2012年05月31日

订货方编号			Custom3	订货单位	洪客隆超市	
订货单位联系人			王二	电话	××××××××	
序号	名　称	纸箱规格(mm)	单位	单价(元)	数量(箱)	金额(元)
1	九阳豆浆机	450×130×300	箱	102	2	204
2	红牛	480×320×200	箱	30	4	120
3	显示器	526×388×172	箱	1 200	2	2 400
4	统一老坛酸菜方便面	480×220×380	箱	15	1	15
5	兰花草		卷	2	2	4
6	冰露		瓶	2	2	4
7	娃哈哈		瓶	2	3	6
8	怡宝		瓶	3	2	6
9	统一绿茶		瓶	3	3	9
10	茉莉清茶		瓶	4	2	8
11	和其正		瓶	4	2	8
12	薯片		箱	45	1	45
合计金额:玖佰玖拾贰元整						
经办人				部门主管(签字)		

麦德龙订单 表9-5

订单编号:02010415A04 业务单号:F2012050608-14 日期:2012年05月31日

订货方编号			Custom4	订货单位	麦德龙超市	
订货单位联系人			李五	电话	××××××××	
序号	名　称	纸箱规格(mm)	单位	单价(元)	数量(箱)	金额(元)
1	红牛	480×320×200	箱	30	2	60
2	色拉油	600×200×300	箱	75	2	150
3	美的电风扇	350×245×350	箱	450	2	900
4	九阳豆浆机	450×130×300	箱	102	1	102
5	农夫山泉	550mL	瓶	1	4	4
6	茉莉清茶		瓶	3	3	9
7	和其正		瓶	3	3	9
8	娃哈哈		瓶	3	1	9
9	清风(红)		卷	1	3	3
合计金额:壹仟捌佰肆拾柒元整						
经办人			部门主管(签字)			

全家百货订单 表9-6

订单编号:02010415A05 业务单号:F2012050608-15 日期:2011年05月31日

订货方编号			Custom5	订货单位	全家百货	
订货单位联系人			李六	电话	××××××××	
序号	名　称	纸箱规格(mm)	单位	单价(元)	数量(箱)	金额(元)
1	九阳豆浆机	450×130×300	箱	75	2	150
2	红牛	480×320×200	箱	30	2	60
3	显示器	526×388×172	箱	1 200	1	1 200
4	统一老坛酸菜方便面	480×220×380	箱	15	2	30
5	康佳水		瓶	2	1	1
6	达利园		瓶	2	1	2
7	农夫山泉	550mL	瓶	1	3	3
8	和其正		瓶	3	2	6
合计金额:大写壹仟伍佰肆拾贰元整						1 452
经办人			部门主管(签字)			

好又多订单 表9-7

订单编号:02010415A06 业务单号:F2012050608－16 日期:2011年05月31日

订货方编号			Custom5	订货单位	好又多百货	
订货单位联系人			李六	电话	××××××××	
序号	名　称	纸箱规格(mm)	单位	单价(元)	数量(箱)	金额(元)
1	九阳豆浆机	450×130×300	箱	102	2	204
2	红牛	480×200×320	箱	30	1	120
3	显示器	526×388×172	箱	1 200	2	600
4	统一老坛酸菜方便面	480×220×380	箱	15	5	75
5	雪碧		瓶	3	1	3
6	润田		瓶	1	4	4
7	冰激凌		箱	45	1	45
合计金额:壹仟零伍拾壹元整						1 051
经办人				部门主管(签字)		

红日超市订单 表9-8

订单编号:02010415A07 业务单号:F2012050608－17 日期:2011年05月31日

订货方编号			Custom5	订货单位	红日超市	
订货单位联系人			李六	电话	××××××××	
序号	名　称	纸箱规格(mm)	单位	单价(元)	数量(箱)	金额(元)
1	九阳豆浆机	450×130×300	箱	102	2	204
2	红牛	480×320×200	箱	30	2	120
3	显示器	526×388×172	箱	1 200	1	600
4	统一老坛酸菜方便面	480×220×380	箱	15	3	75
5	冰红茶		瓶	3	1	3
6	娃哈哈		瓶	4	3	12
7	清风(红)		卷	2	2	4
8	农夫山泉		瓶	2	2	4
9	茉莉清茶		瓶	3	3	9
合计金额:壹仟零叁拾壹元整						1 031
经办人				部门主管(签字)		

(3)货架示意图如图9-2所示。

(4)赣商物流公司配送中心客户优先权分析评价模式主要通过下列几个领域的表现:单品利润、订单紧急程度、客户去年对该货物的需求量占总需求量的比例以及客户合作年限等几个指标。客户对该货品的需求量以及客户合作年限等具体信息如表9-9所示。

A货架(食品类)

第三层	A0101003 空位	A0102003 空位	A0203003 色拉油	A0204003 红牛(7)	A0305003 空位	A0306003 空位	墙壁
第二层	A0101002 九阳豆浆机(18)	A0102002 花生油	A0203002 空位	A0204002 机箱	A0305002 空位	A0306002 空位	
第一层	A0101001 空位	A0102001 花生油	A0203001 空位	A0204001 王老吉(15)	A0305001 统一方便面(12)	A0306001 空位	

图9-2　货架示意图

客户信息表　　表9-9

客户	家乐福	沃尔玛	洪客隆	麦德龙	全家百货	好又多	红日超市
单品利润	5	6	4	7	5	4	5
订单相应时间	12	16	15	24	18	15	12
客户全年对该货物的需求量占总需求量的比例(%)	12	16	17	36	19	15	21
客户合作年限	1	2	3	3	1	2	3
客户信誉度	1	1	1	1	1	1	1

该配送中心客户优先权评价指标的权重见表9-10。

客户优先权权重　　表9-10

评价指标	利润率	订单紧急程度	客户全年对该货物的需求占全年总需求的比例	客户合作年限	客户信誉度
权重	0.2	0.4	0.2	0.1	0.1

(5)配送中心目前有员工3人,并且配备有下列设备,用于货物的装卸搬运及上架。设备种类规格型号及使用成本见表9-11。

设备型号表　　表9-11

序号	名　称	规格(mm)	型号	使用成本	可供数量
1	托盘	1 200×1 000×144	川字塑料	20元/个	40个
2	地牛	3t	手动	30元/个	3个
3	电动叉车	载重1t,高度3.5m	电动	100元/次	1个
4	货位	2 300×900×1 150		30元/货物	10个
5	配送车(小)	1 500×650×1 000	手动	50元/个	1个
6	配送车(大)	2 100×850×1 000	手动	80元/个	1个
7	标签	100×75		2元/个	

人工使用成本见表9-12。

人工成本　　表9-12

名称	人员类型	使用成本	可供数量
人工费成本	仓库主管及助手	0.5元/(人·s)	3人

(6)配送线路优化。

①模拟线路配送分布图如图9-3所示(选手据此图安排配送线路)。

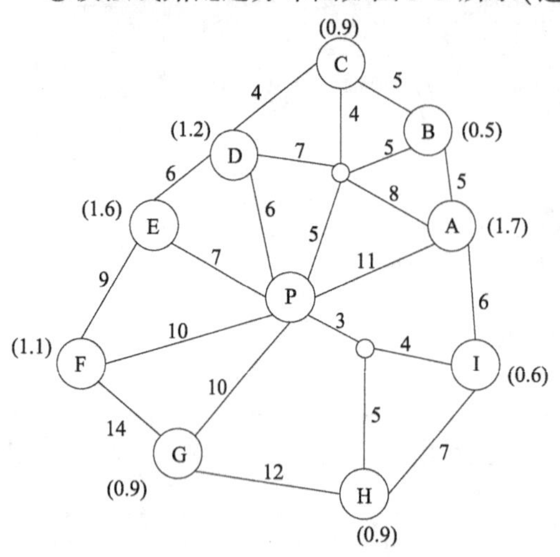

图9-3　模拟线路分布图

说明:1. P为配送中心。

2. A为沃尔玛超市;C为全家百货超市;D为洪客隆超市;F为麦德龙超市;G为家乐福超市;H为红日超市;I为好又多超市。

由配送中心P向A~I等9个用户配送货物。图中连线上的数字表示公路里程(km)。靠近各用户括号内的数字,表示各用户对货物的需求量(t)。配送中心备有2t和4t载重量的汽车,且汽车一次巡回走行里程不能超过35km,设送到时间均符合用户要求,求该配送中心的最优送货方案。

②配送线路优化:选手在进行路线优化后填写配送顺序,在实施送货过程中按顺序送交指定客户,裁判在签收处签字。不考虑车辆回程。

二、工作要求

1. 制定储存与配送作业优化设计方案

分工并做好工作准备;根据所获取的储存,配货的场地、货物、货架、托盘、各种包装箱、电子标签拣选车、叉车、手推车、月台、客户基本信息、客户需求、配送车辆、配送点及路径信息、工时资料、各种租赁、货位占用费、外包咨询服务费、安全要求等相关信息,进行分析处理;进行货位优化及制订货物入库作业计划;编制拣选作业计划,进行订单处理及生成拣选单;路线优化设计;编制配装配载方案;撰写外包委托书,利用甘特图绘制出实施进度计划;预测出实施方案可能出现的问题和应对方案,形成可实施的储配作业计划,具体见表9-13。

储配方案设计主要内容　　表9-13

一级指标	二级指标	三级指标	三级指标说明
制定物流储存与配送作业优化方案	工作准备	1. 封面	题目:物流储存与配送作业优化方案。 参赛队名称:本队抽签序号,如01。 选手:胸牌号码如01A、01B、01C、01D
		2. 队员分工	储配作业方案执行时的分工,01A为主管(队长)
	入库作业计划	3. 物动量ABC分类表	能够体现出分类过程和分类结果
		4. 制定货物组托示意图	包括奇数层俯视图、偶数层俯视图
		5. 上架存储货位图绘制	以托盘式货架的排为单位,将货位存储情况反映在存储示意图上,在相应货位上标注货物名称
		6. 就地堆码存储区规划*	按照收到的入库通知单上的货物信息完成存储所需货位数量或堆存所需占地面积及规划的货垛长、宽、高(箱数)
		7. 编制托盘条码	编制托盘条码并打印。码制:CODE39、8位、无校验码

续上表

一级指标	二级指标	三级指标	三级指标说明
制定物流储存与配送作业优化方案	出库作业计划	8. 订单有效性分析	参赛队收到客户订单后,应对订单的有效性进行判断,对确定的无效订单予以锁定,陈述理由,主管签字并标注日期
		9. 客户优先权分析	当多个客户针对某一货物的要货量大于该货物库存量时,应对客户进行优先等级划分以确定各自的分配量,并阐明理由
		10. 库存分配计划表	依据客户订单和划分后的客户优先等级顺序制定库存分配计划表,将相关库存依次在不同的客户间进行分配并显示库存余额
		11. 拣选作业计划	拣选作业计划设计要规范、项目齐全,拣选作业流畅;拣选单的设计应能减少拣选次数、优化拣选路径、缩短拣选时间,注重效率
		12. 月台分配示意图	将月台在客户间进行分配,便于月台集货
		13. 车辆调度与路线优化	根据所给数据利用节约法,完成车辆调度方案和路线优化设计
		14. 配装配载方案	根据配送线路优化结果,绘制配送车辆积载图,以体现配送的先后顺序(按客户绘制,不显示货物品种)
	外包准备	15. 外包委托书	各参赛队都要撰写外包委托书,要求格式规范,内容齐全,主要包括委托事项、受托人、委托人、委托时间等,但要留存空白项,以便发生委托时填写。当各参赛队在进行货物入库、拣选、出库、货物配装等作业过程中,遇到不能独立解决的问题时,可委托外包给本队的指导教师协助解决,此时要填写委托书交与裁判备案,无须委托时则不需填写
	编制计划	16. 作业进度计划	按照时间先后顺序将每位参赛队员在方案执行过程中的工作内容编制成作业进度计划(甘特图),包括设备租赁情况及可能出现的问题预案
		17. 预算表	包括作业过程可能发生的各种费用项目及相应的预算金额,以便与实际发生的费用比较,满足预算编制信息的内容
实施储存与配送作业设计方案	租赁	1. 租赁作业	选择最佳时机及作业任务需求向租赁中心租赁移动拣选车、托盘、叉车、地牛、手推车等
	执行入库作业计划	2. 入库准备工作	粘贴托盘条码,整理作业现场
		3. 验货、组托	验收无误后,按照堆码要求,将散置堆放的货物科学、合理地码放在托盘上
		4. 启动 WMS	完成货物信息录入
		5. 入库	完成货物入库操作并指挥叉车工上架作业
	执行拣选作业计划	6. 拣选作业	根据客户订单及拣选作业计划进行拣选作业及拆零货的再包装
		7. 出库	完成各客户所要货物的出货复核、月台点检、理货

续上表

一级指标	二级指标	三级指标	三级指标说明
实施储存与配送作业设计方案	实施配装配载方案	8.调整配送路线	根据实时交通信息调整配送路线
		9.货物配装	选择合适的车型(微缩模拟)完成货物的配装(车型不同成本不同)
	送达服务	10.货物送达	只进行配送排序第一位的客户(按调整后的路线顺序)货物卸货交接

注:表中带*号三级指标项在实施过程中不执行

2.实施储配方案

选手根据上述储配方案的设计结果,在竞赛场地实施方案,实施过程要体现服务质量与安全意识。若选手实施方案有困难,可修改方案。修改方案将按预定的比例增加成本。以操作规范程度、最后的成本核算以及方案实施效率为评价依据。在操作过程需要使用各种设备、仓储管理系统,采用规范的操作完成储配方案的实施。实施过程主要包括以下环节,见表9-14。

储配方案实施主要环节 表9-14

序号	实施环节	操作说明	备注
1	租赁	方案要素包括货架、托盘、叉车、地牛等设备	
2	入库准备工作	清点货物,整理现场	
3	组托	按照堆码要求,将散置堆放的货物科学、合理码放在托盘上	
4	入库	完成货物入库操作并使用手动叉车上架作业	
5	拣选作业	根据拣货单进行拣选作业	
6	出库	完成各客户所要货物的月台理货	

参考文献

[1] 薛威. 仓储作业管理[M]. 北京:高等教育出版社, 2012.
[2] 刘延新. 物流设施与设备[M]. 北京:高等教育出版社,2013.
[3] 何庆斌. 仓储与配送管理[M]. 上海:复旦大学出版社,2011.
[4] 朱凤仙,罗松涛. 物流配送实务[M]. 北京:清华大学出版社,2011.
[5] 储雪俭. 物流配送中心规划方案探讨[J]. 物流技术,2005(9).
[6] 喻小贤. 物流运输与配送管理[M]. 北京:电子工业出版社,2005.
[7] 刘昌祺. 物流配送中心设计[M]. 北京:机械工业出版社,2010.
[8] 田侠,陈先五. 仓储与配送管理[M]. 大连:大连理工大学出版社,2009.
[9] 张广辉. 物流设施与设备[M]. 北京:人民交通出版社,2007.
[10] 柯民爱. 物流装备与运用[M]. 南京:东南大学出版社,2008.
[11] 深圳市中诺斯资讯科技有限公司. 仓储管理软件操作教程,2013.
[12] 柯民爱. 物流装备与运用[M]. 南京:东南大学出版社,2008.
[13] 黄浩. 仓储管理实务[M]. 北京:北京理工大学出版社,2008.
[14] 李永生,郑文玲. 仓储与配送管理[M]. 北京:机械工业出版社,2004.
[15] 吴清一. 物流管理[M]. 北京:中国物资出版社,2005.
[16] 邓爱民,张国方. 物流工程[M]. 北京:机械工业出版社,2002.
[17] 王文林. 保管合同和仓储合同[M]. 北京:法律出版社,1999.
[18] 罗纳德·H·巴罗. 企业物流管理:供应链的规划、组织和控制[M]. 北京:机械工业出版社,2002.
[19] 丁立言,张铎. 仓储规划与技术[M]. 北京:高等教育出版社,2002.
[20] 沈文天. 配送作业管理[M]. 北京:高等教育出版社, 2012.
[21] 金汉信. 仓储与库存管理[M]. 重庆:重庆大学出版社,2008.
[22] 熊金福. 仓管员岗位培训手册[M]. 广东:广东经济出版社,2011.
[23] 张卓远. 仓储管理实务[M]. 北京:中航传媒出版社,2012.
[24] 齐二石. 物流工程[M]. 北京:中国科学技术出版社,2003.
[25] 张晓川. 现代仓储物流技术与装备[M]. 北京:化学工业出版社,2008.
[26] 田源. 仓储管理[M]. 北京:机械工业出版社,2005.
[27] 伊桥宪彦. 高效库存管理实务[M]. 李莹,译. 广州:广东经济出版社,2005.
[28] 李雪松,张理. 现代物流作业管理[M]. 北京:北京大学出版社,2004.
[29] 张志强. 物品养护与保管[M]. 北京:中国商业出版社,1996.
[30] 熊青. 企业物流管理[M]. 北京:人民交通出版社,2009.

[31] 冯耕中. 物流信息系统[M]. 北京:机械工业出版社,2009.

[32] http://www.cchve.com.cn

[33] http://www.ns-china.net/

[34] http://www.logis.cn